焦点人物丛书

乔继堂 ◎ 主编

光武帝 以及中兴大汉王朝的人们

刘淑秀 ◎ 编著

上海科学技术文献出版社
Shanghai Scientific and Technological Literature Press

光武帝刘秀,东汉王朝开国君主,也是中国历史上少有的开明皇帝。

光武帝的这幅画像,颇有几分温文尔雅。

刘秀兄弟舂陵(今湖北枣阳)起兵,经昆阳大战取得决定性胜利,进而进军洛阳。戏曲版画《取洛阳城》(天津杨柳青),描绘的就是当时情景。

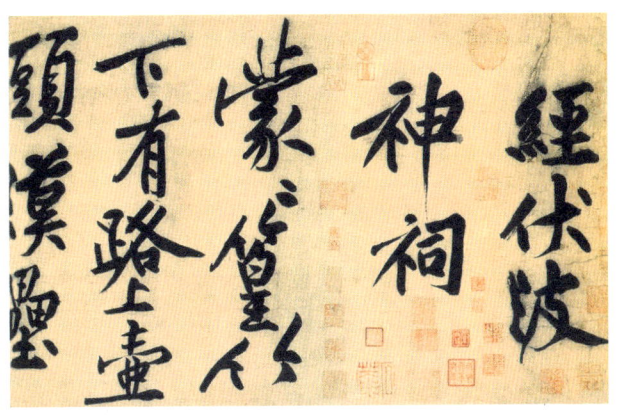

宋人黄庭坚《伏波帖》,写的是唐代诗人刘禹锡的《经伏波神祠》诗,诗中歌咏马援"自负霸王略……筋力尽炎洲"。

光武帝夺得天下之后,比拟天中二十八宿,在云台绘二十八将图像,以示表彰、荣宠。民间版画多有反映此一题材的作品,这里的就是其中一幅(山东杨家埠)。不过,伏波将军马援尚不在其中。

长信宫灯

光武帝是历史上少有的情感比较专一的帝王,他与阴丽华的爱情千古传诵,可惜很少图像传世。这里明人仇英《汉宫春晓图》(局部),描绘了汉代宫廷多姿多彩的生活。

严子陵

甘心钓台不臣世祖
立幛廉顽清风千古

严光（字子陵）是光武帝刘秀的同学，刘秀称帝后，欲其佐助自己，但严光始终不允，隐居富春山，而光武帝则始终善待。元人黄公望的《富春山居图》，描绘了一派超然绝世的隐逸世界，成为传世名作。

　　画像砖、画像石是汉代独具特色的工艺作品，兼具实用性和艺术性。就题材而言，十分广泛，举凡征战、射猎、耕作、乐舞、杂技、酿酒、舂米……都有反映。

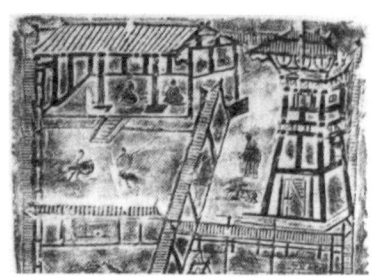

目　　录

中兴明君光武帝

光武帝刘秀……………………………………………（3）
《后汉书·光武帝纪》…………………………………（69）
古今名家评说…………………………………………（98）

前后并世诸帝王

新帝王莽……………………………………………（115）
孺子刘婴……………………………………………（128）
更始帝刘玄…………………………………………（130）
建世帝刘盆子………………………………………（135）
汉明帝刘庄…………………………………………（144）

"娶妻当得阴丽华"

皇后郭圣通…………………………………………（153）
皇后阴丽华…………………………………………（156）
许美人………………………………………………（159）
湖阳长公主刘黄……………………………………（161）
宁平长公主刘伯姬…………………………………（163）
舞阴长公主刘义王…………………………………（166）
郦邑公主刘绶………………………………………（170）

刘姓诸王不一般

赵王刘良 ……………………………………………… (175)

齐武王刘縯 ……………………………………………… (177)

安成侯刘赐 ……………………………………………… (182)

东海王刘强 ……………………………………………… (184)

沛王刘辅 ……………………………………………… (187)

济南王刘康 ……………………………………………… (188)

广陵王刘荆 ……………………………………………… (190)

楚王刘英 ……………………………………………… (193)

东平王刘苍 ……………………………………………… (195)

皇亲国戚都不贱

张寿侯樊宏 ……………………………………………… (205)

原鹿侯阴识 ……………………………………………… (208)

关内侯阴兴 ……………………………………………… (210)

征羌侯来歙 ……………………………………………… (213)

西华侯邓晨 ……………………………………………… (217)

固始侯李通 ……………………………………………… (221)

高山侯梁统 ……………………………………………… (227)

陵乡侯梁松 ……………………………………………… (231)

中兴端赖云台将

征西大将军冯异 ……………………………………………… (237)

卫尉铫期 ……………………………………………… (246)

征南大将军岑彭 ……………………………………………… (249)

伏波将军马援 ……………………………………………… (257)

征虏将军祭遵···（273）
执金吾寇恂···（277）
左将军贾复···（284）
建威大将军耿弇···（288）
左中郎将臧宫··（297）
讨虏将军王霸··（301）
捕虏将军马武··（306）

三公丞相走马灯

大司徒邓禹···（313）
大司马吴汉···（320）
大司空王梁···（329）
大司徒伏湛···（332）
大司徒侯霸···（334）
大司徒虞延···（336）
大司徒冯勤···（340）
大司空宋弘···（342）
大司空窦融···（344）
大司空杜林···（352）
大司空张纯···（357）
大司空冯鲂···（359）

买账和不买账的文士

富春隐士严光··（367）
太傅卓茂··（370）
博士范升··（373）
太中大夫郑兴··（377）

太中大夫申屠刚…………………………………………（383）
议郎给事中桓谭…………………………………………（387）
太常桓荣…………………………………………………（393）

地方大吏政绩多

东郡太守耿纯……………………………………………（401）
长沙太守郅恽……………………………………………（405）
并州牧郭伋………………………………………………（412）
渔阳太守张堪……………………………………………（415）
南阳太守杜诗……………………………………………（417）
鲁郡太守鲍永……………………………………………（421）
九真太守任延……………………………………………（425）
洛阳令董宣………………………………………………（430）
天水太守樊晔……………………………………………（435）
琅邪太守李章……………………………………………（438）
平原太守赵熹……………………………………………（441）

割据势力与叛汉将领

河北伪帝王郎……………………………………………（449）
梁王刘永…………………………………………………（453）
东平王庞萌………………………………………………（456）
齐王张步…………………………………………………（459）
燕王彭宠…………………………………………………（462）
伪汉帝卢芳………………………………………………（467）
朔宁王隗嚣………………………………………………（471）
蜀帝公孙述………………………………………………（478）

中兴明君光武帝

　　光武帝刘秀是汉王朝的一代中兴君主，上继前汉（西汉，都长安），下启后汉（东汉，都洛阳）。他之成为皇帝，有偶然性，更有必然性。与汉高祖刘邦比较，光武帝固有不足，然亦有优长。好儒任文，以柔治国，是光武帝治政的特点，也是促进东汉经济社会发展、形成汉王朝中兴局面的关键。有史家对他推崇备至，也正缘于光武朝政治的清明和社会的安宁。

光武帝刘秀

光武帝刘秀（前6～57），东汉开国皇帝，汉王朝中兴君主。字文叔，南阳郡蔡阳（今湖北枣阳南）人。父刘钦，母樊氏。公元25～57年在位，谥号"光武"。他在新莽社会动乱中与兄长刘縯一同起事，逐渐成为更始王朝的大司马；他持节镇慰河北，倚为根据，进而在鄗城称帝建元，进军洛阳并定都。建立东汉政权后，他好儒任文，以柔治国，促进了经济社会的发展，换来了汉王朝的中兴局面。

一、出生不凡 志在天子

刘秀是汉高祖刘邦的九世孙。汉景帝生长沙定王刘发，刘发生子刘买。按王子封侯的惯例，刘买被封为舂陵侯（舂陵为乡名，地在今湖南宁远北）。汉元帝初元四年（前45），袭爵的刘买之孙刘仁嫌舂陵地方潮湿，有山林毒气，上书经得汉元帝刘奭同意，偕同族人迁到了南阳郡蔡阳县白水乡（今湖北枣阳南）。袭爵的刘仁是个小侯，食邑只有四百七十六户，并不怎么显贵。刘秀的祖父刘回只是刘仁的从弟，无爵可袭，只当了个都尉（在郡里掌管守卫的武职）。为了标志自己的皇族血统，刘仁他们仍把新居称为舂陵。后来刘回的儿子刘钦做南顿县（治今河南项城西南）令，又随父生活在南顿。刘钦娶湖阳人樊重的女儿为妻，生了三个儿子：刘縯、刘仲、刘秀。

传说刘秀出生时，有红光照于堂中，明亮如白昼。刘钦十分惊异，就找了个叫王长的人占卜，王长避开众人对刘钦说："这个兆头吉不可言！"生刘秀那年，济阳县有个地方的谷子一根茎生九个穗。按字义，谷类抽穗开花曰"秀"，刘秀的命名便因此而来。又传王莽担心天下不稳，派人四处侦查危险人物和危险地带。有个叫苏伯阿的"望气者"到了南阳，遥见舂陵上空有一种特殊的气，不禁赞叹道："气佳哉！郁郁葱葱然。"到刘秀起兵时，他的住宅南边有道火光直冲天空，一会儿就不见了。

刘秀九岁时，刘钦去世，留下了夫人樊氏和三男三女。孤儿寡母，在刘钦的弟弟刘良照顾下生活。刘良当时做萧县令，刘秀由叔父刘良抚养长大。年轻时的刘秀，高个头，高鼻子，前额有点凸出，须眉秀密，一表人才。他喜欢务农，处事谨慎，讲信用，性情温和。大约在二十五六岁时，刘秀游历京都长安，在长安跟一个叫许子威的庐江人学习《尚书》，应该说学得并不怎么好，只是"略通大义"罢了。他很大方，有些同学家贫，吃穿用度都很拮据，他就和同宿舍的一个叫韩子的同学出钱买了头驴，让仆人赶着驴子搞运输，挣了钱供给同学花费。

有一次，刘秀在新野（今属河南）二姐夫邓晨家中，听说那里阴氏家中有个名叫丽华的女子长得十分漂亮，心中对她很爱慕；到长安时见到执金吾（负责监督、检查京都及附近地区治安的长官）出行时有很多车马随从，声势煊赫，就大为感慨地说："为宦当做执金吾，娶妻当得阴丽华。"

刘秀的性格和他的大哥刘縯（字伯升）很不相同。刘縯性情刚毅，不事家业，刘氏皇族的意识特别强，对新莽政权极端不满，破产散财，交结雄俊人物，颇有夺取天下的野心。当年汉高祖刘邦喜好结交、不事家产，刘邦的二哥刘喜专心治理家业。刘縯就自比刘邦，以刘喜比刘秀，笑他胸无大志。

刘秀曾与二姐夫邓晨一起去拜访穰县（今河南邓县）人蔡少公，蔡少公对图谶很有研究，他依据谶语说："刘秀应当做天子。"有人说："是国师公刘秀（刘歆）吗？"刘歆是王莽的国师，也曾研究谶纬,就按照谶文,故意改名为秀。所以座中客人认为刘歆是王莽的国师,他更容易成为天子,因此才有此一问。蔡少公尚未回答,只听刘秀半开玩笑地说:"怎么知道不是我呢!"在座的人都哄堂大笑。

二、揭竿起兵　壮大义军

新莽末年,连年灾荒,飞蝗肆虐,各地农民揭竿而起,天下已经大乱。新莽地皇三年(22),南阳一带连年歉收,发生了严重的饥荒,不少贵族家的门客也外出打劫。刘縯的宾客因为抢劫别人的财物,遭到官府追查,株连到刘氏兄弟。为了躲避官吏的拘捕,刘秀前往新野。

当时南阳郡因旱灾,庄稼歉收,百姓忍饥挨饿,而刘秀因为勤于浇灌,所以庄稼收成很好。为了将粮食换成钱,刘秀前往宛县(今河南南阳)卖谷子。宛县人李守喜好图谶,曾对他的儿子李通说及谶语:"刘氏复起,李氏为辅。"李通记在心里,他得知刘秀在宛县,便面见刘秀,告诉他谶语,鼓动他起义。刘秀同意了,并与他结盟,制定起义计划。

刘秀回到舂陵后,一开始不敢贸然行事,但想到兄长伯升素来交游甚广,喜结豪侠,若联络他们,一定能成就大事。而且现今天下动荡,烽烟四起,王莽政权败亡的征兆已经显露,便与伯升谋划拥众起兵,随后开始购置兵器。

地皇三年十月,刘縯在舂陵、刘秀与李通的从弟李轶在宛县,同时起兵。刘縯起事时,同族的许多人非常害怕,都说刘縯拉他们起兵要害了自己,纷纷逃跑;但当他们见到刘秀穿戴着红衣大冠的将军服装,神采飞扬、威风凛凛地率领起事人员回到舂陵时,又说:"像刘秀那样谨慎厚重的人都造起反来了,还怕什么!"于是也就心安了。

刘秀在起义之初，因为没有马匹，只得骑牛，直到杀了新野尉，才有了马骑。刘縯派同族刘嘉去说服新市（今湖北京山县东北）兵、平林（今湖北随县东北）兵，同他们的首领王凤、陈牧一起向西攻打长聚（今河南南阳境内），攻陷唐子乡，又杀死了湖阳县尉。军中因分配掳获财物不均，众人气愤不满，想反攻刘家人；刘秀收回同族人所得财物，全部送给大家，众人高兴起来。刘秀率领他们攻取了棘阳（今河南新野境内），李轶、邓晨都率领自己的宾客前来会合。

这年十一月，刘秀等人的军队进攻宛城，与王莽将领甄阜、梁丘赐统率的官军相遇，战于小长安（在宛县南三十七里），结果大败。在此一战中，刘氏宗族死了数十人，其中包括刘秀的二哥刘仲、二姐刘元及叔父刘良的妻子和两个儿子。

刘縯集结兵众，撤兵到棘阳固守。甄阜、梁丘赐乘着胜利，把军用物资留在蓝乡（河南泌阳西），带领十万精兵南渡潢淳河（新野县境）到达沘水（河南唐河北），在潢淳河和沘水之间扎营防守，拆掉桥梁断绝后退之路，表示决不生还的决心。新市兵、平林兵看到汉兵多次失败，甄阜、梁丘赐的军队威势逼人，各自想离去，刘縯很担心。正好五千多个下江兵（古代称长江自湖北西部的南郡以下为下江。新莽末年，绿林军的一支驻于南郡，号称"下江兵"）来到宜秋，刘縯马上与刘秀及李通一同到他们的军营去拜访，见到下江兵的将领王常，用联合对敌有利的事实来说服他。王常同意与他们合兵一处共同对敌，他说："王莽暴虐，百姓思念汉朝。现在刘氏复兴，就是真正的天下之主，我们应竭尽全力，辅佐刘氏成就大业。"刘縯说："如果事情成功，我岂敢独自享受！"

于是，刘縯、刘秀与王常结成异姓弟兄，随后告辞。在王常的劝说下，下江兵的将领们率兵与刘縯和刘秀率领的起义军、新市兵、平林兵联合。各军同心协力，士气高昂。刘縯、刘秀犒赏士卒，订立盟约，让士兵休息三天，把联合军分为六部。十二月三十日，夜间秘密行军，攻取兰乡，全部缴获了那里的军用物资。

地皇四年（23）正月，汉兵与下江兵一起攻打甄阜、梁丘赐军，杀死了甄阜、梁丘赐及士卒两万多人。王莽的纳言将军严尤、秩宗将军陈茂率兵想据守宛城，刘縯率军在淯阳县（河南南阳北）与他们交战，大破严尤、陈茂，包围了宛县城。

刘縯、刘秀的起义军迅速发展到十余万人。军队人多，将领们都主张拥立一个刘姓的皇帝，以此统一号令，顺应人心。南阳一带的豪杰人物，都认为刘縯最为合适，因为刘縯有威望，治军严明。而新市、平林兵的将领们大都喜欢散漫放纵，经常抢掠财物，担心立了刘縯不得自由。他们认为刘玄懦弱，容易左右，因而策划拥立刘玄。刘玄是舂陵侯刘仁的曾孙，在平林兵中，号称更始将军。刘玄当皇帝后，改元为"更始"，并封了一大批官员，封刘縯为大司徒，封刘秀为太常偏将军。此后，更始朝廷的军队，遂称为汉军。

三、昆阳大捷　威名远播

更始元年（23）三月，新市兵将领王凤与刘秀等带兵攻陷昆阳（河南叶县）、定陵（今河南巩县西南）等地，缴获了大量的牛马财物和数十万斛谷子。然后，刘秀把这些牛马、谷物运往宛县城下，接济包围宛县城的刘縯。

起义军的声威震动了王莽，他得知甄阜、梁丘赐战死，汉帝新立，大为惊惧，决意派重兵攻打汉军。王莽派遣司空王邑与司徒王寻一起发兵，征召精通六十三家兵法的人充任军官，任命身高一丈、腰粗十围的巨无霸为垒尉，又驱赶虎、豹、犀牛、大象之类的猛兽来助威。王邑到洛阳，州郡已各自选拔精兵，由牧守亲自率领，约定会集的有四十二万人，号称百万；其余还没到达，正在向洛阳进发的部队旗帜、军用物资，绵延千里，络绎不绝。可以说，从秦汉以来，从未有过像这样壮阔隆盛的军队阵容。

五月，王寻、王邑率军南下，出颍川（治今河南禹县）与严尤、陈茂的队伍会合。

当初，刘秀曾替叔父春陵侯刘敞到严尤的官府去控告拖欠田租的佃户，当时严尤见到刘秀，就认为他是一个与众不同的人。到这时，从昆阳城中逃出投降严尤的人，叙说刘秀不贪财滥取，只专心调度军队，策划战守。严尤颇为不解地笑道："就是那个颏眉秀密的人吗？怎么竟是这样一个人呢！"

王邑、王寻首先与刘秀相遇，刘秀派一支偏师数千人前往迎敌。这数千人远远望见王莽的大军，如同蚂蚁攒动，不可胜数。待王莽大军走近，一看前驱将领巨无霸身长体伟，面目丑恶，带领一大群猛兽，凶神恶煞，都大惊失色。将领们见敌多势盛，不敢作战，都掉头狂奔，跑回昆阳城中。他们忧念妻儿老小，都想各自回本土自保。

刘秀非常冷静地向将领们分析了形势和前景，口吻严厉地说："现在粮草不多，来敌强大。如果我们并力抗敌，还有打胜的希望，要是分散了兵力，必然被消灭，而且刘縯攻打宛县城还没有攻下，来不了救兵。如果昆阳一失，一天之内，各军也就全都覆没。现在你们为什么不同心同德、共建功名，反而只想守护自己的妻子和财物呢？难道想与他们同归于尽吗？"将领们听后，纷纷怒喝道："刘将军有何胆略，怎么竟敢如此讲话！"这时传来消息，说王邑、王寻的大军已到城北，队列绵延几百里还不见后尾。将领们平常并不看重刘秀，但如今事情紧急，又想不出办法，就说："还是再请刘将军拿主意吧。"刘秀又向大家讲了他的主张和具体办法，众将领因眼前形势急迫，忧愁不知所措，只得连连称是。

当时昆阳城中只有八九千人，刘秀派王凤、王常守城，自己和李轶等十三人骑马连夜闯出城南门，召集在外散失的军队。王莽军队到达城下的将近十万人，刘秀等人差一点不能出城。

王寻、王邑命令军队包围昆阳，严尤劝王邑说："昆阳城小而坚固，现在自称皇帝名号的人（指刘玄）在宛城，应急速带领大军向宛城进军，他一定逃跑。宛城战败，昆阳自然会降服。"王邑说："从前，我们包围翟义，因为没有活捉他，而被责备。如今率百万大军，遇到被敌人占领的城池而不攻下来，这不是向敌人显示威力的做法。应当先杀尽此城的人，踏着鲜血进军，前边的队伍唱歌，后边的跳舞，岂不是快乐的事吗。"于是把昆阳城围了几十层，排列的兵营以百来计算，钲鼓的声音传到几十里之外。王邑派兵挖地道，同时又用战车撞城，万箭齐射，矢如雨下，城内的人不得不背着门板出外取水。王凤深感恐惧，请求投降，王邑拒绝接受。王寻、王邑自以为顷刻就会成功，不再忧虑军事上的事情。严尤劝谏王邑说："《兵法》记载：'包围城池要留一个缺口'，应使城中守军能够逃出，以震慑宛城的军队。"王邑还是不听。

王寻、王邑自以为大功即将告成，踌躇满志。不料夜间，一颗流星坠落在营中；白天，又有一团浓云犹如山崩一般对着军营陨落下来，在离地面不到一尺的地方骤然消散，军营中的军士们都被吓得伏在地上。

刘秀到郾县、定陵一带，把那里的军队全部集合起来救援昆阳。将领们舍不得财物，要求留一部分兵力看守。刘秀说："现在要是打败敌人，比这多一万倍的珍宝都有，甚至可以夺得天下。要是被敌人打败了，脑袋都保不住，财物还有什么用？"一听此言，将领们都想通了，于是把全部军队都带到了昆阳，刘秀亲率步兵、骑兵千余人当先锋。

这时，昆阳城被围得铁桶一般。刘秀率兵到离敌军四五里处停下来，有敌军数千人迎战，刘秀横冲直撞地冲杀一阵，杀敌十来人。首战小胜，士气为之稍振，将领们高兴地说："刘将军平时见了小股敌人就害怕，如今见了大敌却很勇敢，真是奇怪。再前进一些，我们为你助战。"刘秀又往前进军，结果敌军败退，杀敌近千人，士气大振，无不以一当百。

当时刘縯攻下宛县城已有三天，但刘秀尚不知晓，他派了一个人，冒充宛县城来的使者，到城中送信，信中说"攻打宛县城的兵马前来增援了"，然后故意把信遗落在路上。王寻、王邑得到了这封信，满心不悦。汉军各部将领连战连捷后，胆气更壮，无不以一当百。

刘秀率领三千敢死队员，从城西直冲敌军的中军地带。王邑、王寻十分轻敌，下令军队各守营地，不得移动，只率领一万余人迎战，结果大败。大军不敢擅救，王邑、王寻的阵势大乱，刘秀率军猛攻，击败了敌军，王邑被杀。昆阳城中守军也击鼓呼叫着冲杀出来，合力夹攻，王莽军队四处奔逃，相互践踏，死伤无数。这时，正巧巨雷炸响，狂风大作，天昏地暗，瓦片、树叶在空中飞舞。不一会，大雨倾盆而下，河水暴涨，巨无霸指挥的百兽也被吓得发抖，无法作战，王邑的士卒被水淹死的数以万计，尸体堵塞河道，河水为之不流。王寻带着剩下来的几千人逃回洛阳。刘秀缴获的军需辎重，不计其数，用了一个月的时间还没有收拾完毕。

昆阳大捷后，刘秀的威名传扬四方，遂派人向阴丽华的母亲邓氏提亲。邓氏十分赏识刘秀，答应了他的求亲。刘秀终于娶到了梦寐以求的阴丽华。这年,刘秀二十九岁,阴丽华十九岁。

昆阳一战,敲响了王莽政权的丧钟。王莽为之坐立不安,忧虑愤懑,难以下咽。海内豪杰蜂拥而起,杀掉州郡官吏自称将军,接受更始皇帝的年号,等待诏命。王莽的一些心腹也策划杀掉王莽,投降汉朝,保全宗族。

刘秀又攻取了颍川,进军父城(河南宝丰东),没有攻克,大军在巾车乡驻扎。颍川郡掾冯异监察所属五个县,认为刘秀不是个平庸的人,便与父城县长苗萌带领五个县投降刘秀。

正当此时,新市、平林兵的将领们看到刘縯、刘秀兄弟的威名日益大起来,心中不安,便劝刘玄除掉他们。刘秀敏锐地察觉到这一不利形势,便对兄长刘縯说:"事情可能有些不妙,你我还是谨慎行事为好。"但刘縯不以为然,并不做丝毫防备。在刘秀驻扎在父城时,刘玄就把刘縯和他亲信的将领杀掉了。刘秀怕自己遭到不测,赶紧跑到宛县城假意请罪。刘縯部下的官吏去迎接他、慰问他,他只是在公开场合下寒暄几句,表示过错在自己,不与来人私下交谈,不讲昆阳的战功,不为哥哥服丧,饮食言笑与平常一样,若无其事。刘玄见刘秀没有反对他的意思,有些惭愧,便拜他为破虏大将军,封武信侯。而刘秀每当独居,总是不喝酒、不吃肉,以此寄托哀伤。冯异发现他枕席上有哭泣的泪痕,叩头劝他自宽,他却否认说:"没有的事,你不要胡说。"

九月,更始帝刘玄的军队相继攻下了长安和洛阳,活捉了王莽的太师王匡、国将哀章,杀死了他们。刘玄打算以洛阳为皇都,命刘秀前往修整宫室。刘秀到任,安排僚属,下达文书,从工作秩序到官吏的装束服饰,全都恢复汉朝旧制。当时关中一带的官员赶来东方迎接皇帝刘玄去长安,见到刘玄的将领们头上随便包一块布,没有武冠,有的甚至穿着女人衣裳,便都感到滑稽可笑,有的人认为"服之不中,身之灾也",于是就奔入边郡避灾，独独见到刘秀的僚属肃然起敬。一些老官员流着泪说："没想到今天又看到了汉朝官员的威仪！"对刘秀产生了敬佩、向往的心理。此后，有远见的人都把希望寄托在刘秀身上，纷纷归降他。

四、联姻河北　击败王郎

更始帝刘玄移驻洛阳后，需要派一员亲近大将代表朝廷去河北一带，宣示朝廷旨意，要那里的郡国遵守朝廷的诏命。大司徒刘赐说："南阳宗室子弟只有刘文叔（刘秀）可以任用。"左大司马朱鲔等人认为不可以，刘玄疑惑难以决定，刘赐竭力地劝谏他，刘玄才命刘秀行使大司马的权力，带着符节，北渡黄河，镇抚慰问河北各州郡。这给刘秀提供了一个避开矛盾旋涡、自由施展的机会。

刘秀在河北，每到一处，考察官吏，按其能力升降去取；平反冤狱，释放囚徒；废除王莽苛政，恢复汉朝的官吏名称。官民欢喜，争相持酒肉慰劳，刘秀一律不接受。

在河北期间，刘秀身边相继聚集了很多人才。如邓禹便千里迢迢投奔了刘秀，建议他招揽英雄豪杰，建立汉高祖刘邦那样的大业。刘秀十分赏识邓禹，让他住在军营中，随时与他商议大事。骑都尉耿纯在邯郸拜见了刘秀，发现刘秀治兵严明，便认为刘秀是成大事之人，与他深交。

更始二年（24），以占卜为生的王郎诈称成帝之子刘子舆在邯郸（今河北邯郸）自立，攻城略地，声势一时间十分浩大。刘秀因为王郎的势力不断扩张，便率军向北攻占了蓟县（今天津蓟县）。王郎移送檄文给各郡，悬赏封邑十万户购刘秀的人头。正巧西汉原广阳王刘嘉的儿子刘接在蓟县起兵响应王郎，城内一片混乱，传言邯郸王郎的使者已经来到，两千石俸禄以下的官员都出去迎接。刘秀害怕，催促车辆逃走，到了南城门，城门已关闭，他带着士兵强攻，才得以逃出了城。

刘秀一行人昼夜向南奔驰，不敢进入城市，吃住都在道旁，到了芜蒌亭（河北饶阳境内）时，天气特别严寒，冯异送上豆粥充饥。到了饶阳县城时，已经没有任何可吃的了。刘秀就自称是邯郸使者，进入驿站的旅馆，驿站的官员正在吃饭，刘秀的随从都饥饿不堪，争相夺食。驿站的官员怀疑他们不是真正的使者，于是就用鼓槌击鼓几十通，骗他们说："邯郸将军到！"刘秀的部下都惊慌失色。刘秀登车想逃跑，随后又想到已被困在城中，若来人真是邯郸将军，就是跑也徒劳无益，倒不如见机行事，看看再说。于是，刘秀不慌不忙地回到座位上说："请邯郸将军入见！"这样僵持了很久，刘秀才驾车离去。驿站官员急忙从远处呼叫守门人关门，堵住刘秀等。守门的官吏说："天下是谁的尚难预料，怎能随便不让贵人出门呢？"这样，刘秀一行才得以出门南去。他们日夜兼程，冒着霜雪，脸都冻裂了。

到了下曲阳县（今河北晋县），传言王郎的军队在后边追赶，刘秀的随从官员都很恐惧。到了滹沱河，侦察的官员回来说："河水里有冰块在流动，没有船，无法过河。"刘秀派将军王霸去观看，果然如此。王霸恐怕众人惊恐，想让大家暂且向前走，等到河边受到水的阻挡再回来，就骗大家说："河冰很坚实，可以渡过去。"官兵都非常高兴。刘秀笑着说："侦察果然胡说。"于是前进，等到了河边，河冰真的冻结凝在一起了，刘秀就命令王霸监护渡河，还剩几匹马没渡完，河冰就塌陷了。队伍到了南宫县（今属河北），遇到了狂风暴雨，刘秀带领大家到路旁的空房中避雨，冯异抱了些木柴来，邓禹点燃，刘秀对着灶火烤衣服。不一会，冯异又送来用小麦煮成的饭。

到了下博县（今河北深县）城西，刘秀等人惶惑迷惘，不知该往哪里去。这时有一位身穿白衣的老人在路旁,指点说:"大家要努力!信都郡太守还在为王莽守此城,离这个地方只有八十里路。"刘秀立即带领大家奔赴信都(河北冀县)。

这时,郡县封国都已投降王郎,只有信都郡太守任光、和戎太守信都人邳彤不肯服从王郎。任光正担心自己孤军死守一城,恐怕不能保全,得知刘秀来到,特别高兴。邳彤也从和戎郡前来相会,参加议论的多数人说可以由信都兵护送刘秀等人返回长安。邳彤却有不同意见,他说:"官民歌颂、思念汉朝很久了,因此刘玄称帝而全国响应,三辅地区打扫宫殿、清洁道路来迎接他。现在一个卜卦的王郎,假借帝王之子的名号乘势纠集乌合之众,取得了燕赵之地,但没有牢固的基础。如果您能发动信都、和戎二郡的兵力讨伐王郎,还用担心不能取胜?现在如果放弃这次机会而返回长安,岂不是白白失去了河北,还必定会惊动三辅,损害朝廷威信,这不是成功的计策。如果您没有征讨王郎的意思,那么就是信都的兵也难以召集。什么原因呢?您一旦西行返回长安,那么邯郸王郎的局势就安定了,百姓不肯抛弃父母妻子,背叛现成的主人(王郎)千里追随您,他们必定要逃散。"刘秀听了这番话,才决定不再回长安了。

刘秀因为两郡的兵力太弱,想投奔城头子路和刁子都的部队。城头子路是东平人爰曾,在黄河、济水一带抢掠,有二十多万人,刁子都有六七万人,因此刘秀想依靠他们。任光认为这两个人靠不住。刘秀便在邻县征集精兵四千人,封任光为左大将军,信都郡都尉李忠为右大将军,邳彤为后大将军,仍担任和戎太守,信都县令万修为偏将军,都尉为列侯。留下部将宗广兼任信都太守,命任光、李忠、万修率兵跟随讨伐王郎,邳彤带兵充当前锋部队。任光于是写了许多份讨伐文告,说:"大司马刘秀率城头子路、刁子都大军百万人,从东方出发,前来讨伐王郎!"

派骑兵急驰到巨鹿郡内散发。官民得到了文告，都辗转相告。刘秀夜袭堂阳县（今河北新河县），命将士骑马高举火把，火光映照川泽，一片通明，堂阳县立即投降。又攻打贳县，贳县也投降了。

昌城人刘植聚集几千士兵占据昌城迎接刘秀，刘秀任命刘植为骁骑将军。耿纯率领宗族宾客两千多人，在育县迎接刘秀。刘秀封耿纯为前将军。大军进攻下曲阳县，收复了那里。部队渐渐会合，达到几万人，又向北进攻中山（今河北定县）。

刘秀带兵攻取卢奴，所经过的地方都征发当地的逃亡士兵，到沿边各郡传递文书，命各地共同进攻邯郸，各郡县迅速响应。这时真定（治今河北正定南）王刘扬起兵归附王郎，有兵十多万人。

如果硬打，刘秀即使能够以智取胜，也势必伤损严重。这使他非常忧虑。在这样的情形下，在昌城投靠他的刘植愿意以同宗的名义，前去游说刘扬，让他与刘秀联合作战。

刘植很快就带来了刘扬的回音：刘扬对刘秀的才干非常钦佩，愿意主动归附，但是他要与刘秀联姻。刘秀一时反应不过来，不知道这姻从何联起，惊讶之极："我刚刚成亲，还没有儿女，如何与他联姻？"刘植挠着头道："去联姻的不是别人，就是您自己。刘扬有个外甥女名叫郭圣通，他愿意让您去做他的外甥女婿。这事确实有些不好办，不过我已经替您应承下来了，您还是答应了的好。"刘秀一听，顿时窘迫不已："我已经有阴丽华做妻子了，怎么还能娶别的女人呢？"

刘秀与阴丽华之间两情缱绻之深，对于他的亲信部属来说，可谓人人皆知的事情。所以刘植回报的时候，早已经想好了一堆说辞，他说："常言道，天子娶九女、诸侯纳三妇，您就算娶了郭圣通，那也还不过就是两个而已。再说了，这对您又有什么不好？难道您不愿联姻，反倒愿与刘扬拼个你死我活吗？请您好好考虑考虑。"

为什么刘秀会对迎娶郭圣通有抵触情绪呢？要知道，中国古代，并不是一夫多妻制，而是一夫一妻多姬妾制。妻子的名分只能属于一个女人，其他的女人只能是姬妾。而姬妾在正妻面前是非常卑微的：她要向正妻跪拜、自称奴婢，她没有资格当亲生儿女的母亲，她的儿女只能喊丈夫的正妻为母亲。如果正妻悍妒，甚至有随意杀死姬妾的权力。

毫无疑问，郭圣通如此大的来头，是不可能甘心做姬妾的。那么事情就明摆着：刘扬是在要求刘秀停妻另娶他的外甥女为正妻。而刘秀心爱的女人阴丽华，只能退为小妾。刘秀从来也没有想过，要让别的女人凌驾于阴丽华之上。他对阴丽华苦恋多年，现在终于达成心愿，实在不愿意移情别恋。不过当时的情况是：要么娶郭圣通为妻当刘扬的外甥女婿，要么就来一场十几万兵马的混战。刘秀权衡利弊，终于答应了联姻，娶了郭圣通。

联姻之后，刘秀的兵力大增，他率兵攻打元氏（今河北元氏）、防子（今河北高邑），都取得了胜利。大军到鄗县（今河北柏乡），斩杀了王郎的将领李恽。到柏人县（今河北唐山），又击败了王郎的将领李育，李育撤军固守柏人城，刘秀围攻，没有攻下。

有人劝刘秀，认为攻柏人县不如定巨鹿（今河北平乡西南）为基地，刘秀就领兵向东北攻下了广阿（今河北隆尧北）。

为了监视刘秀，更始帝派尚书令谢躬率领六位将军讨伐王郎，但没有攻下邯郸。刘秀率兵来到，与他们联合，向东包围了巨鹿，一个多月没有攻下。王郎派遣将领攻打信都，城中大户马宠等人打开城门迎接。更始帝派兵收复了信都，刘秀命部将李忠回信都，行使太守的职权。王郎派将领倪宏、刘奉率几万人救巨鹿，刘秀率军迎战，部将景丹等纵马率突骑出击，倪宏等大败。

前将军耿纯对刘秀说："长久地围攻巨鹿，官兵都很疲劳，不如调精锐部队进攻邯郸，如果能诛杀王郎，巨鹿就会不攻自破了。"刘秀接受了建议。于是，刘秀留下将军邓满带兵围巨鹿，其余人进攻邯郸，击败了王郎，并杀死了他。

刘秀在清理缴获的文书档案时，发现汉军官吏与王郎私下勾结、毁谤刘秀的材料有几千份。要是按这些材料提供的线索加以追究，必然会使一大批人惶恐不安。刘秀对那些材料一律不看，把众将领召集起来，当着他们的面一把火烧掉了那些材料。他解释说：这样做，是"令反侧子（心怀不安的人）自安（放心）"。

五、平定河北　即位鄗城

更始帝刘玄派使节赶到河北，封刘秀为萧王，并命令刘秀停止一切军事行动，与有功的将领赶到长安去；又派遣自认为可靠的人到河北地区任职。这表明更始帝已经对刘秀不放心，要削弱他的势力，召他回朝，夺回他的军权。刘秀自然明了这一意图，便以"河北未平"为理由，拒绝应召去长安。刘秀与刘玄的裂痕从此开始明朗。

这时，铜马、大彤、高湖、重连、铁胫、大抢、尤来、上江、青犊、五校、五幡、五楼、富平、获索等农民军各自率领队伍，总共有几百万人，到处掠夺。刘秀要想成就大业，必须消灭或兼并这些农民军。为了攻打他们，刘秀封属下吴汉、耿弇为大将军，拿着符节北上，征调幽州十郡的突骑。幽州牧苗曾听说此事，暗中吩咐各郡不要听从征调。吴汉率领二十名骑兵，首先驰奔到无终（今天津蓟县），苗曾在路上迎接，吴汉当即把他逮捕并处死。耿弇到上谷，也逮捕了韦顺、蔡充，并当场杀死。北方的郡县都很震惊，于是都听从征调，发出其全部兵马。

吴汉率领兵马与刘秀会合，刘秀见他的队伍兵马雄壮，十分重视。吴汉把自己队伍的名册交给了刘秀的军营，然后听候拨给他人马，没有一点私心，因此刘秀更加重视他。刘秀任命偏将军朱浮为大将军、幽州牧，命他治理蓟中（今北京西南）。刘秀率军大败铜马军。铜马军粮食已尽，连夜逃跑，刘秀率兵追击，在馆陶（今属山东）大破铜马军。

刘秀正在接受铜马军投降时，高湖军、重连军从东南开来，与尚未投降的铜马士兵会合，刘秀又与这些农民军在蒲阳（山名，在今河北满城）大战，农民军再次失败，全部投降，刘秀把他们的将领都封为列侯。

刘秀知道被收编的将领对他半信半疑，心怀不安，就下令投降的将领各归军营整饬自己的军队。随后，他又单人骑马巡视各军。投降的将领见到刘秀对他们没有戒心，纷纷表示说："萧王对我们推心置腹，怎能不以死相报呢？"自此大家都对刘秀心悦诚服。刘秀将他们分配到各个军营中，人数达数十万。这下大大加强了刘秀的军事实力。

与此同时，以樊崇、逢安、徐宣等人为首活动在今河南东部的赤眉军（军士一律用朱红色涂眉，故称），正在迅猛地向长安进兵。赤眉军一旦攻下长安，更始帝刘玄败逃，就将出现一个夺取关中一带的良好时机。刘秀感到争夺天下的时机即将到来。他一边派将军邓禹率精兵两万向关中一带进发，相机行事；一边选定北据太行山、南临黄河、地处险要、财物富实的河内郡（治怀县，在今河南武陟）作为进取中原的立足点。他选用文武兼备的良将寇恂任河内太守，冠以"行大将军事"的衔号。刘秀又任命冯异为将军，在孟津（今河南孟县以南）部署重兵，统领魏郡、河内的军队，在黄河沿岸布防，来抵拒洛阳的军队。刘秀亲自送邓禹到野王（河南沁阳境内），邓禹率兵向西进军。

安排妥当以后，刘秀又带领一支军队回到冀中、冀北一带。第二年四月，刘秀带兵北进到元氏，攻击尤来、大抢、五幡等农民军，一直追到北平县（今河北满城），接连击败敌军；又在顺水北岸与农民军交战，刘秀乘胜而轻敌冒进，反被农民军战败。刘秀杀出敌阵，从山坡上跳下来，才得以逃生。恰遇突骑兵王丰，王丰急忙下马，将战马让给刘秀。刘秀按着王丰的肩头，翻身上马，回头对耿弇笑道："差点就被这帮家伙所耻笑。"耿弇不断张弓发箭，打退敌军，刘秀等才得以幸免。

溃败的散兵回到范阳坚守。将士们在军营中没有见到刘秀，有人说刘秀已经战死，将领们不知该怎么办。吴汉说："萧王哥哥的儿子在南阳，为什么担心没有主帅？"将领们仍然恐惧不安。几天后，刘秀到来，将领们才安定下来。

农民军虽然取得了胜利，但却畏惧刘秀的威名，于是乘夜间撤走。刘秀的军队又追到安次县，接连进攻，大破敌军。农民军退到渔阳，所到之处大肆抢掠。强弩将军陈俊对刘秀说："贼军没有粮食辎重，应派轻骑兵绕到他们的前面，命令百姓各自坚壁清野，断绝他们的粮食，可以不用交战就使他们覆灭。"刘秀认为很对，就派遣陈俊率领轻骑兵飞驰到农民军的前面，对能够保障人民安全、壁垒坚固的村镇，就命令坚守；对散居在郊野的人家，就先行抢掠。当农民军到达时，什么东西都得不到，于是溃散。

此时，众将都打算拥立刘秀为皇帝。将军马武首先说："大王虽然谦虚退让，可是对宗庙、社稷怎样安排呢！应先即皇帝位，再商讨征伐。"刘秀听后，不知将军们是否出于真心实意，就装作大惊失色说："将军怎么敢说这样的话？应当杀头！"马武若无其事地答道："众将领们也都是这个主张。"刘秀让马武出去，向众将领解释目前不能称帝的道理。然后，刘秀率军回到蓟县。又派吴汉率领耿弇、景丹等十三位将领追击尤来等农民军，杀死一万三千多人，又穷追到浚靡才返回。残余的农民军散入辽西、辽东，被乌桓、貊人抄掠杀戮殆尽。

刘秀回到中山县，将领们纷纷给刘秀上尊号，要求他称皇帝，他们说："汉朝不幸，遭王莽之乱，祭祀废绝，正统不断，四方英豪切齿愤恨，怒不可遏，宇内生灵涂炭，万民倒悬。大王您与伯升首倡义举，起兵反莽兴汉，但更始却凭借您的力量，窃据帝位。他不但不能奉行天子的职责，反而废乱纲常，败坏法纪，使天下盗贼日渐增多，百姓生计艰难窘迫。大王您首战昆阳，歼敌十万，王莽政权随之寿终正寝；其后攻占邯郸，扫荡王郎，北方各州盗贼平定；而今天下三分，您占有其二，大军百万。若论实力，无人能与您抗衡；讲到仁德爱民，您也是当之无愧，无可推辞。臣下听说帝王的尊位不能长期空置，上天的旨意也不可过分谦恭拒让。请大王您从国家利益来考虑这个问题，满足天下人的共同心愿。"刘秀还是拒绝。

到了南平棘（今河北赵县南），将领们又一再劝说，刘秀还是不答应。当人们都走开后，将军耿纯对刘秀说："人们抛开亲人和家乡，跟从大王出生入死，本来就是想攀龙附凤，实现封官拜爵的愿望。现在大王迟迟不肯登帝位，违背大家的心愿。我担心众人一旦对此失望，就会产生离去的想法。如果人员一散，就难以再召集了。"刘秀由此相信了将领们要他当皇帝是出于真心实意，而且是出于个人利益，并非虚让。于是，他表示说："我会考虑这个问题。"

刘秀把冯异从洛阳前线召来，向他询问天下四方的形势。冯异是当时刘秀最亲密的人，自从刘秀任司隶校尉起，他一直在身边，陪同和照顾刘秀度过了最艰难的时刻，经常劝刘秀做争夺天下的思想准备。他不争功名，每当论功行赏，总是蹲在大树下面一声不响，军中因此称他为"大树将军"。刘秀认为他忠实可靠，而且由于他担任洛阳前线的军事首领，了解战争的形势，他的估计有更大的可靠性，故此才召他来询问。冯异对刘秀说："更始皇帝的败局已定，考虑宗庙社稷的问题，就在大王你了。应当听从众人的主张。"

正当此时，有个名叫强华的儒生，捧着赤符从关中来见刘秀，赤符上写着："刘秀发兵捕不道，四夷云集龙斗野，四七之际火为主。""四七"是二十八，从公元前206年刘邦称帝至公元22年刘秀起兵是二百二十八年；火，指汉朝，按阴阳五行说汉朝属火德。这表明，刘秀确实是"受命天子"，要再不为天当子，那不仅违背众望，也要违背天意了。于是人们在鄗县（今河北柏乡县）城南的千秋亭五成陌筑起坛台，刘秀于六月即皇帝位，史称东汉光武帝。随后，举行祭天仪式，登台祭告天地群神，祭文这样说：

> 皇天上帝，天地之神，垂爱顾念，降下命令，把老百姓托付给刘秀，让刘秀为民父母，刘秀实不敢当。群臣诸侯，没有事先谋议却众口一词，都说："王莽篡位，刘秀发奋起兵，打败王寻、王邑于昆阳，诛杀王郎、铜马于河北，平定天下，海内蒙受其恩。上合天地之心意，下被百姓所归心。"谶文说："刘秀发兵捕不道，卯金（即刘）修德为天子。"刘秀仍然坚决推辞，一而再，再而三。群臣一致说："老天的大命，不可迟疑不决。"刘秀不敢不敬承天命。

于是建立年号，改这年为建武元年（25）。

六、定都洛阳　平叛分封

光武帝刘秀在鄗城即位,却未定国都。定都何地呢?当时人们心目中的重心当然是长安,但长安不可能在短期内夺到手。光武帝刘秀在河内郡徘徊一月有余,最后确定了洛阳。他首先派兵占据了五社津(在今河南巩县北)等要塞,以防荥阳以东的割据势力前来争夺,然后下令包围洛阳。

当初更始帝刘玄去长安时留属下将领李轶、朱鲔守洛阳,这两个人都曾劝更始帝杀掉刘縯,是光武帝的仇人。李轶愿意归降,写了一封信给光武帝。光武帝认为此人诡诈,反复无常,把李轶的信交给太守、郡尉一级官吏传阅,说对这种人要引起警惕。消息很快被朱鲔知道了,他觉得李轶的行为无疑是要出卖他,于是就派人刺杀了李轶。朱鲔刺杀李轶,引起洛阳军中的混乱。光武帝一箭双雕,既分化瓦解了敌军,又借刀除掉了仇人。

当洛阳被包围以后,光武帝派廷尉岑彭劝朱鲔投降,岑彭原是朱鲔的部下。朱鲔在城上回答说:"我知道自己的罪过太深,不敢投降。"光武帝对岑彭说:"干大事的人不计较小的怨恨。朱鲔要是现在投降,可以保住官爵,怎么会杀他的头呢?我对着面前的黄河发誓,绝不食言!"岑彭又去转达光武帝的话,朱鲔见光武帝并非欺诈,就答应了投降。

朱鲔把自己捆起来,要岑彭陪他去向光武帝请罪。光武帝见了朱鲔,亲手给他解了绳子,要岑彭连夜把他送回洛阳。第二天一早,洛阳的守军就打开城门,全部投降了光武帝。光武帝任命朱鲔为平狄将军,并封他为扶沟侯。

光武帝率军进入洛阳,住进南宫,定都洛阳。光武帝严禁军队进城后抢掠横行。将军萧广违犯军纪,纵兵横暴,被处以死刑,于是洛阳很快安定下来。

建武二年（26），光武帝把所有的功臣都封为侯爵。梁侯邓禹、广平侯吴汉都享有四个县的封地。博士丁恭发表意见，说："古时候，分封诸侯不过方圆百里。树干强壮，树枝弱小，以此来把国家治理好。现在封四个县，不合法制。"光武帝说："古时候的亡国全是因为无道，从来没有听说过因功臣封地多而亡国的。"阴乡侯阴识是贵人阴丽华的哥哥，按照他的战功应当增加封地。阴识磕头辞谢说："天下刚刚安定，有战功的将帅很多，我作为后宫的亲属，要增加封地，就无法面对天下。这是因为皇亲国戚受到封赏，全国百姓都会评价他的功绩。"光武帝表示接受。

光武帝让将领们各自说出所愿封的地方，众人全都指出富庶的县分。河南太守颍川人丁綝只请求分封自己的故乡。有人问他原因，丁綝说："我的能力小，功劳又小，能够封乡亭侯就很优厚了！"光武帝听从他的意愿，封他为新安乡侯。光武帝命郎中冯勤主持分封诸侯事宜。冯勤估量每个人功劳的大小，分封国土的远近，土地的肥沃贫瘠，使谁也不超越谁，功臣们没有一个不满足不服气的。光武帝认为冯勤有才干，将尚书的有关事务都交给他负责。以前的做法是，尚书郎的位置由尚书令史按年资依次递补，此后，光武帝开始用孝廉做尚书郎。

光武帝在都城洛阳建立高庙。每年春夏秋冬四季，联合祭祀汉高祖刘邦、汉文帝刘恒、汉武帝刘彻。在宗庙的右边建起祭祀土神和谷神的社稷坛。在洛阳城南建立祭祀天地等众神的神坛。

光武帝定都洛阳没多久，便发生了叛乱事件。真定王刘扬不想长久臣属于光武帝，想自己即皇帝位，同农民军互相勾结。光武帝派遣骑都尉陈副、游击将军邓隆去召刘扬，刘扬紧闭城门不让他们入内。光武帝又派遣前将军耿纯持符节巡视幽州、冀州，沿途慰劳各处的王侯，并密令他逮捕刘扬。耿纯到达真定，住在驿站，邀请刘扬见面。耿纯的母亲是刘扬本家，所以刘扬不怀疑他，而且又仗着自己人多势众。耿纯神情安详，刘扬毫不怀疑地带着随从官属前去见耿纯。刘扬的兄弟们全都带领轻装的士兵守在门外。刘扬走进耿纯的住所，拜见耿纯，耿纯以礼敬的态度迎接，乘机邀请刘扬的兄弟们全都进屋。接着关闭房门，把他们全部诛杀，然后率领军队离开。整个真定都处于震撼和恐怖之中，没有人敢有所举动。光武帝为了拉拢真定百姓，又封刘扬的儿子刘德继任真定王。

当时，更始朝在南方未投降的大将还有很多。光武帝召集将领们商议出兵的事，用檄书敲打地面，说："郾城最强，宛城其次，谁愿意承担此任攻击这两个地方？"执金吾贾复不假思索地说："我请求攻打郾城。"光武帝笑着说："执金吾攻郾城，我还有什么可担心的！大司马（吴汉）应去攻宛城。"于是派遣贾复攻打郾城。贾复攻破郾城，守将投降。贾复又向东攻打更始朝淮阳太守暴汜，暴汜投降。大司马吴汉奉命攻打宛城。

这时，赤眉军已经攻克了长安，拥立刘盆子为帝，杀死了更始帝刘玄。宛王刘赐带着刘玄的妻子儿女到洛阳投降。光武帝封刘赐为慎侯。光武帝的叔父刘良、族父刘歆、堂兄刘祉也从长安来到洛阳。刘秀封刘良为广阳王，封刘祉为城阳王；又封哥哥刘縯的儿子刘章为太原王、刘兴为鲁王。刘玄的三个儿子刘求、刘歆、刘鲤全封为侯爵。

七、胜赤眉寇　平农民军

赤眉军在长安城中安定了没多长时间，将士们又出来，像从前一样大肆抢掠。

长安城里粮食用尽了，赤眉军将领樊崇、徐宣等装载了他们搜来的金银财宝，纵火烧毁宫室、里巷民房，任意杀人抢劫，长安城中没人敢在街上行走。于是赤眉军挥师西行，号称百万大军，从南山转移，途经城池则大肆抢劫，最后进入安定（今宁夏固原）、北地（今甘肃环县）。受光武帝之命攻打赤眉军的将领邓禹带兵向南到达长安，驻扎在昆明池，拜谒祭祀汉高帝刘邦的祭庙，收起西汉十一位皇帝的牌位，送到洛阳。

建武二年（26）九月，赤眉军带兵想向西行去陇县（今甘肃清水县），西州大将军隗嚣派遣将军杨广迎击，大破赤眉军。邓禹派兵在郁夷（今陕西陇县）袭击赤眉军，反被赤眉军所败。邓禹举兵离开长安，赤眉军又回到了长安。汉中农民军将领延岑驻扎在杜陵（陕西西安东），赤眉军将领逄安带兵攻打他。邓禹因为逄安带精兵在外，于是率军袭击长安，正巧赤眉军将领谢禄救兵来到，邓禹军队战败而逃。延岑攻打逄安，大破赤眉军，死者有十多万人。

邓禹当时既缺少粮草，与赤眉军交战又多次失败，已归附他的人逐渐离去。赤眉军、汉中延岑的军队在三辅地区横行暴虐，郡县的大户人家都各自集结兵众自保，邓禹无法平定。光武帝就派偏将军冯异代替邓禹去征讨，光武帝亲自送冯异到河南。冯异带兵向西，所到之地便显示军威，建立信誉，农民军纷纷前来归降。

三辅地区发生了大饥荒，出现了人吃人的现象，尸骨遍地，幸存的人民往往聚在一起修筑营垒保卫自己，各自加固营垒，转移人口、物资。光武帝又下诏征召邓禹回京，说："要慎重，千万不要与走投无路的敌人争战。赤眉军已没有粮食了，自然要向东撤。我们以饱食的军队等待饥饿的赤眉军，以休整后的战士来等待疲惫的赤眉军，只要折下树枝就可以抽打他们，不用各位担忧。不要再随便出兵。"

赤眉军抢不到东西，就向东撤退，此时赤眉军还有二十多万兵，沿途又逃散了许多。光武帝派破奸将军侯进等驻扎在新安（今河南新安），建威大将军耿弇等驻扎在宜阳（今河南宜阳），来阻截赤眉军的退路。冯异的军队与赤眉军在华阴（今属陕西）相遇，互相对抗了六十多天，交战几十次，赤眉军投降的官兵达五千多人。

建武三年（27）正月，光武帝任命冯异为征西大将军。冯异与邓禹联合起来救援，赤眉军稍向后退却。冯异认为士卒饥饿劳乏，应暂且休息；邓禹不听，又与赤眉军交战，被赤眉军打得大败，死伤的人有三千多。邓禹带领二十四个骑兵逃回到宜阳（在今河南西部）。冯异丢下战马步行逃走，与几个部下一起回营，集合了散卒，坚守营垒，再不敢出战。

过了一段时间，冯异与赤眉军约定日期决战，让壮勇的士兵改穿与赤眉军相同的服装，在道边埋伏。然后，冯异命全军出动大战赤眉军。太阳偏西时，赤眉军的士气大衰，冯异埋伏的士兵出战，因为与赤眉军都穿着同样的衣服又混在一起，赤眉军无法分清敌我，于是赤眉兵众惊恐溃散；冯异带兵追击，在崤谷之底（在河南洛宁），大破赤眉军，投降的男女达八万人。

光武帝对于冯异大获全胜非常高兴，决意亲率大军征讨赤眉军，以彻底消灭他们。赤眉军行至宜阳（在今河南西部，洛河中游），业已疲惫不堪，突然发现光武帝亲率大军早已等在那里，一时不知所措，便投降了光武帝，把在长安得到的传国玉玺也交给了光武帝。

这时的赤眉军尚有十余万人，兵甲器械堆放在宜阳城西，高与山齐。光武帝下令给饥饿的投降士兵发放食物，第二天又把他们集合起来，排列在洛水岸边，让其首领观看，并对樊崇等人说："是不是对投降后悔呀？现在放你们各回军营，指挥你们的军队，和我决个胜负。我不想强迫你们投降。"徐宣等赤眉将领叩头说:"我们出了长安,君臣就商量归降听命,只是老百姓愚昧无知,不能事先告诉他们。现在能够投降,就像走出虎口,回到慈母的怀抱,诚心诚意地感到欢喜,一点也不后悔。"光武帝不无快意又不无蔑视地说:"你算是钝刀中的快刀、庸人中的能人了。"光武帝把樊崇等赤眉军将领及其妻子安排在洛阳居住,给了他们田宅。赤眉军所拥立的小皇帝刘盆子是皇族中的人,光武帝让他在叔父刘良的赵王府中当了个郎中(管理车马门户并内充侍卫的小官)。

赤眉军被迫撤出长安后,延岑率军进入,占据长安的张邯归降延岑。延岑自称武安王,拜置牧守,成为割据势力,欲占据关中。光武帝命冯异攻打延岑。冯异率大军且战且进,一路攻克了下邽(今陕西渭南下邽镇)、新丰(今临潼)、霸陵(今西安灞桥毛西乡),率军进驻于长安城东的上林苑。延岑与张邯被冯异打败,逃出长安。这样一来,冯异军粮食充足,士气大振,征伐割据自立的公孙守(据今咸阳东)、杨周(据今周至)、角闳(据今千阳及陇县)、骆延(据今周至)、汝章(据今兴平)等,他们相继投降,首领入洛阳安置,军士散归乡里。吕鲔(据今宝鸡)、张邯、蒋震等三人率部由三辅向西南逃走,投降了蜀帝公孙述(据今四川成都),三辅(今陕西关中)平定。

赤眉军主力投降和三辅平定,只是标志农民军的基本队伍已被消灭。但除此以外,还有散布于全国各地难以计数的小股农民军仍坚持着斗争。这些农民军有的属于绿林军的更始政权,有的则另建旗号。在镇压赤眉军的同时及赤眉军被消灭后,光武帝始终没有间断对那些零星的农民军进行镇压。其中主要的有:

建武二年,光武帝派岑彭率兵攻打荆州,镇压南方的农民军。此时,南方仍在大乱,更始政权的诸将领拥兵自据,就是光武帝的老家南阳诸城,也在更始诸将领的控制之中,还有更多的地方势力割据一方，使地方扰攘不安。岑彭在南方经过数年苦战，才勉强把较大的农民军镇压下去。但零星的农民军始终没有停止过战斗。

同年，光武帝又派大司马、舞阳侯吴汉率王梁、朱祐、杜茂、贾复、坚镡、王霸、刘隆、马武、阴识等将在邺东漳水击溃檀乡农民军十余万人。接着，又击破邺西山军黎伯卿所部。南阳、新野一带的农民军也在吴汉和岑彭的镇压下被逐个消灭。

建武三年春，光武帝派吴汉率耿弇、盖延等将大破青犊。接着，吴汉等人又于临平和东郡箕山破五校农民军，北击清河长直及平原五里军。是年冬，又在平原（治今山东平原西南）击败富平、获索的农民军。到建武五年（29）为止，这一带的农民军基本上被吴汉等消灭。

八、削平割据　统一全国

农民军平定了，光武帝仍然面临着一个群雄割据、山头林立的局面。当时，力图争夺皇帝宝座或打算割据一方称王称霸的，大有人在。其中主要有刘永、彭宠、隗嚣、窦融、公孙述、卢芳、秦丰等人。光武帝要维护中央集权统治，恢复和巩固封建地主阶级国家的统一，就必须铲平这些割据势力。因此，在镇压农民军的同时，光武帝实际上是以更大的力量来铲除地方割据势力的。

在东方，今山东、豫东、皖北和苏北一带，因距长安和洛阳较远，形势较为复杂。这里有农民军的余众，有地主武装，也有先为农民军、后来蜕化为割据武装的军事集团或流寇。在这些武装集团中，为首的则是雄踞豫东、皖北的梁王刘永。

建武元年（25），当光武帝称帝之时，刘永也于同年十一月称帝于睢阳（今河南商丘）。建武二年（26）四月，光武帝派大将军盖延讨伐刘永，将刘永围于睢阳。但盖延军中的更始降将苏茂却由于内部不和叛变而投降刘永，一下子削弱了盖延的兵力，却增强了刘永的势力。盖延军经过苦战，直到八月，睢阳才被攻克，刘永逃走。趁盖延取得胜利之际，光武帝派人持节至青、徐二州招降，当地不少割据武装相继投降，一部分农民军也在此时放下武器。建武三年（27）四月，光武帝又派吴汉、杜茂等七将军大破刘永属下之苏茂、周建军。周建、苏茂和刘永被睢阳人迎入城中，继续与盖延军对抗。盖延军包围睢阳城百日，终未攻克。后来城中粮尽，刘永、苏茂、周建等突围出走，刘永被部将庆吾杀死。

彭宠的割据背景与刘永不同，他是作为光武帝任命的渔阳（今北京密云）太守在建武二年举兵叛汉的。彭宠的叛变起了连锁反应，建武三年三月，涿郡太守张丰也反叛，自称"无上大将军"，与彭宠连兵。这两股叛军结合起来，给刚刚建立的光武帝的东汉政权以很大的威胁。彭宠占领了蓟城，自称燕王，又攻克右北平、上谷数县。同时与北方的匈奴勾结，借兵为助，又南结割据势力张步及富平、获索诸军，同南方、东方的割据势力联合在一起。

建武四年（28）五月，光武帝派朱祐、耿弇、祭遵、刘喜等率军攻张丰，在涿郡一战将深信自己当为"天子"的张丰生擒。此时，围剿彭宠的汉军步步向渔阳逼近。建武五年（29）二月，彭宠身边的奴仆子密及小奴二人将彭宠及其妻子杀死，向汉军投降。

在西北，今陕西西部至甘肃大部，有两个武装集团趁机割据，其首领就是天水的隗嚣与河西的窦融。隗嚣与光武帝的东汉政权对抗十余年后，终被消灭；窦融则自动取消割据及时投入东汉的统一政权，而被尊为开国功臣。

隗嚣在建武元年更始帝刘玄败后，西归天水，招集部众拥兵自据。光武帝派兵进占关中，隗嚣又主动配合，光武帝命邓禹持节封隗嚣为"西州大将军"。

建武三年以后，光武帝将主要力量放在东方和渔阳，无暇西顾，公孙述称帝于蜀。光武帝暂时无力扫平，曾多次示意拥兵于陇西的隗嚣讨蜀，但隗嚣宁可以蜀的存在牵制刘秀，以保持自己的割据之势，也不愿蜀被消灭，因此，并不认真遵从光武帝调遣。光武帝也逐渐看出隗嚣这种"欲持两端"的狡猾态度，于是矛盾开始公开化。

建武六年（30）以后，关东较大的割据势力均已扫平，光武帝得以西顾。当时，正值公孙述由蜀出兵攻打南郡，光武帝即命隗嚣从天水伐蜀。但隗嚣不仅拒不执行，反而多方阻拦。于是，光武帝就对隗嚣进行不断的讨伐。隗嚣依靠其地处西陲、粮草充足、兵马强壮的有利形势，又北结卢芳，西通诸羌匈奴，南向公孙述称臣，被公孙述封为朔宁王，联合起来同光武帝的东汉政权对抗。这期间，隗嚣时而向光武帝表示认罪，时而请求"宽宥"，但始终没有诚意投降，而光武帝则一直希图以诱降方法使其放弃割据。所以，这场停停打打的战争进行了四五年之久，仍未有结果。建武九年（33）被光武帝的东汉大军长期围困的隗嚣，忧愤而死。

窦融的祖父、从弟皆在河西（今甘肃、青海两省黄河以西，即河西走廊与湟水流域）任职多年，窦氏在那里势力雄厚。窦融被更始帝任命为张掖（治今甘肃张掖西北）属国都尉后，大力发展个人势力，甚得当地居民——主要是豪强地主的拥护。不久，更始政权失败，窦融又被河西地方官吏和豪强地主推为"行河西五郡大将军事"，仍领都尉职，置从事监察五郡，实际已成为河西五郡割据政权的首领。

光武帝即位后，窦融即决心投向光武帝政权，建武五年（29）向光武帝奉书献马，表示归顺，被光武帝任为凉州牧。窦融不与隗嚣合作，适时地放弃割据，乃是审时度势，估计光武帝必胜，而自己地处一隅，决无与中原各武装集团争雄之力，故主动倒向光武帝。后来，又配合刘秀军队消灭隗氏割据政权，从而深受光武帝信任，除本人被封侯外，家属及属下多人被封侯，其子窦穆娶了内黄公主。满门尊崇，并被奉为"功臣"。

王莽末年，秦丰起兵于黎丘（今湖北襄樊南），占据南郡（治今湖北江陵），拥兵十万余人，自称楚黎王。光武帝派吴汉率军平定南阳，军多抢掠。新野人邓奉（西华侯邓晨侄儿，被光武帝封破虏将军）省亲在乡，对吴汉抢掠其乡里大怒，率家兵攻打吴汉，取得胜利，夺取了吴汉辎重。邓奉屯驻淯阳，与诸反汉军会合。建武二年（26）秋，光武帝派岑彭攻占杏（今河南南阳市境），叛将许邯降汉。光武帝下诏拜岑彭为征南将军，又派朱祐、贾复、耿弇、王常、郭守等率军助岑彭攻打邓奉，数月不克。

建武三年（27）夏，光武帝亲征，岑彭、耿弇大败邓奉军，邓奉被迫投降，被处死。光武帝返回洛阳，命令岑彭、傅俊、刘宏等率军三万余人攻打秦丰，攻克黄邮（今河南新野乡名）。秦丰与手下诸位大将共击汉军于邓，岑彭一面防御，一面暗中派军袭击黎丘，秦丰急忙退兵回黎丘，岑彭趁机杀掉秦丰属将蔡宏。

当时汝南（今河南上蔡）人田戎、陈义起义于夷陵（今湖北宜昌东南），田戎称扫地将军，陈义称黎丘将军。建武四年（28），田戎决定降汉，让妻兄辛臣守夷陵，自率军至黎丘，按约定日期投降。辛臣却私盗田戎珍宝，提前降于岑彭，下书招田戎。田戎怀疑辛臣出卖了自己，心中恐惧不敢降汉，遂归降秦丰，共守黎丘。岑彭率军攻城，数月城破，田戎大将伍公投降，田戎等逃到夷陵。岑彭率军追击，攻克夷陵。田戎率数十骑逃奔于蜀公孙述处。秦丰、田戎数万军队全部降于岑彭，南阳至夷陵归于汉军。延岑、田戎后被东汉大将吴汉在成都斩杀。

割据于蜀地的公孙述，更始二年（24）自封为蜀王，都成都（今属四川）。建武元年（25）四月，又自立为天子，号"成家"，建元"龙兴"。他以吞并、拉拢等方法消灭、联结许多地方武装，扩大势力，逐渐占有今四川、贵州和云南的大部。成为割据势力在西南地区最强大的一个。

由于蜀地险要，建武初年光武帝又忙于平定东方，所以公孙述的势力就在蜀地发展、巩固下来，与东汉政权对立达十多年。而许多被农民军击溃后走投无路的地主也以蜀地作为避难地，纷纷投到公孙述的麾下。公孙述既自称皇帝，也需依靠谶符来欺骗人民，因此，他也常令人编造一些图谶证明他应当继位为天子。他还以更多的力量支持隗嚣。

建武十年（34），光武帝的军队平定隗嚣及其子隗纯后，才派人向蜀进攻。建武十二年（36）十一月，汉将吴汉、臧宫与公孙述战于成都，公孙述战死，余众投降，蜀地、益州遂统一于东汉政权之下。

公孙述之所以据蜀十余年，主要是由于东方未定，而蜀地形势险要，易守难攻。至于公孙述本人，实无任何谋略。除孜孜以求称帝外，根本不具备统一才干，这一点与雄才大略的光武帝无法相提并论。

卢芳是历史上由匈奴扶立的第一个"汉"帝。由于有匈奴支持，卢芳即在北方边境上称"雄"。建武初，卢芳已据有五原（今内蒙古河套以东，阴山以南，包头市以西地区）、朔方（治今内蒙古杭锦旗北）、云中（今内蒙古托克托）、定襄（治今内蒙古和林格尔西北）、雁门（治今山西右玉南）五郡。

卢芳经常侵扰东汉北方边地，使边境不得安宁，影响当地人民生活和生产。自建武六年（30）以后，光武帝常派将领率军击卢芳，但始终未能彻底消灭其势力。卢芳属下的朔方太守田飒、云中太守桥扈先后归降光武帝，也没有使卢芳放弃与东汉为敌的立场。他之所以能长期保持割据，主要原因有二：一是靠欺骗，他利用"天下思汉"，刘氏宗室在一部分人中还有一定号召力的机会，冒充汉武帝的曾孙。这一伪造的身份不仅使部分汉族地主甘心追随他，也使匈奴奴隶主贵族乐于利用他。二是靠匈奴。因为东汉政权当时尚无力彻底击败匈奴，所以也不可能消灭卢芳。

建武十二年（36），卢芳率兵攻云中，此时东汉政权已臻于稳定，边境日益巩固，卢芳进攻云中久未得逞，其留守九原的部将随昱见势要胁迫卢芳降汉。卢芳见羽翼外附，众叛亲离，割据难以维持，遂弃辎重，与十余骑投奔匈奴，投靠了外族势力。

建武十六年（40），逃入匈奴的卢芳向汉请降，光武帝不咎既往，立芳为代王。但不久卢芳又叛变，与妻子逃往匈奴，十余年后，死于塞外。

光武帝之所以能取得统一战争的胜利，一是有坚强、巩固的政权，能统一调动军队，使用财力和物力，军力超越任何一股割据势力；二是采取攻战与安抚两种策略，孤立、分化、瓦解割据势力，各个击破；三是招降王莽、更始及赤眉旧吏故将，赐以高官厚禄，减少对抗，又处处保护地主阶级利益，得到地主、士人的拥护；四是人民饱经战乱之苦，盼望统一，使社会安定，因而支持和拥护光武帝的统一战争。

九、加强皇权　限制外戚

东汉初仍以西汉的郡、县作为地方政权，略有改动，共计一百一十八个州、郡、国。东汉的郡多而地域小，以免形成地方势力；光武帝又将汉武帝设置的十三州刺史的临时机构，改为常设机构，在京师洛阳设司隶部，监察中央直属辖区。在冀州、豫州、兖州、徐州、青州、荆州、扬州、益州、凉州、并州、幽州、交州等十二州设刺史，分别治理本州和监察诸郡二千石官吏，将地方事务直接上奏皇帝。刺史还有选官、领兵、发兵之权，大大削弱了地方官的权力；光武帝又罢郡都尉职，由郡守兼任，将地方军权收归中央；根据人口减少的情况，并省四百多个县，减少了大批县吏；刺史、郡守、县令与"国"王、列侯又互相监督和制约，一切听命于皇帝。

东汉的地方政府，光武帝时实行郡、县两级制，同于西汉。每郡置太守一人，二千石，边郡往往置都尉及属国都尉。郡下设县、邑或道。每个县、邑、道，大的置令一人，千石；其次置长，四百石；小的置长，三百石。县令或县长之下，置县丞一人，县尉一人或二人。县、道、邑下设乡，乡置有秩、三老、啬，小乡则置啬夫一人。乡下设亭，亭置亭长一人。亭下设里，置里魁一人。里下设什长。什下设伍长。尚书台通过这些机构对全国人民进行统治。

光武帝时期从中央到地方的官吏，大致可按其来源分为三类。第一类是西汉、王莽新朝和更始政权的旧吏。这些人同西汉王朝有着千丝万缕的联系，有雄厚的政治和经济基础，也有比较丰富的治世经验。他们在光武帝起义或扫灭群雄中，先后参加或依附于光武帝的队伍，成为光复汉室的中坚力量，也是为光武帝称帝立下汗马功劳的旧吏。南阳是光武帝的故乡和起兵根据地，河北则是他立足、发展和称帝的发迹地，因此这两地的旧吏依附者多，东汉建立后做官的自然也多。如寇恂、任光、耿纯及昆弟耿直、耿宿、耿欣、窦融、卓茂等数十人。

第二类是皇室宗亲、功臣名将之后，其中有的是光武帝官吏集团的外戚势力。外戚中的多数人既是功臣名将、贵族高官的一部分，又是凭着和皇帝有特殊姻亲关系而不同于一般官吏的人，是一种有特权的官僚阶层和团体。官吏集团中的正直之吏和社会上的士人，虽然有时也反对外戚专权，但多数情况下是和外戚官吏联合反对宦官集团（宦官集团中的进步人士是极少数）。如郭、阴皇后家及亲戚家的官吏等。"云台二十八将"中大部分功臣名将及其子弟、刘秀宗室与外戚中做官者均属这一类人。

第三类是通过察举、征辟及州郡选拔和升迁的官吏。这是光武帝官吏集团中来源最多、代表最广泛的一类，也是构成以"三公"为代表的中央和地方各类官吏的主要成员，而以下层地主、儒生及子弟，尤其是地方士人最多，更是东汉中期后门阀地主领导的改良思潮和改良活动派的中坚力量。

上述这三类官吏构成了光武帝时期以"三公"为代表的中央和地方各级官吏的集团，成为豪强地主阶级在政治上的代表和维持封建皇权稳定、国家机器正常运转的主要力量。此时外戚和宦官力量尚未形成气候。各个政治集团以光武帝为中心，维持着国家政权机器的正常运转，光武帝基本上能左右这三个官僚集团，因而皇权和国家各级政权是稳定的。

东汉沿袭西汉官制，在中央设太尉、司徒、司空，称"三公"。东汉省西汉的太师、太保，只设太傅一人，下设师、保。东汉的九卿（太常、光禄勋、卫尉、太仆、廷尉、大鸿胪、宗正、大司农、少府）与西汉不同，均属于"三公"府属。东汉时的三公，又称为宰相。

光武帝削"三公"职权的措施包括：一是不让开国元勋（尤其是有兵权的武将）担任三公。二是光武帝对自己任命的"三公"不信任，左右尚书便成为皇帝最亲信的人，尚书台的权力随之扩大，实际上的大权控制在皇帝手里。光武帝初即位于鄗时，天下群雄割据、征战激烈，遂封前将军邓禹为大司徒、野王令王梁为大司空、大将军吴汉为大司马，以保证统一战争的胜利。建武二年（26），邓禹在关中战败，向光武帝谢罪，辞大司徒职及梁侯爵。之后，一直到光武帝中元元年（56），邓禹才又任大司徒，仍不行使职权。建武二年，光武帝以大司空王梁不奉诏令而免职，再未复用；吴汉质朴忠厚，身为大司马而常征战于外，不干预朝政，得以保住大司马位。建武二十七年（51），去掉"大"字，称司徒、司空、司马，且改司马为太尉。"三公"的职权也被光武帝大大减小。司徒府下设的太仆、大鸿胪、廷尉，司空府下设的宗正、少府、大司农，太尉府下设的太常、卫尉、光禄勋等"九卿"，均无什么实权。朝政大事归于尚书台。

西汉时，尚书是少府的属员，没有单独的机构。东汉建立，光武帝置尚书台，扩大组织和职权范围。尚书台设主官一人，称尚书令；副主官一人，称尚书仆射；左承一人，右承一人。下设六曹：一称三公曹，二称吏曹，三称民曹，四称二千石曹，五称南主客曹，六称北主客曹。每曹各设尚书一人，侍郎六人，令史三人，共计六十四位官员。它实际上是东汉中央政府的缩影和核心。尚书台权尊势重，如参与朝政决策、出纳王命、典守机密、任用官吏、奏劾刑赏等等，都在它的职权之内。原来属三公的职权，尚书台取而代之，三公之职空有其名。由皇帝直接控制的尚书台，成为专制独裁的御用工具。尚书秩卑而权重，三公位尊而无权，这两者形成的反差，正是汉代集权政治发展的产物。尚书台的官吏，仍多是来自世族或豪强地主，仅仅是他们资历浅、官职低而已。

光武帝增强尚书台的权力，贬削三公之权，但仍然得到豪强地主和世族的拥护。郭沫若《中国史稿》（二册）指出："全国的政务都通过尚书台，最后总揽于皇帝。三公不再拥有实际权力，而且遇到灾民，还往往被当做替罪羊。但是，就东汉一代来说，光武帝上述加强封建专制主义中央集权的措施并没有收到预期的效果。因为东汉政权从一开始就是依靠地主豪强的支持建立起来的，特别是那些帮助刘秀篡夺了农民战争胜利果实的世家大族，早已形成了从上到下盘根错节的势力。三公的权力虽然削弱了，但担任尚书令、尚书仆射和尚书的，仍然是一些世家豪族或是依附他们的人，因此权力实际上还是落入世家大族的手中。"尚书台仍代表着地主豪强的利益，且这些吏员多来自豪强集团。

范文澜《中国通史简编》说得更为明确："汉光武帝封功臣三百六十五人，封外戚四十五人，与宗室王侯合成一个豪强集团。朝廷用人，主要从这个集团中选取，特别是南阳人。东汉皇室的男女嫁娶，大体上也不出这个集团的范围。皇后、皇太后的母亲常是这个集团中最有势力的一家。"中、小地主的人士要做官，参与政治，就得通过"公府辟召"、"郡国举荐"、"读书考选"或由小吏逐渐升迁。而察举、征辟等选官大权又被世家大族和豪强地主所控制。

因此，从中央到地方，东汉的政权实际上都一直掌握在豪强地主和世家大族的手中。他们中的功臣享有政治、经济上的特权；非功臣的士人担任要职，互为表里，相得益彰，使统治政权更为巩固，故功臣们对光武帝削三公之权，扩大尚书台之职权，集权于皇帝的政策是拥护和支持的。下层豪强可兼并土地、经商，子弟可做官，亦支持中央政权。

光武帝吸取西汉末外戚专权、政治腐败，导致灭亡的教训，对外戚的权力予以限制。其手段是经济上宽宏，不给予实权；倡导外戚自行谦退，少干预政事。光武帝封其舅樊宏为长罗侯、小舅樊丹为射阳侯、大舅之子樊寻为玄乡侯、族舅樊忠为更父侯，富贵乡里。然而，樊宏却不贪图荣华富贵，常诫其子："富贵盈满自溢，未有能终之人。我并非不喜荣华权势，是因为天道恶满而好谦,前代贵戚皆为明戒。"

光武帝立郭圣通为皇后,追谥皇后父郭昌为思侯,封皇后弟郭况为阳安侯、封后族兄郭竟为郯侯。郭况官至大鸿胪,郭竟官至东海相,均谨慎小心。郭皇后被废,立阴丽华为皇后。阴后的父亲和大弟弟卒于战乱,均追谥为侯,封阴皇后的小弟弟阴就为侯,以祀阴宗。阴皇后的异母兄阴识,随刘秀起事征战,初拜骑都尉,封阴乡侯。后来,因功增封阴识时,阴识极力辞谢。阴识的弟弟阴兴也多次推辞加官晋爵,受到光武帝的赞扬。光武帝的姐夫邓晨、妹夫李通,虽都高官厚禄,却不以皇亲自居,推辞不干预朝政。

冯衍是有名的奇才,但一直未出仕。阴皇后弟阴兴、阴就地位显贵,敬重冯衍的才华,与他结交。冯衍因此受到诸王重视,荐为司隶从事。光武帝严惩西京外戚宾客,以法处治,或处死、或迁徙,其余贬黜。冯衍由此得罪,西归故郡,闭门自保,不敢再与亲故交结。冯衍郁郁不得志,卒于家。这次对宾客的惩办,对阴氏及其他外戚是一记警告,因此他们多谨慎行事或谦退。光武帝执政时期,史籍所记载的外戚,没有敢专权跋扈的,与西汉末期形成了鲜明的对比。

十、好儒任文 以柔治国

在总结前朝失政的基础上,光武帝确立了一套新的治国方略,其核心是好儒任文、以柔治国。

早在征战的时候,光武帝就认识到儒学的重要。所以"未及下车,先访儒雅"。他想方设法把一些著名儒学人物拉到自己的身边,或任以官职,或冠以衔号。这样他身边很快就集中了如范升、陈元、郑兴、杜林、卫宏、刘昆、桓谭等一大批当时的著名学者。光武帝对他们以礼相待,或听取他们的策谋,或利用他们的名望和学识从心理上威服僚属，抑制他们居功自傲、似乎无所不能的情绪。

光武帝自己就是一个爱好儒学的人。朝廷议事结束以后，他经常与文武大臣一起讲论儒学经典里的道理，直到半夜才睡觉。太子刘庄劝他重视健康、保养精神，他说："我喜欢这样，不觉得疲劳。"光武帝有时亲自主持和裁决当时今文经学和古文经学的争论。自从平息隗嚣、公孙述以后，除非紧急时刻，光武帝从不讲军旅问题。

光武帝如此倡导儒学，不言兵事，为的是筹划改造他的官吏队伍，以适应由取天下向守天下转变的这一根本需要。他本来的官吏队伍，多是在战争中凭军功提拔起来的。这批人善于斩将屠城，但也喜欢放纵，对于治理地方、安抚百姓均不相适宜。即使他们有些不服领导、不听使唤，甚或在某种程度上违反法纪，光武帝也不便对他们有过于严格的要求。随着战火的平息和儒学的活跃，光武帝逐渐改变了官吏队伍的素质和结构，用文吏取代功臣，功臣们交出手中的权力，离开官位，各自回到家中养尊处优。李通于建武九年交出了大司空印绶。建武十三年，邓禹、贾复、耿弇分别交出了右将军、大将军的印绶，朝廷取消了将军职位，政归三公（大司马、大司徒、大司空），光武帝对官吏队伍的改造大致完成。

对于以文吏取代功臣，光武帝的解释和功臣们的理解并不怎么一致。光武帝说他的用意，是担心功臣们长期在官位上，难免犯错误受处罚，保不住自己的爵位和封地，这样做是出于爱护。功臣们的理解是，光武帝要停止干戈，以文治天下，不愿功臣们各人拉着自己的部下，形成一帮势力，造成京师的不安定。不管怎么说，光武帝没有像刘邦那样诛戮功臣。后世的士大夫对于这一点常常表示赞赏。

光武帝少时生性温柔，缺少凌厉之气，即帝位以后，仍是如此。有一次回到家乡，同族的婶子大娘们见了他这个当上皇帝的侄子，接受着他的赏赐，喝着他设下的酒，异常喜悦。她们叫着他的名字相互议论说："文叔小时候谨慎诚实，对人厚道，不计较小事，什么都好，只是太随和了些。"光武帝听了哈哈大笑，说："吾治天下亦欲以柔道行之。"光武帝并非说笑，他的确是要以"柔"作为治国之道。

光武帝的"柔道"，首先表现在征伐占领之后。光武帝注重安抚，不事屠戮，凡是投降的，只把他们的首领送到京城来；对小民百姓，遣散回家，让他们种地，拆掉他们的营垒，不让他们重新聚集。他主张征伐战争不一定攻地屠城，要点是安定秩序，召集流散的人口。

光武帝柔道的第二个内容是，颁布了一些有利于奴婢的政令。建武二年（26），光武帝下诏书宣布：被卖的妻、子愿回到父母身边去的，听其自便；敢拘留者，按法律论罪。建武十一年（35），光武帝下诏书宣布：天地之性人为贵。乱杀奴婢，不得减罪；敢于用火烧烫奴婢的，按法律论罪；对被烧被烫的奴婢，恢复其平民身份；废除奴婢射伤人判死刑的法律。建武十二年、十三年、十四年，光武帝一再下诏宣布：自建武八年以来被迫当了奴婢的，一律恢复平民身份，自卖的，不再交还赎金；敢拘留者，按《略人法》（针对当时青州、徐州一带豪强势力抢逼弱民为自己当奴婢所制定的法律）治罪。

光武帝柔道的第三个内容是，减刑轻税，并官省职。建武六年（30）诏书宣布：因军队屯田，储粮状况好转，停止征收十分之一的田税制度，恢复汉景帝二年（前155）实行的征收三十分之一的田税制度。建武七年（31），光武帝下令京都地区及各郡、国释放囚犯，除犯死罪的一律不再追究，现有徒刑犯一律免罪恢复平民身份；应判两年徒刑而在逃的罪犯，由地方官吏发布文告公布姓名，免治其罪，使其放心回家。

汉朝的官府及吏员设置在汉武帝时曾大为膨胀，庞大的官僚机构是造成汉武帝及以后时期民用匮乏的重要原因。光武帝即位后大量合并官府，减少吏员。在这个问题上，光武帝也表现得很有气魄，仅建武六年对县及相当于县的封国进行调整，就"并省四百余县，吏职减损，十置其一"。这些措施使费用大为节省，大大减轻了人民的负担。

颁行图谶，神化皇权，也是光武帝"柔道"治国的内容。本来光武帝是不相信这些东西的，后来发现它实在是支持、维护自己政令、统治的"法宝"，于是便大肆推行。他晚年干脆"宣布图谶于天下"，作为法定的思想统治工具。有一次他与太中大夫郑兴议论要不要举行郊祀典礼的事，他说打算靠谶书来决定，郑兴说自己不研究谶书，他就勃然大怒，说："你不研究谶书，是不赞成谶书吗？"郑兴只好说自己学识浅陋，有些书没学过，不是不赞成，才免了一次大祸。著名唯物哲学家桓谭曾上书说谶书是"群小之曲说"，与《五经》不同，应当摒弃，光武帝大为不满。后来，桓谭被贬为六安郡（治今安徽六安北）丞，途中忧恐而死。

十一、效法明君　律己责人

光武帝作为明君，从不恣意放纵、豪华奢侈。他不喜饮酒，不喜听音乐，手不持珠玉。他曾令太官（掌管膳食的官职）不要接受郡、国奉献的珍馐美味。远方异国进贡的名马宝剑，光武帝总是赐给骑士。汉朝自武帝以后，后宫掖庭人数达到三千之多，除皇后以外，有爵秩品级的就分婕妤、容华、充衣等十四个等级。光武帝即位后，只有皇后、贵人有爵秩，贵人的待遇只有谷数十斛，此外有美人、宫人、采女三等，均无爵秩和规定的待遇。光武帝在世时要预建陵墓，名曰寿陵，特意叮嘱地面不要太大，不要起高坟，低洼处只要做到不积水就可以了，而且将来要像汉文帝那样，不随葬金宝珠玉。

光武帝常常显示出一种恢廓大度、平易谦和的明君气貌。焚烧王郎文书以安人心、宽宥朱鲔以降洛阳，都是常被称道的事例。建武四年（28），割据陇西的隗嚣正徘徊于公孙述和光武帝之间，到底归服哪方，犹豫未决，就派他的将军马援先后去成都和洛阳观察形势。马援自幼就被人们认为有大才，在西州很有名气，很受隗嚣敬重。光武帝接见马援这样一个关系重大的使者，没有升堂坐殿，只是便衣便服，连帽子都没有戴，独自一人坐在洛阳宫宣德殿的廊庑下面，让一个宦官引导着马援去见他。他微笑着，开头就说："贵客徘徊在两个皇帝之间，经多见广，今天见到贵客，深感惭愧。"这一平易谦和的姿态，使马援感到了一种明君的魅力，他叩头说："当今的局势，不仅是君主在选择臣下，臣下也在选择君主。"接着就说起公孙述接见他时戒备森严的情况，并说："臣现在从远方来，陛下接见臣连卫士都没有，就不提防臣是敌国刺客吗？"光武帝又笑着说："你不会是刺客，只是个说客罢了。"这次会见，使马援觉得光武帝的恢廓大度与汉高祖刘邦十分相似，是真正的帝王之才。后来马援劝隗嚣归服光武帝，隗嚣不听，他就脱身自己归服了。

光武帝恢廓大度的气概，还表现在他对待"逸民"、"隐士"及不驯的人物方面。太原郡（治晋阳，在今太原市以南）内多有春秋时晋国公族的后裔，他们对新的统治者常常保持对立情绪，或者寻机报仇，或者隐居不仕，在王侯面前不肯称臣。至东汉初，太原仍被称为"难化"之地。光武帝时，太原郡广武县（今山西代县南）有个叫周党的，在地方上很有名望，朝廷几次征他出来做官都被他辞绝了。后来不得已，周党就穿着短布单衣，用树皮包着头去见朝廷大员。光武帝亲自召见了他。按礼节，士人被尊贵者召见，必须自报姓名，否则便是不尊重对方。周党见了光武帝，不通报姓名，只说自己的志趣就是不愿做官。光武帝没有为难他。博士范升上书，说周党在皇帝面前骄悍无礼，应治"大不敬"罪。光武帝把范升的上书拿给公卿们传阅，并下诏书说："自古明王圣主都有不愿为他做臣的人，伯夷、叔齐就不食周粟。太原那个周党，不接受我的俸禄，这也是各自的志愿。赐给他四十匹绸子吧。"

光武帝早年在长安学习《尚书》时的老同学严光，字子陵，会稽余姚（今浙江余姚）人，自年轻时就有高名，光武帝对他很有好感。光武帝当皇帝后，他隐姓埋名不愿相见。光武帝令人画了他的像，四处张贴寻找。后来发现他在齐国一个湖边钓鱼，三次派人才把他请到。光武帝很高兴，当天就亲自去看他，严光却躺在床铺上不起来，也不说话。光武帝就和他躺在一起，摸着他的肚皮说："哎，哎，子陵，就不能帮帮我的忙？"严光过了好久，才睁开眼睛看着光武帝说："人各有志，何必勉强我呢？"然后又闭上了眼睛。光武帝很失望，只好离开，并叹息说："子陵，真的不肯为我当臣下吗？"这以后，光武帝又见过严光一次，只讲旧日的交情，不讲要他做官的事，叙谈了好几天，光武帝从容地问严光："我比以前怎么样？"严光回答说："陛下比以前有些长进。"光武帝和他同床共卧，他把脚压到光武帝的肚子上。光武帝坚持要他做谏议大夫，他仍加以推辞，后隐居富春山（在今浙江桐庐）。

光武帝对于臣下的歌功颂德、阿谀奉承，常能持一种清醒的、有时是厌恶的态度，而对于一些刚正不阿的官吏，则予以表扬赏赐。在他的诏书中，经常说自己"德薄"，要上书者不要称赞他圣明。各郡县经常报告一些所谓"嘉瑞"事物,群臣要求史官将这些"嘉瑞"记载撰写成书,以传后世,光武帝一律不许。

有一次,光武帝外出打猎深夜方归,要从洛阳城的东北门进城,掌管这个门的郅恽拒不开门。光武帝让人点起火把,并派人告诉说皇帝回来了。郅恽说:"火光闪烁,又远远的,看不清楚。"仍是不开。光武帝没法,只好转到东城门进了城。第二天,郅恽上书光武帝,说皇帝游猎山林,深夜方归,将带出一种不良风气,危害国家。对此,光武帝赏了郅恽一百匹布,而把掌管东门的人贬为登封县尉。

但是,光武帝毕竟是皇帝,不能容忍有伤尊严的事。大司徒韩歆为人直率,说起话来无所隐讳。建武十五年,他在朝会上称赞隗嚣、公孙述很有才华,惹恼了光武帝。接着又列举事实证明要发生饥荒和动乱,言辞激烈,光武帝一怒之下把他免官,赐死了他。

光武帝对官吏要求严格,甚至以粗暴方式对待,对贪赃枉法行为惩罚得相当严厉。他在当皇帝的初期,内外群官,多由他自己选任,倘若失职或延误,即使尚书一类的近臣也常被拉到面前棍打鞭抽,以至于"群臣莫敢正言"。光武帝认为,俸禄二千石以上的州郡官吏多不称职,稍有过失,即行罢免。结果造成州郡官吏更换频繁,疲劳于道路。他们心怀恐惧,争相媚上,虚报政绩,以求声誉。尚书令申徒嘉曾向光武帝极谏,但未被采纳。建武六年,执金吾朱浮上书指出这个问题,光武帝此后对州刺史、郡太守的更换才采取了缓慢慎重的做法。

十二、匈奴分裂　南匈内附

早在王莽时,匈奴单于的弟弟右谷蠡王知牙师,按次序应做左贤王,左贤王依次序应当即单于位。单于想传位给儿子,就杀死了知牙师，乌珠留单于有子叫比，为右薁鞬日逐王，统领南边八部。比见知牙师被哥哥杀死，发出怨言说："按兄终弟及的制度，右谷蠡王依次序应当继位；按父传子的制度，我是前单于的长子，我应当继位。"比内心疑惧，很少到单于王庭聚会。单于怀疑他，就派两位骨都侯去监督掌管比的部队。

等到单于蒲奴继位，比更加怨恨，秘密派遣汉人郭衡带着匈奴地图，到西河太守那里要求归附汉朝。两位骨都侯觉察到比的心意，于五月匈奴诸王在龙城集会祭祀时，骨都侯劝单于杀死比。比的弟弟渐将王在单于帐下听到消息，飞驰报告比。于是比聚集八部兵四五万人，准备等两骨都侯回来，就杀死他俩。两骨都侯将到军营时，了解到比的计划，急忙逃跑。单于派一万骑兵攻击，见比的军队人多士气旺盛，不敢前进而回营。

建武二十二年（46），匈奴居住的蒙古草原上发生了大旱灾、蝗灾，草木枯死，人畜饥饿，疾病流行，死亡大半。匈奴发生了内乱，一部分匈奴贵族，主张以和平的方式降于东汉，以求就食于东汉西北边境以内。而另一部分贵族，则主张徙向西北，就食于准噶尔高原及塔里木盆地一带。两派意见不能协调，结果分道扬镳：一部分匈奴人在日逐王比的带领下，准备投降东汉，是为南匈奴；另一大部分匈奴人则向西北徙去，是为北匈奴。

建武二十四年（48）正月，匈奴八大部落首领，共同议定拥立日逐王比为呼韩邪单于，派使者到五原塞（汉五原郡的榆柳塞，在今内蒙古境内）叩关，表示愿意永远做汉朝的藩篱屏障，抵御北匈奴。

十月，匈奴日逐王比自称为南匈奴单于，派遣使者到中国向汉朝称臣，作为外藩。光武帝征求朗陵侯臧宫对此事的看法，臧宫说："匈奴因饥馑瘟疫而发生纷争，臣愿率领五千骑兵去立战功。"光武帝不愿意再发动战争，便笑着说："对常胜将军，很难与他讨论敌情，朕自己考虑吧。"

建武二十五年（49）正月，南匈奴单于比派他的弟弟左贤王莫，率领一万多士兵去攻击北匈奴单于的弟弟薁鞬左贤王，活捉了他。北匈奴单于十分震惊恐怖，向后撤退一千多里，北匈奴的薁鞬骨都侯和右骨都侯率领三万多人归附南单于。三月，南匈奴单于又派使者到汉朝敬献贡品，请求派使者监护，要求派王子当人质，重新恢复汉宣帝时所制定的盟约。

建武二十六年（50）正月，光武帝下诏派中郎将段郴、副校尉王郁出使南匈奴，在离五原郡西部八十里之地，建立南匈奴王庭。光武帝下诏让南匈奴单于移居云中郡（今内蒙古境内），开始设置使匈奴中郎将，率兵护卫南匈奴。

秋季，南单于派王子到汉朝做人质，光武帝下诏赐给南单于官帽、印信、绣带、车马、金银、绢帛、武器装备、用具等，又转运河东郡米粮二万五千斛、牛羊三万六千头供给南匈奴。命中郎将率领减刑犯人五十人，跟随南单于到住处，参与南匈奴处理案件，观察他们的行动。单于到年终派人向汉朝送去奏书，再送一个王子入汉朝廷做人质，汉朝就派谒者将前所派人质送回单于王庭，并赏赐单于及阏氏、左右贤王以下官员各种绸缎共一万匹，年年如此，成为常规。于是云中、五原、朔方、北地、定襄、雁门、上谷、代等八郡因躲避匈奴流亡在外的人民，都回到了本郡。汉朝派谒者分别率领减刑的犯人，修补城郭，遣送流亡在内地的边疆居民回到各县，都赏给他们置装费，并运送粮食给他们。

冬季，北匈奴单于派兵与南匈奴发生战争，南匈奴单于派兵抵抗，交战失利。于是光武帝又下诏命南单于迁居西河郡（治今山西离石）美稷县（内蒙古准格尔旗），并命段郴、王郁留在西河郡保护南匈奴，命西河郡长史，每年率两千骑兵、五百个减刑犯人，协助中郎将护卫南匈奴单于。冬季就屯驻在单于那里，夏季撤出，自此成为常例。南单于既然住在西河，也照例设置各部王爵，协助汉朝守卫北地、朔方、五原、云中、定襄、雁门、代等郡，各部都派人带领兵众，成为郡县侦察巡逻的助手。

北匈奴远徙于天山南北，人困马乏，新的地区之草原、农田经济的发展，还得经历一段时间，因而北匈奴的大多数人民生活困苦，贵族内部思想也不统一。光武帝故意让投降的南匈奴与汉族密切来往，以孤立、分化、瓦解北匈奴，使北匈奴处于更加艰难的境地。

北匈奴的蒲奴单于，势单力薄，部下又不断叛逃到南匈奴。蒲奴单于因此感到恐惧，全部归还所俘虏的汉人来表示善意，抄掠的军队每次到南匈奴各部，路过汉朝边境监视敌情的岗亭，就道歉说："我们只是袭击叛逃者罢了，不敢侵犯汉朝人。"

建武二十七年（51）五月，北匈奴派使者到武威郡（治今甘肃武威），向汉朝请求议和并结为姻亲，光武帝召集公卿大臣在朝廷议论。皇太子刘庄说："南匈奴单于新近归附，北匈奴害怕被讨伐，因此俯首帖耳地听从中国，不过是争着想归附中国罢了。现在我们还没出兵援助南匈奴，就与北匈奴联系建交，我担心南匈奴单于将要产生二心，而北匈奴投降的人也不会再来了。"光武帝认为他说得对，就命武威太守不要接受北匈奴使者的请求。

郎陵侯臧宫、杨虚侯马武上书建议趁北匈奴因旱灾人畜死亡甚多的机会，攻打他们，以建立盖世之功。光武帝下诏回答说：

《黄石公记》说："柔能克刚，弱能胜强，舍弃近处而谋划到远处取利的，劳而无功；舍弃远方而谋划眼前的事，会轻松地完成，因此说：致力于扩充土地的会荒废力量，致力于推广恩德的会更强大，拥有自己已经有的会平安，贪图别人有的会毁灭。残酷暴虐的政治，即使成功了最后也一定会败亡。"现在国家没有良好的政治，灾祸叛乱不停地出现，百姓惊慌不安，人们不能保全自己的性命，这种情况下，还能进行远方边外的战事吗！孔子说："我担心季孙氏的忧患不在颛臾那里。"况且北匈奴还很强大，而我们在边疆驻兵开垦荒田是为了警戒，传说匈奴人畜死伤之类的事，大多与事实不符。如果能用中国一半力量去消灭大敌，难道不是朕最大的愿望吗？但是现在时机未到，不如让人民休息养生。

从此各将领们没有敢再提出举兵征讨北匈奴的。

建武二十八年（52）八月，北匈奴派使者向汉朝进贡马匹及皮衣，又请求结为姻亲，并请求赐给乐人乐器，又要求率领西域各国的胡人一同朝见。光武帝下交三府商议酬答的事项，司徒掾班彪奏明利害，建议光武帝接受北匈奴议和，并拟定答辞。光武帝完全采纳了。此后，北匈奴不断遣使纳贡，光武帝也时常赏赐物品给他们，双方和平共处。

中元元年（56）十一月，南单于比逝世，其弟左贤王莫即位，即是丘浮尤鞮单于，光武帝派使者带着诏书，拜授单于印信，并赏给衣帽及绸缎。南匈奴与汉朝的关系更加亲密。

十三、结好诸族　失策西域

光武帝统治期间，不仅结好匈奴，而且结好乌桓、鲜卑、高句丽、夫余、西南夷等部族，促进了各部族地区经济、文化的发展。

自从西汉宣帝后，乌桓依附于汉。王莽建立新朝后，征发十二部军攻打匈奴，命令东域将军严尤率乌桓、丁零军驻扎在代郡，将他们的妻子作为人质安排于各郡、县。乌桓军不服水土，要求返回故地，王莽不准许，乌桓士卒纷纷逃离，郡县杀死其妻子儿女，乌桓遂与汉结仇。

东汉建武初年，乌桓依附匈奴，屡犯边界，代郡以东地区受害严重，百姓被迫流亡。当时上谷（今河北怀来）和塞外白山（今长白山）的乌桓最为强盛。建武二十年（44），匈奴、乌桓侵入扶风，三辅（今陕西关中）人民的生命财产、西汉帝陵园等受到威胁，伏波将军马援请求出征，率军屯驻襄国。建武二十一年（45）秋，马援率军三千骑出击，乌桓见汉军前来攻打，遂散去，马援一无所得而还。

建武二十二年（45），匈奴内乱，乌桓乘机攻战，匈奴北徙数千里，漠南空虚。光武帝抓住这个有利时机，用币帛等贿赂乌桓首领，使双方关系缓和。建武二十五年（49），辽西（治今辽宁义县西）乌桓大人郝旦等九百二十二人率部众归汉，进献宝物。光武帝对乌桓赏赐甚厚，封其中的八十一人为侯王君长，迁居塞内。从此乌桓与汉民共同垦土生产、守卫北边，防御匈奴和鲜卑。光武帝又采纳司徒掾班彪的建议，在上谷宁城（今河北万全）设置校尉，领乌桓事，开设集市，与乌桓加强经济往来。

鲜卑地处辽东，郡治今辽宁辽阳塞外，与乌桓相接壤。建武初年，鲜卑、乌桓及匈奴多次侵扰边境，杀掠甚众。颍阳侯祭遵从弟祭肜，很有谋略。当时，匈奴、鲜卑及赤山乌桓都很强盛，数次入塞杀掠官吏、百姓。光武帝深以为忧，增加边兵，辽东郡有数千人，又遣诸将分屯障塞。光武帝认为祭肜能干，于建武十七年（41），拜他为辽东太守。

祭肜上任后厉兵秣马，准备反击敌寇。祭肜有勇力，能拉开三百斤重的弓。每当敌寇前来入侵，常为士卒前锋，勇猛杀敌，使敌寇畏惧退走。建武二十一年（45）秋，鲜卑万余骑入侵辽东，祭肜领数千人迎击，大败敌寇，投水死者过半，祭肜遂穷追出塞，斩首三千余级，获马数千匹。此后鲜卑震怖，不敢复入关塞。后来，祭肜又赐钱财给鲜卑，鲜卑及其属满离、高句丽等皆与汉和好，帮助汉军攻打匈奴。光武帝实行的是拉拢乌桓，从而制服鲜卑的策略，这一策略颇为见效。

早在西汉武帝时，便设置乐浪、临屯、玄菟、真蕃四郡，朝鲜、秽貉、沃沮、高句丽、夫余等归汉。王莽篡汉建立新朝后，对部族实行歧视、压迫政策，贬称高句丽为下句丽等，激起当地人的反抗，貊人率先侵犯。东汉王朝建立后，光武帝命祭肜向诸族宣谕皇恩，貊、倭、韩等相继派使者向光武帝献宝，表示友好。建武二十五年（49），夫余王又遣使上贡，光武帝予以厚赏，双方关系益密。挹娄（肃慎后裔）依附于夫余，亦与汉和好。建武八年（32），高句丽遣使朝贡，光武帝恢复其王号。建武二十五年（49），除高句丽蚕支部大加戴升等内服的万余人外，高句丽别支部侵犯今北京、河北及山西北部，被辽东太守祭肜招抚归降。沃沮、马韩、辰韩、弁韩、倭等均与汉友好。中元二年（57），光武帝还赐倭王以金印。

汉武帝时统一西南夷，西南夷与汉朝关系较好。西汉末及王莽时，民族矛盾上升，西南夷多叛汉。公孙述占据益州后，王莽所设的广汉（今四川广汉北）太守文齐据险自守。公孙述抓捕文齐的妻子，许愿封侯，文齐仍不降。光武帝即位后，文齐密派使者入洛阳归降。汉平定蜀后，光武帝封文齐为镇远将军、义成侯，诸夷皆服顺。

建武十八年（42），益州夷渠帅栋蚕与姑复、叶榆、连然、滇池、建伶、昆明等诸少数民族反叛，杀汉长吏。益州太守繁胜率军镇压，兵败而退守朱提（今云南昭通）。建武十九年（43），光武帝派武威将军刘尚等调集广汉、犍为、蜀郡人及朱提夷共一万三千余人讨伐诸夷，大军渡泸水（今雅砻江下游和金沙江汇合后的一段）进入益州界。众夷听说汉大军压境，纷纷弃塞弃垒逃走，汉军俘获其老弱及谷、畜等甚多。建武二十年（44），刘尚大军攻栋蚕，连战数月，大败诸夷。建武二十一年（45），刘尚等大军追击至不韦县（今云南保山金鸡村），斩栋蚕统帅，斩首七千余，俘获五千七百人，马三千匹，牛羊三万余头，诸夷全部平定。

哀牢夷居住在今天的云南保山怒江以西，他们全都文身，衣有长尾，穿鼻、儋耳（王皆耳下肩三寸，民则至肩），风俗质朴。其处土地肥沃，物产富饶，生活丰裕。他们分邑设小王，散居溪谷，山川阻深，绝域荒外，不与中原交往。

建武二十三年（47），哀牢夷王贤栗派兵乘箄船（竹木排）南下江、汉，攻击附塞夷鹿茤，鹿茤被俘。恰逢下大暴雨，江水猛涨，南风骤刮，河水倒涌，箄船翻没，哀牢军溺死数千人。贤栗又派六王率军万余人攻鹿茤，鹿茤王迎战，斩六王。哀牢军埋葬了六王，但到了夜晚，老虎扒其墓，吃掉了六王的尸体，哀牢军恐怖而逃。贤栗深感恐惧，向老人们说："我军进入边塞，自古有之，如今攻鹿茤，却遭到天谴，中国难道真有圣帝吗？连上天都佑护、帮助他们，可见他是多么圣明！"于是，贤栗决定降汉。

建武二十七年（51），贤栗等遂率种人二千七百七十户，一万七千六百五十九人，到越巂太守郑鸿处归降，求为内属，光武帝封贤栗等为君长。从此，哀牢夷与中国交往，加快了经济发展。历史上习惯将犍为郡（治今四川彭山东）、牂柯郡（治今贵州贵阳附近）的诸夷，如夜郎、且兰、滇池、哀牢、栋蚕、若豆、姑复、鹿茤等，称为南夷。它们大都处于巴蜀以南。

邛都夷居住在今天四川西昌东南，土地平坦，适宜种稻。民俗是爱游荡、喜唱歌，性格豪放。王莽时，枚根任越嶲郡太守，任用邛都人长贵为军侯。更始二年（24），长贵率族人杀枚根，自封为邛谷王，行太守事。公孙述称蜀帝后，长贵归顺公孙述。蜀地平定后，光武帝正式封长贵为邛谷王。建武十四年（38），长贵遣使洛阳上贡，光武帝赐其越嶲郡太守印绶。建武十九年，威武将军刘尚等讨伐益州诸夷，要经过越嶲。长贵担心平定南夷后，必定实行汉法，对己不利，遂聚兵筑垒，令诸君长暗以毒酒犒劳汉军，乘机攻打刘尚。刘尚得知长贵的阴谋，分兵先攻占邛都，斩长贵，迁其家属于成都。

筰都夷居住在今天四川汉源，顺服于汉，民俗皆披发左衽。白马氏居住在今四川广汉西部。武都一带也有氐人。建武初年，氐人皆附于陇西的隗嚣与蜀帝公孙述。隗嚣灭后，诸氐叛公孙述归降汉，陇西太守马援上奏光武帝，恢复氐豪帅王、侯、君长职，赐予印绶。历史上习惯将越嶲、益州郡的少数民族称为西夷，如邛、筰、嶲、昆明、白马氐等。

光武帝虽然结好诸夷，但却失策于西域。早在西汉武帝时期，西域归附汉朝的便达三十六国，汉派使者进行监护，汉宣帝改为都护。汉哀帝与平帝时期，自相分割，西域已有五十五国。王莽篡汉，内乱不已，西域诸国不接受王莽的统治，与汉脱离了关系。匈奴乘机侵入今新疆塔里木盆地东北，接近该地的焉耆国首先叛汉依附了匈奴。

王莽始建国五年（13），焉耆杀掉汉都护，驱逐汉官。天凤三年（16），王莽派五威将军王骏、西域都护李崇、戊己校尉郭钦出使西域，焉耆又进攻杀死王骏，李崇退居龟兹，郭钦回朝。王莽死后，西域叛汉，李崇战死，从此西域与汉朝断绝了联系。西域接近匈奴北道的诸国，畏惧匈奴，都叛汉归附匈奴。距匈奴较远的莎车（今新疆莎车一带），势力较大，团结南道诸国与匈奴对抗。王莽末年，在光武帝等为恢复汉室进行战争的时候，莎车也正在与匈奴展开争夺塔里木盆地的战争。

莎车王延在汉元帝时曾质于汉长安，羡慕中原文化，常教育诸子："应当世代尊奉汉家，不可负汉。"他病逝后，其子康继位，奉行抗匈奴而保汉之策，继续联合南道诸国王抗击匈奴。因为莎车亲汉，所以汉朝遗留在西域的吏民，都到莎车国避难，妻子、儿女等上千人得以生存。建武五年（29），占据河西的窦融归服东汉，光武帝拜他为河西大将军。窦融上奏莎车王康保汉抗匈奴的功绩，光武帝诏使窦融持节封康为"建功怀德王"、"西域大都尉"。莎车王康对光武帝的封赏感恩，忠心保汉，并向南道诸国宣谕汉威，坚决反抗匈奴的侵犯。北道诸西域国家，对匈奴的压迫和赋敛不满，也准备与莎车国等联合抗击匈奴，投靠东汉。

西域诸国的范围，东接今甘肃，西至新疆帕米尔高原以西。天山南北、昆仑山以南的广大地区，均为西域诸国。西域的五十多个国家，分散在各地区，大小不一，各有君长，民族和经济状态各异，分布在东起今甘肃西境、西至帕米尔以西的广阔地区内。西汉时，西域都护管辖的四十四国，总户数约二十二万户，总人口约一百二十四万人。至东汉初，国家与人口均超过了这个数字。

建武九年（33），莎车国王康去世，其弟贤登王位。贤率军攻灭枸弥、西夜国，封其兄康的两个儿子分别为拘弥、西夜王，加强了对属国的控制。建武十七年（41），贤派使者入洛阳献宝，请求光武帝封其为西域都护，以增强对西域诸国的控制。光武帝征求大司空窦融的意见，窦融说延、贤父子兄弟相约不负汉，态度诚恳，对汉忠诚，应加封官号使其镇抚西域诸国。光武帝遂召见来使，赐贤西域都护印绶、车旗、黄金、锦绣。但是敦煌（今甘肃敦煌）太守裴遵却上奏光武帝，认为授"夷狄"大权不妥，应限制其职权，以免势大成为边患。这种议论是不符合实际的，也是错误的。然而，光武帝却信以为真，下诏书收回贤的都护大印，改封为汉大将军。莎车使者不愿换印，裴遵加以强夺，贤由此与汉结怨。贤诈称自己被汉帝封为都护，号令西域诸国，尊贤为单于。贤以强盛的军力四处征伐，屡攻龟兹等国，又加重征收各国的赋税，引起不满。

建武二十一年（45）冬，车师前王、鄯善、焉耆等共十八国，为摆脱莎车王的控制，共派质子入洛阳献宝，向光武帝哭诉了莎车王贤的暴行，请求光武帝另派西域都护。这本是汉政府加强与西域关系的天赐良机，光武帝却认为中国初定，北边常遭匈奴侵犯，无力西顾，厚赏诸国"侍子"，劝其各自回国。西域十八国闻讯大惊，遂致书敦煌太守裴遵，愿留"侍子"于敦煌，假言都护将随后而至，以劝抗贤。敦煌太守奏告光武帝，恩准。

第二年，莎车王贤得知汉不派都护，无力支援车师前王等国，便要独霸西域。他致书鄯善王安，令其断绝通汉之道，安不予理睬，斩来使。贤发兵攻败鄯善王安的大军，安败逃山中，贤杀死鄯善千余人而去。接着，莎车王贤又攻杀龟兹王，吞并其国，鄯善、焉耆等国留居敦煌的侍子逃归，汉仍未派都护出兵，诸国无奈，遂叛汉归服匈奴。

西域诸国的叛汉，完全是光武帝放弃西域的政策所导致的。至于中断丝绸之路后给汉和西域人民带来的损失，更是难以估量的。

十四、发展农工　繁荣经济

政权巩固后，社会能否稳定，取决于经济的发展与否。由于光武帝采取了一系列恢复经济的政策，所以东汉初期的经济有了恢复和发展。

东汉初的农业生产表现在兴修水利和牛耕的推行两个方面。在光武帝的号召下，各地太守都致力于兴修水利，发展农业。

南阳太守杜诗制造了水排，铸成农用器具，使农民用力少而见功多，百姓深感方便。他又修治陂池，广拓农田，南阳郡因此殷富起来。河西地区过去干旱，光武帝设置水官吏，在河西修理沟渠，方便了农田的灌溉。汝南郡（治今河南平舆县北）太守邓晨拜术士许杨为都水掾，主持鸿郤陂工程。豪右大姓反对修鸿郤陂，许杨不予理睬，就地势修筑水塘四百余里，数年始成，此后庄稼丰收，渔产富饶。豪右大姓后诬告许杨受贿，许杨被捕入狱，邓晨予以释放归家，病逝。邓晨下令为许杨立庙，图画形象，百姓念其功绩，纷纷祭祀他。

大司空张纯羡慕西汉曹参的功绩，立志要做一些大事，遂凿通阳渠，引洛水为漕（阳渠在洛阳城南），使百姓得其利。渔阳太守张堪开稻田八千余顷，劝民耕种，使百姓十分殷富。陇西太守马援，疏导水田，劝民耕种，郡中百姓都安居乐业。九真郡（治今越南清化）太守锡光，劝民修渠垦田，发展生产。越巂郡（治今西昌东南）太守文齐，组织民众修陂池，灌田两千余顷。王梁任河南尹，上奏光武帝，修渠引谷水到洛阳城下，东流巩县（今属河南）。渠成而效果甚差，光武帝念王梁以往有功，免追其过。一些地区的豪强地主或商人地主亦修陂池，灌溉良田。

东汉初的农田水利业，在长江流域呈现发展趋势，尤其是江淮地区发展较快。但在黄河流域由于黄河泛滥，不少良田被淹，农业的发展受到影响，尤其是下游地区较为严重。建武十年（34），阳武（今河南原阳）令张汜上书光武帝：

> 黄河决堤已经很长时间，侵蚀毁坏许多良田，济渠（济

水源于今河南济源西王屋山,流经今河南温县西南注入黄河,再从荥阳北分黄河东流,经郑州、原阳、封丘、滑县等地至山东定陶入海,称济渠)流经数十县。应该改修堤防,以安定百姓。

光武帝阅奏章后,准备征调民夫整修济渠,而浚仪(今河南开封)令乐俊却上书说:

> 如今黄河一带住家稀少,田地广阔,虽然未修理黄河水患,但祸患并不严重。如今战乱刚结束又兴建工程,劳民伤财,臣恐怕百姓将有怨言。应等待几年再议这件事。

光武帝于是作罢。后来,黄河泛滥,沿岸百姓怨声载道。因此,东汉初今山东、河南东部及河南东南部的水患严重影响着农业的发展。

关中平原早在战国时期就是著名的产粮区。西汉时关中有郑国渠(可灌今泾阳、三原、富平、蒲城等县四万余顷良田)、六辅渠(今泾河下游)、白渠(泾河下游)、漕渠(由长安引渭水穿渠)、龙首渠(北洛河下游)、成国渠(由眉县引渭水至咸阳)等。王莽之乱,使关中遭到破坏,加上战争、灾荒和人口流徙以及都城的东移,农田水利比之西汉,东汉初年也大为衰落。汉光武帝的农业政策,也只能使关中的水利有所恢复而已。

秦汉时代开辟的今内蒙古鄂尔多斯高原、河套平原、宁夏银川平原及河西走廊一带的农业区,曾修有秦渠(今宁夏青铜峡北口至灵武城北)、北地新渠(黄河右岸),银川平原有西汉修的汉渠、高渠等十多条。朔方、西河等地均有渠。当时从今内蒙古河套平原经银川平原至兰州,大多通水渠,设置田官吏卒五六万人，定期对其管理、修筑。王莽之乱，匈奴内侵，汉人内徙，这些地区的农业水利也遭到破坏。直到南匈奴内附于东汉王朝后，农业才缓慢恢复。

成都平原在东汉初仍是主要的产粮区，都江堰仍发挥着较大的作用。德阳（今四川梓潼）、郪（今四川三台）、广汉（今四川广汉北）的山区、丘陵地带也垦辟了不少良田。

光武帝即位初年便袭用和恢复了西汉的铁农具和牛耕，并有所发展。根据不同的用途，建武初年的铁犁铧已分为大、中、小三种，牛耕有二牛抬杠挽犁或一牛挽犁。从内地至边境，都推广铁农具和牛耕。

建武初，任延出任九真郡太守，重新恢复西汉搜粟都尉赵过曾推行的牛耕，废除烧荒耕种陋习。又推行铁农具，开垦荒地，解除山民的贫困，百姓多得其利。对于民俗落后、屠杀牛以祭神的现象，任延则予以坚决禁止。会稽郡（治今绍兴）太守第五伦，虽有俸禄二千石，但仍亲自耕种养马，妻子自理家务，每年自留一个月的俸禄粮，其余皆贱卖给贫苦百姓。当地百姓经常用牛祭神，百姓财产因此困匮。第五伦上任后，向属县移送文告，告谕百姓：对那些依托鬼神诈骗百姓的人，全部予以逮捕下狱；对于擅自杀牛的人，官吏可加以惩罚。百姓一开始十分恐惧，后来屠杀耕牛的现象就根绝了。大批耕牛得到了保护，有利于发展生产。

边境地区及部族地区的农业生产也有所发展。哀牢夷居处土地肥沃，已植五谷；邛都夷居处多稻田；西域的伊吾地区已植五谷等。铁农具、牛耕从内地逐渐向外推广，种植技术也向四周广泛传播。总之，光武帝时，牛耕与人工灌溉，仍然以西汉所达到的水准为基础继续向前发展，将农业生产向前推进了一步。

光武帝时期，手工业管理机构沿袭西汉。主要的手工业仍是金属冶铸、金属器制造、制盐、织染、制衣、土建筑等，官营作坊占主导地位，私营作坊以辅助。《后汉书·百官志》引《汉官仪》载：考工令有属员一百零九人，尚方令有属员十九人，御府令有属员三十七人，平准令有属员一百九十人等。从中可见东汉初的手工业生产部门是相当多的，也是比较兴旺的。郡、国、县亦设相应的手工业生产管理机构。

建武初年，光武帝便将西汉在全国各地的金属冶铸作坊、矿山等完全接收了过来，设置相关官员来管理。东汉初的铁器已从内地推广到边远地区。陕西、河南、山东、山西、四川、甘肃、北京、江苏、安徽、湖南、广东等地均有铁矿或炼铁作坊。邯郸、南阳、曲阜、邛崃、韩城等，均是东汉的冶铁中心。

当时鲁国、魏郡武安、常山郡都乡侯国、庐江郡的皖、汉中郡、蜀郡、越巂郡、北地郡等地均有铁矿。南阳太守杜诗发明利用水力鼓风炼铁的技术，进一步提高了生产率。任延为九真太守，致力于教民制作铁农具，提高生产力。桂阳（今属广西）太守卫飒所辖属县出产铁石，其他郡的百姓常私自冶铸，招徕亡命之徒，导致奸盗之事频发。卫飒于是设置铁官，罢斥私铸，每年增加五百余万的收入。可见其铁矿之大。

由于铁器占据主要地位，铜器制造业不得不退居次要地位。铜的较大用途是铸币。蜀郡、广汉郡的工官主持金银及漆器的制造。当时的分工很细，工艺也较高，制造漆器要经素工、髹工、洎工、氾工、虎及造工等工序。光武帝赐给倭奴（今日本）王的金印，制造工艺已很精细。

东汉初的纺织业仍相当发达，光武帝经常赏赐功臣、部族首领或君长以众多的缯、帛、锦、布。当时的纺织业已从内地普及到边境，纸、革、酿酒、盐业也有所发展。东北的挹娄已会织麻布，辰韩、倭人会织缣布，沃沮会织绵布；西南的武陵蛮会织賨布、巴郡蛮会织嫁布、哀牢人会织布与锦等。

西汉末及王莽时期的富商大贾或商业地主，不少人一变而成为东汉初的功臣富豪，如光武帝的妹夫李通、光武帝的舅舅樊宏等，光武帝对他们大力保护，不压抑商贾。东汉初的商业恢复和发展很快。其中京都洛阳的商市尤其活跃，物品丰富，以满足宫廷、政府、官吏享用以及市民的生活所需。

除了京师洛阳，长安、成都也逐渐成为当时颇为繁荣的大都市。东汉初年，虽定都洛阳，但因长安有祖庙，关中有祖陵，又是西北的军事、经济重镇，故长安在光武帝时期逐渐恢复其建筑。建武十八年（42）三月，光武帝巡视至长安，下令修复宫室，伤怀旧京，追思列祖列宗，遂斋戒致敬，祭祀园陵。第二年，光武帝又下诏修复函谷关（在今河南新安），在长安修建大驾宫、六王邸、高车厩，修理东都城门（长安外城门）。这样，长安重新成为重要商业城市。栎阳、雍、咸阳、汉中等城市的商业也逐渐得到恢复，县城及大的镇也有商业交往。

位于天府之国的成都，交通、商业、手工业仍保持王莽时期的繁荣景象。从成都顺长江而下，可达荆州、扬州，沿路向南，可达黔、滇。成都丝织业十分发达，各类建材、器械丰富，还有渔业、盐业、铜矿、银矿。当时，临淄、邯郸、宛、汝南、会稽、丹阳、豫章、东冶、番禺等市，均是商业中心或海外贸易港口。

农业、手工业、商业的发展，使光武帝统治期间，经济十分繁荣。经济发展也促进了人口增长，至光武帝末年，城镇人口大为增多。反过来，人口增加又推动了生产，形成了良性循环。

十五、提倡士风　致力教育

光武帝是太学生出身，起兵反王莽后成为儒雅将领，中兴汉朝后成为儒雅帝王。光武帝总结以往历史上的经验教训，对士人实行宽松的政策,因此东汉的士风(士的气节、学风、风尚)一向为古今学者所称道。

汉朝自从汉武帝"罢黜百家、独尊儒术"后,儒者虽然众多但未明大义;王莽摄政时,颂德献符者遍天下。光武帝有鉴于此,开始尊崇节义,任用名士,所举用之人无不是经明行修之人,使风俗为之一变。因此,在光武帝统治期间,经读书入仕获得高官厚禄已成为社会上的一种值得自豪的美德。桓荣家贫,却读书不止,王莽时期世道混乱,也照样饱读经书,有人讥笑他连饭都吃不饱,读书有何用?光武帝时他官至太常,讥笑者才知桓荣苦读经书可以获得高官厚禄。寇恂官至执金吾,他常对别人说,是由于读书而得。因此"士风"大盛。

光武帝提倡今文经学和纬书,因此当官受俸禄者也很多,因而入学接受此业的子弟络绎不绝。一些古文经学者,也不得不以今文经学收徒授业。古文经学的价值虽高于今文经学,但学此经的人不能在学成后获得高官厚禄,故东汉初官、私学的弟子,学古文经学的人甚少。

西汉中晚期,经董仲舒提倡和一些五行家的附和,今文经学演变为谶纬之学,所以光武帝君臣也受到很大影响,形成东汉重视今文经学和谶纬学的状况。又因为光武帝君臣多是儒雅之士,所以对文化教育比较重视。光武帝及其吏、将多为能文能武者,战争中重武将,建立政权后重文臣,文、武结合,治国理民。正因为如此,光武帝统治集团才十分重视兴办学校、实施教化,以便培养统治阶级人才,实行对民众的思想控制。

建武五年(29)十月,太学兴办起来。东汉袭西汉制,内地郡、县均设学校(还有私学),使百姓的子弟拜师入学。边远的郡、县也设有学校。近交州(今广东、广西及越南北部)一带,民俗粗野,不知礼仪。桂阳太守卫飒任职期间,致力于兴办学校，教化百姓。交阯太守锡光、九真太守任延，也大力教百姓耕种，制定婚丧嫁娶的礼仪，建立学校，教民礼义。边境各郡，亦设学校。西域诸国，有的君长还送子入洛阳接受教育。辰阳（今湖南辰溪西南）长宋均任职期间，当地百姓相信巫神，宋均立学校，禁淫祀，安定了百姓。

光武帝设立五经博士共十四位，诸经博士定期在太学授业，传授弟子。在光武帝一开始迁都洛阳时，有两千多辆车都运载着收集起来的经牒秘书，在设立五经博士后，经史典籍的储藏量逐渐增多，最后竟然三倍于前。这些都充分反映了光武帝对文化教育的重视，这对在王莽统治下失意的名儒和社会上的士人是个极大的安慰和鼓舞。

在封建时代，士人的命运掌握在统治者的手里，皇帝提倡的，士人必须拥护，才能做官。仕途开通，读书人的积极性才会高。因此，光武帝积极征用名士，以鼓励子弟读书学习。

范升九岁通《论语》、《孝经》，稍长，又学《梁丘易》、《老子》，教授弟子，颇有名望。后来，范升被光武帝征拜为博士。杜林饱学经书，人称通儒，光武帝征拜他为侍御史，官至大司空。卫宏喜爱古文经学，跟随九江谢曼学《毛诗》，又跟随大司空杜林学《古文尚书》，知识渊博，光武帝封他为议郎。卫宏著《汉旧仪》四篇，又著赋、颂、诔七首，皆流传于世；费贻精通《易》，耻于做公孙述之官，装疯隐于深山十余年。光武帝击败公孙述后，费贻出山入仕，官至合浦（治今广东合浦）太守。刘茂通《礼经》，授徒数百人，不仕王莽的新朝。光武帝即位后，征拜刘茂为侍中。袁安年少时，跟随祖父袁良学《孟氏易》，颇有成就，光武帝任命他为县令。郭弘擅长《小杜津》（指汉宣帝时御史大夫杜延年著的律令），太守寇恂举荐郭弘为决曹掾，断狱三十年，没有冤假错案，郡内安宁。崔篆之母师氏通百家言，长于经学，被王莽赐号为义成夫人，显名于世。崔篆从母学经，颇有名望，不仕王莽，光武帝初年，著《周易林》六十四篇，又作赋《慰志》，文辞优美。梁统好法律，与窦融共起兵反抗王莽，任武威太守，为政严猛。光武帝封梁统为宣德将军，迁太中大夫。曹实习《庆氏礼》，被光武帝立为博士，制定封禅、七郊、三雍、大射、养老等礼仪，深受宠用。

光武帝给儒者以讲学或做官的机会，既发挥了他们的作用，又激发了百姓子弟求学读书的积极性。像这种依靠读书出仕的百姓子弟，在光武帝一朝屡有所见。梁孝王后裔刘昆，精通施氏《易》，王莽时曾教授弟子五百余人。建武五年（29），刘昆传授弟子于江夏（今湖北云梦），光武帝拜他为江夏令。又迁他为弘农（治今河南灵宝北）太守。刘昆政绩突出，被召入宫，教授皇太子及诸王小侯五十余人。建武二十七年（51），刘昆被封为骑都尉；戴凭精通京氏《易》，封博士、拜郎中；欧阳歙被光武帝征为伏生《尚书》博士，官至扬州牧、汝南太守，教授数百人，封波阳侯；尹敏习《欧阳尚书》、《毛诗》、穀梁与左氏《春秋》，被光武帝拜郎中；高诩精通《鲁诗》，光武帝拜他为博士、大司农；包咸在建武中，入授皇太子《论语》，封中郎将；丁恭习公羊、严氏《春秋》，有弟子数百人，被光武帝征为博士，官至骑都尉；甄宇习《严氏春秋》，教授子弟常达数百人，征为博士，封太子少傅；张玄学习《颜氏春秋》，任陈仓（今陕西宝鸡）县丞，授弟子千余人，拜为博士等。

光武帝生于乱危之世，多在民间，见闻多广，对士人很尊重。早在戎马倥偬之时，刘秀就尊贤下士，士人大多归心于他。如重用好学的寇恂为汝南太守，宠信太学的同学邓禹等。在扫除群雄割据的战争中，光武帝就提倡读书论道。有许多志士仁人，逃避乡村、山林，不愿做王莽的新朝之官。他们有的改姓易名，隐居山林；有的弃官而走，隐于他乡；有的托病，闭门不出。光武帝知道这些士人对王莽不满，盼望刘氏汉室复兴，所以对这些士人十分重视。

建武三年（27），光武帝就下诏求天下义士。南阳宛人卓茂，父祖皆官至郡守。他精通《诗》、《礼》及历法，称为通儒，王莽时任京兆丞，以病避官。光武帝即位，访求卓茂，拜为太傅，封褒德侯，食邑二千户，赐几案、手杖、车马。与卓茂同时任官的刘宣，也被光武帝封为安众侯；伏湛是济南伏生后裔，大儒世家，光武帝即位，征拜伏湛为尚书，后接邓禹职任大司徒；侯霸致力于研读《穀梁春秋》，不仕王莽的新朝，光武初征拜他为尚书令，后接替伏湛为大司徒，封关内侯；博士蔡茂，以病归，不仕王莽的新朝，光武帝征拜他为广汉太守，后官至大司徒；郭丹好学，名闻京师，不仕王莽的新朝，被光武帝征拜为并州牧，再迁中郎将。

光武帝在经学方面因相信谶纬，所以对其来源的今文经学比较重视，古文经学的地位相应较低。同时，光武帝还一改西汉自汉元帝以后以《诗》治国的指导思想，而是提倡和重视《孝经》，其标志是《孝经》地位的正式确立。西汉时只设"五经"博士，立于学官。东汉建立后，"五经"加《孝经》、《论语》，成为"七经"，不仅太学和郡、国、县学及私学的学生要学，而且选官时也用"七经"作标准，还诏令从皇帝、皇后至各级政府官员都要学《孝经》，劝孝道，举孝廉，惩罚不"孝"之人。

东汉建立在王莽新朝的废墟之上，光武帝确定以"柔道"治国，《孝经》是防止人民反对新皇朝的理想精神经典，官吏要向皇帝、国家尽忠行孝，百姓也同样如此，这样《孝经》宣扬的忠与孝就成为光武帝统治全国的有力工具。光武帝征辟和任用儒士，又特别恩惠那些不仕王莽的知识分子，大力表彰他们的"气节"，这种气节，实际上还是对刘家皇朝的"忠"、"孝"，从而形成东汉一代的儒士特别重"名"、"节"的浓厚风气，"忠君"而不惜抛头颅、洒鲜血。

十六、皇后轩轾　太子易人

同所有的皇帝一样，光武帝刘秀当皇帝后，同族、亲戚都要大沾其光。同族中随同起兵的族父、族兄们，非封王即封侯。叔父刘良封赵王，大姐刘黄封湖阳长公主，三妹伯姬封宁平长公主，被刘玄杀了的大哥刘縯追谥为齐武王，刘縯的两个儿子，一封齐王，一封鲁王，在小长安战役中死去的二哥刘仲，被追封为鲁哀王，二姐刘元被追封为新野长公主。光武帝的母亲樊氏是湖阳县人，卒于起兵前夕，湖阳樊氏一家封了五个侯。光武帝的外祖父樊重，光武帝是否见过，史无明载，追爵谥为寿张敬侯，在湖阳专为立庙。总之，舂陵的刘氏家族及亲戚们都加官晋爵，风光无限。

建武元年（25）十月，光武帝住进洛阳宫以后，就派人把阴丽华接到洛阳。光武帝起初想立阴丽华为皇后，但阴丽华推辞了，因为郭圣通已为刘秀生下了长子刘强，而她却没有生育。次年二月策立郭圣通为皇后，阴丽华为贵人，立刘强为太子。

在郭圣通的舅舅——真定王刘扬谋反失败后，郭圣通再没有了强大的外援，光武帝也不用再忌惮她。光武帝和阴丽华在一起的时候最多，有时出征也带着她，刘庄就是建武四年（28）阴丽华随光武帝出征彭宠到达元氏时生下的。光武帝最喜爱刘庄，经常带在身边，这不免引起郭圣通的嫉妒和担心。光武帝就指责郭圣通，像鹰隼一般凶狠地骂她。

建武九年（33），一群不知道从哪里来的盗贼，半夜闯进了阴丽华乡间的娘家。由于阴丽华的谦让，阴家没有侯爵之封，也就没有了护卫兵士,强盗很轻易就得了手。在抢劫的同时,还杀死了阴丽华的老母邓氏及弟弟阴䜣。

阴丽华生性羞怯温和,她七岁就死了父亲。没有了父亲的依靠,即使家境宽裕,一家人的生活仍然艰难。直到成年后,每每提及亡父,她都禁不住流泪不止。光武帝每次看见她独自流泪,就知道她又想起了父亲,想到自己九岁丧父的经历,总是忍不住陪着她一起感伤,再想方设法让她破涕为笑。谁知道,现在阴丽华居然连母亲也没有了!光武帝面对哭得死去活来的阴丽华,想到岳母对自己多年的关爱,哀伤溢于言表。他传令大司空,颁下一道诏书:

> 朕在微贱的时候,就娶了阴贵人,由于兵荒马乱,被迫别离。幸亏老天有眼,朕和她都从战乱中劫后余生,再次团聚。对她的美德朕非常了解,因此想要立她为皇后,她却坚持推辞,甘愿为姬妾。朕敬佩她的谦让高尚,曾经想到要封她的兄弟们为侯爵,但他们坚决辞让。可是没想到,他们没有得到朕的封爵,却陡遭祸患,母子俱丧。对此,朕十分愧疚伤怀。虽然他们不能活着享受高官厚禄,身后也应该得到尊荣。所以朕决定,追封阴贵人的父亲阴陆为宣恩哀侯,弟弟阴䜣为宣义恭侯。让阴贵人的另一个弟弟阴就代阴䜣为长子,继承宣恩哀侯的爵位。虽然阴陆夫人和阴䜣死了,太中大夫也要在他们的棺木前按照活着的列侯礼仪为他们举行典礼。假如他们在天有灵,请来接受我的心意。

光武帝颁布诏书时,没有考虑皇后郭圣通的感受。郭圣通细看这道广布天下的诏书,忍不住五味杂陈。七年过去了,丈夫在这道诏书里,仍然念念不忘阴丽华才是他的结发妻子,甚至把当年只有夫妻间才知道的"让位"之事公之于世,这等于是在提醒世人,郭皇后的位置,是阴丽华"让"出来的。而如今阴丽华也生了皇子,阴家也同样拥有了不亚于皇后家族的爵位,这顿时让郭圣通觉得自己这个皇后,已然沦为朝廷内外的话柄。郭圣通开始怨恨阴氏,但她仍然隐忍着。

皇太子刘强长大之后,非常喜欢钻研兵书。他既然是太子,光武帝自然会带着他一起上朝,让他学习为帝之道。退朝后,光武帝不免要询问儿子对政事的看法。刘强对政务的见解倒也中规中矩,可是他对军事却显得过于热衷,常常表现出日后要开疆拓土、四方征战的心思。

光武帝虽然是个军事天才,但是他实在不喜欢征战杀伐的性格。多年来他身不由己地卷入一场又一场战争,眼看着生灵涂炭,自己也失去了诸多亲人,他对战争厌烦透了。对于他来说,修习兵书、整兵修武,只是为了保土安民,他不能容忍别人的侵犯,但是他也绝对不愿意好大喜功、主动到处找仗打,给本国也给别国带来灾难。

不用说,年轻气盛的刘强在这方面严重地让光武帝不满。他对这个儿子日后会干些什么,给国家百姓带来什么,真是不敢想象。于是他经常忍不住责备刘强。光武帝对儿子的责备,从他本人来讲,只是在努力调教一下未来的帝王,从严要求是很正常的。可是在早已心神不定的郭圣通眼里,却是另一种解释。

郭圣通和阴丽华分别为光武帝生了五个儿子,许美人生了一个儿子。其中,光武帝对聪明伶俐的刘庄最为喜爱,刘庄在各个方面都让光武帝非常满意。刘庄十二岁时,就表现出卓越的政治才能,这让光武帝兴奋不已,对他赞不绝口,甚至让太子刘强常向弟弟刘庄学习。

郭圣通见此,再也控制不住自己,与丈夫大吵大闹了起来。

郭圣通对光武帝的怨恨、对阴丽华的妒忌，以至于她对阴丽华所生的孩子们的猜疑，都控制不住了。无论光武帝怎么好说歹说，她已经听不进去了。

处在风口浪尖的阴丽华没有办法，为了平抑家庭矛盾，她只好暂时避开郭圣通的怒火，于建武十四年（39）移居洛阳以外的宫室。

这一来，皇后郭圣通在后宫中更加无所忌惮，对嫔妃宫女等人总是非打即骂，众人都对她避之唯恐不及。建武十七年（41）十月，忍耐终于到了极限的光武帝突然发作，颁下一道废后诏书：

> 皇后郭圣通，总是满怀怨恨，屡次违背朕的心意，不肯善视非她所生的孩子。宫廷之中，谁看见她都像看见鹰鹫一样。如今她没有慈爱的品德，却有吕雉、霍成君的风范，日后朕怎么能把幼小的孩子们托付给她？现在朕派大司徒戴涉、宗正刘吉，代表朕去收缴她的皇后玺绶。贵人阴丽华，是乡间良家女子，在朕当平民的时候就嫁给了朕。如今已经三年没有见过面。她的品性，足以母仪天下。大臣们按照从前皇帝废后立新的规矩，把仪式办好。这件事的前因后果，对于朕和新任皇后来说，是人生和家庭的不幸，更不是国家的福气。你们都不必上书祝贺。

郭圣通的被废给太子刘强带来了巨大压力，他惶恐不安，一再要求辞掉太子之位，与别的弟兄平等，还经常托朝臣和弟兄们向父皇转达心愿。起初光武帝不许，拖了一年多。建武十九年（43）六月，光武帝才把他与已被封为东海王的刘庄互换了位置。光武帝对刘强有所歉意，加大了他的封土，给了他不少超出诸王的待遇。

对于郭圣通，光武帝也不忘曾经的夫妻之情，对她厚待有加。郭圣通所生的次子刘辅升为中山王，封地额外增加一郡——这一郡的收入，则是为郭圣通准备的生活费用，她由皇后改称"中山王太后"，和儿子一起生活。光武帝又将刘辅迁到更富饶的沛地为王，改封郭圣通为沛太后。同时升郭圣通的弟弟郭况为大鸿胪。

郭况升官晋爵之后，光武帝仍然觉得自己废太子的决定对不住郭圣通与自己曾经的二十年夫妻情分。虽然如今夫妻离异，他不再见郭圣通，但是为了表示自己的诚心，他经常到郭况家去做客，将所有的公卿诸侯都带去作陪。虽然光武帝自己生活节俭，但是他毫不吝惜地把大量的金银绸缎赠给郭况，以至于郭况后来富得流油，整个洛阳城都称他家是"金穴"。

光武帝对贵戚的过分行为有所约束，一般能够理智对待。司隶校尉鲍永、都事从官鲍恢刚直不避豪强，敢于弹劾贵戚的恣纵行为，曾弹劾光武帝叔父赵王刘良仗势呵斥京官为"大不敬"，光武帝借此告诫贵戚们应当约束自己，"以避二鲍"。刘良临死时，光武帝去看他，问他有什么要说的话。刘良说他没有别的话了，只有一件事，他的朋友怀县李子春犯了罪，县令赵憙要判他死刑，希望能保住他的命。光武帝说："官吏执行法律，我不能徇情枉法。另说别的愿望吧。"

光武帝大姐湖阳公主的奴仆大白天行凶杀人，躲在公主家中，官吏不敢捕捉。洛阳县令董宣不畏权贵，处死了湖阳公主的奴仆，湖阳公主到光武帝面前哭诉。光武帝本想治董宣之罪，但听了董宣一番话，认为董宣做得对，就没有治他的罪。光武帝事后奖励了董宣，且因他不肯低头向公主认错赔不是，给他加了一个"强项令"（意为刚强不肯低头的县令）的美名，后来光武帝一直记着这个县官。

光武帝最关心的还是他的一群渐渐长大了的儿子们，担心他们各自结交一批势力,相互争权夺利,发生内讧。建武二十四年(48),光武帝重申《阿附蕃王法》,意在要诸王身边的官吏对他们劝诫诱导,不使破坏纲纪。该法是汉武帝时因淮南王刘安与衡山王刘赐谋反事件而制定的,法中规定,蕃王有不法行为,身边官吏附和或不加阻止即从重治罪。

尽管如此,还是发生了使光武帝愤怒的事情:建武二十八年(52),郭圣通去世,有人上书告郭氏子沛王刘辅与一些被光武帝所杀的人的子孙结交,说这些人因事生乱,有谋害光武帝的可能。恰在这时,得宠于刘辅的宾客寿光侯刘鲤(刘玄之子),为报父仇杀死了刘盆子的叔父刘恭。为此,光武帝把儿子刘辅下狱关了三天,并命令各郡县搜捕诸王结交的宾客。转相牵连,杀了一千多人,其中有许多贵戚子弟。与此同时,光武帝的女婿梁松也受到类似指控,梁松在岳父面前叩头流血,才免于治罪。但只捕杀宾客并非久安之计,这年,光武帝要儿子们离开京师,各到自己的封国里去安享富贵,不得随便到京,以免滋生事端。

中元二年(57)二月,光武帝在洛阳南宫前殿去世,临终遗诏说:"朕无益百姓,丧葬事宜,一切都要像孝文皇帝那样,务从俭省。刺史、俸禄二千石的官吏,都不要离开城郭,也不要派官吏来吊唁。"

《后汉书·光武帝纪》

上

世祖光武皇帝讳秀,字文叔,南阳蔡阳人,高祖九世之孙也,出自景帝生长沙定王发。发生春陵节侯买,买生郁林太守外，外生钜鹿都尉回，回生南顿令钦，钦生光武。光武年九岁而孤，养于叔父良。身长七尺三寸，美须眉，大口，隆准，日角。性勤于稼穑，而兄伯升好侠养士，常非笑光武事田业，比之高祖兄仲。王莽天凤中，乃之长安，受《尚书》，略通大义。莽末，天下连岁灾蝗，寇盗蜂起。

地皇三年，南阳荒饥，诸家宾客多为小盗。光武避吏新野，因卖谷于宛。宛人李通等以图谶说光武云："刘氏复起，李氏为辅。"光武初不敢当，然独念兄伯升素结轻客，必举大事，且王莽败亡已兆，天下方乱，遂与定谋，于是乃市兵弩。

十月，与李通从弟轶等起于宛，时年二十八。

十一月，有星孛于张。光武遂将宾客还舂陵。时伯升已会众起兵。初，诸家子弟恐惧，皆亡逃自匿，曰："伯升杀我。"及见光武绛衣大冠，皆惊曰："谨厚者亦复为之。"乃稍自安。伯升于是招新市、平林兵，与其帅王凤、陈牧西击长聚。光武初骑牛，杀新野尉乃得马。进屠唐子乡，又杀湖阳尉。军中分财物不均，众恚恨，欲反攻诸刘。光武敛宗人所得物，悉以与之，众乃悦。进拔棘阳，与王莽前队大夫甄阜、属正梁丘赐战于小长安。汉军大败，还保棘阳。

更始元年正月甲子朔，汉军复与甄阜、梁丘赐战于沘水西，大破之，斩阜、赐。伯升又破王莽纳言将军严尤、秩宗将军陈茂于淯阳，进围宛城。

二月辛巳，立刘圣公为天子，以伯升为大司徒，光武为太常偏将军。

三月，光武别与诸将徇昆阳、定陵、郾，皆下之。多得牛、马、财物，谷数十万斛，转以馈城下。莽闻阜、赐死，汉帝立，大惧，遣大司徒王寻、大司空王邑将兵百万；其甲士四十二万人五月到颍川,复与严尤、陈茂合。初,光武为舂陵侯家讼逋租于尤,尤见而奇之。及是时,城中出降尤者,言光武不取财物,但会兵计策。尤笑曰:"是美须眉者邪?何为乃如是!"

初王莽征天下能为兵法者六十三家数百人,并以为军吏。选练武卫,招募猛士,旌旗辎重,千里不绝。时有长人巨无霸,长一丈,大十围,以为垒尉。又驱诸猛兽虎豹犀象之属,以助威武。自秦、汉出师之盛,未尝有也。

光武将数千兵,徼之于阳关。诸将见寻、邑兵盛,反走,驰入昆阳,皆惶怖,忧念妻孥,欲散归诸城。光武议曰:"今兵谷既少,而外寇强大,并力御之,功庶可立;如欲分散,势无俱全。且宛城未拔,不能相救。昆阳即破,一日之间,诸部亦灭矣。今不同心胆共举功名,反欲守妻子财物邪?"诸将怒曰:"刘将军何敢如是!"光武笑而起。会候骑还言:"大兵且至城北,军陈数百里,不见其后。"诸将遽相谓曰:"更请刘将军计之。"光武复为图画成败。诸将忧迫,皆曰"诺"。时城中唯有八九千人,光武乃使成国上公王凤、廷尉大将军王常留守,夜自与骠骑大将军宗佻、五威将军李轶等十三骑,出城南门,于外收兵。时莽军到城下者且十万,光武几不得出。既至郾、定陵,悉发诸营兵,而诸将贪惜财货,欲分留守之。光武曰:"今若破敌,珍珤万倍,大功可成;如为所败,首领无余,何财物之有!"众乃从。

严尤说王邑曰:"昆阳城小而坚,今假号者在宛,亟进大兵,彼必奔走,宛败,昆阳自服。"邑曰:"吾昔以虎牙将军围翟义,坐不生得,以见责让。今将百万之众,遇城而不能下,何谓邪?"遂围之数十重,列营百数,云车十余丈,瞰临城中,旗帜蔽野,埃尘连天,钲鼓之声闻数百里。或为地道,冲輣橦城。积弩乱发,矢下如雨,城中负户而汲。王凤等乞降,不许。寻、邑自以为功在漏刻,意气甚逸。夜有流星坠营中,昼有云如坏山当营而陨，不及地尺而散，吏士皆厌伏。

六月己卯，光武遂与营部俱进，自将步骑千余，前去大军四五里而陈。寻、邑亦遣兵数千合战，光武奔之，斩首数十级。诸部喜曰："刘将军平生见小敌怯，今见大敌勇甚，可怪也，且复居前。请助将军！"光武复进，寻、邑兵却，诸部共乘之，斩首数百千级，连胜遂前。时伯升拔宛已三日，而光武尚未知，乃伪使持书报城中，云"宛下兵到"，而阳堕其书。寻、邑得之，不意。诸将既经累捷，胆气益壮，无不一当百。光武乃与敢死者三千人，从城西水上冲其中坚，寻、邑陈乱，乘锐崩之，遂杀王寻。城中亦鼓噪而出，中外合势，震呼动天地，莽兵大溃，走者相腾践，奔殪百余里间。会大雷风，屋瓦皆飞，雨下如注，滍川盛溢，虎豹皆股战，士卒争赴，溺死者以万数，水为不流。王邑、严尤、陈茂轻骑，乘死人度水逃去。尽获其军实辎重，车甲珍宝，不可胜算，举之连月不尽，或燔烧其余。

光武因复徇下颍阳。会伯升为更始所害，光武自父城驰诣宛谢。司徒官属迎吊光武，光武难交私语，深引过而已。未尝自伐昆阳之功，又不敢为伯升服丧，饮食言笑如平常。更始以是惭，拜光武为破虏大将军，封武信侯。

九月庚戌，三辅豪杰共诛王莽，传首诣宛。

更始将北都洛阳，以光武行司隶校尉，使前整修宫府。于是置僚属，作文移，从事司察，一如旧章。时三辅吏士东迎更始，见诸将过，皆冠帻，而服妇人衣，诸于绣镼，莫不笑之，或有畏而走者。及见司隶僚属，皆欢喜不自胜。老吏或垂涕曰："不图今日复见汉官威仪！"由是识者皆属心焉。

及更始至洛阳，乃遣光武以破虏将军行大司马事。十月，持节北度河，镇慰州郡。所到部县，辄见二千石、长吏、三老、官属，下至佐史，考察黜陟如州牧行部事。辄平遣囚徒，除王莽苛政，复汉官名。吏人喜悦，争持牛酒迎劳。进至邯郸，故赵缪王子林说光武曰："赤眉今在河东，但决水灌之，百万之众可使为鱼。"光武不答，去之真定。林于是乃诈以卜者王郎为成帝子子舆，十二月立郎为天子，都邯郸，遂遣使者降下郡国。

二年正月，光武以王郎新盛，乃北徇蓟。王郎移檄，购光武十万户。而故广阳王子刘接，起兵蓟中以应郎，城内扰乱，转相惊恐，言邯郸使者方到，二千石以下皆出迎。于是光武趣驾南辕，晨夜不敢入城邑，舍食道傍。至饶阳，官属皆乏食。光武乃自称邯郸使者，入传舍。传吏方进食，从者饥，争夺之。传吏疑其伪，乃椎鼓数十通，绐言邯郸将军至，官属皆失色。光武升车欲驰，既而惧不免，徐还坐曰："请邯郸将军入。"久乃驾去。传中人遥语门者闭之，门长曰："天下讵可知，而闭长者乎？"遂得南出。晨夜兼行，蒙犯霜雪，天时寒，面皆破裂。至呼沱河，无船，适遇冰合得过，未毕，数车而陷。进至下博城西，遑惑不知所之。有白衣老父在道旁，指曰："努力！信都郡为长安守，去此八十里。"光武即驰赴之，信都太守任光开门出迎。世祖因发旁县，得四千人，先击堂阳、贳县，皆降之。王莽和戎卒正邳彤亦举郡降。又昌城人刘植，宋子人耿纯，各率宗亲子弟据其县邑，以奉光武。于是北降下曲阳，众稍合，乐附者至有数万人。复北击中山，拔卢奴。所过发奔命兵，移檄边部，共击邯郸，郡县还复响应。南击新市、真定、元氏、防子，皆下之，因入赵界。

时王郎大将李育屯柏人，汉兵不知而进，前部偏将朱浮、邓禹为育所破，亡失辎重。光武在后闻之，收浮、禹散卒，与育战于郭门，大破之，尽得其所获。育还保城，攻之不下，于是引兵拔广阿。会上谷太守耿况、渔阳太守彭宠各遣其将吴汉、寇恂等，将突骑来助击王郎，更始亦遣尚书仆射谢躬讨郎，光武因大飨士卒，遂东围钜鹿。王郎守将王饶坚守，月余不下。郎遣将倪宏、刘奉率数万人救钜鹿，光武逆战于南亦，斩首数千级。

四月，进围邯郸，连战破之。

五月甲辰，拔其城，诛王郎。收文书，得吏人与郎交关谤毁者数千章。光武不省，会诸将军烧之，曰："令反侧子自安。"

更始遣侍御史持节立光武为萧王，悉令罢兵诣行在所。光武辞以河北未平，不就征。自是，始贰于更始。

是时，长安政乱，四方背叛。梁王刘永擅命睢阳，公孙述称王巴蜀，李宪自立为淮南王，秦丰自号楚黎王，张步起琅邪，董宪起东海，延岑起汉中，田戎起夷陵，并置将帅，侵略郡县。又别号诸贼铜马、大肜、高湖、重连、铁胫、大抢、尤来、上江、青犊、五校、檀乡、五幡、五楼、富平、获索等，各领部曲，众合数百万人，所在寇掠。

光武将击之，先遣吴汉北发十郡兵。幽州牧苗曾不从，汉遂斩曾而发其众。秋，光武击铜马于鄡，吴汉将突骑来会清阳。贼数挑战，光武坚营自守；有出卤掠者，辄击取之。绝其粮道，积月余日，贼食尽，夜遁去，追至馆陶，大破之。受降未尽，而高湖、重连从东南来，与铜马余众合。光武复与大战于蒲阳，悉破降之，封其渠帅为列侯。降者犹不自安，光武知其意，敕令各归营勒兵，乃自乘轻骑按行部陈。降者更相语曰："萧王推赤心置人腹中，安得不投死乎！"由是皆服。悉将降人分配诸将，众遂数十万，故关西号光武为"铜马帝"。赤眉别帅与大肜、青犊十余万众在射犬，光武进击，大破之，众皆散走。使吴汉、岑彭袭杀谢躬于邺。青犊、赤眉贼入函谷关攻更始，光武乃遣邓禹率六裨将引而西，以乘更始、赤眉之乱。时更始使大司马朱鲔、舞阴王李轶等屯洛阳，光武亦令冯异守孟津，以拒之。

建武元年春正月，平陵人方望立前孺子刘婴为天子，更始遣丞相李松击斩之。

光武北击尤来、大抢、五幡于元氏，追至右北平，连破之。又战于顺水北，乘胜轻进，反为所败。贼追急，短兵接，光武自投高岸，遇突骑王丰，下马授光武，光武抚其肩而上，顾笑谓耿弇曰："几为虏嗤。"弇频射却贼，得免。士卒死者数千人，散兵归保范阳。军中不见光武，或云已殁，诸将不知所为。吴汉曰："卿曹努力！王兄子在南阳，何忧无主？"众恐惧，数日乃定。贼虽战胜，而素慑大威，客主不相知，夜遂引去。大军复进至安次，与战，破之，斩首三千余级。贼入渔阳，乃遣吴汉率耿弇、陈俊、马武等十二将军追战于潞东，及平谷，大破灭之。

朱鲔遣讨难将军苏茂攻温，冯异、寇恂与战，大破之，斩其将贾强。

于是诸将议上尊号。马武先进曰："天下无主，如有圣人承敝而起，虽仲尼为相，孙子为将，犹恐无能有益。反水不收，后悔无及。大王虽执谦退，奈宗庙社稷何？宜且还蓟，即尊位，乃议征伐。今此谁贼而驰骛击之乎？"光武惊曰："何将军出是言？可斩也！"武曰："诸将尽然。"光武使出晓之，乃引军还至蓟。

夏四月，公孙述自称天子。

光武从蓟还，过范阳，命收葬吏士。至中山，诸将复上奏曰："汉遭王莽，宗庙废绝，豪杰愤怒，兆人涂炭。王与伯升首举义兵，更始因其资以据帝位，而不能奉承大统，败乱纲纪，盗贼日多，群生危蹙。大王初征昆阳，王莽自溃；后拔邯郸，北州弭定，参分天下而有其二；跨州据土，带甲百万，言武力则莫之敢抗，论文德则无所与辞。臣闻帝王不可以久旷，天命不可以谦拒，惟大王以社稷为计、万姓为心。"光武又不听。行到南平棘，诸将复固请之。光武曰："寇贼未平，四面受敌，何遽欲正号位乎？诸将且出。"耿纯进曰："天下士大夫捐亲戚弃土壤，从大王于矢石之间者，其计固望其攀龙鳞附凤翼，以成其所志耳。今功业即定，天人亦应，而大王留时逆众，不正号位，纯恐士大夫望绝计穷，则有去归之思，无为久自苦也。大众一散，难可复合；时不可留，众不可逆。"纯言甚诚切，光武深感曰："吾将思之。"行至鄗，光武先在长安时同舍生强华自关中奉《赤伏符》曰："刘秀发兵捕不道，四夷云集龙斗野，四七之际火为主。"群臣因复奏曰："受命之符，人应为大，万里合信，不议同情，周之白鱼，曷足比焉？今上无天子，海内淆乱。符瑞之应，昭然著闻，宜答天神，以塞群望。"光武于是命有司设坛场于鄗南千秋亭五成陌。

六月己未，即皇帝位。燔燎告天，禋于六宗，望于群神。其祝文曰："皇天上帝，后土神祇，眷顾降命，属秀黎元，为人父母，秀不敢当。群下百辟，不谋同辞，咸曰：'王莽篡位，秀发愤兴兵，破王寻、王邑于昆阳，诛王郎、铜马于河北，平定天下，海内蒙恩，上当天地之心，下为元元所归。'谶记曰：'刘秀发兵捕不道，卯金修德为天子。'秀犹固辞，至于再，至于三。群下佥曰：'皇天大命，不可稽留。'敢不敬承。"于是建元为建武，大赦天下，改鄗为高邑。

是月，赤眉立刘盆子为天子。甲子，前将军邓禹击更始定国公主王匡于安邑，大破之，斩其将刘均。

秋七月辛未，拜前将军邓禹为大司徒。丁丑，以野王令王梁为大司空。壬午，以大将军吴汉为大司马，偏将军景丹为骠骑大将军，大将军耿弇为建威大将军，偏将军盖延为虎牙大将军，偏将军朱祐为建义大将军，中坚将军杜茂为大将军。时宗室刘茂自号"厌新将军"，率众降，封为中山王。己亥，幸怀。遣耿弇率强弩将军陈俊军五社津，备荥阳以东。使吴汉率朱祐及廷尉岑彭、执金吾贾复、扬化将军坚镡等十一将军围朱鲔于洛阳。

八月壬子，祭社稷。癸丑，祠高祖、太宗、世宗于怀宫。进幸河阳。更始廪丘王田立降。

九月，赤眉入长安，更始奔高陵。辛未，诏曰："更始破败，弃城逃走，妻子裸袒，流冗道路。朕甚愍之！今封更始为淮阳王。吏人敢有贼害者，罪同大逆。"甲申，以前高密令卓茂为太傅。辛卯，朱鲔举城降。

冬十月癸丑，车驾入洛阳，幸南宫却非殿，遂定都焉。遣岑彭击荆州群贼。

十一月甲午，幸怀。刘永自称天子。

十二月丙戌，至自怀。赤眉杀更始，而隗嚣据陇右，卢芳起安定。破虏大将军叔寿击五校贼于曲梁，战殁。

二年春正月甲子朔，日有食之。大司马吴汉率九将军击檀乡贼，于邺东大破降之。庚辰，封功臣皆为列侯，大国四县，余各有差。下诏曰："人情得足，苦于放纵，快须臾之欲，忘慎罚之义。惟诸将业远功大，诚欲传于无穷，宜如临深渊，如履薄冰，战战栗栗，日慎一日。其显效未酬，名籍未立者，大鸿胪趣上，朕将差而录之。"博士丁恭议曰："古帝王封诸侯不过百里，故利以建侯，取法于雷，强干弱枝，所以为治也。今封诸侯四县，不合法制。"帝曰："古之亡国皆以无道，未尝闻功臣地多而灭亡者。"乃遣谒者即授印绶，策曰："在上不骄，高而不危；制节谨度，满而不溢。敬之戒之，传尔子孙，长为汉藩。"壬午，更始复汉将军邓晔、辅汉将军于匡降，皆复爵位。壬子，起高庙，建社稷于洛阳，立郊兆于城南，始正火德，色尚赤。

是月，赤眉焚西京宫室，发掘园陵，寇掠关中。大司徒邓禹入长安,遣府掾奉十一帝神主,纳于高庙。真定王杨、临邑侯让谋反,遣前将军耿纯诛之。

二月己酉,幸修武。大司空王梁免。壬子,以太中大夫宋弘为大司空。遣骠骑大将军景丹率征虏将军祭遵等二将军击弘农贼,破之。因遣祭遵围蛮中贼张满。②渔阳太守彭宠反,攻幽州牧朱浮于蓟。延岑自称武安王于汉中。辛卯,至自修武。

三月乙未,大赦天下,诏曰:"顷狱多冤人,用刑深刻,朕甚愍之!孔子云:'刑罚不中,则民无所措手足。'其与中二千石、诸大夫、博士、议郎,议省刑法。"遣执金吾贾复率二将军击更始郾王尹尊,破降之。骁骑将军刘植击密贼,战殁。遣虎牙大将军盖延率四将军伐刘永。

夏四月,围永于睢阳。更始将苏茂杀淮阳太守潘蹇而附刘永。甲午,封叔父良为广阳王,兄子章为太原王,章弟兴为鲁王,舂陵侯嫡子祉为城阳王。

五月庚辰,封更始元氏王歙为泗水王,故真定王杨子得为真定王,周后姬常为周承休公。癸未,诏曰:"民有嫁妻卖子欲归父母者,恣听之。敢拘执,论如律。"

六月戊戌,立贵人郭氏为皇后,子强为皇太子,大赦天下;增郎、谒者、从官秩各一等。丙午,封宗子刘终为淄川王。

秋八月,帝自将征五校。丙辰,幸内黄。大破五校于羛阳,降之。遣游击将军邓隆救朱浮,与彭宠战于潞,隆军败绩。盖延拔睢阳,刘永奔谯。破虏将军邓奉据淯阳反。

九月壬戌,至自内黄。骠骑大将军景丹薨。延岑大破赤眉于杜陵。关中饥,民相食。

冬十一月,以廷尉岑彭为征南大将军,率八将军讨邓奉于堵乡。铜马、青犊、尤来余贼共立孙登为天子于上郡。登将乐玄杀登,以其众五万余人降。遣偏将军冯异代邓禹伐赤眉。使太中大夫伏隆持节安辑青、徐二州，招张步降之。

十二月戊午，诏曰："惟宗室列侯为王莽所废，先灵无所依归，朕甚愍之。其并复故国。若侯身已殁，属所上其子孙见名尚书，封拜。"

是岁，盖延等大破刘永于沛西。初，王莽末，天下旱蝗，黄金一斤易粟一斛。至是野谷旅生，麻菽尤盛，野蚕成茧，被于山阜，人收其利焉。

三年春正月甲子，以偏将军冯异为征西大将军，杜茂为骠骑大将军。大司徒邓禹及冯异与赤眉战于回溪，禹、异败绩。征虏将军祭遵破蛮中，斩张满。辛巳，立皇考南顿君已上四庙。壬午，大赦天下。

闰月乙巳，大司徒邓禹免。冯异与赤眉战于崤底，大破之。余众南向宜阳，帝自将征之。己亥，幸宜阳。甲辰，亲勒六军，大陈戎马，大司马吴汉精卒当前，中军次之，骁骑、武卫分陈左右。赤眉望见震怖，遣使乞降。丙午，赤眉君臣面缚，奉高皇帝玺绶，诏以属城门校尉。戊申，至自宜阳。己酉，诏曰："群盗纵横，贼害元元，盆子窃尊号，乱惑天下。朕奋兵讨击，应时崩解，十余万众束手降服，先帝玺绶归之王府。斯皆祖宗之灵，士人之力，朕曷足以享斯哉！其择吉日祠高庙，赐天下长子当为父后者爵，人一级。"

二月己未，祠高庙，受传国玺。刘永立董宪为海西王，张步为齐王。步杀光禄大夫伏隆而反。幸怀，遣吴汉率二将军击青犊于轵西，大破降之。

三月壬寅，以大司徒司直伏湛为大司徒。彭宠陷蓟城，宠自立为燕王。帝自将征邓奉，幸堵阳。

夏四月，大破邓奉于小长安，斩之。冯异与延岑战于上林，破之。吴汉率七将军与刘永将苏茂战于广乐，大破之。虎牙大将军盖延围刘永于睢阳。

五月己酉，车驾还宫。乙卯晦，日有食之。

六月壬戌，大赦天下。耿弇与延岑战于穰，大破之。

秋七月，征南大将军岑彭率三将军伐秦丰，战于黎丘，大破之，获其将蔡宏。庚辰，诏曰："吏不满六百石，下至墨绶长、相，有罪先请。男子八十以上、十岁以下，及妇人从坐者，自非不道，诏所名捕，皆不得系。当验问者即就验；女徒雇山归家。"盖延拔睢阳，获刘永。而苏茂、周建立永子纡为梁王。

冬十月壬申，幸舂陵，祠园庙，因置酒旧宅，大会故人父老。

十一月乙未，至自舂陵。涿郡太守张丰反。

是岁，李宪自称天子。西州大将军隗嚣奉奏。建义大将军朱祐率祭遵与延岑战于东阳，斩其将张成。

四年春正月甲申，大赦天下。

二月壬子，幸怀。壬申，至自怀。遣右将军邓禹率二将军与延岑战于武当，破之。

夏四月丁巳，幸邺。己巳，进幸临平。①遣大司马吴汉击五校贼于箕山，大破之。

五月，进幸元氏。辛巳，进幸卢奴。遣征虏将军祭遵率四将军讨张丰于涿郡，斩丰。

六月辛亥，车驾还宫。

七月丁亥，幸谯。遣捕虏将军马武、偏将军王霸围刘纡于垂惠。董宪将贲休以兰陵城降，宪围之。虎牙大将军盖延率平狄将军庞萌救贲休，不克，兰陵为宪所陷。

秋八月戊午，进幸寿春。太中大夫徐恽擅杀临淮太守刘度，恽坐诛。遣扬武将军马成率三将军伐李宪。

九月，围宪于舒。

冬十月甲寅，车驾还宫。太傅卓茂薨。

十一月丙申，幸宛。遣建义大将军朱祐率二将军围秦丰于黎丘。

十二月丙寅，进幸黎丘。

是岁，征西大将军冯异与公孙述将程焉战于陈仓，破之。

五年春正月癸巳，车驾还宫。

二月丙午，大赦天下。捕虏将军马武、偏将军王霸拔垂惠。乙丑，幸魏郡。壬申，封殷后孔安为殷绍嘉公。彭宠为其苍头所杀，渔阳平。大司马吴汉率建威大将军耿弇击富平、获索贼于平原，大破降之。复遣耿弇率二将军讨张步。

三月癸未，徙广阳王良为赵王，始就国。平狄将军庞萌反，杀楚郡太守孙萌，而东附董宪。遣征南大将军岑彭率二将军伐田戎于津乡，大破之。

夏四月，旱、蝗。河西大将军窦融始遣使贡献。

五月丙子，诏曰："久旱伤麦，秋种未下，朕甚忧之。将残吏未胜，狱多冤结，元元愁恨，感动天气乎？其令中都官、三辅、郡国出系囚，罪非犯殊死一切勿案，见徒免为庶人。务进柔良，退贪酷，各正厥事焉。"

六月，建义大将军朱祐拔黎丘，获秦丰。而庞萌、苏茂围桃城。帝时幸蒙，因自将征之。先理兵任城，乃进救桃城，大破萌等。

秋七月丁丑，幸沛，祠高原庙。诏修复西京园陵。进幸湖陵，征董宪。又幸蕃，遂攻董宪于昌虑，大破之。

八月己酉，进幸郯，留吴汉攻刘纡、董宪等，车驾转徇彭城、下邳。吴汉拔郯，获刘纡；汉进围董宪、庞萌于朐。

冬十月，还，幸鲁，使大司空祠孔子。耿弇等与张步战于临淄，大破之。帝幸临淄，进幸剧。张步斩苏茂以降，齐地平，初起太学。车驾还宫，幸太学，赐博士弟子各有差。

十一月壬寅，大司徒伏湛免，尚书令侯霸为大司徒。

十二月，卢芳自称天子于九原。西州大将军隗嚣遣子恂入侍。交阯牧邓让率七郡太守遣使奉贡。诏复济阳二年徭役。

下

六年春正月丙辰，改舂陵乡为章陵县。世世复徭役，比丰、沛，无有所豫。辛酉，诏曰："往岁水旱蝗虫为灾，谷价腾跃，人用困乏。朕惟百姓无以自赡，恻然愍之。其命郡国有谷者，给禀高年、鳏、寡、孤、独及笃癃，无家属贫不能自存者，如《律》。二千石勉加循抚，无令失职。"扬武将军马成等拔舒，获李宪。

二月，大司马吴汉拔朐，获董宪、庞萌，山东悉平。诸将还京师，置酒赏赐。

三月，公孙述遣将任满寇南郡。

夏四月丙子，幸长安，始谒高庙，遂有事十一陵。遣虎牙大将军盖延等七将军从陇道伐公孙述。

五月己未，至自长安。隗嚣反，盖延等因与嚣战于陇阺，诸将败绩。辛丑，诏曰："惟天水、陇西、安定、北地吏人为隗嚣所诖误者，又三辅遭难赤眉，有犯法不道者，自殊死以下，皆赦除之。"

六月辛卯，诏曰："夫张官置吏，所以为人也。今百姓遭难，户口耗少，而县官吏职所置尚繁。其令司隶、州牧务实所部，省减吏员。县、国不足置长吏可并合者，上大司徒、大司空二府。"

于是条奏并省四百余县，吏职减损，十置其一。代郡太守刘兴击卢芳将贾览于高柳，战殁。初，乐浪人王调据郡不服。秋，遣乐浪太守王遵击之，郡吏杀调降。遣前将军李通率二将军，与公孙述将战于西城，破之。

夏，蝗。

秋九月庚子，赦乐浪谋反大逆殊死已下。丙寅晦，日有食之。

冬十月丁丑，诏曰："吾德薄不明，寇贼为害，强弱相陵，元元失所。《诗》云：'日月告凶，不用其行。'永念厥咎，内疚于心。其敕公卿举贤良，方正各一人；百僚并上封事，无有隐讳；有司修职，务遵法度。"

十一月丁卯，诏王莽时吏人没入为奴婢、不应旧法者，皆免为庶人。

十二月壬辰，大司空宋弘免。癸巳，诏曰："顷者师旅未解，用度不足，故行十一之税。今军士屯田，粮储差积。其令郡国收见田租三十税一，如旧制。"隗嚣遣将行巡寇扶风，征西大将军冯异拒破之。

是岁，初罢郡国都尉官；始遣列侯就国。匈奴遣使来献，使中郎将报命。

七年春正月丙申，诏中都官、三辅、郡、国出系囚，非犯殊死皆一切勿案其罪。见徒免为庶民；耐罪亡命，吏以文除之。又诏曰："世以厚葬为德，薄终为鄙，至于富者奢僭，贫者单财，法令不能禁，礼义不能止，仓卒乃知其咎。其布告天下，令知忠臣、孝子、慈兄、悌弟薄葬送终之义。"

二月辛巳，罢护漕都尉官。

三月丁酉，诏曰："今国有众军，并多精勇，宜且罢轻车、骑士、材官、楼船士及军假吏，令还复民伍。"公孙述立隗嚣为朔宁王。癸亥晦，日有食之。避正殿，寝兵，不听事五日。诏曰："吾德薄致灾，谪见日月，战栗恐惧，夫何言哉！今方念愆，庶消厥咎。其令有司各修职任，奉遵法度，惠兹元元。百僚各上封事，无有所讳。其上书者，不得言圣。"

夏四月壬午，诏曰："比阴阳错谬，日月薄食。百姓有过，在予一人，大赦天下。公卿、司隶、州牧举贤良、方正各一人，遣诣公车，朕将览试焉。"

五月戊戌，前将军李通为大司空。甲寅，诏吏人遭饥乱及为青、徐贼所略为奴婢下妻，欲去留者，恣听之。敢拘制不还，以卖人法从事。

是夏，连雨水。汉忠将军王常为横野大将军。

八月丁亥，封前河间王邵为河间王。隗嚣寇安定，征西大将军冯异、征虏将军祭遵击却之。

冬，卢芳所置朔方太守田飒、云中太守乔扈各举郡降。

是岁，省长水、射声二校尉官。

八年春正月，中郎将来歙袭略阳，杀隗嚣守将而据其城。

夏四月，司隶校尉傅抗下狱死。隗嚣攻来歙，不能下。闰月，帝自征嚣，河西太守窦融率五郡太守与车驾会高平。陇右溃，隗嚣奔西城，遣大司马吴汉、征南大将军岑彭围之；进幸上邽；不降，命虎牙大将军盖延、建威大将军耿弇攻之。颍川盗贼寇没属县，河东守兵亦叛，京师骚动。

秋，大水。

八月，帝自上邽晨夜东驰。

九月乙卯，车驾还宫。庚申，帝自征颍川盗贼，皆降。安丘侯张步叛归琅邪，琅邪太守陈俊讨获之。戊寅，至自颍川。

冬十月丙午，幸怀。

十一月乙丑，至自怀。公孙述遣兵救隗嚣，吴汉、盖延等还军长安，天水、陇西复反归嚣。

十二月，高句丽王遣使奉贡。

是岁大水。

九年春正月，隗嚣病死，其将王元、周宗复立嚣子纯为王。徙雁门吏人于太原。

三月辛亥，初置青巾左校尉官。公孙述遣将田戎、任满据荆门。

夏六月丙戌，幸缑氏，登轘辕。遣大司马吴汉率四将军击卢芳将贾览于高柳，战不利。

秋八月，遣中郎将来歙监征西大将军冯异等五将军，讨隗纯于天水。骠骑大将军杜茂与贾览战于繁畤，茂军败绩。

是岁，省关都尉；复置护羌校尉官。

十年春正月，大司马吴汉率捕虏将军王霸等五将军击贾览于高柳。匈奴遣骑救览，诸将与战，却之。修理长安高庙。

夏，征西大将军冯异破公孙述将赵匡于天水，斩之。征西大将军冯异薨。

秋八月己亥，幸长安，祠高庙，遂有事十一陵。戊戌，进幸汧。隗嚣将高峻降。

冬十月，中郎将来歙等大破隗纯于落门，其将王元奔蜀，纯与周宗降，陇右平。先零羌寇金城、陇西，来歙率诸将击羌于五溪，大破之。庚寅，车驾还宫。

是岁，省定襄郡，徙其民于西河。泗水王歙薨。淄川王终薨。

十一年春二月己卯,诏曰:"天地之性人为贵。其杀奴婢,不得减罪。"己酉,幸南阳;还,幸章陵,祠园陵。城阳王祉薨。庚午,车驾还宫。

闰月,征南大将军岑彭率三将军与公孙述将田戎、任满战于荆门,大破之,获任满。威虏将军冯骏围田戎于江州,岑彭遂率舟师伐公孙述,平巴郡。

夏四月丁卯,省大司徒司直官。先零羌寇临洮。

六月,中郎将来歙率扬武将军马成破公孙述将王元、环安于下辩。安遣间人刺杀中郎将来歙。帝自将征公孙述。

秋七月,次长安。

八月,岑彭破公孙述将侯丹于黄石。辅威将军臧宫与公孙述将延岑战于沈水,大破之。王元降。至自长安。癸亥,诏曰:"敢灸灼奴婢,论如《律》,免所灸灼者为庶民。"

冬十月壬午,诏除奴婢射伤人弃市律。公孙述遣间人刺杀征南大将军岑彭。马成平武都,因陇西太守马援击破先零羌,徙致天水、陇西、扶风。

十二月,大司马吴汉率舟师伐公孙述。

是岁,省朔方牧,并并州。初断州牧自还奏事。

十二年春正月,大司马吴汉与公孙述将史兴战于武阳,斩之。

三月癸酉,诏陇、蜀民被略为奴婢自讼者,及狱官未报,一切免为庶民。

夏,甘露降南行唐。

六月,黄龙见东阿。

秋七月,威虏将军冯骏拔江州,获田戎。

九月，吴汉大破公孙述将谢丰于广都，斩之。辅威将军臧宫拔涪城，斩公孙恢。大司空李通罢。

冬十一月戊寅，吴汉、臧宫与公孙述战于成都，大破之。述被创，夜死。辛巳，吴汉屠成都，夷述宗族及延岑等。

十二月辛卯，扬武将军马成行大司空事。

是岁，九真徼外蛮夷张游率种人内属，封为归汉里君。省金城郡，属陇西。参狼羌寇武都，陇西太守马援讨降之。诏边吏力不足战则守，追虏料敌不拘以逗留法。横野大将军王常薨。遣骠骑大将军杜茂将众郡施刑屯北边，筑亭候，修烽燧。

十三年春正月庚申，大司徒侯霸薨。戊子，诏曰："往年已敕郡国，异味不得有所献御。今犹未止，非徒有豫养导择之劳，至乃烦扰道上，疲费过所。其令太官勿复受。明敕下以远方，口实，所以荐宗庙，自如旧制。"

二月，遣捕虏将军马武屯虖沱河以备匈奴。卢芳自五原亡入匈奴。丙辰，诏曰："长沙王兴、真定王得、河间王邵、中山王茂，皆袭爵为王，不应经义。其以兴为临湘侯，得为真定侯，邵为乐成侯，茂为单父侯。"其宗室及绝国封侯者，凡一百三十七人。丁巳，降赵王良为赵公，太原王章为齐公，鲁王兴为鲁公。庚午，以殷绍嘉公孔安为宋公，周承休公姬常为卫公。省并西京十三国：广平属钜鹿，真定属常山，河间属信都，城阳属琅邪，泗水属广陵，淄川属高密，胶东属北海，六安属庐江，广阳属上谷。

三月辛未，沛郡太守韩歆为大司徒。丙子，行大司空马成罢。

夏四月，大司马吴汉自蜀还京师，于是大飨将士，班劳策勋。功臣增邑更封，凡三百六十五人；其外戚恩泽封者，四十五人。罢左右将军官。建威大将军耿弇罢。益州传送公孙述瞽师、郊庙乐器、葆车、舆辇，于是法物始备。时兵革既息，天下少事，文书调役，务从简寡，至乃十存一焉。甲寅，冀州牧窦融为大司空。

五月，匈奴寇河东。

秋七月，广汉徼外白马羌豪率种人内属。

九月，日南徼外蛮夷献白雉、白兔。

冬十二月甲寅，诏益州民自八年以来被略为奴婢者，皆一切免为庶民；或依托为人下妻欲去者，恣听之；敢拘留者，比青、徐二州以略人法从事。复置金城郡。

十四年春正月，起南宫前殿。匈奴遣使奉献，使中郎将报命。

夏四月辛巳，封孔子后志为褒成侯。越巂人任贵自称太守，遣使奉计。

秋九月，平城人贾丹杀卢芳将尹由来降。

是岁，会稽大疫。莎车国、鄯善国遣使奉献。

十二月癸卯，诏益、凉二州，奴婢自八年以来自讼在所官，一切免为庶民，卖者无还直。

十五年春正月辛丑，大司徒韩歆免，自杀。丁未，有星孛于昴。汝南太守欧阳歙为大司徒。建义大将军朱祐罢。丁未，有星孛于营室。

二月，徙雁门、代郡、上谷三郡民，置常关、居庸关以东。

初，巴蜀既平，大司马吴汉上书请封皇子，不许，重奏连岁。三月，乃诏群臣议。大司空融、固始侯通、胶东侯复、高密侯禹、太常登等奏议曰："古者封建诸侯，以藩屏京师。周封八百，同姓诸姬并为建国，夹辅王室，尊事天子，享国永长，为后世法。故《诗》云：'大启尔宇，为周室辅。'高祖圣德，光有天下，亦务亲亲，封立兄弟诸子，不违旧章。陛下德横天地，兴复宗统，褒德赏勋，亲睦九族，功臣宗室，咸蒙封爵，多受广地，或连属县。今皇子赖天，能胜衣趋拜，陛下恭谦克让，抑而未议，群臣百姓，莫不失望。宜因盛夏吉时，定号位，以广藩辅，明亲亲，尊宗庙，重社稷，应古合旧，厌塞众心。臣请大司空上舆地图，太常择吉日，具礼仪。"制曰："可。"

夏四月戊申，以太牢告祠宗庙。丁巳，使大司空融告庙，封皇子辅为右翊公，英为楚公，阳为东海公，康为济南公，苍为东平公，延为淮阳公，荆为山阳公，衡为临淮公，焉为左翊公，京为琅邪公。癸丑，追谥兄伯升为齐武公，兄仲为鲁哀公。

六月庚午，复置屯骑、长水、射声三校尉官；改青巾左校尉为越骑校尉。诏下州郡检核垦田顷亩及户口年纪，又考实二千石长吏阿枉不平者。

冬十一月甲戌，大司徒欧阳歙下狱死。

十二月庚午，关内侯戴涉为大司徒。卢芳自匈奴入居高柳。

是岁，骠骑大将军杜茂免。虎牙大将军盖延薨。

十六年春二月，交阯女子征侧反，略有城邑。

三月辛丑晦，日有蚀之。

秋九月，河南尹张伋及诸郡守十余人，坐度田不实，皆下狱死。郡国大姓及兵长、群盗处处并起，攻劫在所，害杀长吏。郡县追讨，到则解散，去复屯结。青、徐、幽、冀四州尤甚。

冬十月，遣使者下郡国，听群盗自相纠擿，五人共斩一人者，除其罪。吏虽逗留回避故纵者，皆勿问，听以禽讨为效；其牧守令长坐界内盗贼而不收捕者，又以畏懦捐城委守者，皆不以为负，但取获贼多少为殿最；唯蔽匿者乃罪之。于是更相追捕，贼并解散。徙其魁帅于它郡，赋田受禀，使安生业。自是牛马放牧，邑门不闭。卢芳遣使乞降。

十二月甲辰，封芳为代王。初，王莽乱后，货币杂用布、帛、金、粟。是岁，始行五铢钱。

十七年春正月，赵公良薨。

二月乙亥晦，日有食之。

夏四月乙卯，南巡狩，皇太子及右翊公辅、楚公英、东海公阳、济南公康、东平公苍从，幸颍川，进幸叶、章陵。

五月乙卯，车驾还宫。

六月癸巳，临淮公衡薨。

秋七月，妖巫李广等群起据皖城，遣虎贲中郎将马援、骠骑将军段志讨之。

九月，破皖城，斩李广等。

冬十月辛巳，废皇后郭氏为中山太后，立贵人阴氏为皇后。进右翊公辅为中山王，食常山郡。其余九国公，皆即旧封进爵为王。甲申，幸章陵。修园庙，祠旧宅，观田庐，置酒作乐，赏赐。时宗室诸母因酤悦，相与语曰："文叔少时谨信，与人不款曲，唯直柔耳。今乃能如此！"帝闻之，大笑曰："吾理天下，亦欲以柔道行之。"乃悉为舂陵宗室起祠堂。有五凤皇见于颍川之郏县。

十二月，至自章陵。

是岁，莎车国遣使贡献。

十八年春二月，蜀郡守将史歆叛，遣大司马吴汉率二将军讨之，围成都。甲寅，西巡狩，幸长安。

三月壬午，祠高庙，遂有事十一陵。历冯翊界，进幸蒲坂，祠后土。

夏四月甲戌，车驾还宫。癸酉，诏曰："今边郡，盗谷五十斛罪至于死，开残吏妄杀之路。其蠲除此法，同之内郡。"遣伏波将军马援率楼船将军段志等击交阯贼征侧等。戊申，幸河内。戊子，至自河内。

五月，旱。卢芳复亡入匈奴。

秋七月，吴汉拔成都，斩史歆等。壬戌，赦益州所部殊死已下。

冬十月庚辰，幸宜城。还，祠章陵。

十二月乙丑，车驾还宫。

是岁，罢州牧，置刺史。

十九年春正月庚子，追尊孝宣皇帝曰中宗。始祠昭帝、元帝于大庙，成帝、哀帝、平帝于长安，春陵节侯以下四世于章陵。妖巫单臣、傅镇等反，据原武。遣太中大夫臧宫围之。

夏四月，拔原武，斩臣、镇等。伏波将军马援破交阯，斩征侧等。因击破九真贼都阳等，降之。

闰月戊申，进赵、齐、鲁三国公爵为王。

六月戊申，诏曰："《春秋》之义，立子以贵。东海王阳，皇后之子，宜承大统。皇太子强，崇执谦退，愿备藩国。父子之情，重久违之。其以强为东海王，立阳为皇太子，改名庄。"

秋九月，南巡狩。壬申，幸南阳，进幸汝南南顿县舍，置酒会，赐吏人，复南顿田租岁。父老前叩头言："皇考居此日久，陛下识知寺舍，每来辄加厚恩，愿赐复十年。"帝曰："天下重器，常恐不任，日复一日，安敢远期十岁乎？"吏人又言："陛下实惜之，何言谦也？"帝大笑，复增一岁。进幸淮阳、梁、沛。

西南夷寇益州郡，遣武威将军刘尚讨之。越巂太守任贵谋叛。

十二月，刘尚袭贵，诛之。

是岁，复置函谷关都尉。修西京宫室。

二十年春二月戊子，车驾还宫。

夏四月庚辰，大司徒戴涉下狱死。大司空窦融免。

五月辛亥，大司马吴汉薨。匈奴寇上党、天水，遂至扶风。

六月庚寅，广汉太守蔡茂为大司徒，太仆朱浮为大司空。壬辰，左中郎将刘隆为骠骑将军，行大司马事。乙未，徙中山王辅为沛王。

秋，东夷韩国人率众诣乐浪内附。

冬十月，东巡狩。甲午，幸鲁，进幸东海、楚、沛国。

十二月，匈奴寇天水。壬寅，车驾还宫。

是岁，省五原郡，徙其吏人置河东。复济阳县徭役六岁。

二十一年春正月，武威将军刘尚破益州夷，平之。

夏四月，安定属国胡叛，屯聚青山，遣将兵长史陈䜣讨平之。

秋，鲜卑寇辽东，辽东太守祭肜大破之。

冬十月，遣伏波将军马援出塞击乌桓，不克。匈奴寇上谷、中山。

其冬，鄯善王、车师王等十六国皆遣子入侍，奉献，愿请都护。帝以中国初定，未遑外事，乃还其侍子，厚加赏赐。

二十二年春闰月丙戌，幸长安，祠高庙，遂有事十一陵。

二月己巳，至自长安。

夏五月乙未晦，日有食之。

秋七月，司隶校尉苏邺下狱死。

九月戊辰，地震裂。制诏曰："日者地震，南阳尤甚。夫地者，任物至重，静而不动者也。而今震裂，咎在君上。鬼神不顺无德，灾殃将及吏人，朕甚惧焉！其令南阳勿输今年田租刍稿。遣谒者案行，其死罪系囚在戊辰以前，减死罪一等；徒皆弛解钳，衣丝絮。赐郡中居人压死者棺钱，人三千。其口赋、逋税，而庐宅尤破坏者，勿收责。吏人死亡，或在坏垣毁屋之下，而家羸弱不能收拾者，其以见钱谷取佣，为寻求之。"

冬十月壬子，大司空朱浮免。癸丑，光禄勋杜林为大司空。

是岁，齐王章薨。青州蝗。匈奴薁鞬日逐王比遣使诣渔阳，请和亲，使中郎将李茂报命。乌桓击破匈奴，匈奴北徙，幕南地空。诏罢诸边郡亭候吏卒。

二十三年春正月，南郡蛮叛，遣武威将军刘尚讨破之，徙其种人于江夏。

夏五月丁卯，大司徒蔡茂薨。

秋八月丙戌，大司空杜林薨。

九月辛未，陈留太守玉况为大司徒。

冬十月丙申，太仆张纯为大司空。高句丽率种人诣乐浪内属。

十二月，武陵蛮叛，寇掠郡县。遣刘尚讨之，战于沅水，尚军败殁。

是岁，匈奴薁鞬日逐王比率部曲遣使诣西河内附。

二十四年春正月乙亥，大赦天下。匈奴薁鞬日逐王比遣使款五原塞，求扞御北虏。

秋七月，武陵蛮寇临沅，遣谒者李嵩、中山太守马成讨蛮，不克。于是伏波将军马援率四将军讨之。诏有司申明旧制附蕃王法。

冬十月，匈奴薁鞬日逐王比自立为南单于，于是分为南、北匈奴。

二十五年春正月，辽东徼外貊人寇右北平、渔阳、上谷、太原，辽东太守祭肜招降之。乌桓大人来朝。南单于遣使诣阙贡献，奉蕃称臣；又遣其左贤王击破北匈奴，却地千余里。

三月，南单于遣子入侍。戊申晦，日有食之。伏波将军马援等破武陵蛮于临沅。

冬十月，叛蛮悉降。夫余王遣使奉献。

是岁，乌桓大人率众内属，诣阙朝贡。

二十六年正月，诏有司增百官奉。其千石已上，减于西京旧制；六百石已下，增于旧秩。

初作寿陵。将作大匠窦融上言园陵广袤，无虑所用。帝曰："古者帝王之葬，皆陶人瓦器，木车茅马，使后世之人不知其处。太宗识终始之义，景帝能述遵孝道，遭天下反覆，而霸陵独完受其福，岂不美哉！今所制地不过二三顷，无为山陵，陂池栽令流水而已。"

遣中郎将段郴授南单于玺绶，令入居云中。始置使匈奴中郎将，将兵卫护之。南单于遣子入侍，奉奏诣阙。于是云中、五原、朔方、北地、定襄、雁门、上谷、代八郡民归于本土。遣谒者分将施刑补理城郭；发遣边民在中国者，布还诸县，皆赐以装钱，转输给食。

二十七年夏四月戊午，大司徒玉况薨。

五月丁丑,诏曰:"昔契作司徒,禹作司空,皆无'大'名,其令二府去'大'。"又改大司马为太尉。骠骑大将军行大司马刘隆即日罢,以太仆赵憙为太尉,大司农冯勤为司徒。

益州郡徼外蛮夷率种人内属。北匈奴遣使诣武威,乞和亲。

冬,鲁王兴、齐王石始就国。

二十八年春正月己巳,徙鲁王兴为北海王,以鲁国益东海。赐东海王强虎贲、旄头、钟虡之乐。

夏六月丁卯,沛太后郭氏薨。因诏郡县捕王侯宾客,坐死者数千人。

秋八月戊寅,东海王强、沛王辅、楚王英、济南王康、淮阳王延始就国。

冬十月癸酉,诏死罪系囚皆一切募下蚕室,其女子宫。北匈奴遣使贡献,乞和亲。

二十九年春二月丁巳朔,日有食之。遣使者举冤狱,出系囚。庚申,赐天下男子爵,人二级;鳏、寡、孤、独、笃癃、贫不能自存者粟,人五斛。

夏四月乙丑,诏令天下系囚,自殊死已下及徒各减本罪一等,其余赎罪输作各有差。

三十年春正月,鲜卑大人内属,朝贺。

二月,东巡狩。甲子,幸鲁,进幸济南。闰月癸丑,车驾还宫。有星孛于紫宫。

夏四月戊子,徙左翊王焉为中山王。

五月,大水。赐天下男子爵,人二级;鳏、寡、孤、独、笃癃、贫不能自存者粟,人五斛。

秋七月丁酉，幸鲁国。复济阳县是年徭役。

冬十一月丁酉，至自鲁。

三十一年夏五月，大水。戊辰，赐天下男子爵，人二级；鳏、寡、孤、独、笃癃、贫不能自存者粟，人六斛。癸酉晦，日有食之。

是夏，蝗。

秋九月甲辰，诏令死罪系囚皆一切募下蚕室，其女子宫。

是岁，陈留雨谷，形如稗实。北匈奴遣使奉献。

中元元年春正月，东海王强、沛王辅、楚王英、济南王康、淮阳王延、赵王盱皆来朝。丁卯，东巡狩。二月己卯，幸鲁，进幸太山。北海王兴、齐王石朝于东岳。辛卯，柴望岱宗，登封太山。甲午，禅于梁父。

三月戊辰，司空张纯薨。

夏四月癸酉，车驾还宫。己卯，大赦天下。复嬴、博、梁父、奉高，勿出今年田租刍稿。改年为中元。行幸长安。戊子，祀长陵。

五月乙丑，至自长安。

六月辛卯，太仆冯鲂为司空。乙未，司徒冯勤薨。

是夏，京师醴泉涌出，饮之者固疾皆愈，惟眇、蹇者不瘳。又有赤草生于水崖，郡国频上甘露。群臣奏言："地祇灵应而朱草萌生。孝宣帝每有嘉瑞，辄以改元，神爵、五凤、甘露、黄龙，列为年纪，盖以感致神祇，表彰德信。是以化致升平，称为中兴。今天下清宁，灵物仍降。陛下情存损抑，推而不居，岂可使祥符显庆，没而无闻？宜令太史撰集，以传来世。"帝不纳，常自谦无德。每郡国所上，辄抑而不当，故史官罕得记焉。

秋，郡国三蝗。

冬十月辛未，司隶校尉东莱李䜣为司徒。甲申，使司空告祠高庙曰："高皇帝与群臣约，非刘氏不王。吕太后贼害三赵，专王吕氏。赖社稷之灵，禄、产伏诛，天命几坠，危朝更安。吕太后不宜配食高庙，同祧至尊。薄太后母德慈仁，孝文皇帝贤明临国，子孙赖福，延祚至今。其上薄太后尊号曰高皇后，配食地祇。迁吕太后庙主于园，四时上祭。"

十一月甲子晦，日有食之。

是岁，初起明堂、灵台、辟雍，及北郊兆域。宣布图谶于天下。复济阳、南顿是年徭役。参狼羌寇武都，败郡兵，陇西太守刘盱遣军救之，及武都郡兵讨叛羌，皆破之。

二年春正月辛未，初立北郊，祀后土。东夷倭奴国主遣使奉献。

二月戊戌，帝崩于南宫前殿，年六十二。遗诏曰："朕无益百姓，皆如孝文皇帝制度，务从约省。刺史、二千石长吏皆无离城郭，无遣吏及因邮奏。"

初，帝在兵间久，厌武事，且知天下疲耗，思乐息肩。自陇、蜀平后，非儆急，未尝复言军旅。皇太子尝问攻战之事，帝曰："昔卫灵公问陈，孔子不对，此非尔所及。"每旦视朝，日仄乃罢。数引公卿、郎将讲论经理，夜分乃寐。皇太子见帝勤劳不怠，承间谏曰："陛下有禹汤之明，而失黄老养性之福，愿颐爱精神，优游自宁。"帝曰："我自乐此，不为疲也。"虽身济大业，兢兢如不及，故能明慎政体，总揽权纲，量时度力，举无过事。退功臣而进文吏，戢弓矢而散马牛，虽道未方古，斯亦止戈之武焉。

论曰：皇考南顿君初为济阳令，以建平元年十二月甲子夜生光武于县舍，有赤光照室中。钦异焉，使卜者王长占之。长辟左右曰："此兆吉不可言。"是岁，县界有嘉禾生，一茎九穗，因名光武曰"秀"。明年，方士有夏贺良者，上言哀帝，云汉家历运中衰，当再受命。于是改号为太初元年，称"陈圣刘太平皇帝"，以厌胜之。及王莽篡位，忌恶刘氏，以钱文有金刀，故改为货泉。或以货泉字文为"白水真人"。后望气者苏伯阿为王莽使至南阳，遥望见舂陵郭，唶曰："气佳哉！郁郁葱葱然。"及始起兵还舂陵，远望舍南，火光赫然属天，有顷不见。初，道士西门君惠、李守等亦云，刘秀当为天子。其王者受命，信有符乎？不然，何以能乘时龙而御天哉！

赞曰：炎正中微，大盗移国。九县飙回，三精雾塞。人厌淫诈，神思反德。光武诞命，灵贶自甄。沉几先物，深略纬文。寻、邑百万，貔虎为群。长毂雷野，高锋彗云。英威既振，新都自焚。虔刘庸、代，纷纭梁、赵。三河未澄，四关重扰。神旌乃顾，递行天讨。金汤失险，车书共道。灵庆既启，人谋咸赞。明明庙谟，赳赳雄断。于赫有命，系隆我汉！

古今名家评说

帝即有仁圣之明，气势形体，天然之姿，固非人之敌，翕然龙举云兴，三雨而济天下，荡荡人无能名焉。

——（汉）班固等：《东观汉记》

（光武帝）前到朝廷，上引见数十，每接燕语，自夕至旦，才明勇略，非人敌也。且开心见诚，无所隐伏，阔达多大节，略与高帝同。经学博览，政事文辩，前世无比。

恢廓大度，同符高祖，乃知帝王自有真也。
——（东汉）马援，范晔：《后汉书·马援传》

皇帝以圣德灵威，龙兴凤举，率宛、叶之众，将散乱之兵，歃血昆阳，长驱武关，破百万之陈，摧九虎之军，雷震四海，席卷天下，攘除祸乱，诛灭无道，一期之间，海内大定。继高祖之休烈，修文武之绝业，社稷复存，炎精更辉，德冠往初，功无与二。
——（东汉）冯衍，范晔：《后汉书·冯衍传》

兴于匹庶，荡涤天下，诛锄暴乱，兴继祖宗。
——（东汉）张纯，范晔：《后汉书·张曹郑列传》

陛下有禹汤之明，而失黄老养性之福，愿颐爱精神，优游自宁。
——（东汉）刘庄（明帝），范晔：《后汉书·光武帝纪》

帝英勇明断，折棰答寇之言至是验矣，岂在穷兵黩武以逞哉？斯民世祀而不忘，固宜。恭惟圣朝海宇宁谧，桴鼓不惊，居者无输馈之劳，行者无征战之苦。昔之变乱服色，昼战夕糒；今其子孙饱食暖衣，耕田凿井，熙熙皞皞，不知帝力之何有，顾不胜欢。
——（东汉）刘杰，范晔：《后汉书·光武帝纪》

世祖体乾灵之休德，票贞和之纯精，通黄中之妙理，韬亚圣之懿才。其为德也，通达而多识，仁智而明恕，重慎而周密，乐施而爱人。值阳九无妄之世，遭炎光厄会之运，殷尔雷发，赫然神举。用武略以攘暴，兴义兵以扫残。神光前驱，威风先逝。军未出于南京，莽已毙于西都。破二公于昆阳，斩阜、赐于汉津。当此时也，九州鼎沸，四海渊涌，言帝者二三，称王者四五；咸鸥视狼顾，虎超龙骧。光武秉朱光之臣诚，震赫斯之隆怒。夫其荡涤凶秽，剿除丑类，若顺迅风而纵烈火，晒白日而扫朝云也。若克东齐难胜之寇，降赤眉不计之虏；彭宠以望异内陨，庞萌以叛主取诛，隗戎以背信躯毙，公孙以离心授首。尔乃庙胜而后动众，计定而后行师，故攻无不陷之垒，战无奔北之卒。是以群下欣欣，归心圣德。宣仁以和众，迈德以来远。于是战克之将，筹画之臣，承诏奉令者获宠，违命犯旨者颠危。故曰：建武之行师也，计出于主心，胜决于庙堂。故窦融闻声而影附，马援一见而叹息。股肱有济济之美，元首有穆穆之容。敦睦九族，有唐虞之称；高尚纯朴，有羲皇之素；谦虚纳下，有吐握之劳；留心庶事，有日昃之勤。乃规弘迹而造皇极，创帝道而立德基。是以计功则业殊，比隆则事异，旌德则靡短，言行则无秽，量力则势微，论辅则力劣。卒能握乾坤之休征，应五百之显期，立不刊之退迹，建不朽之元功。金石播其休烈，诗书载其勋部。故曰：光武其近优也。

——（三国）曹植：《汉二祖优劣论》

曹子建论光武：将则难比于韩、周，谋臣则不敌良、平。时人谈者，亦以为然。吾以此言诚欲美大光武之德，而有诬一代之俊异。何哉？追观光武二十八将，下及马援之徒，忠贞智勇，无所不有，笃而论之，非减曩时。所以张、陈特显于前者，乃自高帝动多疏阔，故良、平得广于忠信，彭、勃得横行于外。语有"曲突徙薪为彼人，焦头烂额为上客"，此言虽小，有似二祖之时也。光武神略计较，生于天心，故帷幄无他所思，六奇无他所出，于是以谋合议同，共成王业而已。光武称邓禹曰："孔子有回，而门人益亲。"叹吴汉曰："将军差强吾意，其武力可及，而忠不可及。"与诸臣计事，常令马援后言，以为援策每与谐合。此皆明君知臣之审也。光武上将非减于韩、周，谋臣非劣于良、平，原其光武策虑深远，有杜渐曲突之明；高帝能疏，故陈、张、韩、周有焦烂之功耳。

——（三国）诸葛亮：《论光武》

王莽之际，天下云乱，英雄并发，其跨州据郡僭制者多矣！人皆有冀于非望，然考其聪明仁勇，自无光武俦也。加以宽容博纳，计虑如神，是以任光、窦融，望风景附；马援一见，睹颜识奇。故能以十数年间，扫除群凶，清复海内，岂非天人之所辅赞哉？古者师不内御，而光武命将，皆授以方略，使奉图而进，其有违失，无不折伤，意岂文史之过乎？不然，虽圣人其犹病诸。

——（晋）薛莹：《后汉纪》

至于光武，承王莽之篡，起自匹庶，一民尺土，靡有凭焉。发迹于昆阳，以数千屠百万，非胆智之至，孰能堪之？讨贼平乱，克复汉业，号称中兴，虽初兴者，无以加之矣。中国既定，柔远以德，爱慎人命，下及至贱，武功既备，抗文德，修经术，勋绩宏矣。

——（晋）司马彪：《续汉书》

汉世祖雄豪之中，最有俊令之体，贤达之风。高祖则倜傥疏达，魏武则猜忌狭吝。

——（晋）司马昱（简文帝）：《简文谈疏》

数年之间，廓清四海，虽曰中兴，与夫始创业者，庸有异乎？诚哉马生之言，固已寥廓大度，同符高祖。又等太宗之仁，兼孝宣之明，一人之体，其殆于周，故能享有神器，据乎万乘之上矣。

——（晋）袁山松：《后汉书》

虽身济大业，兢兢如不及，故能明慎政体，总揽权纲，量时度力，举无过事。退功臣而进文吏，戢弓矢而散马牛，虽道未方古，斯亦止戈之武焉。

——（南朝宋）范晔：《后汉书》

仲长公理言世祖文史为胜，晋简文言光武雄豪之类，最为规检之风，世诚以为子建言其始，孔明扬其波，公理导其源，简文宏其说。则通人之谈，世祖为极优矣。

——（南朝梁）萧绎（元帝）：《金楼子》

朕若逢高皇，当北面而事之，与韩彭竞鞭而争先耳。脱遇光武，当并驱于中原，未知鹿死谁手。大丈夫行事当磊磊落落，如日月皎然，终不能如曹孟德、司马仲达父子，欺他孤儿寡妇，狐媚以取天下也。朕当在二刘之间耳，轩辕岂所拟乎！

——（后赵）石勒（高祖），《晋书·石勒载记》

朕观古先拨乱反正之主，皆年逾四十，惟光武年三十三。

——（唐）李世民，吴兢：《贞观政要》

（光武帝）独能推赤心用柔治保全功臣，贤于高祖远矣。

——（唐）李靖，《旧唐书·李靖传》

开辟以来，圣帝明王多矣。粤若无位而兴，无兵而起；自民间兮为天子，而能扫荡烟尘，混同文轨；保功臣之令名，进文吏而致治，有始有终者，惟光武皇帝而已。

——（宋）苏德祥：《大宋新修后汉光武皇帝庙朝碑铭》

自古拨乱之主身致太平，未有若光武、太宗者也。光武发迹昆阳，破寻、邑百万之众，杖节渡河，诛王郎，击败铜马、青犊、赤眉、张步、隗嚣之属，皆身在兵间，冒锋镝、履行阵。自平陇蜀之后，知天下疲耗，思乐息肩，偃武事、修文教，非徼急未尝复言军旅，太子问攻战之事则不答，臧宫、马武之徒请击匈奴则以不如息兵。每旦视朝，日昃乃罢，讲论经理，夜分而寐，虽身济大业而兢兢如不及。故能明慎政体，总揽权纲，量时度力，举无过事，享国三十余年，海内称治。……夫以光武当王莽之余，太宗当隋炀之后，身平祸乱，创复大业，不数年之间遂致太平、享国长久者，彼诚知君道，而雄材盛德足以致帝王之隆也。故履患难而无惧慑之志，处安乐而无骄逸之心。太平之治，其应如响，不其然乎？

——（宋）欧阳修：《光武太宗身致太平论》

帝每旦视朝，日昃乃罢，数引公卿、郎将讲论经理，夜分乃寐。……虽以征伐济大业，及天下既定，乃退功臣而进文吏，明慎政体，总揽权纲，量时度力，举无过事，故能恢复前烈，身致太平。

自三代既亡，风化之美，未有若东汉之盛者也。

——（宋）司马光：《资治通鉴》

英雄若(汉)世祖者,为难及也。

——(宋)何去非:《何博士备论》

予观汉高祖及光武,及唐太宗,及我太祖皇帝,能一天下者四君,皆以不嗜杀人者致之,其余杀人愈多,而天下愈乱。

——(宋)苏轼,《宋史·苏轼传》

东汉光武,才备文武,破寻邑,取赵、魏,鞭笞群盗,算无遗策,计其武功若优于高帝。然使当高帝之世,与项羽为敌,必有不能办者。及既履大位,惩王莽篡夺之祸,虽置三公,而不付以事,专任尚书,以督文书,绳奸诈为贤,政事察察,下不能欺,一时称治。然而异己者斥,非谶者弃,专以一身任天下,其智之所不见,力之所不举者多矣。至于明帝,任察愈甚。故东汉之治,宽厚乐易之风,远不及西汉。贤士大夫立于其朝,志不获伸。虽号称治安,皆其父子才志之所止,君子不尚者也。

光武之兴,虽文武之略,足以鼓舞一世,而不知用人之长以济其所不足。幸而子孙皆贤,权在人主,故其害不见。及和帝幼少,窦后擅朝。窦宪兄弟恣横,杀都乡侯畅于朝,事发,请击匈奴以自赎。及其成功,又欲立北单于,以树恩固位。袁安、任隗皆以三公守义力争,而不能胜,幸而宪以逆谋败。盖光武不任大臣之积其弊乃见于此。其后汉日以衰。及其诛阎显,立顺帝,功出于宦官;黜清河王,杀李固,事成于外戚。大臣皆无所与。及其末流,梁冀之害重,天下不能容,复假宦官以去之。宦官之害极,天下不能堪,至召外兵以除之。外兵既入,而东汉之祚尽矣。盖光武不任大臣之祸,势极于此。夫人君不能皆贤。君有不能,而属之大臣,朝廷之正也。事出于正,则其成多,其败少。历观古今大臣任事而祸至于不测者,必有故也。今畏忌大臣,而使他人得乘其隙,不在外戚,必在宦官。外戚宦官更相屠灭,至以外兵继之。呜呼,殆哉!

——(宋)苏辙:《历代论·三国论》

汉自成哀不君,权归外家,王莽卒盗而有之,天下大乱,民心思汉。惟世祖以匹夫起田亩,出入行阵,躬夷大难,勇无坚敌,智无遗策,故能祀汉配天光复旧物,一时群雄芟夷略尽,抚有方夏,罩及蛮貊,声教所暨,比隆武宣。是宜暴鸷强抗,玩兵黩武,视民如草芥而不讲于治国之事也。而武功既成,海内既定,则抑功臣、进文吏,投戈讲艺,息马论道。英伟之度,屈于礼乐;骁猛之气,束于儒学;敦尚经术,宾延儒雅;开广学校,修明典礼:焕然一变旧汉之俗。盖尝以谓:"吾理天下,欲以柔道行之。"至于明、章继志承统,纂修洪业典章,文物灿然大备。故后世言礼乐稽古,称东汉焉。孝和已后,汉德不竟,破坏板荡可谓极矣,而仗节死义之士,如袁安、杨震、李固、陈蕃之徒救于上,符融、郭泰、范滂、许邵之徒助于下,矜尚名节以振激衰弊,蹈死而不悔。至于献帝,人主特号而已,而曹操终不敢身自取之,彼其心诚有所畏故也。盖礼乐之功,风化之美,足以保国长世如此,皆世祖之遗烈也。呜呼!自三代以来,一人而已。

——(宋)张耒:《汉世祖光武皇帝庙记》

(光武帝)能宽以待臣,使各尽其力,其臣亦各自检饬,赴功不挠,法度过高祖文景时远矣。

光武匹夫徒手而得天下,其难有甚于高祖。

——(宋)叶适:《习学记言》

自古中兴之盛,无出于光武矣。奋寡而击众,众弱而复强,起身徒步之中甫十余年,大业以济,算计见效,光乎周宣。

——(宋)陈亮:《中兴五论》

(光武帝)退功臣而进文吏,戢弓矢而散马牛,斯亦止戈之武焉。加以身衣大练,色无重彩,耳不听郑卫之音,手不持珠玉之玩,宫房无私爱,左右无偏恩,损上林池御这官,废骋望弋猎之事,勤约之风,行于上下。是以三十年间,四夷宾服,百姓家给,政教清明。

——(宋)胡一桂:《十七史纂》

光武复汛扫伪妄,振踣植偾,以帝王之学润色皇度,贲若草木,复垂统二百年。

光武之兴,条理、文献遂轶西京。几于三代,笃实辉光,基命以德,温纯缜密,服天下以柔道。虽则中兴,同夫创业。

文德轶于高帝,中兴功烈,邃古所无。於乎盛哉!

终我四百,作成政治,保佑民命,风化之美同于先王,则其功又有大于高帝者焉。

——(元)郝经:《续后汉书》

天下已定,用偃武修文,投戈讲艺,息马论道,自陇、蜀平后,非紧急不复言兵。审黄石以存苞桑之诫;闭玉关以息西域之质。数引公卿郎将讲论五经,修起太学,务用安静。广求民瘼,除王莽之繁文,还汉家之轻法,三十年间,四夷宾服,家给人足,政教清明,功业可谓盛矣。

——(元)陈栎,《元史·儒学传》

光武天锡义勇,神运机智,戡定祸乱,削平天下,海内蒙恩，德至渥也。

——（元）王泰来：《光武庙记》

惟汉光武皇帝延揽英雄，励精图治，载兴炎运，四海咸安。有君天下之德而安万世之功者也。

——（明）朱元璋，《明太祖实录》

汉光武皇帝享国馀三十年，垂统过二百年，祀典越千数百年而弗替，何其盛哉！窃尝以为武功文治，帝者之所难兼。自汉诸帝言之武，无竞于高祖，而以在位日浅，故不暇给。于文文莫懿于太宗，而以继体守成，故无所事于武。兼之者，帝也。至其量时度力，闭关却质，置孝武之功于度量之外；明慎政体，总揽权纲，包孝宣之治于范围之内。帝之所就，出乎汉诸帝之右有若此者，则其盛也，不亦宜乎？

——（明）刘定之：《代祀汉光武皇帝辞》

三代以前，圣莫如舜，未闻追崇其所生父瞽瞍也。三代以后，贤莫如汉光武，未闻追崇其所生父南顿君也。

——（明）杨廷和等，《明史·杨廷和传》

汉自孝武表章《六经》之后，师儒虽盛，而大义未明，故新莽居摄，颂德献符者遍于天下。光武有鉴于此，故尊崇节义，敦厉名实，所举用者莫非经明行修之人，而风俗为之一变。至其未造，朝政昏浊，国事日非，而党锢之流、独行之辈，依仁蹈义，舍命不渝，风雨如晦，鸡鸣不已，三代以下风俗之美，无尚于东京（洛阳）者。

——（明末清初）顾炎武：《日知录》

光武之得天下，较高帝而尤难矣。……使得天下者皆如高帝之兴，而无光武之大歉承之于后，则天下后世且疑汤、武之誓诰为虚文，而唯智力之可以起收四海。曹操何所惮而不为天子，石虎、朱温亦何能寒海内之心而不永戴之哉？三代而下，取天下者，唯光武独焉，而宋太祖其次也。不无小疵，而大已醇矣。……任为将师而明于治道者，古今鲜矣，而光武独多得之。……三代以下，君臣交尽其美，唯东汉为盛焉。

——（清）王夫之：《读通鉴论》

昆阳之战，光武威震天下，王业之兴肇此矣。王邑、王寻之师，号称百万，以临瓦合之汉兵，存亡生死之界也。诸将欲散归诸城，光武决迎敌之志，诸将不从，临敌而挠，倾覆随之。光武心喻其吉凶，而难以晓譬于群劣，则固慷慨以争、痛哭以求必听之时也。乃微笑而起，俟其请而弗迫与之言，万一诸将不再问而遽焉骇散，能弗与之俱糜烂乎？呜呼！此大有为者所以异于一往之气矜者也。

——（清）王夫之：《读通鉴论》

即位未久，修郊庙，享宗祖，定制度，行爵赏，举伏湛，征卓茂，勉寇恂以绥河内，命冯异使抚关中，一以从容镇静结已服之人心，而不迫于争战。然而桀骜强梁之徒，皆自困而瓦解。是则使高帝当之，未必其能奢定如此也。而光武之规模弘远矣。

——（清）王夫之：《读通鉴论》

光武以支庶之余，起于南阳，与其人士周旋辛苦、百战以定天下，其专用南阳人而失天下之贤俊，虽私而抑不忘故旧之道也。

——（清）王夫之：《读通鉴论》

主藉奴婢以供使令，奴婢亦藉主以资生养，固王法所不禁。而光武独为之偏护，岂以当时富家巨室虐使臧获之风过甚，故屡降诏以惩其弊耶？案班书《王莽传》，谓"贫富不均，置奴婢之市与牛马同栏，制于臣民专断其命，奸人因缘为利，至略卖人妻子，逆天心，悖人伦"云云，是莽时奴婢之受害实甚。其后兵乱时，良民又多被掠为奴婢，光武初在民间亲见之，故曲为矜护也。

——（清）赵翼：《廿二史札记》

光武少时，往长安受《尚书》，通大义。及为帝，每朝罢，数引公卿郎将讲论经理。故樊准谓"帝虽东征西战，犹投戈讲艺，息马论道"。是帝本好学问，非同汉高之儒冠置溺也。而诸将之应运而兴者，亦皆多近于儒。……是光武诸功臣大半多习儒术，与光武意气相孚合，盖一时之兴，其君与臣本皆一气所钟，故性情嗜好之相近，有不期然而然者，所谓有是君，即有是臣也。

——（清）赵翼：《廿二史札记》

汉尚气节，光武、明、章，奖厉名节，为儒学最盛时代，收孔教复苏之良果。尚气节，崇廉耻，风俗称最美。

——梁启超：《中国文化史》

汉尚气节，光武、明、章，奖厉名节，为儒学最盛时代，收孔教复苏之良果。尚气节，崇廉耻，风俗称最美。

梁启超：少康复夏，宣王绍周，历史上传为美谈，若汉光武之中兴，亦夏少康周宣王之流亚耳。自鄗南即位，而帝统有归，当时之盗名窃字者，至此始逐渐湮没。盖明月出而爝火无光，理有固然，亦何足怪？

——蔡东藩：《后汉演义》

西汉高、文、景、武、昭各帝，较有兴味；东汉只有光武帝可读。

——毛泽东，读《后汉书》批语

人常说"秀才造反，十年不成"。刘秀是个例外，十年不鸣，一鸣惊人。他在家读书，安分守己，一旦造反，倒海翻江。轰轰烈烈，白手起家，创建了一个新的王朝。

刘秀是中国历史上学历最高的皇帝、最会用人的皇帝、最会打仗的皇帝。

——毛泽东，读《东观汉记》批语

光武帝是一个实际的政治家。他知道大乱之后，急于要休养生息，所以一味的减官省事。退功臣，进文吏。位高望重的三公，亦只崇其礼貌，而自己以严切之法，行督责之术，虽然有时不免失之过严，然颇得专制政治"严以察吏，宽以驭民"的秘诀，所以其时的政治，颇为清明。

——吕思勉：《中国通史》

刘秀本人兼有太学生、贵族、豪强三种身份，他的文武部署也全是这三种人。这个以南阳豪强为主体的刘秀军，在政治上有优势，在军事上有谋略，再加上禁止掳掠，争取民心，这就决定了它的必然胜利。刘秀既是地主阶级的代表,自然是农民起义军的死敌;但是他也代表着社会的共同要求,完成了国家统一的伟大事业。他在推倒王莽的战争中,在削平割据的战争中,都起了极大的作用,因之,他是对当时历史有重要贡献的历史人物。

——范文澜:《中国通史》

光武帝的这些诏令,体现了农民战争对奴隶制残余的打击,也起了动摇青、徐、凉、益等州封建割据势力的作用。这对农民处境的改善,对封建经济的发展,都是有利的。

光武帝对于严重的土地兼并问题,没有也不可能提出解决办法。那时地主阶级仍然占有大量土地和依附农民,以光武帝为首的新的统治集团,也大肆搜括土地,洛阳地区和南阳地区特别严重。

——邓广铭:《中国史纲要》

汉光武帝刘秀是我国历史上著名的封建皇帝之一。史称其才兼文武,豁达有大度。他长于用兵,善于以少胜多,出奇制胜。在昆阳之战中,他知人善任,中兴二十八将大都拔擢自小吏、布衣、行伍之中。他对待臣僚"开心见诚",不念旧恶,但赏罚严明,虽仇必赏,虽亲必罚,如重用有宿怨的朱鲔。

光武在战争中所以能够克敌制胜,还在于他注意讲求策略,具有敏锐的政治眼光。他在统一战争中,善于采用政治攻势,如宣布释放奴婢、刑徒,减免赋税刑法,用以瓦解敌军,壮大自己的势力。他还注意整饬军纪。早在他担任更始政权的将军时就注意约束部下遵守军纪,这就有利于取得更多的支持。

在统一全国之后,光武仍能兢兢业业,勤于政事,"每旦视朝,日仄乃罢,数引公卿郎将议论经理,夜分乃寐"。他所实行的各项政策措施,既维护了东汉封建统治,也维护了国家统一,与民休息以促进社会经济的发展。……光武晚年，虽因迷信图谶，宣布图谶于天下；贬逐了桓谭、冯衍等直言敢谏之士，有拒谏之失；但大体说来尚能始终保持谨慎，兢兢业业，勤于政事，在封建帝王中还是难能可贵的。

——白寿彝：《中国通史》

在中国的历代帝王中，汉光武帝刘秀是唯一一个同时拥有"中兴之君"与"定鼎帝王"两项头衔的皇帝。刘秀的"中兴"，是重建了一个新的王朝，只不过这个新的王朝仍然沿用了"汉"的称谓罢了。

——黄留珠：《刘秀传》

在中国两千年左右的历史上，比较值得称道，能够做到齐家治国的榜样，大概算来，只有东汉中兴之主的光武帝刘秀一人。

——南怀瑾：《原本大学微言》

前后并世诸帝王

开国皇帝面对的,总是一个非常纷乱的局面。这种纷乱,无过于两汉末造,而光武帝刘秀就恰恰"躬逢其盛"。他的帝位,既不是源自前朝的禅让,也不是来自对一个王朝的征服。与他并世或者几乎并世,或"流传有序",或自立自封,或他人扶立,皇帝竟然有好几个。这些皇帝要么被人推翻,要么"无疾而终",只有光武帝传衍后代,进而成就了"明章之治"。

新帝王莽

王莽（前45～23），两汉之交的新朝皇帝。字巨君，元城（今河北大名）人。父王曼，汉元帝刘奭皇后王政君之弟。在西汉，王莽历任黄门郎、射声校尉、骑都尉、光禄大夫、大司马等职，号"安汉公"。后鸩杀汉平帝，立孺子刘婴为帝。居摄元年（6），称"摄皇帝"；三年后建立"新"朝，代汉自立。在位十五年，其间仿行周制，大事更张，倒行逆施，终至民不聊生、干戈四起，最终被杀死剁碎，短命王朝结束。

一、外戚入宦 争逐初捷

相传，刘邦斩白蛇时，白蛇曾告诉刘邦，说他将贵为天子，广有四海，但它决心跟他捣乱，"你斩我头，我闹你头；斩我尾，我闹你尾。"刘邦毅然将它拦腰斩断。结果，大汉帝国的江山在中间出了乱子：在两汉之间，横插进一个为时十五年的新朝。传说这个短命王朝的缔造者王莽，便是那条蛇转世。

王莽的先人，本是被秦始皇所灭的齐国王氏子弟。汉武帝时，这个家族一位叫王贺的做了一个绣衣御史的小官。王贺生子禁，王禁妻妾众多，生有四女八男，其中王政君系王禁嫡妻李氏所生。王政君十九岁入宫侍奉太子刘奭。宣帝甘露三年（前51），王政君生一子，名骜。刘骜三岁时宣帝去世，太子刘奭即位，是为元帝，立刘骜为太子，王政君为皇后。王政君荣登"国母"的宝座，她的父母、兄弟、姊妹都成了皇亲国戚，封爵授官，王禁封为阳平侯。

元帝初元四年（前45），王莽出生。几年后，其父王曼便去世了。年幼的王莽跟随母亲生活，家境贫寒。

竟宁元年（前33），汉元帝一命呜呼，太子刘骜即位，是为成帝，尊皇后王政君为皇太后；任命帝舅王凤为大司马大将军领尚书事，总理朝政；封王崇为安成侯，王谭、王商、王立、王根、王逢时被封为关内侯，只有王曼已去世，未得封赏。自此开始，以皇太后王政君为首的王氏，把持了大汉帝国的权柄。

成帝大封诸舅以后，王氏外戚一个个贵显无比，鲜衣骏马，趾高气扬，过着骄奢淫逸的贵族生活，只有王莽一家过着孤贫寒酸的生活。但王莽恭俭有礼，拜名儒、沛郡陈参为师，孜孜不倦地攻读经书。在家里，他恭谨地侍奉寡母和寡嫂，教育亡兄留下的侄儿。在社会上，他广交名人儒士，小心翼翼地侍奉执掌朝廷大权的伯父与叔父。

阳朔三年（前22），王莽的伯父王凤生病，王莽在侧侍候，不离左右，亲自尝药，照顾备至，几个月未解衣带，这增加了王凤对他的好感。这位权臣弥留之际，嘱托元后和成帝授给王莽一官半职。王凤死后，成帝封王莽为黄门郎，不久又把他升为射声校尉，这是个职掌弓弩兵的大官，秩二千石。其时王莽年仅二十四岁。

永始元年（前16），王莽的叔父成都侯王商上书汉成帝，愿意分自己的户邑以封王莽。长乐少府戴崇、侍中金涉、胡骑校尉箕闳、上谷都尉阳并、中郎陈汤等一班名士，也都盛誉王莽。于是，成帝封王莽为新都侯，食南阳新野之都乡一千五百户，晋官为骑都尉光禄大夫侍中。骑都尉是个武官，秩俸与射声校尉相同，光禄大夫和侍中都是加官。加上光禄大夫一官，便可参与朝政，议论国家大事；加上侍中一官，便可在皇帝左右侍奉。年仅三十岁的王莽，自此成为朝中很有权力的大臣。但王莽绝非那种志骄意满之辈，他爵位越尊，节操愈谦，疏散舆马衣服，救济宾客，家无余财；收容赡养名士，交结将相卿大夫。有时，还做出一些沽名钓誉、哗众取宠的事来。

绥和元年（前8），王莽的叔父、任大司马大将军的王根处在重病之中，他数次上书请求离职养病，新的大司马大将军一职空缺。与那些终日追逐声色犬马的王氏子弟相比，王莽显得人品出众，靠着王氏外戚多年来的势力，他是能够获得这一高位的。但也有强劲的对手，他叫淳于长。此人亦是王氏外戚之一，是太后王政君姐姐的儿子，而且当时的官位和权势都超过了王莽。为谋得高位，他曾说服太后，立成帝宠妃赵飞燕为皇后。成帝对淳于长的斡旋之功甚为感激，便赐淳于长以关内侯的爵位，不久又再封为定陵侯。淳于长此后大见信用，贵倾公卿。

然而，淳于长没有王莽那般远见卓识，志骄气满，渐渐骄奢淫逸起来。他与被废许后寡居的姐姐许嫭私通，又娶她为小妾，并多次致信贿赂被他说情恢复婕妤地位的许后，对其百般戏弄。淳于长的这些阴私被王莽侦知。王莽利用在王根左右殷勤侍疾的机会赢得王根支持，将淳于长的阴私上奏成帝。结果，淳于长不仅失去了马上就要到手的大司马大将军的位子，连卫尉的官职也丢掉了，被赶回自己的封地。后来成帝又以大逆之罪把淳于长毙于狱中，妻子流放。王莽彻底击败了对手淳于长，王根推荐王莽代己辅政。

二、党同伐异　步步攀升

绥和元年（前8），汉成帝擢王莽为大司马，代王根辅政。这年，王莽三十八岁。

登上这个一人之下、万人之上的高位后，王莽仍旧克己修行，延聘贤良名士做幕僚。王莽力倡节俭，将他的俸禄全部用来养士。他母亲生病，公卿大臣派其夫人前来探视，出来迎接客人的王夫人穿着短衣布裙，那些贵夫人竟把她当做王莽家的奴婢了。

不料，王莽在大司马的位子上坐了一年多一点，就被赶下台来。绥和二年（前7）汉成帝去世，因无子嗣，汉元帝傅昭仪之孙、定陶恭王刘康的儿子刘欣即位，是为哀帝。当时，哀帝祖母傅太后、母亲丁姬尚在，傅、丁两家成了皇亲国戚，与王氏外戚在权益的分配上发生冲突。元后为了维持政局的稳定，便让王莽辞职就国。

汉哀帝从小就听说王氏外戚骄盛，心中十分不满，但自王凤出任大司马以来，王氏外戚把持朝政已达二十六年，势力盘根错节，哀帝不敢马上触动王氏外戚，便下诏书，盛誉王氏外戚辅政保国之功，也把王莽夸奖了一番，加以挽留，还加封王莽户邑三百五十户。

后来，王氏外戚与丁、傅外戚不断发生冲突。有一次，王莽又上书辞职，向哀帝和傅、丁外戚示威。这次，汉哀帝顺水推舟，恩准了王莽的辞职，他赐给王莽一些黄金，让他在京师闲居。过了两年，又把他赶回南阳新野都乡封地。但是，哀帝未彻底剪除王氏外戚的势力，特别是不敢丝毫触动太皇太后王政君，给王莽留下了卷土重来的机会。

蛰居南阳新野都乡的王莽，结交士人，沽名钓誉，以等待时机东山再起。王莽初回封国，南阳太守为了结交他，特地选了儒学名士孔休作王莽的新都相。王莽对孔休很是礼敬，并赠剑笼络。王莽的二儿子王获杀死了一个奴隶，这本来算不了什么大事，但王莽痛斥儿子，叫王获自杀以偿命。王莽的这些行为赢得了极大的声誉，朝野上下为王莽喊冤叫屈者以百数，请求哀帝恢复王莽的官职。

元寿元年（前2），出现了日食，周护、宋崇等借此大做文章，为王莽大唱赞歌。汉哀帝迫于社会舆论的压力，以侍奉太皇太后的名义，征王莽回京师长安。

一年后，汉哀帝寿终正寝。哀帝无子嗣，太皇太后下令把汉王朝的军政大权交给王莽。王莽奏免了大司马董贤，重登大司马的宝座。继立的平帝年幼，元后临朝称制，委政王莽。王莽以成帝赵皇后杀害皇子、哀帝傅皇后骄奢的罪名，迫令她们自杀，又把丁、傅两家外戚赶出京师。为防止大权旁落，他还不准平帝的母亲卫氏入京。这样，王莽大权独揽，玩平帝于股掌之上。他排斥异己，结党营私；又沽名钓誉，广施恩惠；同时，不断向太皇太后要更尊贵的名号。平帝元始元年（公元元年），他获得"安汉公"的称号。

当时，年迈的太皇太后仍握有相当大的权力。对这位太皇太后，王莽是不敢惹的。于是，他指使爪牙上书，说太后至尊，不宜操劳过度，一些小事就不必亲躬了。太皇太后采纳了这个建议，规定唯有封爵一事必须奏知于她，其他事皆由安汉公和公卿大臣议决。自此之后，朝政大权完全为王莽所把持。

正在这时，王莽长子王宇不满其父的专横，和他的老师吴章、妻弟吕宽密谋劝谏太皇太后贬谪王莽。王莽探知事情真相后，大怒，将王宇送进监狱，王宇饮药自杀。王宇妻怀孕在身，也被抓进监狱，待分娩后再处决。接着，王莽治吕宽罪，从中央到地方，凡王莽认为异己者，一律指为吕宽党羽而逮捕治罪。连汉元帝的妹妹敬武公主、梁王刘立、红阳侯王立及平阿侯王仁，也都被逼自杀。曾与王莽争夺大司马一职的前将军何武、忠于汉室不附王莽的前司隶鲍宣、与卫氏相善的护羌校尉辛通、函谷都尉辛遵、水衡都尉辛茂及南阳太守辛伯等都下狱致死，牵连被处死者达数万人。吕宽之案，使王莽进一步清除了异己。

为进一步稳固自己的权位，王莽费尽心机，使女儿成为汉平帝的皇后。不久，王莽便获得了"宰衡"的称号，位上公。王莽十分得意，让御史给他刻了一枚"宰衡太傅大司马"的印章。

受此殊礼后不久，王莽觉察出日渐长大的汉平帝对自己的不满，便先下手鸩杀了平帝，拥立年仅两岁的刘婴做"孺子"，自己做起"摄皇帝"来。

王莽代汉自立之心，已是路人皆知，东郡太守翟义及赵明、霍鸿起兵反莽，相继被镇压。年迈的太皇太后有名无权，已经没有什么力量能阻止王莽代汉自立了。

三、代汉自立　推行新政

居摄三年（8），梓潼县一个无赖哀章，见王莽有代汉而立之势，决定来一次大的政治冒险。他伪造了两个铜匮，一个上写着"天帝行玺金匮图"，另一个上写着"赤帝行玺某传予皇帝金策书"。"某"指汉高祖刘邦。书中说，王莽继汉而立，为真天子，太皇太后应尊奉天命。图、书中都写着王莽八个大臣的名字，哀章又自造了王兴、王盛两个名字，还有他自己的名字，说这十一个人是新王朝的辅佐。

一天黄昏，哀章穿着黄衣，拿着铜匮，跑到汉高祖刘邦的祀庙，把两枚铜匮交给仆射，仆射马上报告王莽。次日清晨，王莽郑重其事地来到高庙，拜受铜匮，又戴上皇冠去谒见太后，说明自己将承天命代汉而立。然后，来到未央宫前殿，在皇帝的宝座上坐下来，宣布自己代汉而立，定国号为"新"，以十二月为始建国元年正月。

新莽始建国元年（9）元旦，王莽在未央宫前殿隆重地举行了新朝皇帝登基大典。王莽率公卿朝见太皇太后，奉上"新室文母太皇太后"的玺绶，去掉汉朝的封号，并立妻子王氏为皇后。王莽有四子：王宇、王获、王安、王临。王宇、王获皆已自杀，王安神志恍惚不清，王莽便立王临为皇太子，封王安为"新嘉辟"；封王宇的六个儿子皆为公，大赦天下。又下诏策命孺子婴为"安定公"，以平原

(今山东平原西南)等五县百里之地、人万户,作为安定公的封邑,在那里立刘氏宗庙,奉汉正朔,以孝平皇后为安定太后。宣读完策令之后,王莽拉着年仅五岁的刘婴流涕嘘欷,说:"当初周公居摄,成帝长大后便还政了。我原也欲效法周公,无奈天命难违,不得如意。"哀叹良久,中傅把刘婴带下殿,北面称臣。接着,王莽从太皇太后手里拿到了"汉传国玺"。

王莽自汉成帝阳朔三年(前22)步入仕途以来,从黄门郎、射声校尉、骑都尉光禄大夫侍中、大司马、摄皇帝,步步高升,最终代汉而立,建立了他的新朝。

王莽代汉而立后,依照《周礼》设计了一套对社会进行"复古"改革的蓝图,试图缓解自西汉中叶以来的社会危机,巩固新朝地主阶级的统治,即所谓"新政"。

首先,王莽依照夏、商、周三代的井田制模式,进行土地改革,颁布了"王田令",更名天下田地为"王田";禁止土地买卖;一家男口不满八人而田过九百亩的,把多余的土地交出来,分给族人邻里;过去没有土地的,按一夫一妇一百亩受田;敢有违犯此令的人,流放边远地区。

为了抑制奴婢的增多,在颁布"王田令"的同时,王莽又颁布了"私属令",更名奴婢为"私属",禁止买卖奴婢;不听令者,流放边远地区。

颁布"私属令"的次年,即王莽始建国二年(10),王莽又依据《周礼》颁布了"五均"、"赊贷"和"六管"。"五均",是由政府来管理工商业经营和物价;"赊贷",是发放贷款,贫民遇有丧葬、祭祀,或欲经营工商业而无资金的,可向府丞贷款。祭祀限十天归还,丧事限三个月归还,不收利息;工商贷款岁息十分之一,或月息百分之三。后来,王莽又下令由国家专卖盐、酒、铁;由国家铸钱;由国家管理山林川泽,收山泽税。这五项国营实业，加上国家办理"五均"和"赊贷"，合称"六管"。

在官僚制度上，王莽也进行了改革。他以传说中的上古官制为蓝本，兼采汉代官制，融会贯通，制定了新朝的官僚制度。在中央，设置四辅、三公、四将、九卿和六监；在地方，分全国为九州、一百二十五郡、二千二百零三县。在州内设州牧；郡的长官，按爵位的高低分为卒正、连率和大尹；在县内设县宰。

王莽还对币制进行了改革，多达四次。王莽在经济、政治等方面进行的一系列改革，特别是"王田令"和"私属令"，的确抓住了问题的核心。但是，他没有提出切实可行的改革措施。他的改革方案富于幻想，却根本行不通。王莽的"新政"不但加重了劳动人民的负担，也触动了官僚地主、富商大贾的利益，后者原是对王莽抱有极大希望的，他们想换一个新皇帝来维护他们的既得利益，并能获取更大的利益。王莽的新政既使老百姓怨声载道，又触动了贵族阶级的利益，可以说是危机四伏。

四、危机四起　穷于应付

王莽登上龙座不久，就发现他的龙座不稳。

危机首先来自边陲。王莽称帝后，认为天无二主，土无二王，部族首领称王违反古典，背于一统，于是他派五威将出使各部族。其中北出者到匈奴单于庭，收回汉朝发的印玺，更授新朝的印章。单于看了很不满意，因为"玺"为帝王所用，而"章"乃臣子之物，索要旧的印玺，五威将陈饶当场将旧玺打碎。单于大怒，挥骑南下攻掠，周边其他各部族也相继举兵。

边陲烽烟四起，鼓角齐鸣。王莽大怒，征发各郡国士兵，分六路进军匈奴。六路大军并出，战线东西绵延三千多里，共募天下的囚徒、丁男、甲卒三十万人。从江淮到北部国防线上，出征的将士，运饷的役夫，络绎不绝。三十万大军无法同时集结，先期到达的便屯留边境，等待后续部队的到来。这些屯居边境的将士，大肆骚扰当地百姓，抢劫财物，勒索钱粮。内地各郡催征军饷，搜尽锱铢，民不聊生。这样，对匈奴的战争还未开始，边境和内地就乱了起来。

为了对付混乱局面，王莽给他的大臣加授将军称号，遣著武将军逯并等镇抚要害城镇，派中郎将、绣衣执法各五十五人到达边陲做监军使者，整饬军纪。谁知这些官员到达边境后，与带兵将领串通一气，索取贿赂，劫掠百姓。一群饿虎又加上一帮饿狼，边陲鸡犬不宁。

外患未除，内乱又起。王莽手下的三个得力干将王舜、甄丰和刘歆，原是汉朝的大臣，王莽出任大司马后，将其作为心腹。但是，在王莽想做"摄皇帝"之时，他们不大赞成，持观望态度。王莽代汉自立后，王舜、甄丰、刘歆都成了开国元勋，个个在朝中颇有威望。特别是甄丰，性格刚强，桀骜不驯，王莽首先觉察出甄丰对他代汉而立不满，决定拿他开刀。于是，甄丰从大阿、右拂、大司空降为更始将军。甄丰父子对此极为愤慨，甄丰的儿子甄寻当时是侍中京兆大尹，他想给父亲报一箭之仇，就伪造了一个符命，说新朝应分陕地为两部，立两伯治理，以甄丰为右伯，太傅平晏为左伯，如周召故事。王莽气得发昏，但权衡一下，决定暂时隐忍不发，宣布照符命行事。

谁知，当甄丰准备动身赴任时，甄寻又上一道符命，说王莽的女儿，即故汉平帝后、黄皇室主当做他的妻子。王莽忍无可忍，勃然大怒，"黄皇室主是天下母，甄寻的符命是欺天"，称其"罪不容诛"，下令逮捕甄寻。甄寻逃跑，甄丰自杀。一年之后，甄寻在华山被捕。王莽的爪牙发现：甄寻的手上刺着"天子"二字，报告了王莽。王莽叫人把刺字的那条胳膊截下来送给他验看，看后说："这哪里是什么'天子'？乃是'一大子'或'一六子'，六者，戮也，表明甄寻父子应当斩首！"随即下令将甄寻杀掉。此案还涉及国师刘歆的儿子刘棻、刘泳和大司空王邑的弟弟王奇以及刘歆的门客丁隆等数百人，王莽一一把他们送上了断头台。

这次事变对王莽震动很大，他感到手下的爪牙不可靠，从此疑神疑鬼，严加防备。每次外出，他都要先派卫士在京师反复搜索，名为"横搜"。始建国四年（12），王莽为了一次外出，竟在京师大搜五天！为防备大臣谋反，王莽限定大臣入宫随从吏员的数目。一次，太傅平晏入宫，随从人员超过了规定人数，把守宫门的仆射严加斥责，出言不逊，平晏的戍曹士一气之下把仆射绑了起来。王莽闻知此事后，气得火冒三丈，立即派出数百骑兵，把太傅府团团围住，勒令交出戍曹士，当即将他处死，这才罢休。

就在这时，后院起火。王莽的孙子王宗欲取而代祖，他画了自己穿着天子衣冠的全身像，又刻了有"维祉冠存己夏处南山藏薄冰"、"肃圣宝继"、"德封昌图"字样的三个印章，明示要代祖父王莽做皇帝，还与舅舅吕宽的家属私下交结。事情泄露后，王莽大怒，派官员严厉追究王宗，迫使他畏罪自杀。从此，王莽对儿孙们也不放心了，要把他们从身边赶开。

地皇元年（20），一场飓风把王莽视为神圣的王路堂毁掉了。王莽借题发挥，杜撰出洋洋洒洒的一篇诏文，大讲了一通灾变符命，借机废掉了皇太子王临，把他贬为统义阳王，赶出京师；贬"新嘉辟"王安为新迁王，也逐出京师。

原来，王莽连杀王宇和王获，莽妻悲痛难已，哭瞎了眼睛，王莽便叫太子王临居宫侍候。莽妻有一个侍婢，叫原碧，王莽与之私通。王临养侍其母时，也与原碧有了暧昧关系。他担心事泄被诛，就与妻子、刘歆的女儿刘愔策划杀死王莽，承袭帝位。谁知，王临还未下手，王莽就已察觉，借大风吹垮王路堂一事，把他撵出京师，皇太子的位子也失掉了。

地皇二年（21），王莽那位瞎眼皇后病危。王临给母亲写了一封信，说："皇上对子孙太严酷了，前些年大哥、二哥都是三十岁那年被迫自杀身亡的。今年，臣儿也三十岁了，我确实想保全自己，但恐怕做不到，不知道命丧何处！"王莽探视病中的妻子，发现了这封信，大怒，更疑心王临有不轨行为了。不久，瞎眼皇后病亡，王莽安葬妻子之后，下令逮捕原碧，严加拷问。原碧一一招供，王莽自觉家丑不可外扬，把参与拷审原碧的官员全部秘密处决，尸体掩埋狱中，又给王临送去了毒药，勒令自杀。王临不肯喝，拔剑自刎。

王莽一一击败了想暗算他的人。但与此同时，农民起义的烈火开始燃遍大江南北。对这些起义者，王莽试图用招安的方式，兵不血刃地平息。遭到拒绝后，王莽又试图用迷信手段镇服义军，结果毫无效用。王莽只好加紧武装镇压，他在全国推行军事一体化，设置前后左右中五大司马，州牧赐号大将军，郡卒正、连率、大尹为偏将军，县宰为校尉。王莽授给中央和地方长官以统兵镇压农民起义的军事权力，把全国变成一座大军营，不但于事无补，而且进一步激化了阶级矛盾。

从此，王莽的新朝危机四伏，四面楚歌。

五、黔驴技穷　粉身碎骨

边境的烽烟、四郡的义兵、朝廷的阴谋，这一切，使王莽焦头烂额、手忙脚乱、穷于应付。不过，在应付这些事变中，王莽虽未采取有力措施，却也千奇百怪、妙法迭出，花样翻新，一出出闹剧上演得前无古人、后无来者。

一个在王莽左右侍候的郎官上书，说要天下太平，必须继立"民母"。他还声称黄帝就是因为娶了一百二十个妃子而成了神仙。王莽御阅后，马上派遣中散大夫、谒者各四十五人分行天下，采择民间淑女。

一个爪牙见主子如此迷信，便献计说："当年黄帝曾建华盖而成仙。"王莽听后，立即命工匠造一九重华盖，高八丈一尺，装上四个看不见的轮子，用六匹高头大马拉着，由三百个穿黄衣戴黄帽的力士挽着。王莽每逢外出，就让这辆登仙车在前面开道，挽车的三百力士齐声呐喊："登仙！登仙！"站在车上的几个力士奋力击鼓，煞是热闹。

王莽的大爪牙崔发献上一计："据《周礼》和《春秋左氏传》，国有大灾，可以用哭声来避免。《周易》也说：'先号啕而后笑。'应当哭天以求救。"黔驴技穷的王莽率领群臣来到长安南郊，仰天叹曰："苍天既然授命于我，为什么不歼灭众贼？若是我的过错，请打雷劈死我！"说完，号啕大哭，昏了过去。醒来后，又伏地叩头不已。为了壮大哭天的声势，王莽命令太学生和黎民百姓每天早晚两次到南郊哭天，派人做粥招待哭天的学生和百姓。凡是哭得悲伤，并能诵读王莽告天策文者，授予郎官的职位。几天之内，就有五千多人得到这个官职。

地皇四年（23），绿林军拥立刘玄为皇帝，年号"更始"。王莽听说后，犹如五雷轰顶。为了掩饰内心的惊恐不安，他在四面楚歌声中举行了盛大的婚礼。他把胡须染成黑色，以示自己仍然年少青春。用三万金聘娶杜陵史家的女儿为皇后，亲自到未央宫前殿迎接史皇后。同时，册立了和嫔、美御、和人，位同三公；嫔人九名，位同九卿；美人二十七名，位同大夫；御人八十一人，位视同元士。

连年的兵燹，加上官吏的敲诈勒索、官兵的抢掠，造成空前的全国饥荒，饿殍遍地，尸骨狼藉。王莽派出很多大夫谒者教黎民煮草木为酪，煮出的酪又不能吃。王莽又叫人建了一个大谷仓，置卫士荷戟守卫，美其名曰"政始掖门"。王莽说，这样暴涨的谷价就可以跌下来。

饥民从四面八方涌入京师长安，王莽煞有介事地设"养赡官"救济饥民，这些"养赡官"都是吸吮民脂民膏的好手，他们把象征性的一点点赈济粮米中饱私囊，饥民饿死者十有七八。王莽任命的管理长安市场交易的中黄门王业，乘机勾结富商大贾，贱买贵卖，大发横财。一天，王莽听说长安城中饿殍满地，就问王业这是怎么回事。王业说："那只是一些流民。"他拿来一个粱饼肉羹给王莽看，说"城中居民都吃这个"，王莽竟信以为真。

眼见军事上连吃败仗，王莽又玩了一个新花招：遣风俗大夫司国宪等分行天下，宣布废除井田、奴婢、山泽、六管之禁。王莽本人也搞不清哪些该废除，干脆说："自即位以来，凡是不利于民的政令，全部收回。"但为时已晚，因为釜水已经沸腾，抽薪也无济于事。

早在地皇三年（22），以绿林、赤眉为主体的各路农民起义军，铺天盖地向王莽统治的腹心地带——洛阳、长安杀奔而来。是年二月，王莽派到东方前线的军事统帅景尚，做了义军的刀下鬼。王莽再派太师王匡、更始将军廉丹到东方督军围剿起义军，莽军大败，廉丹被杀。是年六月，王邑、王寻统帅的莽军主力在昆阳（今河南叶县）与刘秀率领的绿林军展开决战。莽军大败，王寻被杀，王邑带着数千残兵败将逃回洛阳。昆阳一战，莽军主力丧失殆尽。义军乘胜进击，直逼长安，王莽君臣惊惶失措，举朝震恐。

地皇四年（23）十月一日，起义军攻破长安城的宣平门，拥入城中。次日，长安城中的两位少年朱弟和张鱼率领一些人火烧宫门，用斧头劈开敬法殿的小门，冲入皇宫。王莽逃到宣室前殿，身穿深青透赤的衣服，佩带着玺绂，手里握着虞帝匕首，天文郎捧着占时刻的栻站在他身旁，不断报告时刻的进度。王莽随斗柄而坐，嚎叫着:"上天赋予我圣德,玄汉的军队能把我怎么样!"

三日凌晨,群臣簇拥着王莽出了西白虎门,逃入渐台,打算凭借周围的池水进行最后的挣扎。王邑昼夜血战,士卒死伤殆尽,也逃到渐台。义军追至渐台,围了数百重,与据台顽抗的王莽军队激战,强弩对射,矢下如雨。王莽党徒箭尽,义军渡水冲上渐台,双方展开肉搏战。王邑父子、王巡、王揖、赵博、唐尊、王盛等都死于乱刀之下,王莽躲进了一个小房间。傍晚时分,长安商人杜吴冲进王莽藏身房内,一刀结果了他的性命,摘去绶带。校尉公宾就(复姓公宾,名就)见杜吴拿的绶带是皇绶,问知王莽所在的房间,跑进那个房间,割下王莽首级。义军众人争先砍斫王莽尸身,把王莽的尸身剁成了肉酱。

孺子刘婴

刘婴(3~23),西汉第十二代皇帝。广戚(今江苏沛县东北)人。父刘显,为广戚侯。他两岁被王莽立为皇帝,称为"孺子"。王莽篡汉自立,他被封为安定公。他名为公卿,实则如同囚徒。王莽死后,他也被更始将领杀死。

刘婴的祖父叫刘勋,曾祖父叫刘嚣,是西汉宣帝卫婕妤生养。甘露二年(前52),汉宣帝封刘嚣为定陶王,第二年改封楚王。河平三年(前26),刘嚣入京朝贺,染疾,成帝怜悯他,下诏以广戚县四千三百户封其子刘勋为广戚侯。刘勋生下了儿子刘显,便是刘婴的父亲。

元始五年(5),王莽鸩杀年仅十三岁的汉平帝。平帝年幼无子嗣,元帝世系绝嗣。宣帝曾孙中,有诸侯王五人,列侯四十八人。按照兄终弟及的古例,是可以从中选取帝位继承人的。但王莽看到这五十三个人年龄都较大，怕立为新君后难以驾驭，便以"兄弟不得相为后"为借口摈而不用。最后，王莽看中了广戚侯刘显年仅两岁的儿子刘婴。

就在这时，武功县县长孟通奏报：有人淘井时得到一块上圆下方的白石，上有丹书"告安汉公莽为皇帝"八个大字。王莽看到这个伪造的符命，欣喜若狂。但他觉得不便于这么急匆匆地代汉自立，便杜撰道："符命上说的'为皇帝'，乃摄行皇帝之事也。"他命令爪牙奏告太皇太后王氏，年迈的太皇太后无奈，只好答应侄儿王莽摄政。

第二年（6）正月，王莽正式做起他的"摄皇帝"来了。三月，立刘婴为皇帝，号曰"孺子"，改元"居摄"，尊汉平帝王皇后（王莽之女）为皇太后。王莽摄行皇帝之事，用的全是皇帝的礼仪规制，而且他有恃无恐地采取各种手段，步步逼近帝位。

王莽的行径，引起了亲汉官员的不满。居摄二年（7）秋，翟义、赵明、霍鸿起兵反莽，但很快就被王莽平息。由此，王莽更是不可一世，以为时机成熟，便考虑把"摄皇帝"的"摄"去掉，做个货真价实的真皇帝。

居摄三年（8），王莽正式宣布代汉自立称帝，建国号为"新"，建元"始建国"。孺子刘婴被废黜为"安定公"，王莽下令以平原（今山东平原西南）等五县百里之地、人万户为"安定公"的封邑，在那里立刘氏宗庙，奉汉朝正朔，以平帝皇后为"安定太后"。

但是，王莽不让"安定公"刘婴至国，把故大鸿胪府改为"安定公"府第，把刘婴关在里面，又敕令乳母不得与刘婴说话。自王莽称帝那年起，刘婴便在王莽给他的府第里过着囚徒般的生活，长达十五年之久。

地皇四年（23），更始帝刘玄的军队攻入长安，王莽被杀。

汉平帝王皇后叹曰："何面目以见汉家！"投火自焚而死。平陵人方望等观看天文，认为更始皇帝必败，刘婴继平帝而为汉家正统，当复君临天下，遂起兵挟持刘婴，跑到临泾（治今甘肃镇原南），称孤道寡。更始帝派丞相李松率兵击败方望，杀死刘婴。是年，刘婴二十岁。

更始帝刘玄

刘玄（？～25），西汉末绿林军拥立的皇帝。字圣公，春陵（今湖北枣阳南）人。汉高祖刘邦的后裔，父亲刘子张，母何氏。他因避祸进入绿林军一部平林兵，后被拥立为帝，史称"更始帝"。他生性懦弱，朝廷面见大臣时局促不安、羞愧流汗，傀儡而已；又贪财淫逸，后宫妃嫔中饮酒作乐，如鱼得水。最后投降赤眉军，不久被缢死。

一、绿林拥戴 由王而帝

刘玄被拥立为帝，充满了偶然性，而且拥立他做皇帝的，正是要推翻一个王朝的起义军。

新莽天凤四年（17），鄂西一带民众因饥荒而起义，拥王匡、王凤为首领，聚集在绿林山（今湖北大洪山），号"绿林军"。转战数载以后，绿林军分散各地，分成"下江兵"、"新市兵"、"平林兵"几个部分。

刘玄也在义军中，属于平林兵。原来，刘玄的一个弟弟被仇人所杀，刘玄便纠集一帮朋友，欲替弟弟报仇。一天，他宴会诸友，并邀请当地的治安官赴宴，一个客人说醉话忤怒了治安官，生性懦弱、胆小怕事的刘玄恐遭不测，就跑到平林县城躲避去了。当地官吏见刘玄逃跑了，就把他父亲刘子张抓了起来，关进监狱。刘玄听说老父被抓，便放出风声，说他已病死，还做了一具棺材，让人运回老家安葬。官吏听说刘玄死了，就把刘子张放了出来。诈死的刘玄东藏西躲，四处漂泊。后来他听说平林人陈牧扯起了反旗，便前来投奔。陈牧收留了他，还委他一个官职——安集掾，是一个安集军队的官。

地皇三年（22），刘玄的堂兄弟刘縯、刘秀在南阳起兵，组成一支"舂陵兵"。他们与新市兵、平林兵、下江兵并肩作战，大败王莽军队。

绿林军派系很多，无所统一。为了协调行动，各路义军都主张设置一个最高统帅。王莽新朝皇帝的位子是篡夺汉家的，各路义军又都以反新复汉相号召，所以绿林军士决定立一个姓刘的人做皇帝。人选有两个：一个为刘縯，一个是刘玄。刘縯生性剽悍，粗犷豪爽，不拘小节，相当一部分人主张立刘縯。新市兵和平林兵忌惮刘縯，主张立刘玄。他们拥立刘玄为"更始皇帝"，造成既成事实，刘縯和他的拥护者不得不默认。

地皇四年（23），刘玄在淯水之滨登坛称帝，朝见群臣。他面对坛下那群赳赳武夫，羞愧流汗，张口结舌，说不出话来。接着，结结巴巴地宣布建元"更始"，拜王匡为定国上公、王凤为成国上公、朱鲔为大司马、刘縯为大司徒、陈牧为大司空，还设置了九卿、诸将。

二、薄面皇上　豪强臣下

绿林军各部节节胜利，尤其是刘秀在昆阳一战，歼灭了王莽军队的主力。刘縯、刘秀兄弟威名大震，更始君臣感到刘縯兄弟是榻旁之虎，必须尽快除掉。于是，更始帝刘玄在宛城大会诸将，欲借机诛刘縯。会上，更始帝赞叹刘縯的宝剑，叫刘縯解下呈给他看看。刘縯把剑呈上,但懦弱的更始帝胆怯了,不敢下手。绣衣御史申屠建呈上一块玉玦,示意他尽快决断,然而更始帝终于没敢下手。

刘縯手下有个大将,叫刘稷,勇冠三军。他统兵在外,听说更始帝想谋杀刘縯,破口大骂。他的话很快传到更始君臣的耳朵里,为了安抚刘稷,更始帝拜他为抗威将军,刘稷不肯受。更始帝便令诸将陈兵数千人,逮捕刘稷,要杀掉他。刘縯为刘稷说情,在舞阴王李轶、大司马朱鲔等人的一再劝说下,更始帝把刘縯也抓了起来,与刘稷一同杀了。

当时,刘秀领兵在外作战,听说兄长被杀,满怀悲痛,但却装作若无其事地驰奔宛城谢罪。刘縯的官属来迎接刘秀,刘秀不说别的,只引咎责己。他不敢为兄长发丧,还装出一副谈笑自若的样子。更始帝见此情景很是惭愧,便拜刘秀为破虏大将军,封武信侯。

更始帝剪除了心腹之患以后,便下令兵分两路:定国上公王匡率兵北上,进攻洛阳;西屏大将军申屠建、丞相司直率兵西进,直击武关。西路军进展神速,势如破竹,逼近武关。这时,武关已落于关中起义军邓晔、王匡手中,他们开关迎入西路军,合兵进攻长安。长安市民朱弟、张鱼也起兵,进攻未央宫。王莽出逃渐台,义军随后追击。商人杜吴杀死王莽,取其绶带,有个叫公宾就的校尉割下王莽的脑袋。不久,北路军攻克洛阳,活捉王莽的太师王匡和国将哀章。更始帝遂移都洛阳。

移都洛阳后,更始帝遣刘秀以破虏将军行大司马事,持节渡河北,镇抚州郡。这时,占据长安的西路军首领申屠建、李松,自长安送来皇帝的车马和服装,请更始帝移都长安。

更始二年(24)二月,更始帝自洛阳迁都长安。更始帝入居长乐宫,升前殿朝见诸将,羞赧不堪,不敢正视诸将,把头垂得低低的，一副无地自容的样子。见到后到的诸将，更始帝问他们："抢掠到了多少东西？"左右官吏都是皇宫旧吏，一听此言，都惊讶得面面相觑。

在长安，更始帝刘玄分封刘氏宗室刘祉等六人为王，接着，又封王匡等十四名将领为王。唯有朱鲔不肯接受胶东王的封号，更始帝便任命他为左大司马，派他和李轶、李通、王常等镇抚关东。又拜李松为丞相，赵萌为右大司马，共秉内政。

更始帝纳赵萌之女为夫人，很是宠爱，遂委政于赵萌，日夜与嫔妃在后宫宴饮。赵萌弄权，威福自断，有个郎官弹劾赵萌专权跋扈，更始帝立即拔剑斩了这个郎官。自此以后，再也没人敢奏劾赵萌了。有个侍中忤怒赵萌，赵萌喝令推出去斩了。更始帝为侍中说情，请留他一条性命，赵萌不予理睬，堂堂的天子眼睁睁地看着自己要救的人被拉出去杀了，竟束手无策。

不仅赵萌这样，其他人也是如此。李轶、朱鲔在关东擅自发布命令，王匡、张卬在三辅横行暴虐。而他们任用的官吏，大多是出身微贱的起义者。官僚地主编了一首歌谣来嘲讽这些新贵："灶下养，中郎将。烂羊胃，骑都尉。烂羊头，关内侯。"

军师将军李淑上书，说公卿大臣都是戎武出身，尚书等官员都是庸伍出身，做个亭长，抓个盗贼或许能行，怎么能让他们治理国家呢？他建议罢黜小人，任用才俊。更始帝听罢，龙颜大怒，把李淑关进了监狱。

三、赤眉打击　由帝而亡

更始帝刘玄在朝堂上见了大臣脸红口讷，在后宫里和嫔妃们却如鱼得水、有声有色。他终日在后庭与诸嫔妃饮酒作乐，不问政事。群臣有事向他奏报，他总是醉如烂泥，有时，就叫侍中装成自己坐在帷帐内接见群臣。群臣听出不是更始帝的声音，非常生气,说:"成败还未可知,就这样放纵!"

更始帝宠爱的韩夫人,嗜酒好饮,常与更始帝对饮,见到有大臣来报政事,她就骂道:"皇上刚刚坐下来与我饮酒,你们早不来、晚不来,偏在这时来奏报。"起身击坏了桌子。

更始帝的所作所为,引起了朝臣的不满,也为外人提供了乘虚而入的机会。趁火打劫的不是别人,正是另一支农民起义军"赤眉军"。早先,更始帝曾派人招降该军首领樊崇,封他及以下二十余人为列侯。但樊崇并未就此罢休,而是攻城略地,队伍发展到三十多万人。他们把军队分为三十营,一营一万人。进至华阴(今陕西华阴),赤眉军拥立汉宗室后裔、十五岁的牧童刘盆子为帝,建元"建世",以徐宣为丞相、樊崇为御史大夫、逢安为左大司马、谢禄为右大司马。

就在赤眉军逼近长安时,更始政权发生了内讧。赤眉军乘更始政权内讧之机,推进到高陵(今陕西高陵),进攻长安,更始帝闻讯单骑出逃。一群妃嫔在后面连呼带喊:"陛下,应当下马谢城!"更始帝一听,连忙下马拜谢,然后又上马逃窜。

但是,更始帝没有逃跑多远,便遇到右辅都尉严本。严本派兵保卫更始帝,实际上是把他软禁起来。赤眉军宣布:"刘圣公如果现在投降,封他长沙王。超过了二十天,不再受降。"当时,刘盆子的哥哥刘恭正在更始帝军中。更始帝连忙派刘恭向赤眉军表示愿意投降。赤眉军派大将谢禄受降,更始帝肉袒前往长乐宫,奉上玺绶。刘盆子受制于樊崇等将,不能做主,便下令把更始帝推出去斩首,刘恭、谢禄为他说情,樊崇不允。刘恭喊道:"臣力救不得,请先死!"拔剑欲自刎。樊崇夺下他的宝剑,赦免了更始帝,并封他为长沙王,居住在谢禄的军营中。

赤眉军劫掠三辅,百姓思念更始帝。张印对谢禄说:"有很多人想救出长沙王,另立旗帜。一旦把他救出去,纠兵反攻,对我们十分不利。"于是,谢禄派他的卫士和刘玄一起去郊外牧马,暗中命令卫士缢死了刘玄。刘恭闻讯,乘夜收殓其尸体。后来,光武帝刘秀诏令大司徒邓禹把刘玄葬在汉文帝的陵墓霸陵的陵园内。

刘玄有三个儿子:刘求、刘歆、刘鲤。建武二年(26),刘求兄弟陪同母亲去了洛阳,光武帝刘秀封刘求为襄邑侯、刘歆为谷孰侯、刘鲤为寿光侯。

建世帝刘盆子

刘盆子(10~?),西汉末赤眉军拥立的皇帝。泰山式县(在今山东泰山附近,其地名今不存)人,汉高祖刘邦之后。西汉末,刘盆子家道中衰,投奔赤眉军,主管牧牛;后被赤眉军强迫拥立为皇帝。刘盆子虽名为皇帝,但无实权,如同傀儡。最终赤眉军失败,他归附光武帝。

一、吕母聚众 樊崇起兵

刘盆子是城阳景王刘章(汉高祖刘邦之孙)的后代。刘盆子的祖父刘宪,在元帝时被封为式侯,刘盆子父亲刘萌继位。王莽篡权后,他父亲的侯爵被废除,因而成了式县人,家道自此中衰。

刘盆子之所以被拥立为皇帝,与赤眉军的崛起、兴盛密切相关。而赤眉军的先驱,则是吕妇人,史称"吕母"。

吕妇人是琅邪郡海曲县(治今山东日照西)人,她的儿子是一个县吏。王莽天凤元年(14),吕妇人的儿子只犯了一点小罪,便被县官论罪斩首了。吕妇人怨恨县官,秘密聚集门客,计划报仇。吕妇人家里一向富有,有几百万资产,于是吕妇人加酿美酒,买回刀剑和衣服。凡是青年人来买酒,她都赊给他们,看到其中贫穷的，还常常借给他们衣服，不论他们借多借少，她都同意借给。这样过了几年，她家的财产渐渐用尽了，青年们都表示要赔偿她。吕妇人流着眼泪道："我这样厚待各位，不是要求利，只因为县官昏聩、糊涂，冤杀了我儿子，我要为他报仇。各位能帮助我吗！"青年们认为吕妇人的儿子死得冤枉，令人同情，又历来接受了她的恩赐，因而都答应了她的要求。

青年中的那些男士，自称为"猛虎"，聚集在一起，有几十上百人，于是与吕妇人共同来到海岛上，招集一些亡命之徒，多达几千人。吕妇人自称为将军，领兵还乡，攻占海曲县，抓住了县官。县吏们磕头为县官请罪。吕妇人说："我儿子犯了点小罪，不应当处死，却被县官杀了。杀人的人应当抵命，你们为什么要替他求情呢？"便把县官斩了，拿着他的头到儿子的坟上祭祀了一通，又回到海岛上去了。

过了几年，琅邪郡人樊崇受吕母的影响，也在莒县（今山东莒县）起兵，有一百多人，转到了泰山，自称"三老"。当时青州（辖今山东德州、济南、高密、乳山等县）、徐州（辖今江苏长江以北和山东东南部地区）大闹饥荒，盗寇蜂起，大家认为樊崇勇猛，都归附他，一年内队伍壮大到一万多人。与樊崇同郡的逄安，东海人徐宣、谢禄、杨音，各自起兵，共有几万人，也相继率兵归附樊崇。他们共同回攻莒县，未能攻下，转而抢掠到姑幕（今山东莒县东北），趁此攻击王莽部下的探汤侯田况，大败田况，斩杀了一万多人，于是向北进入青州，所过之处，抢劫一空。后又回到泰山，滞留驻扎于南城。

当初，樊崇等因穷困而当了强盗，并没有攻城夺地的打算。后来，士卒渐渐多起来了，才互相约定：杀人的人斩，伤人的人赔偿银两。他们仅口头约束，并没有制定文书、旗帜、军队编制和号令。他们中最尊贵的叫三老，其次叫从事，再次叫卒史，互相间则普遍称为臣人。

王莽派遣平均公廉丹、太师王匡去镇压他们。樊崇等准备接仗，但怕起义者与王莽的兵士杂乱，便都把眉毛涂红来相互辨别，从此称为"赤眉军"。赤眉军大败廉丹、王匡的军队，斩杀一万多人，廉丹被打死，王匡逃跑了。

樊崇又带领他的部下十多万人，回来围攻莒县，一连几个月，还未攻下。有人劝樊崇说："莒县是我们的父母生活的地方，为什么要攻打？"樊崇一听有理，便解围离开了莒县。

当时，吕妇人已经病逝，她的部下分别投奔到赤眉、青犊、铜马三股起义军中。赤眉军接着进攻东海郡，跟王莽部下的沂平大尹开战，结果失败了，战死了几千人，只得带领部下离开东海郡，抢掠楚、沛、汝南、颍川等州郡后，回到陈留县，攻占了鲁城，转战到濮阳（今属河南）。

恰在这个时候，更始帝刘玄建都于洛阳，派遣使者叫樊崇归降。樊崇等听说汉宗室又复兴起来了，立即留下士卒，自己带领二十多个大头目，跟随使者到洛阳投降了更始帝，都被封为列侯。樊崇等没有封国采邑，而所留下的士卒逐渐有叛离的，樊崇等人都对更始帝的分封感到不满，于是他们又逃回到军营。

二、挟持从军　摸符立帝

更始二年（24）冬天，樊崇带兵进入颍川，把士卒分为两部分，樊崇与逢安为一部，徐宣、谢禄、杨音为一部。樊崇、逢安攻占了长社，向南进击宛城，斩了县令；徐宣、谢禄等人也攻占了阳翟，带兵到达梁县，击杀了河南太守。

赤眉军虽然多次打了胜仗，但疲劳不堪，士兵都厌倦了打仗，又想念亲人，日夜忧愁哭泣，想要东归。樊崇等人商议，估计大家东归后必定离散，不如向西进攻长安。就这样，樊崇、逢安从武关,徐宣等从陆浑关,两路同时入关。

更始三年(25)正月,赤眉的两路大军同时到达弘农,跟更始帝的将领们开仗,连战连胜,于是士卒聚集得更多。他们分一万人为一营,总共三十营,每营设三老、从事各一人。随后,赤眉军进军到达华阴(今属陕西)。

有一位齐地的巫师,常鼓动赤眉军,祭祀城阳景王刘章,求福求助。巫人胡编说:"景王大怒,说'我应当做皇帝,为什么要做强盗?'"有人讥笑巫师荒诞,但不久嘲笑他的人都得病了,所以军中惊恐不已。

此前,更始帝杀了拥立孺子刘婴为帝的方望。方望的弟弟方阳埋怨更始帝杀了自己的哥哥,这时便迎合樊崇等人的心意说:"更始帝荒淫,政令不能通行于全国,致使将军到了这种境地。现在将军拥有百万士卒,可以向西进击帝城长安,但自己没有恰当的称号,被人称做一群强盗,这种情况不能长久下去了。不如立一位刘氏宗室为帝,名正言顺地进行讨伐。以此号令天下,哪个敢不服从?"樊崇等认为此言有理,而且巫师也说得更加起劲。军队进至郑县(今陕西华县)时,赤眉军的将领们互相商议:"现在已经迫近长安,而鬼神又如此说,应当找一个皇族尊立为帝。"

当初,在赤眉军经过式县时,挟持了刘盆子与他的两个哥哥刘恭和刘茂,都带在军队中。刘恭自幼学习《尚书》,大体上懂得一点大道理。及至跟随樊崇等投降更始帝,被封为式侯。他因为明了经书大义,多次陈述政事,被授予侍中,随着更始帝迁都长安。刘盆子与刘茂则留在赤眉军中,隶属于右校卒史刘侠卿,主管饲料和牧牛,称为牛吏。

等到樊崇等赤眉将领要立皇帝时,在军队中寻求景王刘章的后代,共得七十多人,只有刘盆子、刘茂和前西安侯刘孝与景王最亲。樊崇等商议说:"听说古代的皇帝亲自带兵出征,称为上将军。"于是在木简上写了一道符，符上写着"上将军"，又拿出两块空白的木简，一起放在竹筒中，在郑县城北设一坛场，祭祀城阳景王刘章。三老们和从事们都在阶下集合，让刘盆子等三人站在中间，按年龄次序从竹筒中摸取木简。刘盆子年龄最小，只有十五岁，他最后摸简，却摸到了"上将军"符，于是将领们都称臣下拜。

更始三年（25）六月，赤眉军正式拥立刘盆子为帝，自称为"建世"元年，刘盆子也被称为"建世帝"。刘盆子被拥立为帝时，披散着头发，赤着脚，穿着被汗水浸成赤黄色的破旧衣服，紧张得脸色发红，双颊流汗，见大家向他跪拜称臣，恐惧得要哭了。刘茂对他说："好好把符藏妥。"刘盆子却马上咬断它，把它扔在一边，仍然回来依傍刘侠卿。刘侠卿替他添置了红色单衣、红色包头巾、绣了花纹的鞋子，乘坐的高车大马，车上还用红色的挡泥屏、红色的车帷丝络。但刘盆子对这一切都不感兴趣，他不顾刘侠卿的劝告，仍然与牧童一起玩耍。

虽然樊崇因为勇猛有力而被赤眉军推为头目，但是他不懂得文书和术数。徐宣本是县里的狱吏，懂得《易经》。大家便推崇徐宣做丞相，樊崇为御史大夫，逄安为左大司马，谢禄为右大司马，自杨音以下的众头目都是列卿。

三、赤眉抢掠　盆子辞位

赤眉军到达高陵后，跟更始帝的叛将张卬等联合，攻打东都门。更始三年（25）八月，赤眉军攻克长安，进入长安城，更始帝刘玄逃走。当时，式侯刘恭因为赤眉军立其弟刘盆子为帝，就自己带上刑具去自首，被关在监狱中。听说更始帝逃走，刘恭便去见定陶王刘祉，刘祉给他除掉身上的刑具，在渭水河边追上了更始帝。随后，更始帝投降了赤眉军，被杀死。

赤眉军进入长安后，刘盆子住在长乐宫。赤眉军的将领们每天聚会，议论各自的功劳，为此争辩喧嚣，甚至拔剑砍柱，意见不能一致。三辅地区各郡县的长官和营寨首领派人进献的财物，赤眉兵士常在途中抢走。赤眉军又多次掳掠财物，虐待官吏和百姓。先前，百姓为了自卫，修建了许多堡垒，现在又都开始严加防守。

到了岁末祭祀百神的这一天，樊崇等人敲锣击鼓，举行盛大的集会，刘盆子坐在正殿上，中黄门拿着武器站在他后面，公卿都排坐在殿上。酒宴未开始前，公卿中有一个人拿出刀笔，书刻名帖，准备朝贺，其他不会写的人站起来请他代写，他们聚集在一起，互相之间或背对着背，或面对着面。大司农杨音按着剑骂道："各位都是些老佣夫！今天敬设君臣朝会的礼节，反而更加混乱，小孩子做游戏尚且不至于这样，都该杀！"这话一出，各将领互相之间辩论争斗得更激烈了，士兵们纷纷跨过宫门斩杀守卫者，进至正殿抢酒抢肉，互相杀伤。卫尉诸葛稚听到这种情况，带兵上殿，杀了一百多人，才安定下来。

刘盆子终日担惊受怕，日夜啼哭，他单独跟中黄门一起生活，只上观阁而不与闻外面的政事。

当时，旁宫中的宫女尚有上千人，自更始帝失败后，这些宫女深居殿内，靠挖掘宫廷中的萝卜、捕捉池中的鱼来充饥，死了的便埋在宫中。有一批原来祭祀甘泉祠的乐人，还是跟过去一样一起打鼓，唱歌跳舞，衣着华美鲜艳。他们看见刘盆子便磕头，诉说自己饥饿。刘盆子派中黄门赐米给他们，每个人几斗。后来刘盆子离开了长安，他们都饿死了，没有走出宫门。

刘恭见赤眉军混乱，知道他们必定失败，担心自己和兄弟都会遭遇不测，暗中教刘盆子归还玉玺黄绶，练习说谦虚辞让的话。

光武帝建武二年（26）正月初一日，群臣集会，刘恭首先说："大家共立我的弟弟为帝，恩德确实深厚。现在立他为帝将近一年了，而军队的混乱一天比一天加剧，他这个人确实不可能成就大业。恐怕他到死也不会给赤眉军带来好处，他情愿退位，当个普通老百姓，请大家另找一个贤而有智的人为帝，希望大家考虑。"樊崇等人道歉说："这都是我等的罪过。"刘恭又坚持请求另立皇帝。有人说："退位不退位，这难道是你刘恭的事吗？"刘恭十分惶恐，就站起来走了。

刘盆子见哥哥走了，便走下宝座，解下玺绶，磕着头说："现在虽然立了皇帝，大家却跟过去做强盗一样。各地官吏和百姓进献的财物，动辄被抢劫走了。这种情况传到各地，各地的官吏和百姓没一个不怨恨的，也不再信任和向往我们。这都是立的皇帝并非恰当的人选所造成的。我希望留下自己的这根骨头，让我辞去皇帝之位，给圣贤之人让路。如果一定要杀掉我刘盆子来向天下人表示承担责任，我也不逃避死罪。诚恳地希望大家可怜我！"他一面说，一面痛哭流涕。樊崇和参加集会的几百人，没有一个人不哀怜他的，都离开座位磕头说："我们做臣子的没有德行，辜负了陛下。请求允许我们从今以后，不再放纵胡来。"接着共同抱起刘盆子，替他戴好玺绶。刘盆子哭喊个不停，但是挣脱不去。

集会结束后，将领们都出殿闭营，各自遵守规约，从此三辅安定团结，人人都称赞皇帝明智。老百姓也纷纷回到长安，街市、里巷都充满了来往的人。但是，好景不长，过了二十多天，赤眉军贪婪财物，又出营大肆抢掠。对这一切，刘盆子毫无办法制止。

长安城中粮食吃完了，赤眉军将领便收集和携带着珍宝，纵火烧了宫室，又在里巷民房任意杀人抢劫，长安城中没有人敢在街上行走。之后，赤眉军带兵西走。经过南郊祭祀的时候，他们的兵马最为勇猛，战车和铠甲最为繁多，号称百万大军。刘盆子坐着王车，驾着三匹马，有几百骑跟随着他。赤眉军从南山开始，辗转抢劫城市和小镇。在郿县，赤眉军与更始帝的将军严春开仗，打败了严春，杀了他，然后进入安定（今宁夏固原）、北地（今甘肃环县）。

赤眉军到达阳城（治今河南方城南）境内时，碰上下大雪，坑谷中都被雪填满，天气奇寒，士兵多有被冻死的，只得又回转来，挖掘西汉帝王宫妃的陵墓，盗取其中的宝物，还污辱了吕后的尸体。凡是被赤眉军发掘，有玉匣装殓的尸体，都穿着金缕玉衣，大多像活人一样，所以赤眉遂大行淫秽之事，奸污妃嫔的尸体。大司徒邓禹当时在长安，派兵到郁夷（今陕西陇县）阻击，反被赤眉军打败，邓禹便举兵离开长安到了云阳。

四、随军投降　光武厚待

建武二年（26）九月，赤眉军再度进入长安，刘盆子被安置住在桂宫。

当时，汉中农民军将领延岑越过散关，驻扎在杜陵（今陕西西安东），逢安率领十多万人前往攻打。邓禹因逢安的精兵在城外，只有刘盆子与瘦弱的士兵留在城内，便亲自率军去进攻长安。正巧碰上谢禄的救兵赶到，与邓禹大战，邓禹败逃。延岑和更始帝的部将李宝联合军队，共达几万人，跟逢安在杜陵开战，延岑等人大败，战死一万多人，李宝投降了逢安，延岑却收集散卒后逃跑了。

李宝秘密派人对延岑说："您竭尽全力回头一战，我则在城内响应，里外夹击，必定大败逢安。"延岑立即掉转头来挑战，逢安等人倾全部兵力迎战，李宝从后面将赤眉军的旗帜全部拔掉，改竖自己的旗帜。逢安等战疲回营，却看见旗帜都是白的，非常惊讶，恐慌之下乱跑一气，士兵们掉入河川山谷而死的十多万人。只有逢安率几千人逃脱，回到了长安。

当时，三辅大闹饥荒，出现了人吃人的现象，城郭内都空荡荡的，死人的白骨遍布郊野，幸存的人常常聚集在一起，修筑营堡坚守，使赤眉军很难轻易攻下。赤眉军抢劫已无收获，士兵们都饥饿不堪。十二月，樊崇等挟持刘盆子率队东归，这时赤眉军还有二十多万人，一路上又逃走了不少。

光武帝刘秀派遣破奸将军侯进等人驻扎于新安（今属河南），建威大将军耿弇等驻扎于宜阳（今属河南），分为两路，拦腰阻击赤眉军的归路。光武帝命令诸将说："贼军如果向东逃，可以带领宜阳的兵到新安相会；贼军如果向南逃，可以带领新安的兵到宜阳会师。"

建武三年（27）正月，邓禹北渡黄河，率领饥饿疲惫的军队在湖县攻击赤眉军，再次失败逃跑了，赤眉军于是出关向南移动。征西大将军冯异在崤谷之底（在今河南洛宁）大败赤眉军。光武帝听到这一消息，亲自领兵到达宜阳，派大批军队拦击赤眉军的去路。

赤眉军到达宜阳，忽然遇到大军，都惊恐震慑，不知该怎么办，便派刘恭去求降。刘恭谒见了光武帝，对他说："盆子率领百万大军来降，陛下打算怎样对待他？"光武帝说："饶他不死罢了。"樊崇于是率刘盆子和丞相徐宣以下三十多人肉袒投降，呈上他们所获得的传国玉玺、黄绶，及更始帝的七尺宝剑、玉璧各一件。武器和铠甲等堆积在宜阳城西，跟熊耳山一样高。赤眉军当时尚有兵卒十多万人，光武帝命令御厨赐给赤眉军饮食，由于长期疲困饥饿，十多万人至此都狼吞虎咽，风卷残云般把食物扫荡一空。

第二天，光武帝在洛水边陈列兵马，令刘盆子君臣排着去看。

他对刘盆子说:"你知道自己应当受死罪吗?"刘盆子回答说:"罪当该死,还希望皇上怜悯赦免我。"光武帝大笑说:"你这个小儿顶聪明,我刘姓中没有一个呆痴的人。"光武帝又对赤眉军将领说:"你们很不讲道义,到处残杀老人和弱者,凌辱社稷神,污染、毁坏军用井灶。但是也有三个好处:你们攻城略地,走遍天下,却没有抛弃原来的妻子,这是第一个好处;拥立君主,能用刘氏族人,这是第二个好处;其他贼寇立君之后,在紧迫时都杀了君主,提了脑袋去投降,自以为这是功劳,唯独你们却将一位活着的首领交给了我,这是第三个好处。"接着,光武帝叫他们带着妻子儿女住在洛阳,每个人赐给一处房子、两百亩田。

这年夏天,樊崇、逢安阴谋反叛,被杀。杨音在长安时,对待光武帝的叔父赵王刘良很好,有恩情,所以光武帝赐给他关内侯的爵位。他与徐宣都回到家乡,死在家里。刘恭为更始帝刘玄报仇,杀了谢禄,自首入狱,光武帝赦他不死。

光武帝可怜刘盆子,赏赐给他的财物很丰厚,任命他为赵王刘良的郎中。后来,刘盆子因病失明,光武帝又赐给他荥阳(今属河南)的均输官地,作为商业区,使他终身能靠收取这里的税收为生。

汉明帝刘庄

汉明帝刘庄(27～75),东汉第二代皇帝。幼名阳,光武帝刘秀第四子,母为阴皇后。公元57～75年在位。谥号"孝明皇帝",庙号"显宗"。明帝统治期间,吏治较为清明,政治相对安定,对外基本上消除了周边部族的侵扰,使境内安宁,经济也得到一定的发展。明帝以及其后的章帝在位期间,史称"明章之治"。

一、子以母贵　策储继位

刘庄本是光武帝刘秀的四儿子,在其上有长子刘强。刘庄是阴丽华所生,刘强是郭圣通所生。在这两个女人之间,光武帝倾心的是阴丽华,然而阴丽华还没有生育时,郭氏却生下了刘强。考虑到传宗接代的责任,建武二年(26),光武帝立郭氏为皇后,立阴丽华为贵人。同年,刘强被立为皇太子。

当时,天下还未平定,渔阳太守彭宠又起兵叛汉。刘秀率军征讨彭宠,阴丽华也随军远征。在行军途中,阴丽华怀孕了。建武四年(29),阴丽华生下一个男孩,这就是后来的明帝刘庄,当时起名叫刘阳。

刘阳因是阴丽华所生,所以很得光武帝的宠爱。少年时代,他师从经学大师桓荣学习,十岁时,就能背诵和理解《春秋》。光武帝觉得儿子聪明过人,更加喜爱他。由于刘阳较早地在光武帝身边学习和观察政务活动,又增加了他的才干。

建武十五年(39),光武帝下令检查天下的垦田和户口,并命令刺史、太守们逐一汇报。到汇报这一天,十二岁的刘阳站在光武帝身后,观察上报官吏的神色。光武帝仔细检查着文书,翻着翻着,在陈留县(治今河南开封东南)的吏牍中发现了这样一句话:"颍川、弘农可问,河南、南阳不可问。"光武帝莫名其妙,问下面的官吏们,大家也说不出个所以然来。这时,站在光武帝身后的刘阳得到父亲的准许,站出来说:"河南是京都所在,朝廷高级官吏都住在这里;南阳是陛下的故乡,陛下的亲戚多居住于此。因此对这两个地方的田亩数字,负责检查的官员们当然不敢多问。"光武帝恍然大悟,惊叹十二岁的孩子有如此锐利的眼光。此后,光武帝便有了以刘阳为帝位继承人的打算。

这时,郭皇后由于失宠,心中颇有怨恨,时时讽刺阴贵人和光武帝，更促成了光武帝废长立幼的决心。但皇太子刘强并没有什么过错，于是光武帝决心先废黜郭后再说。建武十七年（41），光武帝以"怀势怨怼、数违教令"的罪名，废黜了郭皇后，另立阴丽华为皇后。

皇太子刘强觉得母亲被废，自己的太子之位也将不保，终日惶恐不安，遂上书光武帝，请求让位，出镇藩国。光武帝因为刘强毕竟没有过错，不忍心废黜他，刘强又拜托亲近大臣，为其表白诚心。光武帝等待时机成熟了，在建武十九年（43）下诏封刘强为东海王，立东海王刘阳为太子，改名为庄。这一年，刘庄十六岁。

建武中元二年（57），光武帝去世，刘庄正式即帝位，是为明帝，时年三十岁。

二、整肃纲纪　镇压异己

刘氏汉家天下在西汉后几位皇帝统治的时候，大权旁落于外戚手中，最终导致王莽专权"新"政。经过王莽改制和随之而来的社会动乱，国家的礼仪制度遭到破坏。所以光武帝刘秀去世时，诸王及大臣们前来奔丧毫无法度，朝廷里一片混乱。明帝刘庄的兄弟们在宫殿中与明帝并肩而坐，一点也不把这个新皇帝放在眼里。

为了树立威信，汉明帝命令禀性刚直、举止威仪、执法如山的太尉赵熹主持丧事。赵熹不负重托，仗剑入朝，将与明帝坐在一起的诸王请下殿阶，加入到大臣的行列里，以辨明君臣之别；同时整顿宫卫制度，王国官吏不得随便出入宫禁。朝廷的秩序这才逐步安定下来。此外，明帝不论对身边的下级官员还是对三公九卿这些重臣，都监督很严，每有过错，就当面训斥。明帝朝的吏治为此十分严正，为后世的史家所称道。

不过，对刘庄以第四子的身份继承大统，他的众兄弟们很不服气。汉明帝的同母弟山阳王刘荆，伪造大鸿胪郭况（郭皇后的弟弟）的手笔，写信给东海王刘强，劝其举兵以取天下。刘强胆小怕事，忙将送信的使节和信件原原本本押送到京城洛阳，交给明帝查办。

汉明帝暗中侦知此信是山阳王刘荆所为，为避免激起更大的骚动，将刘荆一案秘而不发；对阴、郭二皇后，明帝同等礼敬；对前太子刘强，明帝也关怀备至，其待遇高于一般的王侯。在人事上，明帝委任开国元勋高密侯邓禹为太傅，同母弟东平王刘苍为骠骑将军，光武朝太尉赵熹保留原职，使宗室、功臣、官僚集团都有了自己的政治代表，增加了政权的稳定力量。与此同时，明帝还发布诏令，赐天下民爵，安顿流民，减免刑罚，照顾鳏寡孤独，最大限度地缓和社会矛盾，巩固自己的统治。

汉明帝并非一味采取退让政策，一待统治巩固，他就开始严厉镇压反对派，强化自己的专制统治。永平十三年（70）发生的楚王刘英一案，就是明帝给诸侯王势力的一次沉重打击。

楚王刘英是光武帝刘秀与许美人所生，因许美人不得宠，所以刘英也受到冷落，封在僻远之地，封地也很小。当时，佛教渐渐地传入中土，刘英在百般无聊中对佛教产生了兴趣，数次访求佛法，希望仗佛祖灵光，佑护己身。

这一年，有一个叫燕广的人到朝廷上书，弹劾刘英与渔阳人王平、颜忠等借信奉佛教为名，制造图谶，图谋不轨。明帝得到报告，马上命令宗正（管理皇族事务的中央官员）派官员查证。派出去的官员不久汇报说，楚王刘英招集奸猾之徒，捏造图谶，图谋篡位，罪证确凿，请求判处刘英死刑。明帝遂宣布剥夺楚王刘英的王爵，命其迁往丹阳泾县（今安徽泾县）。刘英行至泾县，自杀身死。

刘英同案犯颜忠、王平在洛阳狱中，由于受不住狱吏的严刑拷打，胡乱招供，牵连许多无辜之人。这些人中，有隧乡侯耿建、郎陵侯臧信、护泽侯邓悝、曲成侯刘建等。四人与颜忠、王平素昧平生，互不认识，但明帝这时已把往日对宗室诸王隐忍的仇恨倾注在楚王刘英一案上，所以对颜忠、王平所招供的人，不分罪证是否成立，一律究治，下面的官员奉承上意，造成了众多的冤狱。后经侍御史寒朗的谏阻，使明帝幡然清醒，改弦更张，亲临洛阳监狱查核案情，释放无辜达千余人，使朝野安定了下来。

三、躬亲政务　内外皆修

汉明帝刘庄自幼聪颖，处处精明。即位以后，他躬亲政务，事无巨细，都要过问。一日，明帝赐给西域使者十匹丝绸，负责登记的书郎误为百匹，并将记录转交给大司农入账。明帝索要记簿查看，发现错处后，勃然大怒，急召尚书郎重新进殿，要当场施以重罚。尚书台的长官钟离意在宫外听说，急急进殿，叩首求情说："过误乃小失，不足以施重刑。郎官是臣的属下，陛下要处罚就处罚臣好了，亦足惩戒百官。"明帝的怒气才渐渐平息下去。有一天，郎官药崧犯了微小的过失，明帝抄起木棒就要敲打，以示惩戒，被人劝住。在明帝的躬亲政务和严格督责之下，其时纲纪整肃、吏治谨严，诸政颇多绩效。

当时，黄河的河道南移，改从东宛（今山东境内）入海。由于没有堤防约束，下游常常泛滥成灾。为了恢复农业生产，永平十二年（69），明帝命令著名的水利工程专家王景、王吴负责修治黄河。王景、王吴率领几十万民工和士兵，先用"堰流法"修成浚仪渠，并从荥阳（今属河南）至千乘（治今山东高青高苑镇北）海口千余里间修渠筑堤，从而使河、汴分流。黄河受新筑堤防的约束，水势足以冲刷沙土，通流入海。

在对付周边游牧民族的侵扰问题上，由于社会的安定和国力的恢复，明帝一改光武朝的守势，采取积极进攻的战略。

永平八年（65），北匈奴骑兵进攻河西诸郡，焚烧城邑，杀掠甚众，人民深受其害，以至河西城门大白天也只得关闭。永平十五年（72），北匈奴又侵犯河西，而且胁迫西域小国随同入寇。面对北匈奴势力的猖狂侵扰，驸马都尉耿秉上奏说："中国虚费，边陲不宁，其患专在匈奴！以战去战，是圣王之道。"明帝有志于北伐，十分赞同耿秉的意见。是年，明帝派遣奉车都尉窦固和耿秉出屯凉州（东汉治陇县，今甘肃清水县北），作为北伐的准备。

永平十六年（73），明帝命令诸将率同南匈奴及乌桓、鲜卑等部族组成的骑兵部队，出塞北征，揭开了东汉政府同北匈奴战争的序幕。这次出征，窦固西出酒泉，在天山（今新疆吐鲁番城北）击败匈奴呼衍王部，追至蒲类海（今巴里坤湖），占据了伊吾卢城（今新疆哈密）。

为了巩固军事活动的成果，窦固命令假司马（即代理司马）班超和从事郭恂到西域诸国开展外交活动。班超和郭恂率领三十六人，先到鄯善，在鄯善国击杀匈奴派往该国离间汉与鄯善国关系的一百多名使者，迫使鄯善王声明从今以后依附汉朝，永无二心，并且纳子为质。班超随着质子回到首都洛阳，明帝下诏提升他为军司马，命令其继续经营西域。从此以后，西域遂成中原统一帝国的一部分，得到长足的发展。

四、修制守礼　崇儒纳佛

汉明帝刘庄崇尚儒学，他命令皇太子刘炟、诸侯王及大臣子弟、功臣子弟，都要读经。又为外戚樊氏、郭氏、阴氏、马氏诸子弟立学校于南宫，聘任高明的经师传道授业。明帝在"五经"之中，又独重《孝经》，倡导"以孝治天下"，甚至命令期门、羽林的守卫士兵都要背诵《孝经》。对礼仪制度，明帝也非常重视，他亲自与东平王刘苍讨论，制定了祭祀天地和祖先的仪式，按等级建立了一套天子、王侯、百官的车服制度。

明帝还十分提倡尊师重道,明帝为太子时,曾跟博士桓荣学过《尚书》,即位以后,仍以师礼尊桓荣。桓荣以少傅调任太常,明帝常常亲临太常府中,听桓荣讲课。桓荣的学生们请明帝讲解,明帝谦虚地笑着说:"老师在座(不必问我)。"桓荣这时已年逾八十,常常卧床不起,明帝亲自派太医去为其治病。桓荣寿终,明帝亲执弟子礼,做孝服为其举哀。明帝这样做当然是出于师生之谊,然而更重要的是为天下树立表率,在社会上倡导一种尊师重道的风气,以维护封建地主阶级的伦理道德及政治统治。

在汉明帝时期,佛教渐渐传入中土。明帝虽然因佞佛而镇压了楚王刘英等人,但这不过是相机行事,实质上并不一意反对,而是采取兼收并蓄的方针。传说明帝有一次睡觉,梦见一高大的金人,头顶上放射白光,降临在宫殿的中央。明帝正要开口诘问,那金人又"呼"的一声腾起凌空,一直向西方飞去。梦醒后,他百思不得其解。第二天朝会时,他向群臣详述梦中所见,大多数人都讲不出个所以然来。博士傅毅进言:"臣闻西方有神,传名为佛,佛有佛经,即有佛都。从前武帝元狩年间,骠骑将军霍去病出击匈奴,曾缴获休屠王供奉的金人十二座,安置在甘泉宫中,焚香致礼。久经战乱,那十二座金人早已不知去向。今天陛下所梦见的,也许就是佛的幻影呢!"一席话引起了明帝的猎奇思想,于是派郎中蔡愔西往天竺,求取佛经。蔡愔一路风尘,尝尽千辛万苦,到了大月氏,与大月氏僧人摄摩腾、竺法兰一起,用白马驮着佛教经典回到了洛阳。明帝就命令在洛阳城中建造了中国第一座佛教寺院——白马寺,用以储藏佛经,讲授佛教。

永平十八年(75)秋天,明帝染病,不久病逝于洛阳东宫前殿,享年四十八岁。当年,葬于显节陵,谥号"孝明皇帝",庙号"显宗"。

『娶妻当得阴丽华』

光武帝刘秀立过两位皇后——郭皇后、阴皇后。两位皇后出身不同、性格不同,处事方式也便不同。郭圣通出身豪族,不无霸道,因不得宠而妒忌怨恨;阴丽华出身平民,恭俭有礼,足可母仪天下。至于光武帝的姐妹、女儿,她们时而任性刁蛮,时而通情达理,很少太过出格。光武朝后宫一团和气,为后世帝王向往;刘秀对阴丽华之钟情,已经成为千古佳话。

皇后郭圣通

郭圣通（？～52），光武帝刘秀皇后。真定（治今河北正定南）人。父郭昌，任郡功曹；母刘氏，为真定王刘扬外甥女，号郭主。她因舅父的权势而嫁于刘秀，并在建武元年（25）被立为首任皇后。她做了十五年的皇后，因嫉妒失宠而被废。光武帝念其伴随十数载，生有五个儿子，废后之后又封其为中山王太后，并厚待郭氏诸人。后郭圣通随子而居，抑郁而终。

一、因子而贵　因妒遭废

郭氏出生于名门望族。父亲郭昌继承父业而为一家之主后，把田宅财产数百万钱让给异母弟，举国称颂，郭昌名声大振，被授予一个掌管选举的官——功曹。郭圣通的舅舅刘扬是真定王。她的父亲郭昌早卒，她跟随母亲住在舅舅家。其母是王家之女，但讲究礼仪，十分节俭，有母仪之德。

更始元年（23），汉景帝七代孙刘林等拥立邯郸（今属河北）人王郎为皇帝。翌年，大司马刘秀受更始帝之命率兵进击王郎。大军进至真定国，真定王刘扬拥兵十万拥戴王郎。刘秀见自己兵力不足与刘扬抗衡，便派骁骑将军刘植前往说降刘扬。刘扬要求与刘秀联姻，将外甥女郭圣通嫁给刘秀，才同意归降刘秀。刘秀权衡利弊，答应了这桩婚事，便在真定娶了郭圣通。刘扬归降后，刘秀兵力大增，得以攻克邯郸，平定王郎。

更始三年（25），在马武、吴汉等一班将校的簇拥下，刘秀在鄗县（今河北高邑东南）即皇帝位。当时，郭圣通还很年轻，又为光武帝生下了儿子刘强。光武帝三十岁得子，自是万分高兴，也很宠爱郭圣通。母以子贵，翌年六月，光武帝刘秀诏立郭圣通为皇后，刘强为皇太子。郭圣通的同母弟郭况，年仅十六即被封侯。

这时，群雄角逐，天下动荡。光武帝东征西讨，郭皇后留守洛阳皇宫。随着时光的流逝，本不秀丽的郭皇后容颜消退，与后宫佳丽相比更是黯然失色。光武帝深爱贵人阴丽华，对她宠爱有加，很少光顾郭皇后。阴丽华在光武帝三十四岁那年，为他生了儿子刘庄。

郭皇后被冷落了，她妒忌那些有姿色的嫔妃，尤其是阴丽华。她的脾气变得暴躁，嫔妃们见了她，如同小鸡撞上老鹰。背地里，她们免不了要说她的坏话。郭皇后的名声越来越坏，光武帝时有耳闻，从此，对郭皇后越来越厌烦。

建武十七年（41），光武帝决定废黜郭皇后，另立他宠爱的阴丽华为后。他颁布了一道诏令，说像郭氏这样的人，不配做母仪天下的皇后，他命令大司徒戴涉、宗正刘吉，持"节"收取皇后的玺绶。就这样，做了十五年皇后的郭圣通，因好妒而被废。

郭圣通为光武帝生了五个儿子：刘强、刘辅、刘康、刘延、刘焉；陪伴光武帝生活了十五年，一纸诏书，就轻易地摘去了皇后的凤冠。

二、随子居沛　抑郁而死

光武帝虽然废掉了郭氏的皇后之位，但念及郭氏和她的弟弟郭况为他统一天下立下的功劳，没有按惯例把废后郭圣通幽禁冷宫，而是封刘辅为中山王，将常山郡加拨给中山国，封郭圣通为中山王太后。郭圣通悲愤地搬出皇宫，和儿子刘辅去了中山国。

不久，光武帝又将郭况改封大国，为阳安侯。郭圣通的从兄郭竟以都尉身份跟随光武帝征伐多年，立有战功，封为新郪侯，官至东海相。郭竟之弟郭匡被封为发干（县，在今山东堂邑西南）侯，官至太中大夫。郭圣通的叔父郭梁早逝，没有儿子，就封他的女婿陈茂为南亦侯。光武帝想借厚待郭圣通的娘家人来补偿郭圣通，也借以宽慰郭家人的心，以免使他们心生怨恨。

郭圣通在中山国的都城卢奴（今河北定县）王宫度过了三年的时光，刘辅被徙封为沛王，她就成了沛王太后，从卢奴搬去沛国国都——相县（今安徽濉溪西北）。

皇太子刘强见母亲被废，便奏请革去皇太子称号，做个藩王。光武帝觉得刘强没有过错，而且又是自己的亲子，不忍心废黜他。后经刘强再三请求，才下诏封刘强为东海王，另立刘庄为皇太子。

光武帝觉得有负郭家，所以十分优待郭圣通的弟弟郭况，提升他为大鸿胪——掌管朝觐、赐礼仪的高官。而且光武帝时常去郭况府上，大会公卿百官，饮酒歌舞。他赏赐郭况的金银财宝最多，洛阳城里的人都把郭况府叫做"金穴"。尽管如此，郭况仍然恭谦对待下士，因此颇得声誉。

建武二十六年（50），郭圣通的老母——郭主病逝，光武帝亲自参加了她的葬礼，百官公卿都来送葬。光武帝又特遣使臣，把郭圣通父亲郭昌的棺材起出，与郭主合葬。追封郭昌为阳安侯，谥号"思侯"。这一切对郭圣通来说，是个安慰。

过了两年，郭圣通抑郁而逝。郭圣通生前被逐出皇宫，死后又入葬皇陵区——北芒山（在今河南洛阳北）。

郭圣通去世后，光武帝可怜郭氏的不幸，下诏命郭况的儿子郭璜娶自己的女儿淯阳公主，并封郭璜为郎。明帝刘庄即位后，郭况与明帝的舅舅阴识、阴就并为特进，多次予以赏赐，恩宠优渥。明帝礼待阴、郭两家，每件事都力求均衡，做到不偏不倚。永平二年（59），郭况去世，明帝亲自吊丧。

皇后阴丽华

阴丽华(？～57)，光武帝刘秀皇后。南阳新野(今属河南)人。父亲阴睦，母亲邓氏。建武十七年(41)被立为皇后，谥"光烈"，史称"光烈阴皇后"。阴氏出身民间，是刘秀最为钟情的女人，早年曾随夫南北征战，历经艰辛；刘秀称帝后，她被封为贵人，不争宠、不争权，并以郭贵人有子建议封郭圣通为皇后。她自律谨严，约束母家，以其德行赢得皇帝始终宠爱，在光武帝废郭皇后之后被立为皇后。

一、光武宠爱　辞让后位

阴丽华出生于平民家庭，她的父亲早逝，家境一般。她长大成人后，有倾城倾国之貌。刘秀的二姐夫邓晨家在新野，与阴丽华家相距不远。有一次，刘秀到了邓晨家中，听人说起阴丽华的美丽，很是爱慕。后来，刘秀到了长安，看见执金吾车骑甚盛，就感叹道："做官当做执金吾，娶妻当得阴丽华。"

这时，天下大乱，豪杰蜂起。在南阳宛县(今河南南阳)人李通的鼓动下，刘縯、刘秀兄弟起兵造反。第二年，刘縯、刘秀兄弟进军宛县，拥立刘玄为天子，刘玄拜刘縯为大司徒，刘秀为太常、偏将军。

驻军宛县期间，刘秀聘娶年轻貌美的阴丽华为妻，了却了心愿。这一年，阴丽华十九岁。新婚不久，刘秀升任司隶校尉，要出征洛阳，阴丽华就回新野娘家去了。

更始元年(23)，刘秀在真定(今属河北)又娶了真定王刘扬的外甥女郭圣通。次年，便生下了儿子刘强。

更始三年（25），刘秀在鄗县（今河北高邑东南）南面祭告天地诸神，当了皇帝，是为光武帝。四个月后，光武帝刘秀的车驾驰进洛阳，定洛阳为国都。之后他派侍中傅俊去迎接阴氏。阴氏到洛阳后，光武帝封她为贵人，与郭圣通名号相同。

第二年，光武帝想立皇后。他觉得贵人阴丽华文静贤惠，有母仪之态，意欲立她。阴贵人说："郭贵人生有皇子，为天下计，应立郭贵人为是。"听了这番话，光武帝对阴氏更加喜欢、敬重，并听从其建议立郭圣通为皇后。

这时天下未定，光武帝时常出征，他十分宠爱阴贵人，不忍舍弃，每次都让阴贵人随军出征，随时陪伴自己。建武四年（28），光武帝统兵征讨割据北方的彭宠，身怀六甲的阴贵人随军出征，在元氏县（今河北元氏）分娩，生了个男孩。光武帝高兴万分，给他的皇子取名"阳"。就这样，光武帝征战南北，阴贵人也在戎马倥偬中度过了五年。

光武帝多次要封阴贵人的弟弟阴兴为侯，都被她推辞了。由于没有封侯，按照制度，阴家便不能设家兵护卫。建武九年（33），一场灾难落在阴贵人家人的头上。一伙强盗闯入阴贵人的娘家，劫掠财物，阴贵人的老母邓氏和弟弟阴訢被强盗所杀。噩耗传来，阴贵人悲痛欲绝，光武帝也很悲伤，追封阴贵人的父亲为宣恩哀侯，弟弟阴訢为宣义恭侯，以另一个弟弟阴就袭父爵。

二、母仪天下　明帝爱戴

阴贵人天生丽质，娇艳无比，且很贤惠，举止有礼，深得光武帝的欢心。儿子刘阳聪明伶俐，也深受光武帝的喜爱。这引起皇后郭圣通的嫉恨，动不动便以皇后的身份呵责阴贵人。

郭皇后越来越嫉恨阴贵人，光武帝也越来越厌烦郭皇后。因为他深爱的人是阴贵人而非郭皇后，对于她对阴贵人的嫉恨更为不满。当初，是因为郭圣通生有儿子刘强，所以才立她为皇后。现在，阴贵人也生有儿子刘阳。光武帝对皇太子刘强很有好感，但对他的母后却已非常厌烦。

建武十七年（41），光武帝制诏三公，历数郭圣通皇后的种种恶行，命大司徒戴涉、宗正刘吉持"节"收取郭圣通的皇后玺绶，贬为中山王太后，逐出皇宫。诏立阴贵人为皇后，她的长子刘阳被立为皇太子，改名为"庄"。

阴皇后母子贵显，但毫无骄奢之行。她恭俭有礼，兢兢业业地处理后宫事务，与嫔妃相处得十分和睦。她举止庄重，不苟言笑，有母仪风范。阴皇后十分孝顺，她自七岁失父，在立为皇后以后，虽然其父死去已经几十年，每当提及父亲，阴皇后仍然没有一次不流泪的。光武帝见了，常叹息不已，对她更加爱怜。

中元二年（57），光武帝在皇城的南宫前殿病死。刘庄即位，是为汉明帝，尊阴皇后为皇太后。

阴太后待在皇宫里，平平安安地度过晚年。永平七年（64）病逝，享年六十岁。明帝一向爱戴母后，为她举行了盛大的葬礼。她的灵柩被护送到洛阳城郊的原陵，与光武帝合葬。

阴太后去世后，为人至孝的明帝对她思念不已。永平十七年（74）正月，明帝正准备去拜祭原陵，夜间梦见先帝和太后，如生前一样欢乐团聚。醒来后，心中悲伤不能入眠，便查看历书，发现第二天就是吉日，于是带领百官出宫祭陵。祭陵之日，天降甘露，洒在原陵的树上。明帝命令百官收集甘露作为祭品。

仪式结束后，明帝回到皇宫，来到阴太后以前的寝宫，从席垫前向御床俯身观看阴太后镜匣中的梳妆用品，悲伤得痛哭起来，命人更换化妆品和化妆用具。左右随从之人全都感动得流下眼泪，不能抬头仰视。

许美人

许美人（？～86），光武帝刘秀的妃嫔，楚王刘英的生母。有人认为许美人可能是光武帝的第一个妻子，他的几个女儿可能是她所生。

许美人长相不够娇美，对丈夫刘秀的事业也没有什么帮助，在美貌的阴丽华和出自豪族的郭圣通面前，她没有任何受宠的资本。因此，许美人也就无法与阴氏、郭氏享受同等的待遇。但她毕竟为光武帝生下了儿子刘英，因此光武帝封她为美人。美人是没有爵秩的三个等级的第一等，也算对得起她了。

许美人不受宠，光武帝几乎不临幸她。她住在深宫中，终日寂寞无聊；她的宫中没有欢声笑语，门前车马也很冷落。面对这一切，许美人除了忍耐外，就是在深夜里偷偷以泪洗面了。

许美人的儿子刘英自幼长在深宫中，与太子刘庄非常亲近，深受刘庄的关照，两人兄弟情谊非比寻常。这可能是光武帝刘秀觉得有负于许美人，特加关照教导刘庄的结果，也可能是身为皇后的阴丽华不愿让作为庶子的刘英受冷落的结果。对此，许美人看在眼里，记在心里，多少有些宽慰。

由于许美人不受宠，在光武帝大封诸王时，刘英被封为楚王，地位在诸王中最低，封国也最小最贫瘠。许美人对于儿子的分封，内心中十分不满，但表面上却不敢声张。刘英被分封后，并没有立即前往封国，仍住在京城。许美人能够常常见到儿子，谈起分封之事，难免有怨言，这对于刘英来说，起到了潜移默化的作用。刘英日后的谋反，与母亲的灌输或许不无关系。

在刘英前往封国两年后，在皇后阴氏的提议下，光武帝又给刘英增加了两个县的封地。这样一来,刘英才算是在收入上与阴、郭两位皇后所生的兄弟们平起平坐了,许美人也因此脸上多了几分笑容。

光武帝去世后,明帝刘庄即位,身为太后的阴丽华按照国家制度,将许美人送到楚国,并封她为楚国太后。许美人到了楚国后,与儿子刘英一起生活,享受天伦之乐。因为明帝刘庄与刘英兄弟情深,所以专门赐给楚王的财物络绎不绝。此外,刘英还得到了特别的恩遇,他的舅舅之子许昌没有尺寸之功,也被加封为龙舒侯。许美人对这一切,十分高兴,光武帝已死,她也不必再为无宠而伤心。

永平十三年(70),就在许美人准备安度晚年的时候,她的儿子刘英却谋反了。幸好明帝刘庄顾念兄弟情谊,没有杀死刘英,不过免去了他的王爵,把他从封国迁到丹阳泾县。就在许美人惶恐不安之际,明帝下旨,她并不受儿子刘英的牵连,仍然享有楚国太后的封号,留住在条件优越的王宫。

次年,刘英自杀,明帝下诏给许太后说:"国家一开始得知楚王谋反的事,并没有以为然。在审讯核实后,朕因怀念兄弟之情,准备保全楚王的性命,让他终老天年。但是楚王不顾念太后年老,竟然自杀。这是天命啊,朕深感无可奈何,愿太后保护、养育楚王的幼子、弱妻,勉强饮食。"许太后老来丧子,悲痛万分。此后,她住在楚国王宫中,虽然衣食用度很富足,但精神上却很空虚,缺乏天伦之乐。不过,这一切对于劫后余生的许太后来说,已经是不幸中的万幸了。

永平十五年(72),汉明帝临幸楚国,在内殿诏见许太后及刘英的妻子、儿女,悲泣了很久,左右皆为之感动不已。元和三年(86),许太后在楚国王宫去世。

湖阳长公主刘黄

刘黄（生卒不详），光武帝刘秀的大姐，封邑于湖阳（治今河南唐河西南湖阳镇）。她壮年寡居，爱慕已有妻室的太中大夫宋弘，但却遭到拒绝。她纵容家奴，在家奴杀人后意欲包庇其罪，却遇到强项令董宣，遂不了了之。

一、寡居京都　再嫁不成

刘黄在光武帝登上皇帝之位后，大封诸王、公主时，被封为湖阳长公主。虽然有了自己的封邑，但是湖阳长公主却没有前往封邑，仍然居住在京都洛阳。

作为皇帝的亲姐姐，刘黄地位高，衣食足，风光无限，但她的生活并不如意。她的丈夫在光武帝即位后，没过几年就死了，她一个人寡居在繁华的京都，虽然锦衣玉食，但形单影只，因此郁郁寡欢，每天靠游玩、聚会打发寂寞。

当时，人们对于女子在丈夫死后改嫁之事较为开明，不像宋、元、明、清那样要求妇女必须恪守妇道、不准改嫁。刘黄为了改变自己寂寞的生活现状，有意再嫁。但嫁给谁呢？刘黄犯愁了。这个人必须与她年龄相仿，而且要有地位，一般的下级官吏怎能配得上她这个金枝玉叶呢？刘黄思来想去，就把此事告诉了弟弟刘秀。光武帝十分理解姐姐寡居的痛苦，观念也很开通，所以对姐姐再嫁的想法予以赞同，并积极为刘黄寻觅合适的人选。

一天，光武帝和刘黄在一起评论朝中的大臣，想借此探听姐姐的意思。光武帝提到了朝中的许多大臣，但刘黄都不满意。在光武帝的追问下，刘黄才吞吞吐吐地说："宋公威容，德才兼备，群臣谁也不及他。"光武帝一听就明白了,姐姐这是相中了太中大夫宋弘。原来,刘黄以前见到过宋弘,对于他的相貌、才学深为爱慕,因此十分中意于他,暗下决心要嫁给宋弘。但宋弘是有妻室之人,而且他与妻子患难与共,伉俪情深,他能够抛弃结发之妻、攀龙附凤吗?对此,光武帝心里没底,只得对姐姐说:"让我慢慢想办法。"

过了几天,光武帝想出了一个办法,他在便殿召见宋弘,让姐姐刘黄坐在屏风后面。光武帝与宋弘聊了一段时间闲话,渐渐切入正题,他问宋弘:"贵易交,富易妻,这是人之常情,爱卿知道这个道理吗?"宋弘却正色道:"臣只知贫贱之交不可弃,糟糠之妻不下堂。"光武帝听了,急忙对着屏风后面的刘黄说:"事情不能办妥了。"刘黄见宋弘如此说,心情很不好。宋弘不愿意休妻,她作为堂堂公主,自然不愿做小妾,此事只能就这样罢手了。

二、家奴杀人 公主泣帝

湖阳长公主刘黄在遭到宋弘拒婚后,一时间也没有找到可心的郎君,只得仍然寡居京都。光武帝虽为皇帝,也不能强迫臣下娶自己的姐姐,因此他对姐姐刘黄格外垂怜,经赏赐予她丰厚的财物。刘黄因此而家财万贯,便豢养了许多家奴,数以百计。这几百个家奴养在府中,自然少不了惹是生非,刘黄对此也没有严加管束,不过睁只眼闭只眼罢了。

家奴们见湖阳长公主纵容他们,就开始仗势欺人,作威作福,经常横行洛阳的街市。一天,有一个家奴竟然大白天杀了人。更可恨的是,这个家奴杀人后若无其事,依然居住在公主府中。洛阳令董宣不便往公主府中抓捕,只好悬案未结。

过了一段时间,刘黄出门,令那个家奴驾车。途中遇见了等候很久的董宣拦住马车,刘黄大怒,她平日骄纵惯了,如今竟被一个小官拦住了去路，岂不是辱没了公主的身份？刘黄正要呵叱董宣，却听见董宣在斥责自己纵容家奴犯罪，应当连坐。刘黄气得说不出话来，只得眼睁睁地看着董宣杀死了家奴。

刘黄不便在大街上与董宣吵闹，只得急驰到宫中，在光武帝面前泣诉了一番，请求弟弟为自己做主，严惩董宣。光武帝一听，勃然大怒，召见了董宣。但是，董宣的一席话却打消了光武帝的怒气。为了照顾姐姐的面子，光武帝命董宣向湖阳长公主赔礼，董宣不肯。刘黄见光武帝不能为自己出一口恶气，便气愤地说："文叔（刘秀的字）为平民百姓时，曾经藏匿逃亡之人，吏役不敢到门上要人；如今贵为天子，反而不能威服一个小小的洛阳令吗？"光武帝只好赔笑说："天子与平民百姓不同。"就这样，光武帝没有追究董宣之罪，刘黄也无可奈何，只能独自生闷气。

此后，史书中对湖阳长公主刘黄便没有了记载。

宁平长公主刘伯姬

刘伯姬（前2～30），光武帝刘秀的妹妹，封邑于宁平（治今河南郸城宁平镇）。她曾与光武帝共患难，追随兄长南征北战，为东汉王朝的建立立下了赫赫战功，表现出大智大勇的巾帼之才。

一、共帝患难　棘阳成婚

光武帝刘秀兄弟姐妹共六人，在兄妹排行中，刘秀居五，刘伯姬居六，是刘秀的小妹。刘伯姬四岁时，父亲就去世了，由叔父刘良将他们兄妹抚养成人。因为刘伯姬年幼，母亲樊氏对她十分偏爱，哥哥姐姐也都让着她。

刘伯姬身为女孩，但却喜欢舞弄刀枪棍棒。她自幼跟着几个哥哥习武练箭，练就了一身本领，这使她在刘秀率兵起义到建立东汉王朝期间，立下了赫赫战功，表现出大智大勇的巾帼之才。

王莽地皇三年（22）十一月，刘秀、刘縯的起义军在小长安（今河南南阳境内）与王莽的官军大战，当时，刘伯姬就在起义军中。她与三个哥哥一起与敌兵大战，杀得敌军人仰马翻。但是，最终寡不敌众，刘秀的起义军大败。在战乱中，刘秀兄妹被冲散了。刘秀好不容易突出重围，见兄妹都已不知去向，正在焦急的时刻，刘伯姬恰巧冲出重围，来到了他这里。她的马已经疲乏得走不动了，刘秀急忙让妹妹上了自己的马。就这样，刘秀与刘伯姬逃了出来。

刘伯姬和刘秀一齐来到棘阳城，见到了他们的大哥刘縯和另一个起义将领李通。李通与刘縯、刘秀约定起义，由于事机不密，被官府探知，李通父母、妻子都被杀掉了，只有他杀出了官军的包围。刘伯姬初次见到李通，对李通一家的不幸深表同情；同时，也对李通情愫暗生，产生了爱慕之心。

在棘阳城住了一段时间，刘伯姬通过与李通的接触，更加喜欢他了。但她终究是一个女孩，不好意思直接向李通表白。在一个雪夜，刘伯姬怎么也睡不着，她辗转反侧，决定向李通表白，如果李通有意，她就请兄长做主，与李通订婚。正好李通正与刘秀、刘縯等人议事，刘伯姬便等在李通必经之路上。等了很长时间，李通才走过来。刘伯姬的心怦怦直跳，李通越走越近，她大着胆子走上去，向李通表示了爱慕之心。

李通深感意外，因为他比刘伯姬年纪大，又娶过妻室，怎好与年轻貌美的刘伯姬结为伉俪？而且他的原配夫人刚死了没多久，他还无心再娶。李通将自己的想法告诉了刘伯姬，谁知她越发爱慕李通了，认为他是个重情重义的男人。她说："只要你不反感我，我可以等。"李通深受感动，表示很喜欢她。刘伯姬听了十分高兴。

第二年（23），在兄长的主持下，刘伯姬与李通结为伉俪。婚后，二人情深意笃，夫唱妇随，共同为起义军出谋划策。

二、南征北战　战功赫赫

就在夫妇和谐美好的光景之下，却出了一件意外之事：在李通的从弟李轶与另一将领朱鲔的调唆下，刘伯姬的大哥刘縯被更始帝刘玄杀害了。刘伯姬对大哥的被害悲痛万分，她迁怒于李通，对着李通大骂道："我们刘家怎么对不起你们李家了，你的弟弟一心要杀掉我哥哥？你索性将我和文叔（刘秀）也杀了吧！"李通气得大叫，对刘伯姬说："你不用和我胡搅蛮缠。我先去杀了李轶，然后再杀掉昏君刘玄，替你大哥报仇！"刘秀认为"小不忍则乱大谋"，在旁边拦住了李通，又劝慰了李通和刘伯姬一番，才压住了刘伯姬的怒火。

随着刘秀势力的逐渐壮大，刘伯姬终于想通了三哥忍痛不报兄仇的原因，也明白了"小不忍则乱大谋"的道理。

刘秀与河北王郎将领倪宏、刘奉的大军在巨鹿作战时，刘伯姬也主动请缨，与刘奉大战了一场。枪来刀往，厮杀了很长时间，未分胜负。作为一员女将，刘伯姬堪称巾帼英雄，令将士们刮目相看。但刘秀怕妹妹有闪失，一般很少让她出战。

过了几天，刘秀再次与倪宏、刘奉作战。当时岑彭为将军，李通也在场，刘伯姬再次请战。刘秀一开始不同意，后来在邓禹劝说下才同意。派兵一万，命岑彭与刘伯姬各带五千，前去挑战。当时刘伯姬与倪宏大战，岑彭与刘奉交手。刘伯姬奋勇厮杀，杀死了倪宏，割下了他的首级。那时，岑彭已与刘奉厮杀多时，正杀得眼红。刘伯姬与岑彭联手，共战刘奉。刘奉不敌二人，也被刘伯姬杀死了。此战，刘伯姬立了头功。

刘秀率军攻克鄗县（今属河北）后，更始帝刘玄部下大将军李恽率军来攻。双方交战，士兵与士兵厮杀，将军与将军交手，岑彭大战李恽，交战了很长时间，未分胜负。刘秀见此，怕岑彭有失，急忙鸣金收兵。岑彭回城，李恽只好领兵转攻东门。李恽在城下骂阵，刘秀手下大将冯异出城来，与他打斗一番，又鸣金收兵回城。

李恽不死心，仍在城下骂阵，骂了很长时间，无人理睬他。李恽又前往南门挑战，刘秀手下大将铫期出城与他交战，打斗一番，尚未分出胜负时，刘伯姬就飞马跑来，替下铫期，和李恽大战起来。交手没多久，刘伯姬佯装败退，落荒而走，李恽不知是计，紧追不舍。刘伯姬正要取弓搭箭，刘秀手下大将耿纯飞马赶来，大喝一声，将李恽斩于马下。李恽手下士兵一见主将被杀，都吓得一哄而逃。这一战，刘伯姬又立下了功劳。

建武二年（26），光武帝刘秀大封诸王、公主，刘伯姬被封为宁平长公主。东汉制度规定，皇帝的女儿称为公主，皇帝的姐妹无论长幼，都称为长公主，因此刘伯姬虽是光武帝的小妹，也被封为宁平长公主。

刘伯姬被封为宁平长公主后，仍旧与李通一起追随光武帝，南征北战，东挡西杀。长年的战斗，严重消耗了刘伯姬的体力，她又争强好胜，每次都主动请缨出战，致使身体每况愈下。

建武六年（30），刘伯姬病逝，年仅三十二岁，葬于封地。

舞阴长公主刘义王

刘义王（生卒不详），光武帝刘秀长女，封邑于舞阴（今河南中部偏南）。她身为长公主，深受光武帝喜爱。但她纵容丈夫，终受其株连，流放边远。她抚养了梁贵人，但却在后宫争斗中成为牺牲品。

一、纵容丈夫　流放边远

建武十五年（39），刘义王被封为舞阴长公主。按照汉制，皇帝的姐妹才能称为长公主，但因为刘义王深受光武帝喜爱，地位尊崇，所以也称为长公主。

刘义王成年后，嫁给了延陵乡侯、太仆梁松。梁松的父亲梁统，在光武帝即位初年就归顺，封高山侯，拜太中大夫。梁统死后，梁松袭侯爵。一开始，梁松只是个郎官，娶了舞阴长公主后，升职为虎贲中郎将。梁松博通经书，熟知典制礼仪，常与光武帝一起议定兴修明堂、郊祀、封禅等礼仪，宠幸无人能比。梁松因此傲视群臣，睚眦必报。

刘义王对于夫君梁松，不仅不知劝告，反而加以纵容。她仗着公主的身份，经常出入皇宫，打探各种消息，回家就告诉梁松。梁松有了公主的大力支持，更加骄横。

伏波将军马援南征北战，功勋卓著。梁松有一次探望马援的病情，拜于床下，马援认为他是晚辈，就没有回礼。梁松因此忌恨马援，一心要设计陷害他。在马援去世后，还不肯放过他，诬陷他南征交阯时贪污了许多珍宝。刘义王对丈夫大力支持，积极在父皇面前诋毁马援，以助夫君一臂之力。光武帝一向喜爱女儿刘义王，宠爱女婿梁松，遂偏听偏信，收回马援的新息侯印，致使一代功臣凄凉地死去。

光武帝驾崩，梁松受遗诏辅政。永平元年（58），汉明帝刘庄又把梁松升职为太仆。此时的刘义王更加春风得意，皇帝是她的兄弟，丈夫是辅政大臣，她更加骄纵。对于丈夫梁松，她越发不加管束，还时常怂恿他广交士人，多树私恩。梁松对于夫人的话，言听计从。

梁松结交了许多宾客，经常来往。其中有些人为了牟取私利或希望逃避法律制裁，就恳请梁松写书信给郡守县令，关照一下自己。梁松自以为有夫人的大力支持，不会有什么恶性后果，就无所顾忌地写私人书信请托郡守县令，或荐举某人为官，或帮某人说情。永平二年（59），这件事经人揭发，告到了明帝那里。明帝不徇私情，把梁松免官。梁松没想到会有这样的祸事降临到自己头上，十分怨恨明帝。同时，也对刘义王没有好气。刘义王受到丈夫的埋怨，没有及时宽解他的怒气，也和他一起怨恨明帝。

永平四年（61），梁松又写匿名信诽谤朝政，讥刺明帝。明帝大怒，命官府严查，查出了匿名信竟是梁松所写。明帝命令把梁松逮捕下狱。不久，梁松死在狱中，他的侯爵也被取消。对于刘义王，明帝看在姐弟的情分上，没有把她拘押在监狱中，只是把她和儿女们流放到交州九真郡（今越南清化省境内）。堂堂公主，竟落得如此下场，也是她纵容丈夫，咎由自取。

二、抚养贵人　反遭株连

在梁松匿名信案中，受到株连的还有梁松的弟弟梁竦。梁竦饱读经书，年仅二十岁即能教授学生，虽然他奉公守法，但受哥哥株连，也被流放到九真。后来，明帝又把梁松一家诏还其原籍。梁竦回来后，闭门读书，专心著述，乐善好施，不营产业。作为长嫂的舞阴长公主虽历经挫折，但家财颇丰，经常接济诸梁，尤其敬重梁竦。凡是衣食器物，她给梁竦的必然较其他人又多又好。梁竦将这些东西全部分给亲戚们，自己一件也不用。如此一来，舞阴长公主越发敬重梁竦。

梁竦生有三个儿子、三个女儿，因为他的夫人早逝，孩子们自幼丧母,舞阴长公主便主动承担起照料这几个孩子的责任。对于梁竦的三个女儿,舞阴长公主更是费了很多心血,用心调教,精心打扮她们。其中的两个女儿长大成人后,被选入宫中,成为太子刘炟的妃嫔。

汉明帝死后,刘炟即位,是为汉章帝,把梁竦的两个女儿都封为贵人。与梁氏姐妹同时入宫的窦融曾孙女窦氏天生丽质,喜好读书,挥笔成章,因此亦得到章帝的格外宠爱。当初,深得章帝刘炟喜爱的还有宋氏。宋氏于建初三年(78)为章帝生了皇子刘庆。而性格温顺的梁氏自然不是窦氏、宋氏的对手。对于梁氏的不受宠爱,舞阴长公主看在眼里、急在心里,她想让梁氏成为皇后的美梦也难以实现了。

建初三年(78),窦氏被立为皇后。建初四年,宋贵人之子刘庆被立为太子。"母以子贵",宋贵人为此而沾沾自喜,暗中做着太后梦。窦皇后为了巩固她的皇后位置,便想尽办法陷害宋贵人,还想方设法废掉太子刘庆,立她能挟制的人做太子。

同年,梁氏为章帝生下一子,取名刘肇。刘肇聪明伶俐,很招人喜欢,性情宽厚的章帝更是喜爱刘肇。窦后侍奉章帝多年,却无一子,聪明的窦后见章帝喜爱皇子刘肇,于是主动要求过继梁氏的亲生儿子刘肇为养子。章帝自然高兴。舞阴长公主得知这个消息,也非常高兴,便劝梁氏同意把刘肇过继给窦后为子。梁氏心中虽然依依不舍,但她深知窦后的禀性。在舞阴长公主的劝说下,梁氏想明白了:刘肇虽然过养给窦后,但他终归是自己的亲子。窦后专宠于章帝,完全有可能立刘肇为太子,若刘肇做了皇帝,梁氏家族一定会跟着显耀起来。于是,梁氏便把儿子过继给了窦后。

对于梁贵人所生的儿子有可能被立为太子,梁竦喜不自胜,与舞阴长公主在家中私自庆贺。不料,这件事被人暗中告诉了窦后。窦后一心要让刘肇把自己当成亲生母亲,心中厌恶梁氏,寻找一切机会除掉梁氏。

建初八年(83),窦后指使人写"飞书"(匿名信)诬陷梁氏之父谋反,梁竦冤死在狱中,梁氏及族人均受牵连。梁氏不愿忍受折磨,便自杀身亡,其家族被流放到海南,舞阴长公主亦被流放到洛州阙县,成为后宫嫔妃"生存竞争"的又一个牺牲品。舞阴长公主在流放地,终日被使者看守着,如同囚犯。当时,她已年迈,这样的处境使她终日郁郁寡欢。她死于何时,史书没有记载。

除掉梁氏后,在窦后的运动下,章帝废了太子刘庆,改立刘肇为太子。

章和二年(88),汉章帝刘炟驾崩,十岁的皇太子刘肇即位,为汉和帝。因和帝年幼,由皇太后窦氏临朝执政。

永元九年(97),窦太后病逝,舞阴长公主的儿子梁扈才上书把和帝的身世挑明。和帝这才得知真相,遂追封诸梁,舞阴长公主也得以平反。

郦邑公主刘绶

刘绶(?~59),光武帝刘秀的女儿,封于郦邑(今河南南阳西北)。

刘绶的生母不知是谁,她自幼生长在皇宫,娇生惯养,养成了骄横跋扈的性格,稍有不顺心,便大发公主脾气。光武帝政务繁忙,无暇管教儿女,刘绶的母亲大概是宠着女儿,对她十分溺爱,所以她长大后,仍然自命不凡,脾气急躁。

建武二十一年(45),刘绶被封为郦邑公主。她虽然有了封邑，却仍住在皇宫中，过着婢女成群、锦衣玉食的生活。

刘绶成年后，嫁给了她的表兄阴丰。阴丰的父亲阴就是皇后阴丽华的二弟（长兄为阴识，大弟为阴兴），封为新阳侯（属汝南郡，在今河南西南部）。阴就擅长谈天论地，就这一点来说，朝中群臣都不如他；但他性格刚直，为人骄横，不受众人欢迎，声誉不高。阴丰家世显赫，自幼也是锦衣玉食，奴仆成群。作为未来的侯爷，阴丰也很骄横、暴躁，而且他十分好色。

刘绶嫁给阴丰，开始时新婚燕尔，小夫妻俩感情尚好，相处起来互相谦让，因此也过了一段平静、幸福的婚姻生活。不过，时间一长，双方的性格缺陷便暴露无遗了，两人都很骄横，互不相让，动辄吵闹起来，惊扰得全家不得安宁。不过，每次都以阴丰认输、赔礼道歉告终——毕竟刘绶是皇帝的女儿。而且每次吵架，刘绶都想到皇宫中向父母申诉。但在公婆的劝说下，刘绶只好忍住怒气，不敢告诉父母。因此，光武帝并不知道女儿的生活状况。

光武帝去世后，汉明帝刘庄即位，刘绶成了长公主，更加不可一世，对于丈夫呼之即来，挥之即去。阴丰不得不受制于刘绶，凡事都委曲求全。

久而久之，阴丰感觉内心十分不平衡，便开始冷落刘绶，在外面寻欢作乐。刘绶骄悍好妒，岂能容忍阴丰终日在外寻欢作乐冷落自己？她大发雷霆，对阴丰大骂不绝。阴丰也不甘示弱，也大骂刘绶是泼妇、妒妇。一通大吵大闹之后，阴丰怒极，不顾后果地拿起刀子杀了刘绶。

等到冷静下来，阴丰看着刘绶的尸体和满地的鲜血，才明白了后果的严重性，但已经回天无术。他的父母得知后，大惊失色，急忙命人捆绑起阴丰，把他押到朝廷，请求明帝治罪。

汉明帝刘庄得知自己的妹妹竟然被阴丰杀死，顿时龙颜大怒。现在敢杀公主，以后岂不是敢杀皇帝？明帝决意要严惩阴丰。他不顾母后阴丽华的感情，毫不留情地下达命令，将阴丰处斩。阴就夫妻教子无方，要负连带责任，鉴于是自己的亲舅父，可以保得全尸，在家自尽。新阳侯的封爵也就此消除，不得再传。

刘姓诸王不一般

皇室宗亲封王,是封建王朝的惯例。东汉藩王与西汉初年不同,大多封地狭小、有名无权。而且这些刘姓宗王大多比较本分,比如刘良的厚道恭谨,刘强的谨慎退让,尤其是刘苍的明习礼仪、多有建议……也正因此,光武朝没有发生大的宗王叛乱事件,皇室宗亲还算相处和睦。当然,这与光武帝"好儒任文,以柔治国"的方针不无关系,也是其教导训育的结果。

赵王刘良

刘良（？～41），光武帝的叔父。字次伯，南阳郡蔡阳县（在今湖北枣阳南）人。

刘良在西汉平帝时被推举为孝廉，出任萧县（今安徽萧县）令。他为官勤于职守，为人本分老实，兄弟之间感情很深。在哥哥刘钦死后，刘良主动承担起抚养哥哥六个孩子的职责。刘良对刘秀兄弟姐妹六人视若己出，十分关心疼爱他们。刘良一心盼望这六个孩子将来能有出息，也好对哥哥有个交代。为此，他常督促刘秀兄弟三人读书、学习，希望他们长大后能谋个一官半职，也好养活自己。因为刘秀自幼本分、宽厚，勤于稼穑之事，所以刘良尤其看重他。

然而，刘良万万没有想到，刘秀长大成人后竟然公然起兵，要推翻王莽的新朝。刘秀在刚一起兵时，便告诉了叔父刘良。刘良一听，既惊又怒，他气愤地说："我要前往官府告发你们。你与伯升（刘秀之兄刘縯的字）志向不同，如今家庭将面临灭亡的命运，你不治理家产，反而和他一起干起了这件事！"说完之后，他便愤怒地拂袖而去。

刘秀等叔父出了门，派人前往探视。那人回来说刘良正坐在家中吃肉，看见刘秀派人前来，他又大声呼喊"要去官府告发"等话语。刘秀说："不能让他把这件事泄露出去。"第二天早上，刘秀又去问叔父刘良："您准备什么时候到官府去？"刘良沉默了一下，然后说："我不过是吓唬你罢了，怎么可能真的这样做呢？"刘秀这才放下心来。

刘秀兄弟起兵后，刘良怕官府来抓捕自己，迫不得已，只好辞官带领妻子儿女跟随起义军转战。在小长安（今河南南阳境内）时，刘秀的起义军与王莽属下将领甄阜、梁丘赐交战。刘秀军大败，刘良的妻子与两个儿子都死于乱军之中。这对于年迈的刘良来说，无疑是一个沉重的打击。因为没有战马，他只好骑着牛，一边哭一边前行。

春秋时，老子李耳本来在周朝做官，是看守藏室的史官。后来，他看到周王朝越来越衰弱，王子朝与周敬王和周悼王内讧，遂辞去官职，骑着青牛，离开家乡西行，前往秦国去讲学。甄阜、梁丘赐利用"老子骑牛"的典故，写了一封书信讽刺刘良说："老子不率宗族，穿着单衣骑着牛，一边哭一边走，将来有什么人可以依靠呢！"刘良看了这封信，深感前途渺茫。

更始帝刘玄即帝位后，以刘良为国家"三老"，让他随同西入函谷关，到了京师长安。当时，刘秀与更始帝已经决裂，刘良在长安，终日忧惧不安，害怕被杀害。但是，更始帝认为刘良年老无所用，杀他除了激怒刘秀，没有任何益处，所以始终优待刘良，没有加害于他。

更始帝败亡后，刘良听说光武帝刘秀已经在洛阳即帝位，就逃出长安，前往洛阳投奔侄子。见到光武帝，刘良与他抱头痛哭。光武帝安慰了叔父一番，妥善安排他住宿饮食，命人小心侍候着。此时，刘良一颗心才放下了，再也不用担心小命不保。

建武二年（26），光武帝封刘良为广阳王。建武五年，又把刘良改封为赵王。这时，刘良才离开洛阳，前往自己的封国。建武十三年，刘良被降为赵公，每年都来朝见。

建武十七年（41），刘良在京都洛阳去世，立国共十六年。他的儿子节王刘栩嗣位。

齐武王刘縯

刘縯（？～23），光武帝刘秀长兄。字伯升，南阳郡蔡阳（今湖北枣阳西南）人。刘縯素有大志，舂陵（今湖北襄阳东）起兵，被更始王朝任命为大司徒，封汉信侯；他联合绿林军各部，扩大实力，奠定光武中兴基础，功居"四王三侯"之首。但他功高震主，又疏于防备，遂被更始帝阴谋杀害。

一、志在兴汉　舂陵起兵

刘縯的父亲刘钦生有三子三女：三子为刘縯、刘仲、刘秀；三女为刘黄、刘元、刘伯姬。

刘縯性情刚烈，慷慨仗义。王莽篡夺汉朝政权后，废除了西汉宗室的爵位和封地，且不准刘家人做官。刘縯因此深恨王莽，心怀光复汉室之志。为复兴汉室，刘縯卖田卖宅，用来结交天下英雄豪杰，成为南阳豪强集团的首领。其弟刘秀则勤于稼穑，老老实实地种庄稼。刘縯常把刘秀比作高祖刘邦之兄刘喜，只知干庄稼活，笑刘秀没多大出息。

王莽末年，天怒人怨，农民起义遍及全国各地。北方有铜马等数十支农民起义军，东方有樊崇领导的数十万赤眉军活动于黄河南北两大平原，南方的绿林军更是声势浩大。

王莽天凤四年（17），新市人王凤、王匡等在绿林山（今湖北当阳境内的大洪山）发动起义，被称为绿林军。王莽地皇三年（22），绿林山发生瘟疫，起义军死者过半，被迫出山。一部由王常等率领西入南郡（今湖北江陵），称下江兵；王凤、王匡率另一部北上南阳，号新市兵。新市兵破随县后，平林人陈牧等起兵响应,号平林兵。

新市、平林兵北上南阳后,南阳骚动。以刘縯为代表的西汉宗室和南阳豪强大户也开始酝酿反莽起义,以期复兴汉室。刘縯召集当地豪杰,商量说:"王莽凶残暴虐,百姓分崩离析,如今旱灾连年,到处兵荒马乱,这是天亡新莽、恢复高祖之业的大好时机。"众人都表示赞同,便分头发动春陵子弟。

经过努力,刘縯兄弟终于召集了七八千春陵子弟,刘縯自称"柱天都部"(柱,天之柱;都部,统帅其众),刘縯的这支以春陵子弟为主的起义军被称为春陵军,又因其以复兴汉室相号召,也叫汉军。

二、联合绿林 攻城略地

地皇三年(22)十月,刘縯在春陵,刘秀与宛县(今河南南阳)人李轶在宛县,同时起兵反莽。为了壮大起义军的力量,刘縯派其族兄刘嘉去见平林、新市兵首领陈牧、王匡,建议绿林军和春陵军合兵一处,得到了绿林军的赞同。联合新市、平林兵后,刘縯率三支起义军先攻下长聚(今河南南阳境内),后夺取唐子乡,接着又杀湖阳(今河南)县尉,进占湖阳县(今河南泚原南)。

接着,刘縯率军又攻下了棘阳(今河南新境内)。至此,起义军攻城略地,初战告捷。

初战告捷后,刘縯率军进入小长安,准备进攻宛县。没想到在小长安与王莽的部将甄阜、梁丘赐率领的大军相遇。其时大雾弥漫,起义军惨遭失败。刘縯的二弟刘仲、姐姐刘元以及族人几十人都死于乱军之中。兵败小长安后,刘縯收拾残军,退守棘阳。这时甄阜、梁丘赐将辎重留在蓝乡(在今河南新野东),引精兵十万,渡过黄淳水(在湖阳县境内),在黄淳水与沘水(在今河南泚阳境内）之间扎营布防；又命人破坏掉来时经过的桥梁，以示不打胜仗不回头。

新市兵、平林兵看到汉军遭到挫败，而甄阜、梁丘赐的军队要大举进攻，纷纷打算逃走，刘縯忧心如焚。正在这时，出绿林山后西入南郡的下江兵又向北折回到达宜秋（今河南唐县西）。刘縯当即决定与下江兵"合纵"，以应付眼前的危局。刘縯带着刘秀等赶到宜秋，要求与下江兵的"贤将军"议大事。下江兵公推王常会见刘縯。尽管成丹等下江兵将领不愿与刘縯合纵，但刘縯说服了王常。下江兵素来敬重王常，便听从其言。于是，刘縯与下江兵将士订立盟约。从此，绿林军的三支武装——平林、新市、下江兵与刘縯兄弟的地主武装——舂陵军就混合在了一起。

合纵下江兵后，刘縯将起义军分为六部，大犒士卒，休息三天。王莽地皇三年（22）十二月三十日，刘縯率起义军夜袭蓝乡，全歼守军，将甄阜留在蓝乡的辎重全部搬到棘阳。第二天，起义军渡过泚水，舂陵兵自西南攻甄阜，下江兵自东南攻梁丘赐，梁丘赐猝不及防，首先溃败，甄阜军跟着败亡，起义军急追至黄淳水，莽军被斩首和溺水而死的达两万余人，甄阜、梁丘赐两位大将也被斩首。蓝乡大捷后，刘縯又率起义军大败王莽的纳言将军严尤和秩宗将军陈茂，斩首三千余级，严尤、陈茂败走，刘縯率起义军包围了宛县城。此时，刘縯自号"柱天大将军"。

王莽末年的农民起义军虽遍及全国各地，有的人数多至数十万，但并无队伍、旌帜、号召，王莽视其为"饥寒群盗"，不以为然；而刘縯起兵后，以复兴汉室为号召，以兵法治理军队，设置将军，纪律严明，不事掳掠，这才引起王莽的重视。及至蓝乡大捷、甄阜、梁丘赐被斩首后，王莽十分恐惧，以封邑五万户、拜上公、赐黄金十万斤悬赏刘縯的头颅，命长安的官署及天下乡亭皆画刘縯像，贴在门侧，每天早上起来射击画像。

三、更始登基　豪杰失望

刘縯斩甄阜、梁丘赐，围宛城后，起义军声势大振，归附者甚众，四路人马达十万之多，将士们都认为有必要立一个皇帝，有一个最高首领以统一号召。其时"人心思汉"已成为农民起义军的共识，大家都同意立一个西汉宗室为帝，但起义军中的西汉宗室很多，立哪位宗室，意见就不一致了。

春陵军和王常为首的下江兵主张立刘縯为帝，而新市、平林兵则主张立春陵戴侯刘熊渠的曾孙刘玄为帝。刘玄性格懦弱，在起义军中默默无闻。新市兵、平林兵的将领放纵惯了，不愿受约束。如果立了严厉、有才能的刘縯就要受严格的约束，立了懦弱的刘玄则可以照样掳掠。由于新市、平林兵势大，所以新市、平林诸将一起议定立刘玄后，方派人请刘縯来，将决定告诉他。

刘縯听说要立刘玄，不便直接反对，只是说："诸将尊立我们汉室后代，我们刘氏子孙十分感激。但现在青州、徐州正有数十万赤眉军，如果听到南阳拥立宗室的消息，恐怕他们也要拥立一位刘姓皇族。这样，王莽还没有消灭，刘氏宗室又要互相攻击。这将使天下疑心重起，从而削弱我们的力量，这不是消灭王莽的好办法。不如先立一个王以发号施令，等灭王莽后，如果赤眉军拥立的人贤能，就一起前去投奔归附他；如果赤眉军没有立皇帝，那么等我们消灭王莽、收服赤眉，再立皇帝也不迟。"

没想到已被新市、平林兵拉拢过去的下江兵首领之一张卬拔剑击地，厉声喝道："三心二意，不能成大事，今天议定的事，不能再有第二句话。立刘玄为帝就这样决定了。"地皇四年（23）二月初一，刘玄即位，是为更始帝。

更始帝以刘縯叔父刘良为国"三老"；以新市兵首领王匡为定国上公，王凤为成国上公，朱鲔为大司马。刘縯被拜为大司徒，封汉信侯。以平林兵首领陈牧为大司空,刘秀等都为九卿将军。自此,四路起义军统称汉军。汉军的实权掌握在新市、平林兵首领手中,南阳豪杰、舂陵军、下江兵将士都很失望,大多不服。

四、功高震主　祸发所忽

刘玄被拥立称帝后,命刘秀、王凤、王常等将兵攻昆阳,命刘縯继续围攻宛县城。宛县城守将岑彭坚守不降,刘縯围城数月,直到宛县城内粮绝,以人相食,岑彭才献城投降。更始元年(23)五月,刘縯和更始帝一起进入宛县城,以宛县城为都。攻拔宛城后,诸将深恨岑彭,要求将其诛杀,刘縯则认为岑彭作为郡之大吏,拒敌守城,是其本职,当今举大事,正需要这样的义士,便请更始帝加封岑彭。更始帝觉得刘縯所说也不无道理,便听从他的话,封岑彭为师德侯,归刘縯指挥。

平林兵攻新野,久攻不下。新野太守登城说:"如果有司徒刘公(刘縯)的一封信,我等就愿降。"后来,刘縯引军至新野,守军即开城门出降。就在刘縯拔宛下新野后,更始元年(23)六月,刘秀取得了昆阳大战的胜利。

刘縯兄弟威名日盛,引起了更始君臣的不安。新市、平林诸将秘密建议更始帝除掉他俩。刘秀看出苗头不对,对兄长刘縯说:"看情况,更始帝打算跟我们过不去。"劝兄长多加小心,刘縯一笑了之。李轶原来追随刘縯兄弟,更始称帝后,李轶便追随更始帝及朱鲔等新贵,刘秀提醒刘縯:"此人不可再信!"刘縯又不以为然。

不久,更始帝大会诸将,取过刘縯的宝剑观赏,绣衣御史申徒建遂献玉玦,示意更始帝下令杀刘縯,更始帝惧怕,未敢发号令。事后,刘縯的舅舅樊宏对刘縯说:"昔日鸿门宴上,范增举所佩之玉玦示项羽,以杀刘邦。今日申徒建献玉玦不是也有范增之意吗？"这一次，刘縯还是不听。

西汉文学家司马相如有一句话："祸患多藏于隐微，而发于人之所忽。"刘縯的疏忽大意，终于酿至杀身之祸。此祸是因刘縯部将刘稷而起。

刘稷也是汉室宗族，此人勇冠三军，数次陷阵溃围。刘玄称帝时，刘稷正带兵进攻鲁阳（今属河南汝州），闻讯大怒："本来起兵图大事的是刘縯兄弟，更始算什么东西？"刘稷的这番话传到朝廷，自然令更始君臣忌恨。后来，更始帝又任命刘稷为抗威将军，刘稷坚辞不受。更始帝遂与诸将陈兵千人将刘稷拿下，准备以抗命之罪处死。刘縯闻讯，坚决反对。李轶、朱鲔等人趁机建议更始帝说："刘稷抗命乃是刘縯主使的，刘縯也应一同治罪。"于是，更始帝也将刘縯逮捕，并于当天与刘稷一起斩首。

刘秀称帝后，于建武二年（26），封刘縯长子刘章为太原王，次子刘兴为鲁王。建武十五年（39），追谥刘縯为齐武王。

安成侯刘赐

刘赐（？～52），光武帝族兄。字子琴，南阳春陵人。新莽末年追随刘秀兄弟起义，刘玄被拥立称帝后，封广汉侯，后官至大司马。刘秀即位后，封其为慎侯，又改封为安成侯。

刘赐与更始帝刘玄同为苍梧太守刘利之孙。王莽篡汉后，宗族诸刘被夺去爵位，常常受到侮辱。一次，一个亭长喝醉酒后讯问刘赐的叔父刘子张（更始帝刘玄之父）。刘子张感觉自己受到了侮辱，怒而刺杀了亭长。十几年后，亭长之子报复杀死了刘子张的儿子刘骞（更始帝之弟）。刘赐之兄刘显为刘骞报仇，杀死了亭长之子。后刘显杀人事发，被州郡下狱杀死。刘显死后，刘赐与刘显之子刘信卖田宅、抛财产，结客九人，纵火烧死亭长妻、子四人，亡命外地。后来遇到大赦，刘赐叔侄才回到故里。

刘縯兄弟起兵后，刘赐随军进攻诸县。刘玄被拥立称帝后，任命刘赐为光禄勋。大司徒刘縯被害后，更始帝以刘赐为大司徒。更始元年（23），前钟武侯刘望在汝南（治今河南平舆）起兵称帝，王莽大将严尤、陈茂归顺刘望。更始帝遂遣刘赐率军进攻汝南。不久，更始帝属将王匡率军攻下洛阳，更始帝派奋威将军刘信（即刘赐之侄）代替刘赐进攻汝南，刘赐同更始帝一起，由宛城迁都洛阳。

迁都洛阳后，更始帝决定派一亲近大将征讨河北，向黄河以北发展势力，但不知派谁去好。刘赐乘机进言："诸家子弟中只有文叔（刘秀字文叔）可用。"大司马朱鲔坚决反对，更始帝一时拿不定主意，刘赐又一再劝说，最后终于说服更始帝拜刘秀为大司马，持节过河。从此，刘秀摆脱更始帝控制，经营河北，以河北为基地统一天下。可以说，刘赐劝更始帝让刘秀前往河北，对于兴汉有功。

送刘秀过河后，更始帝封刘赐为丞相，令其先行入关至长安，修建长安内宗庙宫室，准备迁都。更始二年（24），更始帝迁都长安，不久大封宗室和有功之臣，封刘赐为宛王，拜前大司马，持节镇抚关东。自此，刘赐成为更始重臣。

建武二年（26），光武帝刘秀决定扫平南方未降的更始诸将，其中以刘赐的实力最强。光武帝便派得力战将大司马吴汉进攻宛（今河南南阳）。及至吴汉大军到，未经交战，刘赐便带着更始帝的妻子出降。光武帝盛赞刘赐之忠，封其为慎侯。

建武十三年（37），光武帝为刘赐加封邑户，定封为安成侯。刘赐"有恩信"，故而光武帝对其特别亲厚，多次亲幸其宅第，恩赐特异。然而，刘赐为人不聚财，视金如土。皇上赏赐再多，他都赈济了故人旧友,家无遗财。光武帝还特为刘赐营冢堂,起祠庙,置吏卒。

建武二十八年(52),刘赐去世,他的儿子刘闵嗣爵位。

东海王刘强

刘强(25~58),光武帝刘秀长子,郭皇后所生。建武二年(26),被立为太子。建武十七年(31),郭皇后被废,刘强惶恐不安,请求辞去太子之位。建武十九年(33),刘庄被立为皇太子,刘强封东海王。其一生虽受大挫折,但由于谋身有术,各方面处理得当,得以善终。

一、先让太子 再让东海

更始三年(25),刘秀中兴汉室,在鄗南(今河北柏乡)即帝位,不久迁都洛阳,建立东汉。刘强就出生在其父称帝的这一年。

建武二年(26),光武帝立刘强的生母郭圣通为皇后,两岁的刘强被立为皇太子。建武十七年(41),光武帝以郭后因宠衰而"数怀怨怼"为由,废去郭皇后,另立贵人阴丽华为皇后。

母后被废,直接影响到刘强的皇太子地位,刘强虽惶恐不安,但又不知如何是好。此时,东汉有名的敢于犯颜直谏的郅恽任刘强的侍讲,他给刘强出主意说:"臣知道殿下此时进退两难,既不能守在母亲身边,恪尽孝道,又要时刻面临危险,处于高度紧张之中。既然如此,不如主动辞去太子之位,安心奉养母亲。"

刘强觉得有理,便通过其左右和诸位王弟,多次向父皇表达其要让出皇太子之位、愿意任藩王的意愿。光武帝一时还难下决心,既以亲情不忍,又恐无端废长立幼招致议论。直到两年后(43),光武帝才下诏说:"东海王刘阳为皇后之子,理应继承大统,皇太子刘强执意谦让,愿退居藩国,出于父子之情,难以违背。因此,立刘阳为皇太子,改名刘庄,封刘强为东海王。"这样,兄弟易位,刘庄由东海王而为皇太子,刘强由皇太子而为东海王。

依据封建礼制,太子的废立与国家稳定、民心所向有很大关系,除非太子犯了滔天的大罪,否则不可以废除。此时刘强并无过失,而光武帝将长幼易位,心中颇觉对不起刘强;再加上刘强"逊而知废",去就有理,深得光武帝嘉许,所以对东海王刘强优以大封。诏令东海王兼食鲁郡,使其拥有两国二十九县那么大的封地。

建武二十八年(52),刘强与光武诸王一起回到自己的封国。尽管已礼让太子、远离京师,但刘强觉得自己仍处在被怀疑的地位,不知父皇与皇太子对自己是否放心。就国后刘强又数次上书,请求让还东海国给皇太子。这次皇太子刘庄坚辞不允,光武帝览阅奏章后且喜且叹,将刘强的奏章遍示公卿。然后诏令刘强以鲁为都,因为鲁郡有汉景帝之子鲁恭王刘馀修建的、甚为壮丽的宫室灵光殿。

光武帝中元元年(56),刘强应召入朝,随光武帝封禅泰山后留居京师。第二年二月,光武帝驾崩,皇太子刘庄即位,是为明帝。是年冬,刘强由京师归国。

二、以德自终　身后殊荣

刘强从皇太子降为东海王,其间经历母后被废,终日忧虑,担心性命难保;在封为东海王后,仍不能自安,经常害怕获罪。

在这种惶恐、畏惧的心情中，刘强的生活很少有欢笑，这严重摧残了他的健康，身体多病。皇太后阴丽华和明帝刘庄对他都很关心，经常赏赐珍稀之物给他，并派遣太医为他看病。

明帝永平元年（58），刘强病危，明帝得知后，立即派使者和太医前往诊治病情，又诏令沛王刘辅、济南王刘康、淮南王刘延赶赴东海探望刘强的病情。

五月二十二日，刘强病逝。临死前，他曾上书叩谢皇恩，疏中写道：

> 臣蒙皇恩得以封为藩王，特封二国，宫室、礼乐，事事殊异于他王，皇恩浩荡，无法报答。然而，臣自己修身不够谨慎，多年来身体多病，让朝廷忧念。皇太后、陛下哀怜臣刘强，发自肺腑地关怀臣的病情，多次派遣太医、令丞、方伎、道人前来，络绎不绝。臣伏惟厚恩，不知所言。如今臣已时日无多，留下的孤儿寡妇还要让皇太后和陛下操心忧虑，我真是又悲伤又惭愧！我儿刘政年纪尚小，本当勉强继承我的爵位和封土，但这必定不是保护他的万全之计，臣请求交还封国，将东海国恢复为东海郡。如今天下刚刚平定，臣希望陛下保重身体，加倍奉养皇太后。臣身体日渐衰弱，恐此番言辞不能表达出全部心意，愿一并向各位亲王辞别！

汉明帝见到遗书十分悲痛，跟随太后出城，在津门亭（洛阳南面西头门）为刘强举哀。

明帝又特遣大司空持节主持刘强的治丧事宜，特许使用天子大丧时才能使用的龙旗等物；并下诏命令楚王刘英、赵王刘栩、北海王刘兴以及在京城的亲戚们都去参加葬礼。

明帝追念刘强平素谦恭节俭，不愿违背他的意愿实行厚葬，于是发布特诏:"东海王的随葬物品,务必符合简单、俭省的原则,寿衣以包住身体即可,要用茅草之车、陶瓦之类的物品,要比制度要求的少一些,以此显示东海王卓尔不群、独行特立的志节。"并命令将作大匠留在东海国兴建王陵祭庙。

刘强去世时年仅三十四岁,立国十八年。他死后,其子靖王刘政嗣爵。

沛王刘辅

刘辅(生卒不详),光武帝刘秀第二子,郭皇后所生,封为沛王。

建武十五年(39),刘辅被封为右冯翊公。冯翊的职掌相当于郡太守,辖区相当于一郡,因地近京都,所以不称郡,为三辅之一。

建武十七年(41),郭皇后被废为中山太后,刘辅也被改封为中山王(治今河北定县),并食邑常山郡(治今河北元氏西北)。

建武二十年(44),刘辅再次改封为沛王。沛国治所在相县(今安徽濉溪西北),辖境相当于今安徽淮河以北、西肥河以东,河南夏邑、永城及安徽砀山,江苏沛、丰等县地。

刘辅虽然被封为沛王,但没有去自己的封国。当时为光武帝中兴之初,法令不严,禁网尚松,被分封的诸王都留住在京师。诸王为了提高自己的声名、威望,争相交结四方宾客,对他们礼遇有加。寿光侯刘鲤是更始帝刘玄的儿子,受到刘辅的礼遇,二人往来密切。当年赤眉军倒戈,反攻刘玄,改立刘盆子为帝,推翻了更始政权,刘玄也被杀。刘鲤对于父亲刘玄的死一直耿耿于怀,他迁怒于刘盆子,一心要报杀父之仇。

刘鲤依靠着刘辅,结交宾客,终于找到一个刺客,命他杀死刘盆子的兄长刘恭。有司将此案奏告光武帝,光武帝大怒,命令严厉惩治有关人员。此案经过审理,依法处治了刘鲤。刘辅虽为皇子、王侯,也因此受到株连,光武帝毫不留情地下令,把儿子刘辅关进了监狱,三天后才释放出来。此后,诸王所结交的宾客大多遵循法度,不敢再动辄杀人越货。刘辅也对宾客严加约束,再也没有发生类似不法的事件。

建武二十八年(52),刘辅前往自己的封国。中元二年(57),光武帝封刘辅的儿子刘宝为沛侯。永平元年(58),汉明帝刘庄即位,封刘宝的弟弟刘嘉为僮侯(僮县,属临淮郡,在今江苏泗州宿预西南)。

刘辅性格严矜,遵守法度,也许是鉴于以前被拘押过三天,他为人十分谨慎。刘辅喜好经书,把大部分精力都投注于这上面。他对《京氏易》、《孝经》、《论语》、《左传》及图谶都有研究,作《五经论》,时人称此书为《沛王通论》。刘辅谨守大节,始终如一,人称贤王。明帝刘庄对他敬重有加,数次加以赏赐。

刘辅立国四十六年后老死,他的儿子釐王刘定承嗣。

济南王刘康

刘康(生卒不详),光武帝刘秀第四子,郭皇后所生,封为济南王。

刘康于建武十五年(39),封为济南公,建武十七年(41),晋爵为王,建武二十八年(52),前往封国。

建武三十年(54),光武帝又下令把平原国(治今山东平原西南）的祝阿、安德、朝阳、平昌、隰阴、重丘六个县划给济南国。中元二年（57），光武帝封刘康的儿子刘德为东武城侯。

刘康在封国不遵循法度，热衷于结交宾客。刘康的所作所为引起了别人的议论，有人上书告发他招纳来州郡的奸猾之徒颜忠、刘子产等人，赠给他们许多丝帛财物，查验图谶文书，阴谋不轨。此事上告到朝廷，有司上奏给明帝，明帝因刘康是他的兄弟之故，不忍心穷究这件事，仅仅削掉了本属济南国的五个县：祝阿、隰阴、东朝阳、安德、西平昌。经过这一打击，刘康的行为收敛了许多。

汉明帝去世后，章帝即位。建初八年（83），章帝又把削掉的济南国的五个县还给了刘康。这一来，刘康又开始得意忘形了。他大肆置办财货，大修宫室，奴婢达一千四百多人，马匹有一千二百匹，私田共八百顷。刘康生活奢侈，恣肆多欲，游玩观赏没有节制。

永元初年（89），汉和帝即位，刘康依然我行我素，过着腐化奢侈的生活。国傅何敞对此深为忧虑，上书劝谏刘康说：

> 我听说诸侯之义，十分谨慎有节制，这样才能保其社稷，得其民心。大王以骨肉之亲，享食封邑，应当实施法令，弘扬政德，严明法典。出入进退，都应有期限规定；车马奴仆，也应有一定之数。如今大王的奴婢、马匹皆上千，增加了许多无用的人口，供给他们吃喝用度，日积月累，如同蚕食，财物将渐至衰尽。宫中的婢女被闭隔，将丧失天性，惑乱和气。又多起自内第，触犯防禁，费财达巨万，但功却未满一半。
>
> 文采繁多，则质因此废；土木增修，则人们殚惧费力，就会离心离德。这些都不是遵奉礼法以承上、传福无穷给后

人之道。所以，楚灵王建成章华台而被杀，吴王阖庐兴修姑苏台而灭国，齐景公有马四千匹，他死后人们没有称颂其德的。

如今大王多次游玩于诸府第，日夜不加节制，这不是防患于未然、临深渊履薄冰的方法。希望大王恭俭为人，遵循古制，裁减奴婢的人数，减少马匹的数量，排斥私田之富，节制游玩观赏之宴，按照礼法起居饮食，那么我何敞才敢安心自保。希望大王仔细考虑愚言。

刘康素来敬重何敞，虽然没有因此嫌憎他，但终究也没有改变自己的行为。

刘康立国五十九年后去世，他的儿子简王刘错承嗣封国。

广陵王刘荆

刘荆（？~67），光武帝刘秀第八子，阴皇后所生。建武十五年（39）封为山阳公，建武十七年晋爵为山阳王（山阳国在今山东境内）。光武帝去世后，刘荆飞书谋逆，明帝未加惩治。但他反心不改，后又以巫蛊诅咒明帝，被处死。他是光武十王中第一个觊觎帝位的皇子。

一、哭灵不哀　飞书谋逆

刘荆喜欢学习法律，很有才能，但他性格急躁，经常阴谋陷害别人。他是阴皇后所生的第三子，明帝刘庄、东平宪王刘苍是他的两个哥哥，虽然三人为一母同胞，但他与两个哥哥感情并不好，特别是对刘庄被立为太子，他深感不平。

中元二年（57），光武帝刘秀驾崩。治丧期间，皇太子刘庄与其他诸亲王杂然同席，不分尊卑，封国的官员随意出入宫禁，与朝廷百官没有区别。这种情形助长了刘荆与其兄刘庄争夺帝位的念头。主持治丧的太尉赵熹看出了苗头，他神情严肃，横剑殿前，将诸亲王扶下大殿，以明尊卑，整肃礼仪；并上奏书，请求派人护送封国官员迁到外县，命诸亲王一一回到本封国设在京城的官邸，只准在上午和下午入宫哭悼。如此一来，朝廷上下礼仪分明，门禁森严，内外井然有序。

在为光武帝治丧时，他的几个儿子均痛哭流涕，伤心不已。唯独刘荆无动于衷，没有一点悲痛之情。之后，他假冒大鸿胪郭况（刘强之舅）给东海王刘强写了一封信，并派奴仆送给刘强。

刘强收到信后，感到很蹊跷，因为他与郭况并无往来，他怎么会突然写信给自己呢！于是，先将信使安顿下来，将他稳住，然后才看信。信中说刘强无罪就被废去皇太子之位，母亲郭后更是遭罢黜屈辱，劝刘强占据东海国起兵，夺取天下。并且说："高祖起兵时，只是一个亭长；光武帝在白水乡间成就了大业；何况殿下您身为光武帝的长子、原来的储君呢？您应当像秋天的寒霜一般，肃杀万物，而不要像圈栏里的羔羊，只能任人宰割。皇上驾崩后，民间义军再起，准备有所图谋，难道殿下就没有一些想法吗？"

此时刘强正处在被怀疑的地位，接到刘荆的书信后惊恐不已，立即将冒充信使的奴仆抓获，又将原信封好，上呈明帝。明帝闻奏，查明一切后，一则念刘荆乃一母同胞，二则自己新即帝位，又是居丧期间，不便大开惩戒，于是便将此事保密，没有声张，只是将刘荆遣送出京，让其居住在河南宫，暗中派人监视他的一举一动。

二、占星相面 反心不改

明帝永平元年（58），西羌人叛乱，不得志的刘荆盼望着天下会因羌人叛乱有所变化，便私下聘请能利用星象占卜吉凶的星家，与他们一同谋划。刘荆占星之事又被汉明帝发觉，于是明帝将刘荆徙封为广陵王，将其遣送广陵国。

永平九年（66），刘荆又请相面的术士为其相面。刘荆对术士说："我的相貌长得很像先帝，先帝三十岁即位称帝，我今年也三十岁了，可以起兵吗？"相面的术士向有关官员告发了此事。刘荆惊慌恐惧，到狱中将自己囚禁起来。这一次，明帝又格外开恩，还是没有严办刘荆的罪，只是下诏不许他统治封国的官员和百姓，只可继续享用租税收入，并命令封国国相和中尉对他严密监护。

也许是明帝的宽宏大量不足以威慑刘荆，使他心存侥幸，反心难改。不久，刘荆又指使巫人在祭祀时诅咒明帝，明帝诏令长水校尉樊修等调查此事。

樊修等查证后，奏请明帝将刘荆处死。明帝听了十分不悦，生气地对樊修说："诸卿以为广陵王是朕的弟弟的缘故，就想杀死他，如果换成朕的儿子，你们还敢这样吗？"樊修则正色回答说："天下是高祖皇帝创建的天下，不是陛下的天下。根据《春秋》大义，皇亲国戚不得有弑逆图谋，一旦有谋逆之心，就必杀无疑。臣等因为刘荆为陛下一母同胞，陛下又怀恻隐之心，所以才奏请陛下；如果是陛下的儿子，我们就先斩后奏了。"明帝听了，叹息不已，只好批准处死刘荆。

永平十年（67），刘荆自杀，立国二十九年。明帝对他十分哀怜，赐谥为"思王"。

楚王刘英

刘英（？～71），光武帝刘秀第三子，许美人所生。他少好游侠，交结宾客，喜好黄老，信奉佛教。建武十五年（39）被封为楚公，建武十七年（41）晋爵为王，二十八年（52）就国。后因谋反事发，被流放，自杀而亡。

一、皈依佛门　斋戒诵经

光武帝刘秀生了十一个儿子，两任皇后共生十人，剩下的一个，就是由许美人所生的刘英。子凭母贵，由于许美人得不到光武帝的宠幸，所以刘英也一直被光武帝冷落。

建武十五年（39），光武帝大封王侯，刘英被封为楚王，在诸王中，刘英的封国是最小的，也最为贫瘠。直到建武三十年（54），光武帝又将临淮的取虑（在今江苏宿迁西南）、须昌（在今山东东平境内）两县加封给楚国。

刘英自知自己没有根基，所以在刘庄做皇太子时便主动接近刘庄，刘庄因此特别喜爱刘英，即位后对刘英数加赏赐。永平元年（58），明帝还破例封没有尺寸之功的刘英的舅舅之子许昌为龙舒侯。

刘英年轻时好游侠，交结宾客。后来又喜好黄老之说，开始信奉佛教，斋戒诵经，成为东汉帝王贵族中最早的佛教徒。

永平八年（65），汉明帝下诏令天下死罪者都可以捐缣（绢）赎罪。刘英担心自己从事佛教活动会招致明帝的怪罪，便派郎中带着黄白细绢各三十匹到国相处，对国相说："我在藩国，积累了过多的罪恶，幸喜大赦，特奉上缣帛，以赎我的罪过。"

国相奏闻朝廷，明帝下诏说："楚王喜欢诵读佛教博大精深的经文，崇尚佛家充满仁善的庙宇，能够戒斋三月，与神为誓，朕又怎么会因此对其有所怀疑、责怪呢？楚王并无罪过，为何赎罪呢？"于是将楚王所捐缣帛如数退还，用以资助那些信佛之人的吃、喝费用。明帝还将给楚王刘英的诏书遍示诸王的老师。

二、得意忘形　事发自杀

有了明帝的支持，楚王刘英便以信佛的名义，广交方士佛徒，并制作金龟、玉鹤，在上面刻上文字以为符瑞，当做自己将为皇帝的天赐凭证。一时间，楚王府中宾客云集，刘英颇有些得意忘形，没想到由此招致飞来的横祸。

明帝永平十三年（70），有个叫燕广的男子告发楚王刘英与渔阳人王平、颜忠等人编造符谶之书，蓄谋造反。

谋反之事，非同小可，明帝立即将此事下交有司追查核实。负责调查的官员经查证后上奏明帝：楚王刘英招聚奸猾之人，造作图谶，私自设置诸侯、王公、将军、二千石（俸禄为二千石粮食的官员），谋反之情属实，大逆不道，请求诛杀他。这就是东汉历史上影响很大的楚王刘英谋反事件。

封建社会，臣子谋反，除本人当诛外，还要株连九族。由于明帝一向与刘英关系较好，便网开一面，既没有杀死刘英，也没有株连其母许美人和子女亲属。

同年十一月，明帝废去刘英爵位，将其流放到边远之地丹阳郡的泾县（今安徽东南部），允许刘英的伎人、奴婢等随行。赐刘英汤沐邑（其收入用于沐浴的封邑）五百户以维持生计。刘英的子女为侯、为公主的，依旧享用原有食邑，刘英的生母许美人作为楚国太后仍居楚宫，不必交还太后印绶。

永平十四年（71），刘英到达丹阳泾县，看到那里一片荒凉，随行者又众多,五百户的封邑难以维持生计。又听说司徒虞延仅仅因为把告发他谋反的奏章压了几天,便被逼自杀,刘英害怕招致灭门之祸,于是便自杀了。

刘英立国三十三年,他死后,明帝诏令以诸侯之礼葬于丹阳的泾县,派遣中黄门守护刘英的妻子、儿女。同时,明帝又罢免那些对刘英谋反不加劝谏的楚国官员;封燕广为折奸侯。

楚王刘英谋反案持续几年都没有结束,供词牵连到的人,自京师洛阳的皇亲国戚、众位诸侯王爷,到州郡豪杰及审讯此案的官吏,相互诬陷,被处死或遭迁徙罢黜的人数以千计。

东平王刘苍

刘苍(?～83),光武帝刘秀第六子,阴皇后所生。建武十五年被封为东海公,建武十七年晋爵为王。建武二十八年就国。光武十王中,刘苍影响最大。他喜好经书,明习礼仪,辅佐明帝尽心竭力;章帝即位,多有建议,章帝对他言听计从。

一、拜将为相　主修礼乐

刘苍少年时即喜好经书,雅有智思。成年后,生得仪表堂堂,美须髯,腰带八围。皇太子刘庄与他一母同胞,非常喜欢他。

中元二年(57),光武帝驾崩,皇太子刘庄即位,是为明帝。汉明帝即位后即下诏说:"朕如今在上没有先帝,在下没有重臣,就像涉越深渊而没有舟船桨楫。皇帝的责任,至为重要,而年轻人的思考往往轻率。朕实在需要年高德贤的长辈辅佐。"于是明帝以有"无功之首"的邓禹为太傅,而以"宽博有谋"的东平王刘苍为骠骑将军。刘苍再三推辞这一任命，明帝都没有答应。

依照东汉官制，武官中最高者为大将军，位在太尉、司徒、司空三公之上，如录尚书事，则位同宰相。骠骑将军仅次于大将军，位在三公之下。大将军和三公统称四府，四府属吏均不得超过四十人。但是明帝特别下诏骠骑将军府设置长史、掾史等属吏四十人，这就使刘苍的地位位于三公之上，形同宰相，无异于拜将之相。刘苍曾向朝廷举荐西曹掾、齐国人吴良，明帝说："为国举荐贤子，是宰相的职责。当初萧何推举了韩信，便设坛授官，不再考试。今任吴良为议郎。"

永平二年（59），明帝又以东郡的寿张、须昌二县和山阳郡的南平阳、湖陵五县赐封东平国（东平国在今山东境内，相当于今山东济宁、汶上、东平等县地）。

古代都邑之外为郊，离都五十里为近郊，一百里为远郊。依据周制，历代君主都要在冬至日于南郊设坛祭天，在夏至日于北郊设坛祭地。光武帝建武二年（26），立南郊；光武帝中元元年（56），立北郊。明帝即位后，刘苍认为光武中兴三十余年来，天下太平，四方安定，应当建立礼乐制度。因此，刘苍和公卿们共同议定了南北郊冠冕车服制度。

刘苍制定的冠冕车服制度，详细地规定了祭祀天地时天子和诸王侯公卿们应戴什么样的礼帽，穿什么样的衣服。比如天子冠通天，诸侯王冠远游，三公诸侯冠进贤三梁，卿大夫尚书二千石博士冠两梁，千石以下冠一梁，等等。此外，天子臣下礼帽的大小尺寸颜色等均有详细规定。如天子之冕，以三十升布漆而为之，广八寸，长尺六寸，前圆后方，前下后高。此外，刘苍还规定祭祀光武帝之庙的"八佾舞数"。"佾"，古代乐舞的行列。一行八人叫一"佾"，八"佾"即八行六十四人。

永平二年（59），汉明帝率公卿列侯按照刘苍制定的冠服制度、八佾舞数，在明堂祭祀了光武帝。

明帝爱好出巡狩猎，每逢这时，刘苍便镇守京师，侍卫皇太后阴丽华。永平四年（61）春，明帝近出游览洛阳城，忽然突发奇想，要到距洛阳一百二十里的河内郡狩猎。刘苍听说后立即上书明帝说："臣闻春季分孟、仲、季三月，孟春之月，不聚大众，不修城郭；仲春之月，无做大事，以妨农事。而陛下在盛春之时出巡狩猎，惊动地方，夺人农时，实在不妥。"刘苍还劝明帝："陛下如果能够遵守宫室之制，率先树立榜样，那么满朝文武必定仿效陛下。从而可使农民安定生产，庄稼茁壮成长。"明帝看完后，觉得有理，便取消了外出狩猎的计划，随即回宫了。

二、退就藩国　皇恩愈隆

刘苍在朝数年，虽位极权重，仍是尽心竭力，不敢懈怠，因而声望日重。对此，刘苍并未得意忘形，而是难以自安，唯恐功高震主，招致君臣、兄弟失和。因此多次上书辞职道：

> 臣刘苍生性愚钝，无才无德，本不应受到重用，只不过是凭借陛下的慈爱、恩宠和保护，才使臣既可在家备受陛下教导的真谛，又在朝中被封以骠骑将军之职。陛下还颁布诏书对臣予以褒奖美化，把这种对臣个人的美化公布于天下，四海皆知。臣只不过是一个负薪樵采的不才小人，却被委以宰相重任。一个匹夫尚不会忘记箪食的恩惠，更何况居宰相之位、与陛下有同胞之亲呢？臣愿为陛下赴汤蹈火，出生入死。
>
> 然而臣才智有限，加上原本有病，可谓心有余而力不足，岂不是羞辱和玷污了为将作辅的位置？如今天下太平，四海平安，堪称仁德最大、无为而治的年代，文官尚且可以

并职省员，武官更是不宜多设。古时候，舜的弟弟象，受封于有鼻国，却不授给他政治权利和担当治国的职责。这是由舜对他的爱所致，从而不忍心暴露他的弱点。如今自汉朝建立以来，刘氏宗族的子弟没有一个身居公卿之位的。希望陛下能原谅臣的用意，同意臣上缴骠骑将军的印绶，退就藩国。

明帝一开始坚决不同意，但刘苍又数次陈乞，言辞非常恳切。永平五年（62），明帝才允许刘苍归藩，但没有准许他呈缴骠骑将军印绶。为了表示对刘苍的宠信，明帝还任命骠骑长史作东平王的太傅，并擢升为中大夫；任命令史为东平王家郎；又赏赐刘苍钱五千万，布帛十万匹。

永平六年（63），明帝巡幸鲁国，征召刘苍随他一起返回京师。第二年，皇太后阴丽华去世，刘苍在安葬完皇太后以后才回到他的封国。明帝特赐给刘苍五百个奴婢、二十五万匹布以及珍宝、服装、车马等物。

永平十一年（68），刘苍与诸王一同进京朝见皇帝。一个多月后，才返回封国。明帝送别刘苍后，回到宫中，意绪凄然，怆然怀思，便亲手动笔写诏，派人送给东平国太傅。诏书写道："辞别东平王刘苍之后，朕孤身独坐，心中郁郁不乐，便乘车而归。在途中，朕伏在车轼沉吟，殷切希望永远怀念，用以告慰朕的心怀。吟到《诗经·小雅·采菽》（其诗为：采菽采菽，筐之筥之，君子来朝，何赐与之？）的篇章时，更加增添了朕的思念。日前，朕询问东平王刘苍，在家时以什么最快乐。东平王说以做善事最为快乐。这句话口气很大，正好与他的腰围肚量相称。如今又送到列侯信印十九枚，东平王的几个儿子，凡是年满五岁，并懂得行礼的，都让他们全部佩戴。"明帝与刘苍之间兄弟情谊深厚，是一般王室中所不及的。

永平十五年（72）春，明帝巡幸东平国，赏赐刘苍钱一千五百万、布四万匹。明帝将自己所写的《光武本纪》给刘苍看，刘苍也将自己写的《光武受命中兴颂》拿给明帝阅读。明帝极力称道刘苍的《光武受命中兴颂》，认为他的文章典雅，特意让校书郎贾逵为此文章加以解释。

三、辅佐章帝 敢于进谏

永平十八年（75），汉明帝驾崩。太子刘炟即位，是为汉章帝。章帝即位后，对刘苍的尊重礼遇超过前世，其他诸王所受的待遇无法与刘苍相比。

建初元年（76），山阳（治今山东金乡西北）、东平（治今山东东平东）两地发生地震。刘苍便上书提出三项建议，章帝看后，下诏回复他说：

> 前几天送上的奏章，朕亲自阅览诵读，反复看了多次，才得以心胸开阔，茅塞顿开。最近在官员和百姓的奏疏中，也有此类建议，但朕见识、才智浅薄，有时认为或许可行，再一考虑又觉得不可行。为什么呢？灾害怪异现象的出现，都是由政治引起的。如今变更年号之后，收成不好使百姓迫于饥寒，逃离家乡，这都是由于朕没有仁德而遭到报应造成的。从去年冬天到现在，各地异常干旱，虽然现在国库的财用还能够暂时敷衍资费，但是还不清楚将来到底会怎么样。
>
> 看了东平王意旨深湛的奏章后，使朕豁然开朗，有了主张。《诗经·国风》中曾说：没有见到有德有才的好人，我忧心忡忡没有主张；已经见到了有德有才的贤士，我的心犹如悬着的石头落了地（原文：未见君子，忧心忡忡；既见君

子，我心则降）。思考再三，只有你的奏章最好，朕将照你的计策实行。

同时，章帝还特意赏赐刘苍五百万钱。

后来，章帝打算在光武帝的原陵和明帝的显陵之间设邑。刘苍听说后，又上书劝谏道：

> 光武帝一生俭约，身体力行，他深明什么是生命之始与生命之终，恳切地指示丧葬后事；依照旧制，不许起山陵。孝明皇帝大孝而不敢有所违背，遵从了父命。自谦是最崇高的美德。臣认为在皇陵设邑这一制度的出现，始于强暴的秦朝。古代有墓无坟，连葬身的土垄都不让它显著地突出地面，何况建立城郭、修筑墙垣！上违先帝的圣意，下造无用的工程，白白浪费国家资财，使百姓不得安宁，这不是招致祥和之气、祈求丰年的做法。望陛下履行虞舜的至孝，追念先人的深意。臣实在担忧如此一来，两位先帝的纯洁美德不能够永久流传！

章帝看后，深为所动，遂放弃了设邑的想法。从此以后，每当朝廷遇到疑难问题，章帝就派遣使者前往东平国向刘苍咨询，刘苍则尽心答复。所提建议，章帝皆见纳用，可谓言听计从。

四、魂而有灵　保北宠荣

章帝建初七年（82），刘苍与沛王、济南王、中山王等来朝。汉章帝恐怕刘苍等路途不胜寒冷，特派使者给刘苍等送去貂裘及食物珍果，又派大鸿胪窦固持节郊迎。章帝还亲到诸王下榻处查看帷床及器物是否齐备。

刘苍等到京师后,章帝专门下诏刘苍等只在升殿时才行君臣之礼,而且在拜见章帝时可以不唱其名。刘苍等每次入宫,章帝都以御辇亲迎,至禁中阁门方下辇。入内宫后,皇后亲拜于内。如此接待,的确是前代未有、逾于礼制了。

此番诸王从正月入朝,直到三月,大鸿胪窦固才奏请诸王归国。章帝独留刘苍在京,一直到八月,大鸿胪窦固再次奏请刘苍归国,章帝只好准奏,但"欲署大鸿胪奏,不忍下笔,心中恋恋恻然不能",最后是流涕而诀。依照旧制,诸王之女只能封乡公主,而章帝则破例特封刘苍的五个女儿为县公主。

入朝归国后,刘苍患病,章帝派遣名医、小黄门前往侍疾,使者冠盖不绝于道。又置驿马千里,传问刘苍起居。

建初八年(83)正月,刘苍病逝,章帝下诏命令大鸿胪窦固持节治丧,令四姓小侯(外戚光武舅家樊氏、光武皇后郭氏、阴氏、明帝皇后马氏,因东汉以来不许外戚封侯,故称四姓小侯)、诸国王主都前往东平奔丧;又下诏令东平国太傅将刘苍自建武以来的奏章及所做书、记、赋、颂、七言、别字、歌诗汇集成册,以供御览。刘苍下葬后,章帝又专门作策,褒奖刘苍"勤劳王室,昭于前世。世作藩辅,克慎明德"的功绩。

皇亲国戚都不贱

光武朝的皇亲国戚，早年间大多与光武帝共过患难，有些甚至是一流的功臣。比如邓晨，他是光武帝的姐夫，也是跟随其南征北战的"智囊"；又如阴兴，他追随光武帝征伐多有功劳，但不求荣利、屡辞爵位，不计私仇、举荐唯贤。有些虽无太多军功，但封侯拜爵之后，都能谦退自抑。晚辈的略无寸功，靠了父辈的勋劳，倒是作威作福……这也算古今常态。

张寿侯樊宏

樊宏（？～51），光武帝刘秀的舅舅。字摩卿，南阳湖阳（今河南唐河西南湖阳镇）人。在其父樊重的影响下，谦恭和顺、谨慎戒惧，被光武帝封为张寿侯。

一、受父影响　族中善者

樊宏的祖先是周朝的仲山当甫，仲山甫受封于樊（今陕西长安南），便用樊作姓氏，从此樊家便成为当地一个有名的大家族。

樊宏的父亲樊重，字君云，继承了祖上传统，既长于农稼，又善于经营商业。他性情温和厚道，做事讲究法度。一家三代，财产共有，其乐融融，子孙早晚都向长辈问候请安，就像官府一样。樊重经营家里的产业，非常得法，一点损失、浪费都没有；他使用仆人、佣工，也能够人尽其用。在全家上下的共同努力下，财产和利润每年都能成倍增长，以至于拥有的田地达三百余顷。樊家所修筑的房屋，院落宽广，楼阁高耸，并且修建陂渠引水，萦绕其间。他家还挖了鱼池，饲养了很多牲畜，不但能保证自给，而且对有困难需要救助的人家，也毫不吝啬，慷慨解囊。

南顿（治今河南项城西南）县令刘钦是西汉王室的后裔，虽然家庭并不富有，但樊重并不在意，仍把自己的女儿嫁给了他。樊氏嫁给刘钦后，生下了三个儿子：刘縯、刘仲、刘秀；三个女儿：刘黄、刘元、刘伯姬。

樊重曾经想制作一些家用器物，便预先种下了梓树和漆树。当时的人们都对他的做法嗤之以鼻。过了几年，梓树、漆树都成了材，便派上了用场。过去那些耻笑他的人，现在都反过来向他借这些东西。樊重家产巨万，但他从不吝啬，经常周济本家同族，施惠于乡里。樊重的外孙何氏，兄弟之间为了一些财产而争斗不已，樊重对他们的行为感到羞耻，索性送给他们两顷田地，从而平息了这场纠纷。本县的人都称道樊重的行为和品德，将他推为三老。

樊重在八十多岁的时候去世，他平素借给别人的钱财多达数百万，他在遗嘱中告知子女们，将那些有关借贷的文书契约全部烧掉。向他借贷的那些人听说后，都感到非常惭愧，争先恐后地前去偿还。樊重的孩子们都谨遵父亲的遗嘱，一概不接受。

在其父的影响下，樊宏年轻时便已经具备高尚的志向和优秀的品质。

新莽末年，连年灾荒，各地农民揭竿而起，刘縯、刘秀兄弟也聚众起义。刘縯与族兄刘赐带兵攻打湖阳，县府坚守其城，久攻不下。由于樊宏是刘縯的舅舅，刘赐的妹妹又是樊宏的妻子，湖阳县府此时便把樊宏的妻子和儿女都抓起来做了人质，命令樊宏出城叫刘縯等人退兵。樊宏对新莽的统治早已心生怨恨，于是一出城，他便投靠了刘縯的起义军。负责守备湖阳的统帅见樊宏"背叛"，便要杀樊宏的妻儿，以解心头之愤。但湖阳县府的官吏及长者却不同意，他们认为樊重父子素有德行，对湖阳县百姓有恩，樊宏虽然有罪，但他的妻儿是无辜的，而且此时刘縯兵力日盛，湖阳人心惶惶，如果非要杀他们，那么势必会引起城内百姓的不满。就这样，樊宏的妻儿才免于一死。

更始帝即位后，看在樊宏是刘縯、刘秀舅舅的分上，准备任命樊宏为将军。樊宏觉得官场险恶，不愿深陷其中，便磕头辞谢，说："草民不过一介书生，对军事一窍不通，请陛下收回成命。"更始帝见他去意已决，便同意他回归乡里。

回家后，樊宏将附近乡里百姓一千多家聚集在一起住，并带领大家在周围修筑营垒壕堑，以作自卫。那时候，赤眉军在唐子乡抢掠牲畜，残害百姓。正当他们准备攻打樊家营垒的时候，樊宏派人送去一大批耕牛、酒和米谷，以示慰劳。赤眉军中的长老以前也知道樊宏仁厚，此时便劝赤眉军统领说："樊宏素来行善，而且现在如此待我们，我们怎能忍心再去攻打他呢？"于是引兵而去，樊氏一族这才免于一场寇乱。

二、谦恭谨慎　谥为"恭侯"

光武帝即位后，任命樊宏为光禄大夫，位特进，仅次于三公。建武五年（29），封他为长罗侯。建武十三年（37），封樊宏的弟弟樊丹为射阳侯，樊宏兄长之子樊寻为玄乡侯，族兄樊忠为更父侯。建武十五年（39），又定封樊宏为寿张侯。

建武十八年（42），光武帝南下祭祀章陵，路过湖阳，特意祭奠了樊重墓，并追封爵谥为寿张敬侯，还在湖阳立了樊重庙。由此以后，光武帝每逢车驾南巡，都要参拜樊重墓，并且在此赏赐公卿，大会百官。

樊宏为人谦恭和顺，谨慎行事，从来不以阿谀奉承去谋取功名利禄。他经常告诫子孙："凡是大富大贵、财禄盈溢的人家，没有几个能保善终的。我也喜欢荣华权势，但是若为了这些就不择手段，那么天理难容。以前那些贵戚的下场，就是对我们的告诫啊。只要我们全家老少平平安安，就已经是不幸中的万幸了。"

此外，樊宏对各种事情都很谨慎，不让他人从中抓到一点把柄。每逢朝会，他总是第一个到达，俯伏待事，直到皇上说"众卿平身"，他才敢起来。光武帝知道后，便经常敕令他的随从，在即将上朝时才告诉樊宏上朝的事，而不让他提前到达。樊宏上书陈述应办的事情及其得失时，总是亲手书写，并将草稿烧掉。遇有朝会咨询，他也从不当众表露意见。家里人受其感染，从没有人犯过法。

光武帝非常尊重樊宏,后来樊宏病重,光武帝亲临问候,并且在樊家留宿,问樊宏还有什么要求。樊宏忙支撑着病体,给光武帝磕头,说:"臣无功而享受皇上的封赏,恐怕子孙不能报答皇上的大恩大德,令臣抱憾九泉。臣恳请皇上收回臣'张寿'的封号。"光武帝知道此乃樊宏发自肺腑的请求,但终未同意。

建武二十七年(51),樊宏去世。临终前,他立下遗嘱,要求薄葬,陪葬之物,一概不用。而且他认为棺柩一经埋葬,便不宜让后人看到,若有腐朽,则恐怕会伤了孝子之心,便吩咐与夫人同坟异穴。

光武帝听到樊宏的这般遗嘱,对他大加赞赏,并将遗书传示百官,说:"如今若不遵从樊宏的遗嘱去办,就无法显示他一辈子遵行的仁义之举。在朕百年之后,也要采用这种方法。"于是光武帝赐葬钱千万、布万匹,给樊宏加谥为"恭侯",赐以印绶。光武帝还亲自送葬。其子樊儵嗣爵。

原鹿侯阴识

阴识(?~59),光武帝刘秀皇后阴丽华异母兄。字次伯,南阳新野(今河南新野)人。为人忠厚,更始年间因功封阴德侯。光武帝时官居侍中,先后封阴乡侯、原鹿侯。光武帝出巡,他常留守京师,入朝能直言,但平时与宾客谈话则不提及国事。明帝时,官至执金吾。

阴识的家族出于春秋时期齐桓公的国相管仲。当年,管仲的七世孙管修从齐国迁到了楚国,做了阴地的大夫,由此便以阴为姓氏。秦汉之际,才在新野定居下来。

王莽新朝末年,连年灾荒,各地农民揭竿而起,天下已经大乱。地皇三年(22)十月,刘秀在宛县(今河南南阳),其兄刘縯在舂陵(今湖北襄阳东),同时起兵。正在长安求学的阴识听到这个消息,便抛下学业回到了家乡。他率领子弟、族人以及门客一千多人投奔了刘縯,被任命为校尉。更始元年(23),阴识升为偏将军。他作战英勇,屡立战功,跟随大部队进攻宛县,此外又连下新野、淯阳、杜衍、冠军、湖阳等县(上述几县均属南阳郡)。

与此同时,阴识的妹妹阴丽华与刘秀结为夫妻。更始二年(24),更始帝刘玄封阴识为阴德侯,代行大将军职权。

次年,刘秀即皇帝位,定都洛阳,史称东汉光武帝。光武帝派侍中傅俊到新野迎接阴丽华,同时征召阴识,阴识便跟妹妹一起到了洛阳。光武帝封阴丽华为贵人,任命阴识为骑都尉,另外封他为阴乡侯。

建武二年(26),因为阴识征伐有功,朝廷有意再增封他。阴识知道后,立刻面见光武帝,叩头辞让说:"如今天下初定,朝中将帅均为大汉江山立下了汗马功劳。臣不能仗着外戚关系,再增加爵邑。请皇上收回成命!"在大殿长跪不起。光武帝对他的这种做法非常赞赏,于是任命他为关都尉,镇守函谷关。

过了几年,阴识迁升为侍中。建武九年(33)一场灾难落在了阴识的家人头上。一伙强盗闯入阴识母亲府上,劫掠财物,阴识的老母邓氏和弟弟阴訢被强盗所杀。虽然邓氏并非阴识的亲生母亲,但阴识仍悲痛欲绝,遂辞去官职,为母守孝一年。

一年后,阴识官复原职,留任朝中。建武十五年(39),定封阴识为原鹿(县,属汝南郡)侯。建武十九年(43),阴丽华之子刘庄被立为皇太子,光武帝命阴识行执金吾之责,辅导东宫太子。

光武帝每次巡视郡国，便将阴识留在京城，督责禁卫大事。平时在朝中，他直言不讳，敢于充分发表自己的意见，但回到府上，与家人、宾客谈话，却从不涉及国事。光武帝很敬重他，经常以他做榜样，来敕诫皇亲国戚，激励左右官员向他学习。阴识还能任用贤能，所启用的掾史属员，都是贤良之士，如虞廷、傅宽、薛惜等，大多官至公卿、校尉。

汉明帝刘庄即位后，任命阴识为执金吾，位特进。永平二年（59），阴识去世，明帝赠以本官印绶，谥号"贞侯"。

关内侯阴兴

阴兴（8~47），光武帝刘秀皇后阴丽华同母弟。字君陵，南阳新野（今属河南）人。曾任侍中、卫尉，封关内侯。他追随光武帝征伐，多有功劳，但却不追求名利，屡辞爵位。更可贵的是，他不计私仇，举荐唯贤，在外戚中这点十分难能可贵。

一、举荐唯贤 屡辞爵位

阴兴膂力过人，善于骑马射箭。建武二年（26），阴兴被任命为黄门侍郎、仆射，他率领禁兵武骑，随同光武帝征伐，平定郡国。

阴兴每次随光武帝出征，都亲自把持黄盖，为光武帝遮挡风雨，清除路障，率先前行。光武帝所住之处，阴兴总是先进去清理宫室，以保障安全，光武帝对他十分亲近、信任。

阴兴虽然乐善好施，交结宾客，但他门下没有侠客。他与同郡人张宗、上谷人鲜于裒关系不好，但知道他们都是有用之才，仍然称扬他们的长处以上达圣听；阴兴的朋友张汜、杜禽与阴兴交情颇厚，阴兴认为他们华而不实，仅仅以私财接济他们，始终没有向光武帝推荐他们。阴兴举贤不避仇、不唯亲的高尚品质，受到世人的称赞，大家都赞扬他忠直公平。

阴兴虽贵为皇亲国戚，但生活毫不奢华。他的府第非常狭小、简陋，不过刚能遮蔽风雨罢了。这也得益于其姐阴丽华的教诲，阴丽华本人恭俭有礼，从不骄奢，弟弟阴兴自然也不敢骄奢。

建武九年（34），阴兴升职为侍中，赐爵关内侯。当时，阴丽华还仅是贵人，皇后是郭圣通，但阴贵人极受光武帝的宠爱。光武帝与阴贵人召见阴兴，准备加封他，把印绶放在他面前，阴兴坚决推辞说："臣没有率先攻城陷阵之功，然而一家子有几个人都蒙赐爵土，令天下人瞩目而望，确实是盈满自溢。臣蒙受陛下、贵人的恩泽已经深厚，富贵已达极点，不可以再加封，臣心中也确实不愿意再加封。"光武帝称赞阴兴的推让，不愿夺其志。

阴贵人问及阴兴固辞爵位的原因，阴兴说："贵人没有读过书吗？《易经》上有言：ّ亢龙有悔，穷之灾也（君王宠幸臣子到极点，则有悔吝之灾）。'外戚之家苦于不知谦虚退让，嫁女必配侯王，娶媳必娶公主，愚心实在不安。富贵有极点，人应当知足，矜夸、骄奢将会被众人所讥。"阴贵人对他的话颇有感触，此后再也不为自己的宗亲谋求官位。

建武十九年（44），阴贵人已被立为皇后，阴兴官拜卫尉，同时也辅导皇太子刘庄。第二年夏天，光武帝病得很重。阴皇后命阴兴兼任侍中，在洛阳南宫的云台广德殿接受光武帝的临终之命。等光武帝病愈后，召见了阴兴，准备让他代替吴汉为大司马。阴兴叩头，流着泪坚决辞让说："臣不敢爱惜自身，这有损于圣德，不可贸然代替大司马之职。"阴兴的至诚发自肺腑，连左右侍从都被感动了，光武帝听从了他的话，最终没有让他代替吴汉的大司马之职。

二、临终荐仇 身后荣封

建武二十三年（47），阴兴去世，年仅三十九岁。阴兴一向与从兄阴嵩不和，二人如同仇人不相往来，但阴兴十分敬重阴嵩的威严持重。阴兴病重时，光武帝亲自来探病，向他问及政事以及群臣贤能。阴兴顿首说："臣愚蠢不能够全部知道这些。然而却看到议郎席广、谒者阴嵩，这二人都明于事理、行为谨慎，有过于公卿之处。"阴兴去世后，光武帝追思其言，遂擢升席广为光禄勋；阴嵩为中郎将。阴嵩监管羽林军十多年，以谨慎被宠幸。明帝即位，阴嵩被拜为长乐卫尉，迁执金吾。

阴嵩对于阴兴荐举自己，大感意外，他后来十分感叹，认为阴兴是一个值得尊重的人。朝廷内外的大臣，对于阴兴临终荐举仇人，也赞不绝口。阴兴虽死，但其名仍留后世。

永平元年（58），明帝下诏说："已故的侍中、卫尉、关内侯阴兴，典领禁兵，随先帝平定天下，应当以军功显赫受封爵，又按照诸位舅舅的待遇，应该恩泽世袭，阴兴都加以坚决辞让，始终安居在里巷中。辅佐先帝，有周昌（西汉御史大夫，为人廉洁刚直，直言敢谏）之忠直，在家仁义孝顺，有曾子、闵子（皆孔子的弟子，以孝闻名）的行为举止。不幸阴兴早卒，朕十分伤悼。贤者的子孙，理应加以优异之待。现以汝南的鲖阳（今河南新蔡北）封阴兴之子阴庆为鲖阳侯，阴庆的弟弟阴博为灈强（属汝南郡，今属河南）侯。"阴博的弟弟阴员、阴丹都为郎，阴庆将田宅财物都分给阴员、阴丹。明帝以阴庆仁义、礼让，擢升他为黄门侍郎。阴庆死后，其子阴琴嗣爵位。

建初五年（80），阴兴的夫人去世，章帝命五官中郎将持节到阴兴墓前赐策，追谥阴兴为"翼侯"。此后，阴兴的侯爵世代沿袭。

征羌侯来歙

来歙（？～35），东汉中兴名将，光武帝刘秀表叔。字君叔，南阳新野（今河南新野南）人。他往来于中土、西州之间，为平定羌、陇立有大功；他恩行信著，但又英武果敢，能战善谋。他忠于国事，临危不乱、从容拟表，投笔而逝，磊落英气令人钦仰。

一、单车远使　言行不违

来歙的六世祖来汉，才能过人，西汉武帝时，曾以光禄大夫身份辅助楼船将军杨仆击破南越等。来歙的父亲来仲，西汉哀帝时任谏议大夫，他娶刘秀的祖姑为妻，生了来歙。因为有亲戚关系，刘秀对来歙颇为亲近敬爱，曾经多次与他一起往来于长安。

刘縯、刘秀起兵反对王莽，王莽因为来歙是刘秀的亲属，就收捕了他。朋友宾客想方设法把来歙抢了回来。更始帝刘玄即位，来歙在他手下任职，并追随入关。后来，来歙屡次言事，不被采纳，便称病去职。来歙的妹夫汉中王刘嘉延揽人才，把他请到汉中。更始帝事败，来歙劝刘嘉归附光武帝刘秀。于是，两人一起到了洛阳。

光武帝刘秀见到来歙，喜出望外，当即解下自己的衣服给他穿，任命他为太中大夫。

当时，西州将军隗嚣占据陇地，公孙述占据蜀地，光武帝深以为忧。一天，光武帝对来歙说："如今西州隗嚣尚未归附，公孙述又称帝蜀中，道路险远，诸位将士都致力于平复关东，无暇他顾。朕反复考虑过平复西州的方略，现在已经成熟，但未得能担此任之人。您说，该怎么办呢？"

来歙乘机请行，他说："在长安，臣曾见过隗嚣。他起兵时，借的是匡扶汉室之名。臣愿领命奉旨前往出使，隗嚣定会束手来归。这样一来，公孙述失去屏障，早晚定会败亡。"光武帝认为他说得对。

建武三年（27），来歙第一次出使隗嚣。建武五年（29），来歙奉命持节送马援回西州，并带去光武帝给隗嚣的亲笔信。后来他又去说服隗嚣，隗嚣便派其子隗恂随来歙到汉朝做人质，以示诚意。

这时，山东已经大略平定，光武帝想征集隗嚣部下一起伐蜀。于是，又派来歙去向隗嚣说明意图。隗嚣本人深知山东群雄被光武帝各个击破的教训，部将王元也劝阻他，因此犹豫不决，徘徊观望。

来歙素性刚毅，见隗嚣不能立断，心存二志，便当面指责他说："当初，皇上认为君明晓臧否之义，深知废兴之理，才亲笔写信给足下。足下也推心至诚，派儿子入朝为质，足下和国君说得上是诚信之交了。如今，足下却不思既往，听信谗惑之言，难道足下想背叛国君，辜负亲子吗？吉凶祸福，就在眼前，凭足下一言而决！"说到愤激处，来歙竟抢步向前，要刺杀隗嚣。隗嚣起身闪避，退入后堂。当下部署将士，要杀来歙。来歙毫不畏惧，他手持汉节，徐行上车，缓缓离去。隗嚣见状，愈发气恼，王元乘机劝他速作决断，杀掉来歙。隗嚣便派部将牛邯率兵包围了来歙。

形势危急，千钧一发。这时，隗嚣部将王遵出面劝阻，他说："治国，应重名器；理家，应避祸患。将军派爱子入质于汉，却心存二志，名器已逆；听信谗言，欲谋汉使，祸患将生。古代各国交兵，使者尚可平安地往来其间，不蒙侵害，何况将军的爱子正在汉朝为质，来歙承受王命而来，怎能加害他呢？来歙虽只是单车而来，可您不要忘了，刘秀是他的亲戚。将军杀了他，对汉朝可能并无大的损害，但带给将军的却将是灭族之祸。"

来歙为人，讲究信义，言行一致，从无虚夸。他往来双方之间，传达游说，语皆有据，可以查考案复。西州地方贤达，都信任他、尊重他。如今，来歙遇此危急，许多人都在隗嚣面前替他说话。隗嚣权衡利害，终于没敢杀害来歙。来歙得以安然东归。

二、平定陇羌　亲书后事

建武八年（32），来歙和征虏将军祭遵一起进袭隗嚣。祭遵半路生病，留下一部分精兵由来歙指挥，自己则返回驻地。来歙率领两千多士兵，伐山取道，从介于关中平原和陇西平原之间的番须（今陕西陇县西北）、回中（今陕西陇县北）直抵略阳（今甘肃秦安西南）。不久，攻破城池，杀死守将金梁，占据了略阳这一战略要地。

隗嚣闻变，大惊，连叹汉军神速。光武帝则十分高兴，他说："略阳是隗嚣的心腹之地，占领了它，其余地方就易于控制了。"

隗嚣为了挽回局面，亲率数万主力，包围了略阳。公孙述也派部将李育、田弇率军赶来援助。隗嚣在略阳城外劈山筑堤，积水灌城。来歙则督率将士拼死拒守，箭射光了，就拆房砍树，补充兵器。

隗嚣驱全部精锐之兵进攻略阳，从春到秋，旷日持久，士卒也疲惫不堪。光武帝见时机已到，调集关东兵马，亲自率领，大举出征。隗嚣部众见光武帝亲率大军到来，溃败奔逃，略阳城围顿解。

此役之后，光武帝摆设酒宴，大会群臣，慰问赏赐来歙，让他独坐一席，位在诸将之上，并诏令他留屯长安，监护诸将。

来歙又上书给光武帝，书中说："公孙述一向以陇西、天水二郡为屏障，才得以苟延残喘。如今二郡已被扫平，公孙述实已智竭计穷。我们应该趁此难得之机，广招兵马，厚储资粮。当年赵地将帅经商者多，所以高祖悬之以重赏；而今西州新破，兵民疲弊，如果以资财粮谷为诱饵来招集人众，来投降的人一定很多。臣知道国家用度不足，但这事非常重要，应该立即实施才对！"

光武帝深以为然，于是大力转运粮食。然后，命令来歙率领征西大将军冯异、建威大将军耿弇、虎牙大将军盖延、扬武将军马成、武威将军刘尚等将领进入天水郡（治今甘肃通渭西北），击破公孙述将领田弇、赵匡。第二年，又攻克落门（今甘肃陇西县东南）。当时，隗嚣已死，其支党周宗、赵恢及天水郡属县长吏纷纷举城投降。

在王莽统治年间，羌人多背叛中原。隗嚣乘机恩威并施，招来其首领，于是羌人乐于为他所用。隗嚣死后，五溪先零羌人经常掳掠百姓，侵扰地方，且均深沟高垒，坚壁森严，州郡无力平讨。针对这种情况，来歙大修攻战之具，率盖延、刘尚、太中大夫马援等人进军金城（在今甘肃兰州西北），大破羌人，斩首数千，获牛羊万余头、谷物十万斛。接着，又打败襄武（今陇西县东南）傅栗卿部众。

陇西虽已平定，然而人们衣食无着，流离道路。来歙尽出库内的存粮，转运诸县，赈活饥民。这样一来，陇右安定下来。

建武十一年（35），来歙率领盖延、马成向公孙述展开攻击，大破蜀将王元等，占领了河池（今甘肃徽县西北）和下辨（今甘肃成县西北），准备入蜀。

蜀人大惊，派刺客刺杀来歙。来歙被刺中胸部，不敢拔刀，生命垂危，派人急召盖延。盖延因来歙伤势严重，伏地悲泣，不能仰视。来歙厉声呵斥："虎牙将军怎能如此！如今我被刺客所害，无法报国效命，因此召你前来，想把军事托付给你。你却像小孩子一般，啼泣不止。我虽然中敌兵刃，难道就不能勒兵斩你以正军法吗？"盖延收泪而起，来歙为他指陈形势，一一部署。盖延敬慎听之。

来歙又强打精神，亲写表文："臣在夜深人静后，被贼人所伤，刺中臣要害。臣不敢爱惜自己，只恨奉旨不能称职，让朝廷蒙羞。治理国家以得到、任用贤才为根本。太中大夫段襄为人正直，可以信用，希望陛下考察。再有，臣的兄弟们不肖，臣担心他们总有一天会获罪。请陛下哀怜，多多教训督察他们。"写完，投笔于地，拔出胸口的兵刃，仆地而死。

光武帝得知来歙死讯，大吃一惊，边看遗书边流泪，赐策说："中郎将来歙，攻战连年，平定羌陇，忧国忘家，忠孝彰著。遭命遇害，呜呼哀哉！"并派太中大夫赠来歙中郎将、征羌侯印绶，赐谥"节侯"。来歙灵柩运回洛阳，光武帝身穿缟素，亲自临吊送葬。

因为来歙有平定羌、陇之功，所以，光武帝特命把汝南当乡县改为征羌国。来歙死后，他的儿子来褒嗣爵。建武十三年（37），光武帝嘉奖来歙的忠节，又封来歙之弟来由为宜西乡侯。

西华侯邓晨

邓晨（？～49），光武帝刘秀二姐夫。字伟卿，南阳新野（今河南新野南）人。初率宾客会棘阳，跟随妻弟刘秀起兵。更始帝时，封为偏将军，与刘秀略地颍川，击破王寻、王邑，后助刘秀镇压河北各地农民军。刘秀即帝位，封为房子侯，后任中山太守。建武十三年，任汝阴太守，在任期间，复兴鸿郤陂，灌溉良田几千顷，鱼稻丰饶。

一、家破无悔　追随刘秀

邓晨家里四世官宦。邓晨的曾祖父邓隆出任过扬州刺史；祖父邓勋出任过交阯刺史；父亲邓宏担任过豫章都尉。但邓晨并不是一个纨袴子弟，他遇事沉着，颇有见识。邓晨成年后，娶刘秀的二姐刘元为妻。

王莽末年，刘秀与刘𬙂、邓晨一起到宛县（今河南南阳），拜访穰县（治今河南邓县）人蔡少公。蔡少公颇识图谶，说刘秀日后当为天子。有人开玩笑说："你说的是不是现在的新国师公刘秀（指更名之后的原刘向子刘歆）？"刘秀也开玩笑说："又怎么能知道不是我呢（何用知非仆邪）？"在座的人皆大笑，只有邓晨心中暗暗独自高兴。

当时战乱连年，刘秀和兄弟为躲避追捕，藏在邓晨家中。刘秀与邓晨朝夕相处，非常亲近。邓晨趁机对刘秀说："王莽违背天理，残忍凶暴，如今竟盛夏斩人于都市，这正是推翻他的大好时机。过去咱们两人相会于宛县，那时说的话，难道真会应验在你身上吗？"刘秀笑而不答。

地皇三年（22）十月，刘秀起兵，邓晨率领自己门下的宾客在棘阳（今河南新野境内）投奔了刘秀。过了一段时间，汉军兵败小长安，举兵起义诸将多丢失了家属。刘秀当时也单马逃走，路遇自己的妹妹刘伯姬，于是与她共骑一马而朝前逃奔，恰巧在前面遇见了姐姐刘元，刘秀等催促姐姐也快上马。刘元挥挥手说："走吧，你们无法救我，大家不能死在一起。"刘秀不得已，只好和妹妹向前逃去。这时追兵赶到，刘元和三个女儿都被追兵杀害。

此时的战局是汉兵退保棘阳，已经撤离了新野，于是新野的县宰就报复性地拆毁了邓晨的住宅，焚烧了他家族的冢墓。邓氏宗族对邓晨的行为很不理解，都埋怨他："本来家中富足，为何要追随刘秀起兵，最终落个家破人亡！"但是邓晨始终没有后悔跟随刘秀起兵。

更始帝即位后，任命邓晨为偏将军。当时邓晨与刘秀一道，攻克颍川（今属河南），夜袭昆阳城（今河南叶县），击破王莽将领王寻、王邑的百万雄师。又出兵征讨翟（今河南禹县）以东，至京（今河南荥阳东）、密（今河南荥阳东南），把这些地方都攻克下来。

更始帝北上定都洛阳时，曾任命邓晨为常山太守。时值王郎在邯郸自立为帝，身为大司马的刘秀北上蓟县（今天津蓟县）夺取土地，邓晨也一同前往。刘秀率军攻下巨鹿后，邓晨向刘秀请求让自己去攻打邯郸。刘秀说："你一个人跟随我，不如占有一郡之地，给我当北道主人。"

刘秀的策划在军事上是有相当的意义的。刘秀指的北道主人，就是让邓晨据守常山郡。当时的常山郡，辖境相当于今河北唐河以南，京广铁路线以西，任丘以北（除去新乐、正定、石家庄）。

不久，刘秀派遣邓晨前往常山郡。后来刘秀又兵追铜马、高胡等农民起义军，邓晨派人给刘秀送去射手一千人，援助前方战场。邓晨又相继派人输送供给，这样一来，刘秀军队的军需物资得以源源不绝。

刘秀即位后，分封邓晨为房子（今河南赵州）侯。光武帝刘秀感叹自己的二姐刘元当初死于乱军之中，追封刘元为"新野节义长公主"，并立庙于县西。光武帝又封邓晨的长子邓泛为吴房

（属今河南豫县）侯，以奉公主（刘元）之祀。

二、复鸿郤陂　受吏民赞

建武三年（27），光武帝刘秀征召邓晨返回京师洛阳，数次设酒宴接见他。二人在宴席中诉说故旧平生，心情十分舒畅。邓晨又记起当年在宛聚会时光武帝所说"何用知非仆邪"这句话，笑着对光武帝说："仆竟然争辩自己当为天子！"光武帝大笑。

后来，光武帝拜邓晨为光禄大夫，又派他持使节监督执金吾贾复等击平郯陵、新息等地贼众。建武四年（28），邓晨与光武帝同游寿春，随后，邓晨奉命镇守九江。

邓晨这个人喜欢担任郡职，他在行政管理上也很有办法。也因为这个原因，光武帝又拜任他为中山（今河北唐县、定县一带）太守。邓晨在任期间，中山郡的吏民皆称誉其治绩。邓晨在所属的辖境内，行政治理常居第一。建武十三年（37），因吏治清明，管理有方，光武帝改封邓晨为南栾侯。邓晨入奉朝请时，光武帝又任邓晨为汝南（治今河南平舆）太守。

建武十八年（42），光武帝行幸章陵（光武帝祖、父陵，在今湖北枣阳东），征召邓晨行廷尉之职责。邓晨随刘秀行至新野，俩人在酒席上饮酒畅谈，光武帝赏赐邓晨钱数百万，复遣邓晨归郡。

邓晨担任汝南太守时，为当地老百姓办的最大的一件好事就是：复兴鸿郤陂（在今河南汝南东）。西汉成帝时，丞相翟方进办了一件自以为正确的错事。当时汝南有一处鸿郤大陂，附近的百姓常借陂水灌溉庄稼，又取陂中所产鱼鳖、苇蒲等产品销售为利，一陂水有多种用途，连所在郡也因此富饶。但是由于关东多次发大水，陂中之水经常溢出，造成灾害。这就引起了朝廷的重视。但当时很多人只看到陂水发洪灾时有害的一面，却没有看到平日陂水带给老百姓的种种好处。丞相翟方进、御史大夫孔光，都派遣下属去那里巡视，属下巡视完毕，认为如果决去陂水，不但陂底土地肥美，而且可以省去堤防费用，再也不会有水患之忧。丞相翟方进等同意了下属的意见，奏书成帝，决出了大陂中的水。

翟方进当时还自认为办了一件大好事，其实从宏观的方面看，鸿郤陂水的存在是利多弊少。自从陂水放尽，附近一带农田浇地用的水没有了，鱼虾苇蒲等水产资源也断绝了。王莽执政时，当地时常干旱，郡中百姓于是追怨翟方进，有童谣曰："坏陂谁？翟子威（翟方进的字）。饭我豆食羹芋魁。反乎覆，陂当复。谁云者？两黄鹄。"百姓的心愿，民谣体现得最清楚。

邓晨担任汝南太守期间，重新兴修了鸿郤陂，使当地的农田因有陂水浇灌，土地肥沃，稻米满仓，生活重新富裕起来，而且陂中之水还使附近的其他郡县也得到实惠。建武十九年（43），邓晨定封为西华侯，复征奉朝请。

建武二十五年（49），邓晨去世。光武帝诏遣中谒者备好新野节义长公主刘元的官属礼仪，招迎新野公主的魂灵，与邓晨合葬于北芒（在今河南洛阳北）。光武帝亲自与中宫临丧送葬，加邓晨谥号为"西华惠侯"。

固始侯李通

李通（？～42），光武帝刘秀妹夫。字次元，南阳郡宛县（治今河南南阳）人。他出身富豪之家，与光武帝一同起义，娶宁平长公主刘伯姬为继室。他南征北战，为东汉王朝的建立立下了汗马功劳，被封为固始侯、大司空。他不看重荣华富贵，多次上书辞职，终以消渴症病逝。

一、听信谶言　首倡起义

李通的家族世代经商，为宛县富豪。李通的父亲李守，身高九尺，容貌非凡，为人严肃持重。即使在家中，李守也如同在官府一样不苟言笑，正襟危坐，十分严肃。李守早年是王莽国师刘歆的侍从官，喜好天文历数、谶文图记。王莽篡位后，李守担任宗卿师。宗卿师是郡国的宗师，负责主持宗室的事务。

李通受父亲的影响，没有去经商，而是走上了仕途。一开始，李通担任五威将军从事，不过是供五威将军驱使的小官。后来，李通补任巫县（治今四川巫山县北）县丞。成为一名小吏，在这个职位上，李通的才干得以体现出来，他能干的声誉也被传扬开来。

王莽末年，统治残暴腐朽，百姓生活困苦，都十分怨恨王莽。李通经常听见父亲说起谶言"刘氏要重新兴盛，李氏是辅佐（刘氏复兴，李氏为辅）"，他听在耳中、记在心头，经常反复琢磨这句话。他的家里十分富足，生活安逸，是当地的雄豪，颇受人尊敬。他想到自己做一名小吏，供人役使，世道混乱，也没有出人头地之时，心中很不平衡，索性辞官回家。

等到下江、新市的农民军起义后，南阳一带的百姓也开始骚动。李通的从弟李轶，一向好事，便与李通商议说："如今四方混乱，新莽王朝行将灭亡，汉室必定复兴。南阳刘氏宗室，只有刘縯、刘秀兄弟乐善好施，而且能够包容众人，可以与他们谋划大事。"李通笑道："这与我的想法相同。"

当时，刘秀正好为躲避官吏的追捕而逃亡在宛县，李通听说后，马上派李轶去迎接刘秀。见到李轶来迎接，刘秀一开始以为李通出于士人君子之间的相互仰慕，没有多加思索，便前去见他。等到与李通相见，二人交谈很久，握手尽欢。李通乘机具体说了谶文之事，刘秀开始很感意外，不敢贸然答应。当时李守正在长安，如果李通在南阳起兵，一旦被王莽得知，肯定会处死李守。想到这里，刘秀便稍加试探地对李通说："既然如此，宗卿师将怎么办？"李通说："这不用您担心，我自有办法。"

然后，李通又把他的计划全部讲了一下。刘秀对李通的想法表示了赞同，于是就相互约定结盟，确定谋略，商定在大试材官骑士那一天，劫持前队大夫与属正，借以号令大家。汉朝法律规定在立秋那一天在京都考试骑士，前队大夫指的是南阳太守甄阜，属正是梁丘赐。诸事商议妥定后，李通便让刘秀与李轶返回刘秀的故里春陵（今湖北襄阳东），招募士兵，以便相互呼应。

二、满门被灭　佐助建汉

在起兵之前，李通派遣堂兄的儿子李季前往长安，把起兵一事报告给父亲李守。不巧的是，李季在路上病逝，起兵的消息没能及时告知李守。

李守暗中得知儿子起兵之事，准备逃回家乡。他一向与同乡黄显友好，当时黄显担任中郎将，听说他要逃走，对李守说："如今关卡防禁很严，您容貌非凡，能够跑到什么地方呢？不如向朝廷辞官。起兵的事情既然尚未发生，或许可以免于祸难。"李守听从了他的建议，随即上书请求回家养老，奏章没有等到上报，就被留在宫门。

恰好这时，李通等人起兵的事被发觉，官府包围了李家，李通侥幸得以逃走。王莽得知此事大怒，就把李守关在监狱中。黄显为他求情说："李守得知儿子的罪不可饶恕，不敢逃走，而是恪守仁义之道，讲究信义，归命于朝廷。臣黄显愿意担保李守出狱并与他一起回南阳，晓谕劝说他的儿子，如果他的儿子还悖逆无道，就下令李守面朝北刎颈自杀，以报答陛下不杀的大恩。"王莽相信了他的话，没有立即处死李守。

然而，没过多久，前队大夫甄阜就上书报告李通起兵的情况，王莽十分愤怒，想立即杀李守，黄显极力争辩此事，于是和李守一起被诛杀，连同李守在长安的家属均被杀。南阳太守甄阜受命，也诛杀了李通的兄弟、妻子、同门宗人六十四人，都在宛县市场上焚尸。

与此同时，刘縯、刘秀的起义军已经在棘阳汇合在一起。李通与刘秀、李轶在棘阳相遇，于是共同击破王莽的前队，杀死甄阜、梁丘赐。

在棘阳，刘秀之妹刘伯姬喜欢上李通。本来，李通在家人被杀之后，心中悲痛万分，对自己妻子的被杀，更觉心痛。但是，他经不住刘伯姬的热烈追求，终于答应了与她订婚。

刘玄被立为更始帝后，任命李通为柱国大将军、辅汉侯。李通随刘玄到长安，又被任命为大将军，封为西平王；李轶封为舞阴王；李通堂弟李松为丞相。更始帝派李通持节返回镇守荆州，此时，李通娶刘伯姬为继室，她就是后来的宁平长公主。

李通与刘伯姬一起，追随刘秀，在平定河北王郎、肃清农民军中，立下了许多战功。刘秀即帝位后，征召李通出任卫尉。建武二年（26），李通被封为固始侯，任命为大司农。

因为李通颇有治理之才，所以光武帝每次征讨四方，经常命令李通留守京城，镇抚百姓，修造宫室，建立学官。当然，李通也没有辜负光武帝的厚望，他兢兢业业，勤于职守，把一切事务都打理得井井有条，让光武帝出征在外，没有后顾之忧。

建武五年（29）春，李通代替王梁担任前将军。第二年，李通的夫人——宁平长公主刘伯姬去世。李通与刘伯姬情深意笃，刘伯姬的死对他打击很大，他哀痛不已，发誓不再娶妻。

三、深受恩宠　淡泊名利

早在建武二年（26），在赤眉军灭更始军后，汉中农民军将领延岑便乘机自立，率军攻克南郑，控制汉中，自称武安王。后来虽经汉将冯异打败，但延岑仍带领残兵负隅顽抗。建武六年（30），光武帝派李通率领破奸将军侯进、捕虏将军王霸等十多营将士，前往攻打延岑残部。蜀帝公孙述派兵前去救援，李通等与援军在西城（治今陕西安康西北）交战，打败他们，凯旋而归。回来后，李通奉命在顺阳（今河南穰县西）屯田。

当时天下基本平定，李通视功名如粪土，视富贵如浮云，他不愿意留在朝中享受高官厚禄，加上自己身体多病，因此上书请求辞职。光武帝诏令把此事交给公卿众臣讨论。大司徒侯霸等说："王莽篡夺汉朝政权，使天下倾覆，混乱不堪。李通怀着如伊尹、吕尚、萧何、曹参一样的谋略，建议制定重大策略，扶助神灵，辅助成就圣德。为了国家使家族破败，忘我地侍奉君主，有扶危存亡的义举。在众臣中，功劳德行最高，海内尽知。李通以天下平定，谦让辞位。即使安定时也不能忘掉危险，应该让李通在职治病，不可让他回到封国。"于是，光武帝诏令李通尽力治病，按时办公。李通见朝廷不批准自己的辞职要求，只好依然留在京城。

同年夏天，光武帝任命李通为大司空。大司空是三公之一，相当于宰相，可见光武帝对李通重用有加。李通以一介平民首倡起义之事，父母、妻子、兄弟、族人都因此被杀，他鼎力协助光武帝成就大业，建立东汉王朝。又因为宁平长公主的原因，李通被光武帝特别亲近，任命他为大司空，便是对他的肯定。

李通生性淡泊名利，为人谦虚恭谨，对于权势，他常常避让唯恐不及。李通患有消渴症（即今天的糖尿病），自从担任宰相以来，他便因病不能办理公务。接着，李通又连年上书，请求退休，光武帝每次都极力挽留，让他优游养病，十分宠待他。后来，光武帝命李通以公的身份回家养病，李通坚决辞让。光武帝不肯收回成命，李通见盛情难却，只好听从命令。李通以公的身份在家养病满两年时，光武帝才允许他归还大司空的印绶，让他以特进身份按时朝请。

在光武帝统治巩固后，有关官员奏请分封各位皇子。光武帝受到触动，有感于李通的首倡起义，当天便封李通的小儿子李雄为召陵侯。光武帝每次巡幸南阳时，都要派使者用太牢祭祀李通父亲李守的坟墓。古代帝王、诸侯祭祀社稷时，牛、羊、猪三牲备齐，称为"太牢"。李守作为一介平民，光武帝祭祀他却采用太牢的礼节，可见对他的尊崇有多高。

建武十八年（42），李通在久病之后，在家中去世，赠谥号为"恭侯"。光武帝与阴皇后亲自前往吊唁李通，并为他送葬。李通死后，他的儿子李音继承了侯爵。

李家与李通共同起义的人，还有李轶和李松，但李轶煽动更始帝杀死刘縯，后来被更始帝属下另一将领朱鲔杀死；李松投靠更始帝，在更始帝失败后，也战死沙场；只有李通能凭借功名终其一生。李通不仅受光武帝的恩宠，而且受到汉明帝刘庄的恩宠。永平年间，明帝曾来到宛县，诏令李通一族人随安众（属南阳郡）王的宗亲一齐来相见，一同受赏赐。

安众王指安众侯刘崇，长沙定王的五代孙，是汉朝南阳的宗室。刘崇与宗族人讨伐王莽有功，曾随光武帝在河北大破王郎。朝廷赞扬他的忠义壮举，常下文告予以褒奖。这次，明帝命李通的族人与安众王的族人共同受赏，可见已把李通和汉朝宗室相提并论，是莫大的恩宠。李通泉下有知，也应深感欣慰。

高山侯梁统

梁统（生卒不详），光武帝刘秀的亲家。字仲宁，安定乌氏（今甘肃平凉西北）人。性情刚毅，"为政严猛，威行邻郡"，清正廉洁。极力主张重刑法，用完备严格的法律治理国家。被封为高山侯，后出任九江太守，死于任上。

一、拥护刘秀　西征立功

梁统的祖先是春秋时期晋国的大夫梁益耳。梁统的高祖父梁子都本居河东（治今山西夏县西北）地区，但该地经常发大水，便迁至北地（治今甘肃庆阳西北）。可没想到北地连续三年干旱，无奈之下，梁统的父亲梁桥出资千万，迁徙至土地肥沃的茂陵（治今陕西兴平东北）。到西汉哀帝、平帝末年，又迁至安定。

梁统在西汉末年、王莽篡权时在当地州郡任职。更始二年（24），梁统归附更始帝刘玄，为中郎将。后来，更始帝派他驻守凉州（治今甘肃张家川），遂任命为酒泉（治今甘肃酒泉）太守。

建武元年（25）十二月，更始帝败亡，赤眉军攻入长安。国难当头，梁统与大将窦融及诸郡太守、都尉决定举兵保境安民，并且共同商议这支队伍的主帅问题。论资历声望，大家一致推选梁统。梁统坚决推辞不干，他说："想当初东阳（今山东武城东北）令史陈婴在大家一致立他为王时，他以家有老母为由，拒不接受。如今的我，不但家有老母，而且少能薄德，实在不能担当此任。"无奈，众人只好推举窦融为河西大将军，梁统改任武威（今甘肃民勤东北）太守。

梁统性情刚毅，推行重法严刑。在任武威太守期间，他执法如山，以法治郡，不徇私情，严于律己，为政清廉，在邻近诸郡都有威名。

建武五年（29），梁统等人各自派遣使者，随从窦融长史刘均到京都洛阳奉贡，表示愿意臣服于光武帝。光武帝大喜，立即任命梁统为宣德将军。

建武八年（32），光武帝亲率大军西征割据陇右地区的隗嚣。梁统与窦融、河西诸郡太守及羌、小月氏等率步、骑兵数万人，辎重车五千余辆，与光武帝会师于固原（今属宁夏）一带，大败隗嚣，为东汉的统一立了战功。凭此功，梁统被封为成义侯，其兄梁巡及其从弟梁腾被封为关内侯，并拜梁腾为酒泉典农都尉。随后，他们都受命返回河西。

建武十二年（36），梁统与窦融等一起奉调入朝，参与朝政。梁统被封为高山侯，拜太中大夫。

二、主张法制 不被采纳

梁统在朝为官，仍然极力主张重用刑法。他认为如今法令轻缓，使得犯案者越来越多，社会动荡不安，应该遵从旧典，加重刑罚，便上书说：

> 臣以为君主治国以仁义为主。仁，即爱人，消除残暴，社会安定；义，即政理，去掉混乱，天下太平。刑罚应该适中，不能过于轻缓，所以五帝有流、殛、放、杀之刑，三王有大辟（死刑）、刻肌（墨、劓、膑、刖）之法。孔子曾说，"仁者必有勇"。

> 高祖受天命诛暴虐，平定天下，制定了法律条令，的确做到了刑罚适中。文帝性情宽柔，又遇康平盛世，百姓安居

乐业，因此废除了肉刑和连坐这两种刑罚，但其他刑罚却被完整地继承下来。到了武帝的时候，正值国家兴旺、财力有余之时，豪强势力兴起，奸吏们滥用刑罚。为此，朝廷加重了惩治主谋、藏匿罪犯的刑法，而且新加了对明知故犯的人的处罚条例，以此来破除朋党、惩治隐匿。宣帝统治时期，亲躬万机，励精图治，实施了整顿吏治、平理冤狱、轻徭薄赋、发展生产等一系列措施，使得"吏称其职，民安其业"。到哀帝、平帝即位后，由于他们亲政的日子不长，所听所断的事情又少，先后废除先帝的旧约成律一百多条，使得人心浮动，社会秩序大乱。

臣认为陛下统一天下，亲行圣德，权衡时机，治理乱世，功德超过文帝、武帝，圣德可与高祖等同，不应遵循哀帝、平帝的轨迹行事。应认真考察，估量得失，制定一部百代不变的法典。

光武帝看过梁统上书后，让朝中大臣共议此疏。众臣认为天下刚刚平定，应注重安抚，不宜大事屠戮。若将刑罚加重，只会令天下百姓每天生活在忧虑之中，不利于国家的发展。

梁统仍然坚持自己的主张，又上书说：

朝中众臣认为臣的所言，不可施行。臣并不是说要行使严刑峻法，臣的意思是本朝的法律，多与"五经"结合紧密。如今凡事若能检验前古，遵照前典，必定行之有效，这才是我最大的愿望。希望能被陛下召见，或向尚书近臣，口述其要。

于是，光武帝让尚书与他谈话。

梁统见到尚书后，迫不及待地向他陈诉自己的见解："我认为任何圣帝明君都要制定法律条例。所以即使是在尧、舜那样的盛世，也要诛杀四凶（共工、驩兜、三苗、鲧）。'五经'中曾说，'上天惩罚有罪者，可使用五刑'。又说'制百姓在于刑律适中'。'中'，就是不轻不重，《春秋》中认为，不徇私情，是为了防患于未然，这样才能使百姓安业，怎能认为是没有仁爱之心、滥杀无辜呢？

"从高祖建汉，直到宣帝时期，君明臣忠，深谋远虑，并且遵循旧制，法理适中，因此四海之内皆太平，刑狱之事也越来越少。到了初元、建平年间，所删减的刑罚有一百多条，而盗贼反而渐渐增多，一年里的盗窃案件有数万起。近来三辅（今陕西中部）一带更是贼盗群起，横行乡里，导致茂陵被烧，未央宫起火。而陇西、北地、西河三地的强盗，甚至跨越州郡，勾结在一起，闯入府衙，不但将库中兵器一抢而空，而且将数百名官吏也劫掠而去。朝廷虽已下诏追捕，但一直都没有结果。

"由此看来，使用轻刑，反生大患，对偷、抢、奸等行为施以恩惠，只会使善良的人遭到伤害。所以还请尚书将此意转告陛下，请陛下明鉴。"

梁统的建议与光武帝"以柔治国"的思想相抵触，光武帝不予采纳。

此后，梁统在朝中屡遭排挤，无奈之下，请求调职。光武帝念他功高，便让他出任九江（治今安徽寿县）太守，改封陵乡侯。在九江任太守期间，他依然坚持自己的信念，实施法制，使得九江一带社会秩序安定，经济得到发展，百姓安居乐业。

梁统逝于九江任上。其子梁松为光武帝长女舞阴公主的丈夫。东汉中期的重臣梁商、梁冀父子是他的后代。

陵乡侯梁松

梁松（？～61），光武帝刘秀女婿，尚舞阳长公主。字伯孙。他开始担任郎官，娶长公主之后身为虎贲中郎将，并袭父爵，贵宠无比；光武帝去世后，受遗诏辅政，并升任太仆。但他骄纵不法，以权谋私，常怀怨恨，陷害大臣，诽谤朝政，讥刺皇帝，最后被下狱，死在狱中。

一、结怨马援　诬告陷害

梁松的父亲梁统，在光武帝即位初年就已归顺，封高山侯，拜太中大夫。梁统去世后，梁松袭侯爵，后又降爵为陵乡侯。

一开始，梁松只是个郎官，尚舞阴长公主后，升职为虎贲中郎将。梁松博通经书，熟知典制礼仪，常与光武帝一起议定兴修明堂、郊祀、封禅等礼仪，宠幸无人能比。再加上舞阳长公主不予劝告、反加纵容，还经常把宫中消息告诉夫婿，梁松就更加骄横。

马援和梁松的父亲是好友，早年曾经作为正直的长辈，教训过梁松。有一次，马援出屯襄国，光武帝因他勤劳国事，刚刚征南回来，又要离京，命令百官都去送行，以示荣宠。光武帝的两个女婿梁松、窦固等权贵子弟也来了，马援直言不讳地教训他们说："一个人居于高贵的地位，还要能过卑贱的生活才行。像你们这样不想再居于卑贱地位，而要永保富贵，就该想想我的话了！"马援说这些，固然是要杀杀这些纨袴子弟的骄横之气，也确实是替他们着想，毫无恶意。但梁松却因此怀恨在心。

马援当年南征交阯，在前线听说侄儿马严、马敦到处乱发议论，讥刺别人，而且跟一些轻狂不羁的人物交往，便写信劝诫他们。在信中，马援教导他们向好人学习、远离坏人。其中提到一个叫杜季良的，谁知杜季良的仇人就以此信为据上奏控告，奏书连带到梁松和窦固，说他们结交杜季良，助长轻浮放纵习气，败乱华夏风俗。光武帝览此奏书，把窦固、梁松召来严加责备，还把奏书和马援的信给他们看。二人叩头流血，才免去罪过。此事虽与马援无关，但梁松还是迁怒于他。

马援得病后，梁松去探望病情，按礼节拜在床下。马援认为他是晚辈，就"不答"（没有回礼）。马援身为长辈而不答礼小辈，本来无可厚非，梁松却记恨在心。

后来，光武帝命梁松去代监马援的军队，可到军队时马援已经病逝。但梁松仍然不肯放过，上书朝廷，诬陷马援，说他不仅指挥无方，导致军无进展，而且贪于财货，南征交阯曾搜刮了许多珍宝（其实是治疗风湿的薏苡）。结果光武帝偏听偏信，收回了马援的新息侯印绶。

二、破坏朝政　死于狱中

建武二十八年（52），皇后郭圣通去世，有人上书告郭氏所生的皇子刘辅与一些被光武帝所杀的人的子孙结交，说这些人因事生乱，有谋害光武帝的可能。为此，光武帝把刘辅下狱关了三天，并命令各郡县搜捕诸王结交的宾客。转相牵连，杀了一千多人，其中有许多贵戚子弟。与此同时，梁松也受到类似指控，梁松在岳父面前叩头流血，才免于治罪。

光武帝去世之后，梁松受遗诏辅政。永平元年（58），汉明帝刘庄又把梁松升职为太仆。此时的梁松更加不可一世，广交士人，多树私恩，经常来往。其中有些人为了牟取私利或希望逃避法律制裁，就恳请梁松写书信给郡守县令关照自己。梁松无所顾忌，写私人书信请托郡守县令，或荐举某人为官，或帮某人说情。

永平二年（59），梁松私书请托郡县被人揭发，告到了汉明帝那里。明帝不徇私情，免了梁松的官。为此，梁松不仅怨恨汉明帝，对妻子也没有好气。而舞阳长公主则不是及时宽解丈夫，而是和他一起怨恨皇弟。

永平四年（61）冬天，梁松"县飞书"（写匿名信）诽谤朝政，讥刺皇帝。汉明帝大怒，命官府严查，查出匿名信竟是梁松所写。明帝命令把梁松逮捕下狱。不久，梁松死在狱中，侯爵也被取消；舞阳长公主和儿女们也被流放到交州九真郡（今越南清化省境内）。

在梁松匿名信案中，梁松的弟弟梁竦也受到了株连。梁竦饱读经书，年仅二十岁即能教授学生，虽然他奉公守法，但受哥哥株连，也被流放到九真。后来，汉明帝把梁松一家诏还其原籍。梁竦回来后，闭门读书，专心著述，乐善好施，不营产业。舞阴长公主家财颇丰，经常接济诸梁，尤其敬重梁竦。

梁竦生有三个儿子、三个女儿。其中的两个女儿，长大成人后被选入宫中，成为太子刘炟的妃嫔。刘炟即位为汉章帝，把梁竦的两个女儿都封为贵人。东汉中期的重臣梁商、梁冀父子，都是梁统的后代，进而导致了历史上最为突出的外戚专权。

中兴端赖云台将

　　光武帝推翻新莽、中兴汉室,自然少不了攻城略地的武将。他麾下的将军们,多是农民军的起义将领,有的最初就跟随他,有的中途投奔他,有的战败投降他……他们的战伐对象,起初是新莽大军,接着是各路农民军,再后是各方割据势力。建国之后,朝廷画像云台阁,有"云台二十八将"之谓。不过,其中一些战功卓著、鼎鼎大名,也有一些事迹无多、籍籍无名……

征西大将军冯异

冯异（？～34），东汉中兴名将，"云台二十八将"之一。字公孙，颍川父城（今河南宝丰东）人。他较早跟随刘秀起兵反抗王莽的统治，在刘秀落魄时，能及时解脱困顿，而评论功劳时，又从不上前，因而被誉为"大树将军"。冯异是东汉佐命虎臣，他作战勇敢，常为先驱，善用谋略，料敌决胜，治军严明，关心民瘼，东汉创业，其功至巨。但他为人谦退，从不居功自傲，确实是一代良将。

一、追随刘秀　嘉名"大树"

冯异向来好读书，精通《左氏春秋》和《孙子兵法》。

冯异早年曾为王莽效力。新莽地皇三年（22），刘縯、刘秀起兵，冯异以郡掾的身份监五县，与父城长苗萌共守城池，抵抗刘秀。

刘秀进军颍川（治今河南许昌），攻打父城，没有攻破，屯兵巾车乡（今河南宝丰东南）。冯异出巡属县，被汉兵俘获。冯异的堂兄冯孝和同乡丁綝、吕晏都在刘秀手下，他们共同推荐冯异。刘秀召见了冯异，希望他留下来。冯异对刘秀说："我留在军中，不过是一个人，对您不会有太大的助益。况且，我还有老母在城里。我希望能回去，为您据守五城，效力报德。"刘秀同意了。

冯异回到父城，对苗萌说："现在天下纷争，各路将帅大都崛起草野，横暴无道。只有刘秀兵规整肃，从不掳掠百姓。看他的言语举止，绝非庸庸碌碌之人，可以归附。"苗萌说："在此关头,我们生死与共,一切由你决定。"

不久,刘秀率军南还宛地,更始帝刘玄前后派十几名将领来攻打父城,冯异坚守城邑,决不投降。等到刘秀升任司隶校尉,再过父城,冯异则大开城门,献上牛酒,欢迎他的到来。刘秀任命冯异为主簿,苗萌为从事。冯异又推荐了一群小同乡,如铫期、叔寿、段建、左隆等人。刘秀一律任命为掾吏,把他们带回了洛阳。

更始帝几次想派刘秀巡行河北,诸将都不同意。当时,曹竟为左丞相,他的儿子曹诩任尚书,父子贵幸,当朝用事。冯异劝刘秀跟他们深相结纳。后来,由于曹氏父子和大司徒刘赐的力劝,更始帝命刘秀为大司马,持节渡河,镇抚河北诸郡。

新莽地皇四年(23)六月,刘秀的兄长刘縯被更始帝杀害。刘秀表面上虽不敢显露悲戚之情,饮食言笑一如平常,心里却非常难过。他独居时,一点酒肉也不肯用,枕席间也往往有哭泣之痕。冯异单独拜见刘秀,宽慰他,劝他节哀,并乘机进言:"天下百姓,早已苦于王莽的统治,早已思念汉王朝。如今更始帝部下将领们又纵横暴虐,到处抢掠,百姓们很失望,觉得无所依托。您现在握有重权,专命方面,应该广施恩德。有桀、纣的乱政,才会显出汤、武的功业;人们长久饥渴,也就容易满足。为今之计,您如果尽快分派官属,巡行郡县,清理冤结,广布惠泽,自然天下归心。"

刘秀采纳了冯异的建议,一到河北,便派冯异和铫期巡视属县。冯异等所到之处,释放囚徒,抚恤鳏寡,亡命投案者,不咎既往。他们还了解二千石的长吏,暗中考察他们是同心还是不愿归附,然后把名单上报给刘秀。

更始元年(23)十二月,王郎聚众起事,在邯郸称帝,悬赏购求刘秀的头颅,蓟中各地纷纷响应。刘秀见状,连忙率部众向南疾进。当时形势危急，刘秀昼夜不敢入城邑，吃住都在道旁。到达芜蒌亭（今河北饶阳境内）时，天气寒冷，北风凛冽，大家饥渴劳顿，不可名状。谁知冯异却给刘秀送来了热腾腾的豆粥。第二天一早，刘秀对将领们说："昨天吃了冯异的豆粥，饥饿寒冷一扫而空。"部队进至南宫（今属河北）地方，天降大雨，刘秀等在道旁的空房子中避雨。冯异抱来柴草，邓禹在灶中点火，刘秀则对着灶门解衣烤火。冯异又向刘秀献上了麦饭和菟肩（植物名，属葵类，可食）。

不久，刘秀的部队过了滹沱河，到达信都（今河北冀县），刘秀派冯异去河间招募兵众，回来后，任命他为偏将军。接着，冯异又随军大破王郎，被封为应侯。

冯异为人谦和礼让，从不居功自傲。道遇诸将，往往驱车让路。进止皆有表识，在军中以"整齐"闻名。每到一个地方，安营完毕，将领们总是坐在一起，论功行赏。冯异则常常独自避坐大树之下，不参与其事。因此，军中都称他为"大树将军"。攻破王郎，刘秀整编部队，对将领也重新做了调整，使之各有统属。军中吏士纷纷愿从"大树将军"，刘秀从此对冯异更为欣赏、重视了。

此后，冯异在北平（今河北满城）击破铁胫军，并击降匈奴于林闟顿王，战功卓著。

二、书说李轶　劝进光武

攻破王郎后，刘秀声威壮盛，更始帝刘玄封他为萧王，命他收兵，和有功将领一起回京师长安，实际上是想削夺其兵权。刘秀接受封爵，但提出河北未平，不受征召，从此与更始帝分裂。

更始帝派舞阴王李轶、廪丘王田立、大司马朱鲔、白虎公陈侨率领大军，号称三十万，跟河南太守武勃一起驻守洛阳。萧王刘秀想向北巡行燕赵之地,任命冯异为孟津将军,与河内太守寇恂一起,统率魏郡、河内郡的部队,抵拒朱鲔等人。

冯异与李轶是熟人,他先写信给李轶,晓以利害,劝他认清形势,及早回头,转祸为福,否则到了萧王的大军围攻城池之时,再弃暗投明,为时已晚。

谁料李轶自有苦衷。当年,他跟刘縯、刘秀首结谋约,共同起兵反王莽,关系密切。等到更始帝称尊,他却又参与陷害刘縯。如今,他明知更始帝众叛亲离,长安危迫,也想投降刘秀,只是心里有点不能自安。于是,他回信给冯异:"我本来与萧王首起汉兵,约同生死,计共荣枯。现在我守洛阳,您据孟津,都是机轴要害,这是千载难逢之机,我们联手,大事可成。希望您能把我的想法告诉萧王,以图佐国安民。"

双方通信之后,李轶便不再与冯异争锋。冯异借此机会,北攻天井关(在太行山下),攻克上党(今属山西)两座城池;接着南进,攻克河南成皋以东十三个县和各处兵营,收降十多万敌军。武勃率一万多人进攻归降冯异的部队,冯异领兵渡河,与武勃在士乡(亭名,在河南郡)接战。李轶信守约言,闭门不救,结果冯异大败武勃军。

冯异见李轶可信,便把情况详细地写信告知了刘秀。刘秀出于斗争需要,故意把李轶写给冯异的信件泄露了出去。朱鲔得知大怒,派人刺杀了李轶。刘秀的这一招果然有效,一时洛阳城人心浮动,好多人出来投降。

朱鲔派讨难将军苏茂带领几万人攻打温地,自己则领兵数万进攻平阴,牵制冯异。冯异先派校尉护军率部与寇恂一起打败苏茂,然后自己率兵渡河,进击朱鲔。朱鲔不敌,逃回洛阳,冯异追赶到洛阳,耀其威武,绕城一周而归。

冯异写信给刘秀,报告战况,将领们纷纷向刘秀祝贺,并劝他速登帝位。刘秀不能决断，下令召回冯异，询问四方情况。冯异说："三王反叛，更始败亡，天下无主。宗庙之忧，在于大王。宜听从众议，上为社稷，下为百姓。"刘秀说："我昨天夜里梦见乘赤龙上天，醒来后，至今心中尚有余悸。"冯异下席再拜，祝贺刘秀："这正是天命发于精神，让大王登上帝位啊！至于心中悸动，则是大王慎重的天性使然。"

于是，冯异便与众将一起，推戴刘秀在鄗（今河北柏乡）即皇帝位，是为东汉光武帝，建元建武（25）。

建武二年（26），光武帝刘秀封冯异为阳夏侯。随后，冯异率军击败阳翟（今河南禹县）农民军将领严终、赵根。光武帝下诏命他回乡上冢，命太中大夫送去牛酒，命二百里内太守、都尉以下的官员和他的宗族前往会祭，以示荣宠。

三、奋翼渑池　威行关中

当时，赤眉军和汉中农民军将领延岑的部队活动于三辅地区，郡县的世家大族也拥兵滋乱。大司徒邓禹无法平定，光武帝决定让冯异替代他，前往征讨。

冯异临行，光武帝亲自送他到河南，赐他乘舆和宝剑，并对他说："三辅遭受王莽、更始之乱，再加上赤眉、延岑的骚扰，百姓涂炭，无所依靠，无可诉说。朕派卿去征伐，不一定非得略地屠城，主要是想使这一地区平定安宁。诸将并非不善作战，但他们喜欢抢掠，所以难以奏功。卿本来就善于统御将士，这回希望卿能更加整饬纪律，不要再给百姓、郡县增加苦难。"冯异深以为然，顿首受命。

冯异引军向西行进，所到之处，施恩于民，取信于民。弘农地区原有十几个自立为将军的，但由于冯异威行信成，他们都率众归降了。

冯异在华阴（今属陕西）与赤眉军相遇，两军相持了六十多天，发生了几十次战斗，最终冯异击降赤眉将领刘始、王宣及所部五千多人。

建武三年（27）春天，光武帝派遣使者拜冯异为征西大将军。这时，邓禹率车骑将军邓弘回军，与冯异相遇，邀约冯异共同进攻赤眉军。冯异说："我和赤眉兵相拒了几十天，虽然屡次擒获敌军战将，但余众尚多。我们可以渐渐用恩德威信柔服他们，要用武力一下子将其攻破，恐怕很难。如果诸将屯兵渑池，在东面拦截敌兵，我在西面攻击敌兵，则可一举获胜。"

邓禹、邓弘不听冯异的意见，邓弘仍然出兵与赤眉大战。赤眉军佯败，丢弃辎重车辆奔逃。邓弘军士正缺粮草，都去抢粮车。谁知赤眉军车上所载均是灰土，只在上面盖了一层豆子。赤眉军乘乱回击，邓弘军溃败。冯异和邓禹合兵救援，赤眉军才稍稍退后。

这时，冯异见士卒疲累饥渴，难以再战，提出略作休整。邓禹不听，驱军复战，又为赤眉军所败，死伤三千多人。邓禹脱身退回宜阳（今河南西部）。

冯异舍弃战马，步行奔往回溪阪（在今河南洛宁东北），与麾下的几个人重回大营。他一面坚守城垒，一面收集散兵和诸营守军，共得几万人。在经过一番休整后，冯异决定与赤眉军约期会战。

冯异预先派精壮将士，打扮成赤眉军模样，埋伏在道路旁边。作战时，冯异故意示敌以弱，当赤眉军一万多人打到前军时，才出兵救援。赤眉军见汉军兵势不振，就调来大部队，想一举全歼。冯异遂纵兵与之大战，鼓角齐鸣，呼声震天。战到下午，赤眉军兵势渐衰，汉军伏兵突然冲出，由于他们与赤眉衣服相同、无法识别，赤眉军只得败退。冯异驱兵追击，直到崤谷之底（在今河南洛宁），大破其军，收降八万多人。剩下的十几万赤眉军，跑到宜阳后，遇到光武帝亲率的大军正等候在那里，也投降了。光武帝下诏慰劳冯异，对他"始虽垂翅回溪，终能奋翼渑池"，大为嘉赏。

赤眉军虽已投降，但关中的割据势力仍很强盛，局势不容乐观。在这混乱的情况下，冯异时战时行，后来驻扎在了上林苑中。

此前，延岑攻破赤眉军之后，自称武安王，占据地盘，设置官吏，想独霸关中。他联结占据长安的农民军将领张邯、占据湖北的农民军将领任良一起进攻冯异。冯异击败了他们，斩首一千多级。于是，原来依附延岑的将士，都投降了冯异。冯异又派复汉将军邓晔、辅汉将军于匡率军攻打延岑残部，延岑屡败之后，从武关（在今陕西商县西北）逃到了南阳（今属河南）。

南阳连年征战，旱灾频仍，粮食匮乏，百姓饥饿，黄金一斤才换五斗豆子，甚至有人吃人的情况发生。冯异部下士兵，也因为道路断绝，粮运艰难，只能吃野草野菜。光武帝得知冯异处境，任命南阳赵匡为右扶风令。赵匡率兵援助冯异，给他送来粮食布匹，冯异部下群情振奋，山呼"万岁"。

冯异军中粮食渐渐充足之后，便开始征讨豪强，惩罚那些不听号令的，褒奖那些主动归附或立有功劳的，把为首的分子都送往京师，解散其部众，让他们重归本业。时日不长，除占据陈仓的吕鲔、张邯，占据霸陵的蒋震投降了割据蜀地的公孙述外，其余的割据势力均被平息。冯异威行关中。

第二年，公孙述派将领程焉带兵数万，勾结吕鲔，想出屯陈仓，进攻三辅。冯异与赵匡迎击，程焉兵败，逃往汉川。冯异穷追不舍，在箕谷地方，又大破程焉。接着回军进击吕鲔，吕鲔部众降者甚多。此后，公孙述多次派兵进犯，均都被冯异挫败。

冯异在关中三年，关心民瘼，平反冤狱，发令施仁，威重化行。因而百姓安乐，远近怀德。

四、君明臣贤　君臣相宜

冯异担当要职，拥有重兵，长久居外，内心颇不自安。于是上书表明心迹，说自己思念朝廷，希望能被召回，以亲帷幄。光武帝因其职责重大，不同意他回朝。

后来，有人上奏光武帝，说冯异专任关中，威权至重，斩长安令，百姓归心，号为"咸阳王"。光武帝把这奏章送给冯异看，冯异十分惶恐，上表章自明。在表章中，他首先称述光武帝英明，说自己的成就都出自皇帝的运筹之功；然后，他表示如今更需要皇帝随时诏敕，以保始终。光武帝见冯异惶急不安，下诏抚慰。诏书中说："将军之于国家，义为君臣，恩犹父子。何嫌何疑，而有惧意。"

建武六年（30）正月，冯异入京朝见，光武帝热情接见，并对在场的公卿们说："这是冯异，是朕起兵时的主簿。是他为朕披荆斩棘，平定了关中。"接见之后，光武帝又派中黄门赐给冯异珍宝、衣服、钱帛等物，并且说："当年仓促之间，卿在芜萎亭进豆粥、滹沱河进麦饭，这深厚的情谊真难报答。"冯异受赐，顿首拜谢说："当年管仲曾对齐桓公说：'愿君无忘射钩（齐桓公曾逃难，被管仲射中衣钩），臣无忘槛车（管仲在鲁曾被囚禁于槛车）'，齐国倚仗此，称霸于天下。臣如今也希望您不要忘记河北之难，而臣也不敢忘巾车之恩（在巾车乡冯异被刘秀所率汉兵捉获，刘秀释放了冯异）。"

此后，光武帝又数次召见冯异，设宴招待他，君臣共饮，商讨攻蜀之事。冯异在京城待了十多天，才回驻地。光武帝还命冯异妻子儿女随行，以示不疑。

这年夏天，朝廷派诸将攻打公孙述，西州大将军隗嚣占据陇西一带叛汉，诸将与战，皆为其所败。光武帝诏命冯异进军枸县（今陕西旬邑县）。冯异尚未到达，隗嚣乘胜派他的将领王元、行巡率二万人马出陇西，并分派行巡夺取枸县。

冯异得此消息，命令部队昼夜急驰，想先占据枸县。将领们都说，敌人势大，而且乘胜而来，不宜与之争一日之长，应该找个妥当的地方驻扎，然后再徐图良策。冯异却不这样认为，他说："敌兵刚得小利，便想深入，倘若占据枸邑，动摇三辅，岂非后患无穷？人们都知道'攻者不足，守者有余'的道理，我们先去占据城池，就是想以守为攻，以逸待劳，并非与敌争一日之长。"

冯异催军奋进，进入枸邑，关闭城门，偃旗息鼓。行巡不知冯异已占据城池，匆匆带兵赶到。冯异出其不意，敲响战鼓，竖立旌旗，率军冲出。行巡所部惊慌失措，纷纷溃逃。冯异统军追杀数十里，大破其军。于是，北地郡（治今甘肃庆阳）豪长耿定等人，都叛隗嚣降汉。

冯异上书光武帝，奏明军中情况，谦恭礼让，一点也不显扬自己的功劳。但有的将领却想贪占冯异之功，光武帝深以为患，就下诏书说："敌兵突然袭来，三辅动摇惊惧，枸邑危在旦夕，北地守卫将士大都按兵观望。如今偏城得以保全，敌兵受到挫折，耿定等人也都因形势的缘故，重新奉守君臣之义。这一切，全靠征西将军冯异。冯异功如丘山，但还认为自己不足称道。"于是，特命太中大夫赐征西吏士死伤者医药、棺殓，大司马以下亲自吊死问疾，以崇谦让。并命冯异进军义渠，兼任北地太守。后又兼领安定（治今甘肃固原）太守。

建武九年（33），祭遵去世。光武帝命冯异为征虏将军，并统领其营中将士。

隗嚣去世后，其部将王元、周宗等人又扶立其子隗纯，占据冀县（今甘肃甘谷），公孙述也派赵匡带人救助他们。光武帝又命冯异进击赵匡。汉军进攻冀县，耗日持久，始终不下。有人提出回军休兵，冯异不为所动，常常身先战阵，为诸军先锋。相持一年后，冯异率兵斩杀了赵匡。

建武十年（34）夏天，冯异与诸将齐攻落门（今甘肃陇西县东南），尚未攻克，冯异便患了重病，在军营中去世，谥"节侯"。

卫尉铫期

铫期（？～34），东汉中兴名将，"云台二十八将"之一。字次况，颍川郏县（今河南郏县）人。初从刘秀在河北击破王郎，任虎牙大将军，并镇压铜马、青犊等起义军。刘秀即位后，封安成侯，任卫尉。铫期为人重信义，威严有度，作战勇敢，为汉朝的中兴立下了战功。

一、冲锋陷阵　欲遂前"跸"

铫期身高八尺二寸，容貌特别，庄重威严。他的父亲铫猛，曾任桂阳太守。铫猛去世后，铫期服丧三年，乡里人敬其孝义，因此都很敬重他。

时为更始政权大司马的刘秀率军略地颍川，得知铫期十分孝义，召他任贼曹（主盗贼之事）掾，让他随自己北上巡行河北，驻扎在无终（今天津蓟县）。

王郎聚众起事，称帝于邯郸，赵国以北，辽东以西，望风响应。此时，王郎已移檄至蓟县，悬赏缉拿刘秀。西汉原广阳王刘嘉的儿子刘接在蓟县起兵响应王郎。刘秀想离开蓟县，百姓拥来围观，喧呼指点，阻塞道路，因此人马不得前行。铫期纵马奋戟，瞋目扬声，喝令左右道："跸！"在封建社会，这"跸"字并非每个人都能喊的，只有皇帝车驾到来为其开路清道时才能这样喝喊。围观的百姓见铫期纵马奋戟而来，已自退缩；又听他高声传跸，宛若巨雷，不觉人人退避。铫期保护刘秀来到城门，城门已经关闭，铫期等人挥兵攻打，才得以出城。

铫期随刘秀南行，到达信都（今河北冀县），局势稍定。刘秀任命铫期为裨将，让他和傅宽、吕晏一起隶属于将军邓禹。

铫期等随邓禹巡行各县。邓禹认为铫期有才能，任命他为偏将军，授兵二千人。而傅宽、吕晏每人才几百人。刘秀得知邓禹的安排，认为邓禹做得对。邓禹命铫期率军攻打真定（今河北正定），相继攻克乐阳（今属河北）、藁（今河北藁城）、肥累（今藁城西）。

铫期随军出击王郎的部将倪宏、刘奉，在巨鹿（今属河北）城下大战。铫期奋起神威，冲入敌阵，亲手杀死敌兵五十多人。战斗中，他伤了额头，可斗志不减，用头巾草草包扎伤口，又投入了战斗。将士们受到激励，无不以一当十。一时杀声震天，敌军大败溃散。

平息王郎后，刘秀任命铫期为虎牙大将军。铫期乘机劝刘秀即位称帝，他说："河北之地，与边塞毗连，人们习于兵战，素称精勇。如今更始帝不修政治，国势危殆。海内纷纷，无所归依。你据有山河之固，拥有精锐之众，而且顺应万众思汉之心，倘称帝号，谁敢不从？"刘秀听了，笑道："你是想让你上次传跸之事成为事实吗？"

当时铜马农民军几十万人进入清阳（今河北清河东）、博平（在今山东茌平境内），铫期与诸将前往迎击，几次战斗，都失利了。在这种情况下，铫期不肯退后，率军背水而战，杀伤了很多铜马军士。这时，刘秀率军赶来救助。全军合力，铜马军大败归附。

铫期又随军到射犬（在今河南许昌境内）地方进击青犊、赤眉农民军。有一次农民军偷袭铫期部队辎重。铫期回军猛击，亲手杀死几十人，身受三处重伤。但他全然不顾，而且越战越勇，最后农民军败逃。

二、威行魏郡　诤在朝廷

刘秀即皇帝位之后，封铫期为安成侯，食邑五千户。

当时，檀乡、五楼两支农民军进入繁阳、内黄（皆在今河南境内），更始帝刘玄的部将卓京也图谋在邺城（今河北临漳西南）反叛。魏郡（治所在邺城，辖今河北大名、磁县、涉县等；河南内黄、滑县、浚县；山东冠县等县）人心惶惶。光武帝任命铫期为魏郡太守，行大将军事，前往镇抚。

铫期到任，调发郡中兵士击破卓京，卓京逃遁入山，铫期追斩其将校数十人，俘虏了他的家小。接着，挥师繁阳、内黄，击破檀乡、五楼农民军，魏郡从此平定安宁。

督盗贼（官名）李熊，本是邺中豪杰，他的弟弟李陆图谋造反，跟檀乡军里应外合。有人向铫期告发此事，铫期没有处理。等到连续三四起人来告发，铫期这才召来李熊，询问此事。李熊叩头服罪，情愿和老母亲一起去死。铫期对他说："倘若当差不如做贼，你马上就可以带着老母亲去投靠李陆。"说完，派人将他送出城去。

李熊出城，找到李陆，带着他来到邺城西门。李陆又愧怍、又感激，自杀而死。铫期嗟叹不已，命以礼埋葬，并命李熊仍任旧职。从此，魏郡人越发佩服铫期的威信了。

建武五年（29），光武帝刘秀视察魏郡，任命铫期为太中大夫，并把他带回洛阳，升任卫尉。

铫期为人重信义，为将以来，攻克、收降城邑很多，但从不抢掠烧杀。后来晋身朝廷，则忧患国事，爱护君王，如果遇到他认为不对的事情，一定犯颜直谏。光武帝曾想和铫期微服出行，铫期挡在车前顿首劝阻，说："臣闻古今之戒，变乱常出于意料之外，确实不希望陛下微服出行！"光武帝听了，觉得有理，于是回车不出。

建武十年（34），铫期去世。光武帝亲临其丧，赠以卫尉、安成侯印绶，赐谥号"忠侯"。

征南大将军岑彭

岑彭（？～35），东汉中兴名将，"云台二十八将"之一。字君然，南阳棘阳（今河南南阳南）人。岑彭在东汉王朝建立和巩固过程中南征北剿，独当方面之任。他不但作战勇敢，奇计迭出，而且信义素著，以德怀人。故能克成宏远之业，建立不世之功，成为"云台二十八将"中之翘楚。

一、遭际縯、秀　说降吕、朱

岑彭在王莽末年，曾代理棘阳县长。刘縯、刘秀兄弟起兵，攻克棘阳，岑彭带领家小投奔前队大夫（南阳太守，王莽所改）甄阜。甄阜怪他不能固守城邑，拘禁了他的母亲和妻子，让他立功，以便将功赎罪。岑彭只好率领宾客努力作战。

后来，甄阜去世，岑彭也受了伤，逃到宛县（今河南南阳），与前队贰（官名，甄阜副官）严说共同守城。刘縯、刘秀兄弟率汉兵攻城，一连围了好几个月。城中粮食吃尽，人民相食，岑彭与严说献城投降。刘秀手下将领们因岑彭固守，提出要杀死他。大司徒刘縯说："岑彭身为郡中大吏，尽心守城是他的节操所在。我们举大事，应当表彰义士。不如封他官位，以奖劝后来者。"更始帝刘玄遂封岑彭为归德侯，并让他隶属于刘縯。

不久，更始帝在舞阴王李轶、大司马朱鲔的劝说下，杀死刘縯。刘縯死后，岑彭做了朱鲔的校尉，跟随他进击王莽的扬州牧李圣。后来，岑彭杀死了李圣，平定了淮阳城，朱鲔推荐岑彭为淮阳都尉。更始帝让张卬、徭伟二人镇守淮阳。徭伟反叛，赶走张卬，岑彭率兵进击徭伟，大破其军，升任颍川（治今河南禹县）太守。

春陵人刘茂起兵，攻占颍川。岑彭不能到官上任，只好带领麾下数百人，依附河内（治今河南武陟西南）太守韩歆。正逢萧王刘秀巡行河内，韩歆要守城抵拒刘秀，岑彭劝阻，韩歆不听。不久，刘秀到来，韩歆见形势危迫，不得已投降了。刘秀得知他曾想抗拒，大怒，把他放在鼓旁，准备杀了他。

刘秀又召见岑彭，岑彭进言："如今赤眉军入函谷关，更始帝危亡在即，权臣放纵，矫称诏制，道路阻塞，四方义军蜂起，群雄竞逐，百姓无所归依。我听说大王平定河北，建立王业，这是皇天保佑汉室，是士人的福分。我岑彭曾受司徒公（刘縯）活命大恩，未曾报恩，司徒旋即被害，这成为我永远的遗憾。如今遇到大王，愿意效命于大王。"刘秀大喜，与他深相结纳。岑彭借机进言，说韩歆是南阳地区的正直君子，可以收为己用。结果，刘秀赦免了韩歆，让他当了前将军邓禹的军师。

更始帝刘玄的大将军吕植屯驻淇园，岑彭劝说他，他也投降了刘秀。于是，刘秀任命岑彭为刺奸大将军，派他督察各营，随军平定河北。

刘秀即皇帝位后,任命岑彭为廷尉,仍拜归德侯,行大将军事。

岑彭和大司马吴汉、大司空王梁、建义大将军朱祐、右将军万修、执金吾贾复、骁骑将军刘植、扬化将军坚镡、积射将军侯进、偏将军冯异、祭遵、王霸一起围攻洛阳,长达几个月。朱鲔坚守,不肯投降。光武帝刘秀知道岑彭曾任朱鲔的校尉,便让他前去劝说。

于是,两军阵前,朱鲔在城上,岑彭在城下,两人相互问候、谈笑,像平常一样。岑彭乘机劝说:"我过去有幸执鞭侍从您,多蒙您荐举提拔,经常想找个机会报答您。如今赤眉军已经占有长安,更始帝也为三王所反。皇帝(刘秀)已经平定燕赵,占有幽燕之地,百姓归心,贤俊云集。这次,他亲率大军来攻洛阳,天下之事,可想而知,您固守城池,想等什么呢?"朱鲔叹息,随之说出了心中的苦衷:"当年大司徒刘縯被害,我参与了。我又曾劝阻更始帝,让他不要派萧王(刘秀)北伐。我知道这两件事罪过太大,实难得到宽宥,因此犹豫不决。"

岑彭回去,对光武帝刘秀直言经过。光武帝发誓说,朱鲔如果投降,决不杀他!岑彭又去见朱鲔。朱鲔从城上垂下绳索,说:"您如果真讲信用,就拉着绳索爬上来吧!"岑彭毫不犹豫,拉过绳索就向上攀。朱鲔见他确有诚信,就先口头应允投降。

五天后,朱鲔带轻骑兵去见岑彭,临行时对手下将士下令:"坚守城邑,等我的消息,我如不归,你们可把大军带走,上轘辕去归附郾王尹尊。"接着,他和岑彭一起到了河阳(治今河南孟县西),把自己反绑起来去见光武帝。光武帝解其束缚,好言抚慰,并让岑彭把他连夜送回洛阳。

第二天,朱鲔率全城出降。光武帝任命他为平狄将军,封扶沟侯。

二、劝诛邓奉　智破秦丰

建武二年（26），朝廷派岑彭进军荆州（今属湖北），攻下犫（今河南鲁山县东南）、叶（今河南叶县）等十几座城池。

当时，南方局势混乱。南郡人秦丰占据黎丘（今湖北宜城西北），自称楚黎王，拥有十二个县；董䜣在堵乡起事；许邯在杏地起事；另外，更始帝手下的原属将领也各拥所部占据南阳诸城。光武帝派吴汉前往征伐，但吴汉不恤士卒，恣意为暴，所过多有侵扰掠夺。破房将军邓奉（西华侯邓晨的侄子）回新野探亲，见吴汉在其故乡的所作所为，大怒，起兵反汉，击败吴汉的部队，缴获他的辎重，与各路反汉力量联合起来，屯兵于淯阳。

这年秋天，岑彭破杏（今河南汲县东南），收降许邯，升任征南大将军。光武帝命他跟朱祐、贾复、建威大将军耿弇、汉中将军王常等将领一起讨伐邓奉。岑彭命部队先攻堵乡，董䜣势急，邓奉率军赴救。董、邓二人的部下均为南阳精锐之师，岑彭等将进攻，连月不克。在与邓奉军激战时，贾复受伤，朱祐被俘。

建武三年（27）夏，光武帝领兵亲征，部队行至叶地，董䜣部将率领几千人拦路截杀，光武帝受阻。岑彭前往救援，大破敌军。光武帝到达堵乡，邓奉连夜逃往淯阳，董䜣投降。岑彭等又追击邓奉，直到小长安（今河南南阳南）。光武帝亲临阵前，士气鼓舞，邓奉兵败，走投无路，请求投降。

光武帝考虑到邓奉是旧日功臣，而且祸端实由吴汉引起，想赦免了他。岑彭和耿弇劝谏，他们说："邓奉背恩反叛，军队征战达一年，致使贾复受伤，朱祐被俘。陛下亲临，他仍不知悔改，却亲自带兵抵抗，兵败了才投降。若不杀了邓奉，无法惩恶。"于是光武帝斩杀了邓奉。

光武帝引兵回师,而派岑彭率领积弩将军傅俊、骑都尉臧宫等三万多人南击秦丰。岑彭等攻克黄邮(聚名,在南阳郡)之后,秦丰和他的大将蔡宏退入邓城坚守。汉军好几个月都寸土不进,光武帝下诏责备岑彭。

岑彭受到了光武帝的责备,十分害怕,经过一番苦思,顿生巧计,一面连夜集合兵马,传下号令:"明日西击山都(今湖北襄阳西北)。"一面故意放松对俘虏的看管,使他们得以逃亡。俘虏逃回秦丰营地,报告了岑彭的部署。秦丰信以为真,调动主力,开赴山都,准备伏击岑彭。此时,岑彭则悄悄渡过沔水,在阿头山(今襄阳西)大破秦丰部将张扬。然后,从川谷间伐木取道,直奔秦丰的大本营黎丘,击败留守部队。秦丰大惊,急忙回师救护。岑彭与诸将依山扎营。秦丰和蔡宏趁夜来袭,岑彭早有准备,出兵迎击,蔡宏被杀,秦丰败走,逃回黎丘城固守。此役之后,朝廷封岑彭为舞阴侯。

当岑彭在黎丘包围秦丰之时,西平人田戎在夷陵拥众割据,自称扫地大将军。听说秦丰被围,田戎害怕汉兵来伐,想要投降。他的妻兄辛臣劝他说:"当今天下,豪杰并起,各据郡国,洛阳不过才巴掌大的地盘,胜负吉凶,实未可量。不如拥兵按甲,坐观其变,然后再定行止。"田戎说:"秦丰那样强大,尚且被岑彭所困,何况我们?我已决计投降,你不要再说了!"

建武四年(28)春,田戎留辛臣驻守夷陵,自己则率兵到黎丘,准备归降岑彭。不料辛臣却盗走田戎的珍宝,抄近路抢先去归附了岑彭,并且写信招田戎来归降。田戎怀疑辛臣一定会出卖自己,不敢投降,遂与秦丰合兵拒汉。岑彭出兵攻打田戎,田戎大败,逃回夷陵。

岑彭围攻秦丰已经三年,斩杀敌兵九万多人。此时,秦丰手下只剩了一千多残兵,而且城中粮食也快吃光了。

光武帝见秦丰势力衰微，便命朱祐代替岑彭围守黎丘，而命令岑彭和傅俊南进夷陵，攻打田戎。岑彭打败田戎，攻占夷陵，田戎率几十个骑兵逃往蜀地。岑彭追到秭归，俘虏了田戎妻儿老小和几万士兵。

三、攻陇平蜀 义信怀人

岑彭准备征伐蜀地的割据势力公孙述，但那里交通不便，漕运艰难，强攻实非上策。于是，他命威虏将军冯骏驻军江州（今重庆嘉陵江北），都尉田鸿驻军夷陵（今湖北宜昌），领军李玄驻军夷道（今湖北宜都），而自己则率兵还驻津乡（今湖北江陵），据守荆州冲要之地。他派人喻告尚未归附的地方，声明倘能主动投降，可以奏封其君长。

岑彭与交阯州牧邓让原本是好朋友，相交甚厚，是一个很好的突破口，岑彭为招降邓让，一面写信给邓让，陈说皇帝的威德，劝其归降；一面派偏将军屈充移檄江南，颁行诏命。不久，邓让和江夏太守侯登、武陵太守王堂、长沙相韩福、桂阳太守张隆、零陵太守田翕、苍梧太守杜穆、交阯太守锡光等，相继派遣使者，贡献方物礼品。岑彭奏明光武帝，把他们都封为列侯。这些人感谢岑彭之恩，纷纷派其子率兵帮助岑彭伐蜀。

建武六年（30）冬天，光武帝召岑彭入京师，连续几次设宴接见他，厚加赏赐。不久，岑彭南还津乡，光武帝下诏，让他经过家乡时祭扫坟墓，并规定大长秋（皇后属官）每逢朔望之日，都要问候太夫人（岑彭之母，汉法，列侯之母称太夫人）起居，以示荣宠。

建武八年（32），岑彭率兵跟随光武帝攻破天水（治今甘肃通渭西北），并与吴汉在西城包围了割据陇西的隗嚣。当时，公孙述（蜀地的割据者）的将领李育来救隗嚣，也被盖延包围在上邽。光武帝东归，写信给岑彭说："如果攻下两城（指西城、上邽），就带兵南下攻取蜀地。人苦于不知满足，已经平定陇地，又希望平定蜀地（既得陇，又望蜀）。朕每次决定发兵，头发、胡须都累得白了。"岑彭堵塞谷水，以灌西城，西城差点被淹没。隗嚣将领行巡、周宗率领蜀地救兵前来救援，隗嚣这才得以逃出西城。汉军乏粮，不得不烧毁辎重，率兵撤回。隗嚣派兵尾随追击。岑彭殿后，保证了诸将全师而归。归后，岑彭仍驻守津乡。

建武九年（33），公孙述派任满、田戎、程汎率领几万人，乘船下江关（今四川奉节东），击败冯骏、田鸿、李玄，攻克夷道、夷陵，占据荆门山、虎牙山（在今湖北宜都、宜昌交界处）。他们在江面上架起浮桥、斗楼，并在水下立起攒柱（密集的柱桩），断绝水道，而大军则在山上安营，抵拒汉兵。岑彭几次进攻，均失利而归。于是，便建造直进楼船、冒突（船名，取其触冒而唐突）、露桡（船名，取其露楫在外，人在船中）几千艘，做好大举进攻的准备。

建武十一年（35）春天，岑彭与大司马吴汉、诛虏将军刘隆、辅威将军臧宫、骁骑将军刘歆调集南阳、武陵、南郡的兵士和桂阳、零陵、长沙的委输棹卒（持棹行船的士卒）六万多人，战马五千匹，会集荆门。吴汉认为三军棹卒多费粮草，提议解散他们。岑彭则认为蜀军势大，棹卒不可解散，并上奏光武帝，说明情况。光武帝对岑彭说："大司马（吴汉）习惯用马步兵作战，不习惯水战。荆门之事，由征南公（岑彭）做主。"

岑彭在军中招募抢攻敌人浮桥的勇士，说明谁先登上浮桥，谁将获得最高的赏赐。偏将军鲁奇应募出战。当时，天风狂急，鲁奇率勇士驾船顺风逆流而上，直冲浮桥；但江中攒柱阻住战船，难以前行。鲁奇一面督率军士殊死作战，一面用火把焚烧攒柱。风怒火盛，敌军桥楼被烧坏。岑彭尽起全军，顺风并进，所向无敌。蜀兵大乱，溺死者达数千人。汉军斩杀任满，生擒程泛，只有田戎脱身逃往江州。

岑彭上奏刘隆为南郡太守，自己则率领臧宫、刘歆长驱直入，进占江关，并严肃军纪，号令军中吏士不得掳掠百姓。所到之处，百姓都奉献牛酒，迎接犒劳部队。岑彭接见当地年高德劭者，对他们说："大汉王朝哀愍巴蜀百姓久被虏役，所以才兴师远伐，以讨伐有罪之人，为民除害。"并坚决推辞，不受牛、酒等物。百姓见此仁义之师，都非常高兴，争着开门归降。光武帝下诏书，命岑彭为益州牧，而且每攻克一个郡，岑彭都先兼摄太守职务。

岑彭进军江州，见田戎粮草众多，很难在短期内攻克，便留冯骏驻防，自己则率兵直指垫江（今四川合川县），攻破平曲，收得粮米几十万石。

公孙述派遣属下将领延岑、吕鲔、王元和自己的弟弟公孙恢一起据守广汉（今四川遂宁）、资中（今四川资阳），又派侯丹率二万余人据守黄石（今四川涪陵）。岑彭见状，多设疑兵，虚张声势，命护军杨翕和臧宫抵拒延岑等人，自己则分兵由水路回江州，以都江（成都江）逆水而上，袭击侯丹，大破其军。接着，昼夜兼行两千余里，一举攻克武阳（今四川彭山县），并派精锐骑兵攻打广都，一直攻到离成都几十里的地方，其势如疾风劲雨，所到之处，势如破竹，敌众溃散。

开始，公孙述听说汉军在平曲出现，便派大军前往迎击。等到岑彭到达武阳，绕出公孙述将领延岑部的后方，蜀地人出乎意料，大为震骇。公孙述更是大惊失色，他用杖顿地，连连叹息："这是什么神兵啊！"

据说，岑彭所住的地方叫彭亡。岑彭听此地名，心中不悦，本想移营，因天黑而未能成行。谁知公孙述派一刺客，谎称是逃亡之人，前来投降，在夜里岑彭熟睡时，乘机刺死了他。

岑彭首破荆门，长驱武阳，持军整齐，秋毫无犯。邛谷王任贵仰慕他的威信，从几千里外派使者迎接他，情愿归降。使者到达，岑彭已死。光武帝把任贵贡献给朝廷的礼物都赐给了岑彭的家属，为岑彭定谥号为"壮侯"。蜀地人也爱戴岑彭，给他在武阳立庙，岁时祭祀。

岑彭去世后，其子岑遵嗣爵。建武十三年（37），光武帝追念岑彭之功，又封岑遵之弟岑淮为谷阳侯。

伏波将军马援

马援（前14～49），东汉中兴名将。字文渊，扶风茂陵（今陕西兴平东北）人。新莽末年，为新城大尹（汉中太守）。后依附割据陇西的隗嚣，归汉后参与攻灭隗嚣。建武十一年（35）任陇西太守，率军击破先零羌。十七年（41）任伏波将军，南征交阯。十九年（43），封新息侯。后在进击武陵"五溪蛮"时，病逝军中，谥号"忠成侯"。他一生南征北战，忠心为国、马革裹尸的精神令人敬佩。

一、名将之后　又择明主

马援的祖先是战国时赵国名将赵奢。赵奢曾大败秦军，功勋卓著，被赵惠文王赐号为"马服君"。自此，赵奢的后代便以马为姓。汉武帝时，马家从邯郸移居茂陵。

马援的曾祖父马通，汉武帝时因功被封为重合侯，但由于他的兄长马何罗谋反，马通受到牵累被杀，所以马援的祖父、父亲这两代家境式微，地位不显。马援十二岁时，父亲就去世了。

马援有三个哥哥——马况、马余、马员，都很有才能，王莽时又都做到了二千石的高官。马援人虽小，志向却很远大，他的几个哥哥都深以为奇，认定他能成大器。

马援曾跟人学习《齐诗》，但他的心思根本不在文辞章句上，学不下去。于是，他向长兄马况告辞，要到边郡去种田放牧。马况很开明，不反对弟弟的志向，嘱咐他说："你有大才，应当是大器晚成。不过，一个优秀的工匠是不能老把简朴的工艺拿给别人看的，所以你去做你想做的事吧！"

没等马援起身，长兄马况就去世了，马援只好留在家中，为哥哥守孝一年。一年中，他没离开过哥哥的墓地，对守寡的嫂嫂也非常敬重，不整肃衣冠从来不踏进家门。

后来，马援当了郡中的督邮。一次，他奉命押送囚犯到司命府去。那囚犯身有重罪，马援可怜他，私自将他放掉了，自己则逃往北地郡（治今甘肃庆阳西北）。过了一段时间，朝廷大赦天下，马援就在当地畜养起牛羊来。时日一久，他的名望越来越高，不断有人从四方赶来依附他，于是他手下就有了几百户人家，供他指挥役使。他带着这些人，游牧于陇、陕之间（今甘肃、宁夏、陕西一带）。

马援过的虽是转徙不定的游牧生活，但胸中之志并未稍减。他常常对宾客们说："大丈夫立志，穷且益坚，老当益壮。"马援种田放牧，能够因地制宜，多有良法，因而收获颇丰。当时，共有马、牛、羊几千头，谷物数万斛。对着这田牧所得，马援慨然长叹，说："致富积财之人，贵在能够赈济困穷。否则，岂不成了守财奴了吗？"于是，他把所有的财产都分给了兄弟朋友，自己则只穿着羊裘皮裤，过着清苦的生活。

新莽末年，兵燹四起。王莽的堂弟王林任卫将军，广招天下豪杰。他选拔马援和同县人原涉为部属，并把他们推荐给王莽。

王莽任命原涉为镇戎大尹（新莽改太守为大尹）、马援为新城（今陕西安康）大尹。

王莽失败时，马援的哥哥马员正任增山连率（连率为新莽时郡一级的地方长官，职如太守），他和马援一起离开了各自的任所，跑到凉州（今属甘肃）避难。

光武帝刘秀即位，马员到洛阳投奔他，光武帝复其原职，让他仍到郡里去。马援则羁留西州。当时，隗嚣占据天水，自称西州大将军，对马援非常器重，任命他为绥德将军，让他参与军事机密，跟自己一起出谋划策，议定大事。

当时，公孙述据有蜀地，自称皇帝。隗嚣为决定去从，派马援去探听虚实。马援与公孙述本为同乡，而且过去有很好的交情。马援以为这次老朋友见面，一定会高高兴兴地相见晤谈，没想到公孙述却摆起皇帝架子来。他先多多安排卫士，然后才请马援进见；待刚见过礼，又马上让马援出宫，住进宾馆；接着命人给马援制作下级官吏的服饰；然后才在宗庙中聚集百官，设宴招待他。席间，公孙述表示要封马援为侯爵，并授予他大将军的官位。

马援的随从宾客挺高兴，以为受到了礼遇，都愿意留下来。马援不以为然，给他们讲道理，说："如今天下纷纷，谁胜谁负，大局未定。公孙述不能像周公那样吐哺握发迎接国士，跟他们一起共图大业，反而装腔作势，虚情假意，像个木偶人似的。这样下去，哪能留住真正的人才呢？"马援告辞公孙述，回到隗嚣那里，对他说："公孙述不过是井底之蛙，妄自尊大，难成大器。我们不如专心关注东方局势！"

建武四年（28）冬天，隗嚣让马援带信到洛阳去见光武帝，光武帝在宣德殿接见了他。光武帝笑着对马援说："你在两个皇帝间转来转去，今天见到你，真是惭愧！"马援行礼后，接着光武帝的话题说:"如今这时代,不但君主选择臣子,臣子也在选择君主。臣跟公孙述是一个县的同乡,年轻时还是好朋友。可上次臣到他那里,他盛陈卫士,警跸森严,然后才见臣。如今臣远道而来,陛下怎敢肯定臣不是刺客、奸人,就如此随便地接见臣呢?"光武帝听了,笑道:"卿不是刺客,倒像个说客。"马援说:"天下翻覆无常,欺世盗名者数不胜数。如今臣见到了陛下,发现陛下恢弘大度,跟当年的高祖一样,这才知道世上自有真的帝王啊!"光武帝很欣赏马援的言谈见识,认为他与众不同,把他留在了自己的身边。

不久,光武帝南巡,让马援随行,先到黎丘,后又转到东海。南巡归来,光武帝任命马援为待诏,以备顾问。后来马援要回西州,光武帝就派太中大夫来歙持节送他。

马援回到西州之后,隗嚣跟他同卧同起,并询问东方的传言和京师的状况。马援说:"这次我到朝中,皇帝见了我好多次,一闲谈起来,往往从晚上直到天明。他的才气、圣明、勇武、谋略,绝非常人可以企及。而且他为人坦率诚实,无所掩饰,心胸开阔,注重大局,不拘小节。这些,都跟高祖相同。他还精通经术,博览群书,无论政事还是文采,前人都无法与之相比。"隗嚣又问:"那么,你说他跟高祖相比如何?"马援回答:"比不上。高祖处事,无可无不可。现在的皇帝则喜欢吏治,行动都要有节制法度,而且又不喜欢饮酒。"隗嚣颇有些不以为然,说:"照你这么说,倒胜过高祖了?"

话虽如此说,隗嚣到底还是相信马援的。他同意归汉,派长子隗恂到洛阳去做人质,马援也就带领家属一起到了洛阳。

马援到洛阳后,一连几个月也没有得到什么职务。马援不愿无所事事。他发现三辅地区土地肥沃,原野宽广,而自己带来的宾客又不少,于是便上书给光武帝,请求率领宾客到上林苑去屯田。光武帝答应了他的请求。

二、聚米为山　一战破敌

就在这时，隗嚣听信了部将王元的挑拨，想占据陇西，称王称霸，因而对东汉朝廷存有贰心，处事狐疑。马援得知情状，多次写信，好意地开导他、责备他。隗嚣却毫不领情，认为马援背离了自己，一意孤行，发展到后来，竟然起兵抗拒朝廷。

马援上书给光武帝，表明自己的心迹，信里说："臣归身圣朝，事奉陛下，没有经人推荐，没人为臣表功。所以，有些话臣不说，陛下就听不到了。臣和隗嚣本来是互相信赖的朋友。当年隗嚣派臣东来，对臣说：'我想归附汉室，你先去看看，你认为行，我们就专心归附汉室。'等臣返回西川，真诚地向他通报了情况，实在是想引导他向善，因此不敢有一点欺骗他的地方。想不到他心怀叵测，致使怨毒之情尽归于臣。这些情况，臣如果不说，陛下就听不到了。"马援在信中还表示愿意面见光武帝，献计献策，以消灭隗嚣。

光武帝览信后，当即召见马援。马援详细地陈述了自己设计的对付隗嚣的办法。光武帝便派马援率领五千突骑来往于陇、陕之间，游说羌族的豪长和隗嚣手下的将领高峻、任禹等人，向他们陈说祸福利害，做分化瓦解工作。马援还写信给隗嚣部将杨广，向他表明心迹，陈说利害，希望他能归附汉朝，并希望他能劝谏隗嚣，悬崖勒马。然而杨广却没有回音，隗嚣也仍然执迷不悟。

建武八年（32），光武帝自统大军讨伐隗嚣。军队到了漆县（今陕西彬县），不少将领认为前途情况不明，胜负难卜，不宜深入险阻，光武帝也犹豫不定，难下决心。正好马援奉命赶来，光武帝大喜，连夜接见，并把将领们的意见原原本本地告诉了马援,征询他的意见。马援和盘说出了自己的看法,他认为:隗嚣的将领已有分崩离析之势,如果乘机进攻,定获全胜。说着,他命人取些米来,当下在光武帝面前用米堆成山谷沟壑等地形地物,然后指点山川形势,标示各路部队进退往来的道路,其中曲折隐微无不毕现,对战局的分析也透彻明白。光武帝一听,特别高兴,说:"这下敌人全在我眼底了。"遂决意进军。

第二天,光武帝挥军直进,抵达高平第一城(今宁夏固原)。隗嚣部大败,部众溃散。

三、恩威并施　平定陇西

建武九年(33),朝廷任命马援为太中大夫,做来歙的副手,统领诸军驻守长安。

自从王莽末年开始,塞外羌人不断侵扰边境,不少羌人部落更趁中原混乱之际入居塞内,金城(治所在今甘肃兰州西北)一带属县多为羌人所占据。来歙就此事上书,说陇西屡有侵扰祸害,恐怕除马援外,谁也平息不了。建武十一年(35)夏天,光武帝任命马援为陇西郡郡守。

马援一上任,便整顿兵马,派三千人出征。出师后,势如破竹,一帆风顺,先在临洮击败先零羌,斩首数百人,获马牛羊一万多头。守塞羌人八千多,望风归降。

当时,羌人各部落还有几万人,在浩亹占据要隘进行抵抗。马援和扬武将军马成率兵进击,羌人把他们的家小和粮草辎重聚集起来,在允吾谷阻挡汉军。马援率部暗中抄小路袭击羌人营地。羌人见汉军突如其来,非常惊慌,远远地逃入唐翼谷中。马援挥师追击,羌人率领精兵聚集北山坚守。马援一面面山摆开阵势,吸引敌人;一面分派几百名骑兵绕到羌人背后,乘着夜间放起火来,而且击鼓呐喊,虚张声势。羌人不知有多少汉军袭来,惶急万分,纷纷奔逃,溃不成军。马援大胜,但因为兵少,没敢穷追敌人,只是把羌人的粮谷和牲畜等财物收为汉军所有。

这次战斗,马援身先士卒,亲冒矢石。飞箭射中他的腿部,把腿肚子都射穿了。光武帝得知消息,立即派人前往慰问,并赐给他几千只牛羊。马援像往常一样,又把这些都分给了部下。

金城破羌(今青海乐都东)以西,离汉廷道途遥远,又经常发生变乱,不好治理。朝廷大臣商议,要放弃这一地区。马援持不同意见,他提出了三条理由:第一,破羌以西的城堡都还完整牢固,适于固守;第二,那地方土地肥沃,灌溉便利;第三,假如舍弃不管,任羌人占据湟中,那么以后将有无穷的祸患。光武帝觉得马援言之有理,依从了他的意见,下诏命令武威太守把从金城迁来的客民全都放回。放回的客民一共有三千多,他们各自都返回了原籍。马援又奏明朝廷,为他们安排官吏,修治城郭,浚导水利,鼓励人们发展农牧业生产,郡中百姓从此安居乐业。

马援还派羌人豪强杨封说服塞外羌人,让他们与塞内羌人结好,共同开发边疆。另外,对武都地方背叛公孙述前来归附的氐人,马援以礼相待,奏明朝廷,恢复他们的侯王君长之位,赐给他们印绶。

建武十三年(37),武都地方参狼羌(羌人的一个分支)与塞外各部联合,杀死官吏,发动叛乱。马援率四千人前去征剿。部队行至狄道县(在今甘肃临洮境内)境,发现羌人占据了山头。马援命令部队选择适宜的地方驻扎,断绝了羌人的水源,控制了草地,以逸待劳,不许出战。羌人水草乏绝,陷入困境,首领们带领几十万户逃往塞外,剩下的一万多人全部投降。从此,陇右安宁了。

马援在陇西太守任上一共六年。由于他恩威并施,使陇西兵戈渐稀,人们也逐渐过上了和平安定的生活。

马援治郡，注重恩信，宽以待下。他要求官吏务尽职守，自己从不过多干预，只是总其大体而已。手下的官吏来汇报具体事务，如果不是非管不可，他就说："这些事，自有主管的官吏在，何必要来麻烦我呢？你们还是可怜可怜我这老头子，让我清闲一会儿吧！倘若有豪民大姓侵害欺凌下民，羌人又要兴兵作乱，那时再来找我啊！"

有一次，在靠近狄道县城的地方，乡民们结伙械斗。人们误认为羌人要造反，惊慌失措，争先恐后涌入城里来。狄道县令闻变，赶到马援府门，请示关闭城门，整兵戒备。马援当时正与宾客饮酒，得此消息，大笑道："羌人哪里还敢造反！告诉狄道县令，回去好好看住自己的房舍就行了。要是有人害怕得厉害，就让他躲到床下去。"不久，城中安定下来，才知是虚惊一场。由此大家愈发佩服马援。

四、忠勤国事　南征交阯

马援关心国事，遇到该说的话，从不隐饰回避。他在陇西发现币制混乱、使用不便，就上书给朝廷，提出应该像过去一样铸造五铢钱。朝廷把他的建议提交三府（汉制，三公皆可开府，因此称三公为三府）审议。三府奏明皇帝，说马援的建议不可行，于是这一建议就被搁置起来了。

马援认为币制关系重大，始终记挂此事。后来，他从陇西调入朝廷任虎贲中郎将。回朝后，他马上就去找回了自己的奏章。见奏章上批有十几条非难意见，便依据情理加以驳正解释，重新写成表章上奏。光武帝见他言之有理，采纳了他的意见，天下从此得益很多。

马援回到朝廷后，屡次被光武帝召见。他须发明丽，眉目如画，善于应对，尤其善于叙述前代故事。在他口中，三辅长安、间里少年，均有可观可听之处。皇太子、诸王听马援讲故事，从不感到厌倦。

马援还善言军事。光武帝刘秀常常对人说："伏波论兵，与我意合。"因此，凡是马援提的建议，光武帝都予采纳。有一次，马援在浔阳（今湖北广济东北）平定山林乱者，曾上表给光武帝，其中有这样的话："破贼须灭巢，除掉山林竹木，敌人就没有藏身之地了。好比小孩头上生了虮虱，剃一个光头，虮虱也就无所依附了。"据说，光武帝览书后，觉得马援这办法、这比喻，都堪称绝妙，赞叹之余，来了个当场运用，下令把宫中小黄门头上有虱子的，一律剃成了光头。

交阯（今广东、广西大部和越南的北部、中部）地区的女子征侧、征贰因与太守孙定不和，起兵反汉。因为她们是交阯贵族中颇有影响的人物，所以兵势很大，不久就占据了交阯、九真的大部分地区，而九真、日南、合浦地区也起兵响应，征贰自立为王。

光武帝任命马援为伏波将军，以扶乐侯刘隆为副将，率领楼船将军段志等南击交阯。部队走到合浦地方，段志去世，光武帝下诏命马援兼领其军。于是，马援统军沿海开进，随山开路，长驱直入一千余里。

建武十八年（42）春，马援率军到达浪泊，与敌大战，攻破其军，斩首几千人，击降一万多人。马援乘胜追击，在禁溪一带数败征侧，敌众四散奔逃。第二年正月，诛杀了征侧、征贰姐妹，传首洛阳。朝廷封马援为新息侯，食邑三千户。

马援封侯，没有自己庆贺，而是杀牛摆酒，犒赏三军将士。饮酒中间，他从容地对手下说了一段感慨深长的话："当年我立下大志，可我的堂弟却不以为然。他说：'一个人生在世上，只要能有饭吃、有衣穿，坐下泽车（一种适宜在沼泽地上行走的短毂轻便车），骑款段马（款段：马行迟缓的样子），在郡中当个小官，不离开先人的坟墓，乡里人说你是个好人，也就行了。此外，如果再有更高的企求，那是自讨苦吃。'那时，我并没有把这话放在心上。可当我在浪泊、西里之间奔波，敌人尚未灭掉之时，下有积水，上笼云雾，瘴气熏蒸，山水险恶，我仰视空中飞鸟落于水中，心里回味着堂弟话语中的境界，颇为向往，可惜无法实现。如今，靠大家的力量，我们才取得了胜利，而我却一个人腰金衣紫，封侯受赏，真是既高兴又惭愧啊！"将吏们听了马援这番推心置腹的话，感佩不已。

接着，马援又率大小楼船两千多艘、战士两万多人，进击征侧余党都羊等，从无功一直打到巨风（无功、巨风皆属九真郡），斩杀、俘虏敌人五千多，平定了峤南（岭南）。

马援见西于县（属交阯郡）辖地辽阔，有三万二千多户，边远地方离治所一千多里，管理不便，就上书给光武帝，请求将西于分成封溪、望海二县。

马援每到一处，都组织人力为郡县修治城郭，并开渠引水灌溉田地，便利百姓。马援还参照汉代法律，对越律进行了整理，修正了越律与汉律相互矛盾的地方，并向当地人申明，以便约束。从此之后，当地始终遵行马援所申法律，所谓"奉行马将军故事"。

建武二十年（44）秋天，马援率部凯旋回京。将士中，十之四五死于瘴疫。光武帝赐给马援一辆兵车，让他上朝与九卿同列。

马援喜欢骑马，也善于鉴别名马。他在交阯时，获得了骆越地方的铜鼓，便把它铸成骏马的模型，回朝后献给光武帝。他在表章中说，"要说行天没有比得上龙的，行地没有比得上马的"，认为马是军队的根本，对国家有很大作用，建议国家以他根据古经法和自己经验铸成的马为范本,以识别、网罗骏马。光武帝刘秀为此下诏,命将此马放在宣德殿下,以作为名马的标准。

五、诚为烈士　马革裹尸

马援并不汲汲于功名利禄,他担心的只是自己无功受禄,才德不能称位,因而总想尽可能多地为国家出力。

马援的部队从交阯回军,还没到京师,好多老朋友都去迎接他、慰问他。平陵(今陕西兴平东北)人孟冀也在其中。孟冀以多智著称,他在席间向马援祝贺。马援对他说:"我还盼望您说点有用的话呢,您反倒和别人一样。过去的伏波将军路博德开辟了七郡疆土,才被分封了几百户,如今我才建了这么点小功,就被封了三千户。功薄赏厚,怎能长久呢?您应该有话教导我。"孟冀回答:"我是下愚之人,没有这样的智慧。"马援又诚恳地说:"目前,匈奴和乌桓尚在北部滋事扰边。我想向皇帝请缨,前往平复。男子汉死也要死在边野,用马革裹尸还葬,哪能躺在床上,死在儿女手中呢?"孟冀点头说:"真正的烈士,就该像您说的那样。"

马援回到京城一个多月,正赶上匈奴、乌桓进犯扶风(今陕西凤翔)。马援见三辅地区受到侵掠、皇家陵园不能保全,就自愿请求率兵出征。朝廷同意了。十二月,马援带兵出屯襄国(河北邢台)。第二年秋天,他率领三千骑兵出高柳(今山西阳高),先后巡行雁门(今山西右玉南)、代郡(治所在今河北蔚县西南)、上谷(今河北怀来东南)等地。乌桓哨兵发现汉军到来,部众纷纷散去,马援无所得而还。

建武二十四年(48),南方武陵郡(治今湖南常德)武溪(在今湖南泸溪县)蛮暴动,武威将军刘尚前去征剿,冒进深入,全军覆没。当朝廷用人之际,六十二岁的马援请命南征。光武帝考虑他年事已高，没有答应他的请求。马援当面向皇帝请战，说："臣虽年老，但还能披甲上马，驰骋疆场。"光武帝让他试试，马援身披铠甲，手持兵器，飞身上马，手扶马鞍，四方顾盼，一时须发飘飘，神采飞扬，真可谓烈士暮年，老当益壮。光武帝见马援豪气仍在、雄心未已，很受感动，笑道："真精神，真硬朗，好老汉！"于是派马援率领中郎将马武、耿舒、刘匡、孙永等人，率四万人远征武陵。

出发前，亲友来给马援送行。马援对老友杜愔说："我已是桑榆晚景，时日无多。平日受国重恩，无法报答。今天能上战场，得偿所愿，就是死了，也甘心瞑目。不过，我萦绕心头难以忘怀的是一些权贵的子弟，他们有的在我身边，有的参与南征之事，很难管理调度，倘若他们处处掣肘，事情就不好办了。"事情不幸被马援所料中。

建武二十五年（49）春天，马援率部开到下隽（治今湖北通城）时，有两条路可走，一是经壶头山（在今湖南沅陵东，因山头与东海方壶山相似，故名），一是经充县（属武陵郡）。经壶头山，路近，但山高水险；经充县，路远，粮运不便，但道途平坦。究竟该从哪儿进发，光武帝一开始也拿不定主意。耿舒——就是马援在出发时说的那些权贵子弟中的一个，想从充县出发；而马援则认为，进军充县，耗日费粮，不如直进壶头山，扼其咽喉，充县的蛮兵定会不攻自破。两个人意见不一致，便上表说明情况，请皇上裁决，光武帝同意马援的意见。之后，马援率部到达临乡（今湖南常德古城山），蛮兵来攻，马援迎击，大败蛮兵，斩首、俘虏两千多人。蛮兵纷纷逃散，进入竹林之中。

三月，马援统军进发，驻扎在壶头山。蛮兵据高凭险，紧守关隘。当地河流水势湍急，汉军船只难以前进。加上天气酷热难当，好多士兵得了暑疫等传染病死去，马援也身患重病，一时，部队陷入困境。马援命令靠河岸山边凿成窟室，以避炎热的暑气。虽然困难重重，但马援意气自如，壮心不减。每当敌人登上高山、鼓噪示威，马援都拖着重病之躯出来观察敌情。手下将士深为其精神所感动，不少人热泪横流。

然而，耿舒却在此时写信给他哥哥好畤侯耿弇，告了马援一状：

> 先前我上表章，提议应该先攻充县，因为攻充县粮运虽有不便，但兵马有用武之地，将士也都能奋勇争先。如今到了壶头，受阻于此，无法进军。将士们都快郁闷死了，实在令人痛惜。另外，当初我军到临乡时，敌人无故自败。如果我们趁夜间袭击，完全可以全歼。但结果，马援只是把敌人打散了。伏波将军（马援）带兵，倒像个西域商人，到一地，停一停，这才导致我军失利。现在大军陷入困境，遇到疫疾，完全跟我预见的一样。

耿弇收到此信，当即奏知光武帝。光武帝就派虎贲中郎将梁松去责备马援，并命他代监马援的部队。只是梁松到达时，马援已病死军中。

马援为国尽忠，殒命疆场，实现了马革裹尸、不死床箦的志愿。

六、戒人之祸　自罹谗隙

马援进身朝廷，没有一个人推举荐拔，全靠自己公忠为国。后来居于高位，也不结势树党。他生前受到权贵的排挤压抑，死后又遭到了严重的诬陷迫害。诬陷迫害他的主角就是代监其军的梁松。梁松对马援素有怨恨，原因比较复杂。

一是马援写信告诫晚辈，梁松曾受到牵累。

马援当年南征交阯，在前线听说侄儿马严、马敦到处乱发议论，讥刺别人，而且跟一些轻狂不羁的人物结交往来，便立即写信劝诫他们。信中说：

> 我希望你们听到别人的过失，应该像听到父母的名字一般，耳朵可以听，嘴里万不可乱说。议论长短，拨弄是非，这是我平生最讨厌的！我宁可死了，也不愿听人说我的晚辈沾染了此种恶习。既然你们早知道我痛恨这一点，我为何还要重提此事呢？说来也不过"施衿结褵"，尽长辈的教训之责，让你们永志不忘罢了！
>
> 龙伯高敦厚谨慎，口无择言，谦约节俭，廉公有威，我钦佩他、爱戴他，希望你们向他学习，谦虚谨慎，敦厚廉洁；杜季良为人豪侠，讲究义气，忧人之忧，乐人之乐，清浊不失，是非分明，他父亲死时，远近几个郡的客人都来吊唁，我爱戴他、钦佩他，却不愿你们去仿效。因为学龙伯高，学不好，还不失为一个恭谨之人，就像刻琢天鹅，没刻好，总还像只野鸭（刻鹄不成尚类鹜）吧；可是学杜季良，学不好，就会变成一个轻薄之人，那岂不是画虎不像，反倒画成一只狗（画虎不成反类犬）了吗？现在，杜季良怎么样，还不可知呢！郡将一到就切齿痛恨，州郡也都说他不好。我常常替他寒心，所以不愿让子孙仿效他。

杜季良当时正任越骑司马，他的仇人以马援此信为据，上奏章控告他，说他："为行浮薄，乱群惑众。伏波将军在万里外，尚且写信给侄儿，告诫他们不要受杜季良的影响。"奏章中，连带到了光武帝的两个女婿：梁松和黄门侍郎窦固，说他们结交杜季良，助长轻浮放任的习气，败乱华夏风俗。光武帝览此奏章，把窦固、梁松召来严加责备，并且把奏章和马援的信给他们看。二人叩头流血，才免去罪过。结果杜季良被罢官，龙伯高则被升任零陵太守。梁松因此迁怒于马援。

二是马援曾折辱、讽喻过梁松。

梁松一向骄横自大，自命不凡。马援对此很看不惯。有一次，马援生病，梁松去看望，在床边向马援行礼，马援没有回礼。梁松走后，马援的儿子说："梁松是皇帝的女婿，贵甲朝廷。公卿以下官员无不怕他，都让他三分。您为什么不回礼呢？"马援说："我是他父亲（梁统）的朋友，他再尊贵，也不能失了人伦之序吧？"

建武二十年（44）十二月，马援出屯襄国，光武帝因他勋劳国事，刚刚征南回来，又要离京，命令百官都去送行，以示荣宠。梁松、窦固等权贵子弟也来了。马援直言不讳地教训他们："一个人居于高贵的地位，还要能过卑贱的生活才行。像你们这样不想再居于卑贱地位，而要永保富贵，就该想想我的话了！"其实马援说这些话的目的，一方面固然是要杀杀这些纨袴子弟的骄横之气，另一方面也确实是替他们着想，出于戒人之祸的良好心愿。但梁松却因此怀恨在心。

由于如上的积怨，梁松早想寻机报复。这次天假其便，光武帝让他去代监马援的部队。尽管他到达时马援已去世，但梁松旧恨难消，便上书朝廷，诬陷马援，说他不仅指挥无方，导致军无进展，而且贪于财货，上次南征交阯，他就曾搜刮了一车珍珠和有文采的犀角运回。捕虏将军马武与陵侯侯昱等人也上表章，说马援确曾运回过一车珍稀之物。光武帝信以为真，大发雷霆，没收了马援的新息侯印绶。

马援的家人不知皇帝为何如此震怒，不知马援究竟身犯何罪，惶惧不安。马援的尸体运回，不敢埋入原来的坟地，只买了城西几亩地，草草埋葬在那里。马援的宾朋故旧也不敢到马家去吊唁，景况十分凄凉。葬完马援，马援的侄儿马严和马援的妻子儿女们用草索相连，到朝廷请罪。光武帝拿出梁松的奏章给他们看，马援的家人这才知道蒙受了天大的冤枉。

原来事情是这样的：马援在交阯时，常吃一种叫薏苡的植物果实。这薏苡能治疗筋骨风湿，避除邪风瘴气。由于当地的薏苡果实硕大，马援班师回京时，就拉了满满一车，准备用来做种子。人们见马援拉了一车东西，以为肯定是南方出产的珍贵稀有之物。于是权贵们都希望能分一点，分不到便纷纷议论，说马援的坏话。但马援那时正受光武帝宠信，所以没人敢跟皇帝说。

马援夫人知道事情原委后，先后六次向皇帝上书，申诉冤情，言辞凄切。光武帝这才命令正式安葬马援。

马援素有知人见事之明，能由一些苗头中较正确地推断出事情的发展态势或结果。他劝诫侄儿、告诫梁松，均属此类。这里还有一个明显的例证。

马援的侄婿王磐是王莽堂兄王仁之子。王莽事败，王磐仍住在原地，拥有巨额资财。他为人任侠尚气，爱士好施，在江淮间大有声望。后来，又游历京都，与卫尉阴兴、大司空朱浮、齐王刘章结为朋友，日与往来。马援对外甥曹训说："王家刚刚被废黜，王磐本当闭门自保，以求远祸。如今却游历京师，结交长者，意气用事，多所陵折，早晚要惹祸上身。"不出所料，过了一年多，王磐果然受司隶校尉苏邺、丁鸿一案的牵连，死在洛阳狱中。

王磐的儿子王肃不知收敛、约束，又出入北宫和王侯府第。马援对吕种说："建武之元，名为天下重开，从今以后，海内自当安定。我只是担心王子们都大了，好多相应的礼法规矩、防范措施却没有建立。如果王子们多交宾客，必将惹起大狱，你们这些人应该小心谨慎才是！"后来，中山太后郭氏去世，有人上书，认为王肃等人出于被废黜的人家，恐怕借事生乱，引起像贯高、任章那样的变故。光武帝大怒，下诏命令郡县收捕各位王子的宾客，互相牵引，诛死千人以上。吕种也在处死之列，临死，他叹息说："马将军真是神人啊！"

明帝永平初年，马援的女儿被立为皇后。汉明帝在云台图画建武年间的名臣列将，为了避椒房之嫌，单单没画马援。东平王刘苍观看图像，对明帝发问："为何不画伏波将军马援的像呢？"明帝笑而未答。

建初三年（78），汉章帝派五官中郎将持节追封马援，谥号"忠成侯"。

马援曾在西北养马，得专家传授，发展了相马法，著有《铜马相法》。

征虏将军祭遵

祭遵（？～33），东汉中兴名将，"云台二十八将"之一。字弟孙，颍川颍阳（今河南许昌）人。他一生北平渔阳彭宠叛乱，西伐陇蜀割据势力，可谓是南征北战，战功卓著；他带兵有方，秋毫无犯。他一生克己奉公，为将吏作出了表率。身为武将，他雅好儒术，十分难得。

一、奉法不避　因功封侯

祭遵从小喜好经学，嗜读经典。虽然家庭条件富裕，但他生活却十分节俭，常穿破旧的衣服。母亲去世，他亲自背土，垒造坟茔。曾有部吏欺凌他，他积极结交侠士，杀死了那个部吏。一开始，县城中人认为他柔弱怯懦，此事之后，人们就都畏惧他的胆识了。

更始元年（23），被更始帝封为太常偏将军的刘秀在昆阳击败王寻，回军经过颍阳，祭遵以县吏的身份几次前往拜见。刘秀喜欢他的风度、仪表，任命他为门下史。

刘秀被更始帝任命为大司马，奉命镇抚河北，祭遵担任军市令，随同前往河北。一次，有个伺候刘秀的小郎犯了法。祭遵毫不客气，当场处死了他。刘秀得知，十分恼怒，下令收捕祭遵，加以惩处。主簿陈副劝阻说："明公常想让众军整肃，现在祭遵执法毫无避忌，正是助您教令诸军的好机会。"刘秀这才赦免了祭遵，并任命他为刺奸将军。

事后，刘秀常对将领们说："你们做事，要警惕祭遵！我身边的小郎犯了法，他都给杀了，估计一定不会包庇诸位的！"

不久，祭遵又升任偏将军，随从刘秀平定河北，因功受封为列侯。

二、纵横疆场　百战常胜

建武二年（26）春天，光武帝刘秀任命祭遵为征虏将军，定封颍阳侯。让他和骠骑大将军景丹、建义大将军朱祐、汉忠将军王常、骑都尉王梁、臧宫等人进军箕关，攻打弘农（今河南灵宝东北）、厌新、柏华、蛮中的农民军。在战斗中，敌人的弩箭射到祭遵的嘴上，伤口流血不止。众将见祭遵受伤，渐生退意，阵脚移动。祭遵不顾伤痛，大声喝止。士兵见祭遵如此刚强，受到感动激发，一个个勇气百倍，终于大破敌兵。

盘踞在新城（在今河南伊阙）、蛮中一带的山贼张满，屯驻险要地方，为害百姓。朝廷命祭遵前去讨伐。祭遵先断绝了张满的粮道，然后坚守营垒，不肯出战。这时，厌新、柏华等地的残敌又和张满呼应，攻占霍阳聚（今河南汝州西南）。祭遵抓住有利时机，分兵将他们各个击破。第二年春天，张满无衣无食，陷入困境。祭遵攻破城邑，生擒并处死了张满。

接着，祭遵又率兵南进，击败了叛汉的破虏将军邓奉的弟弟邓终。

建武三年（27）十月，涿郡（治今河北涿县）太守张丰扣留汉使，起兵反汉，自称无上大将军，并与叛汉的渔阳（治今北京密云西南）太守彭宠连兵。

建武四年（28），祭遵、朱祐、建威大将军耿弇、骁骑将军刘喜率部前往讨伐张丰。祭遵先到涿郡，统兵攻城，势如急风骤雨。张丰的功曹孟厷捆绑了张丰，献城归降。原来，张丰喜好方术，有一道士投其所好，说他应为天子，并把五色彩囊包上石头，挂在他的肘后，骗他说石头中有玉玺。张丰深信不疑，于是起兵造反。一直到被擒获将要问斩，张丰还说："肘石中有玉玺。"祭遵命人将石头砸碎，张丰才知道受骗，仰天长叹道："我应当死，无所恨。"

张丰被处死之后，诸将率军撤回，祭遵则奉诏屯驻留乡，抵拒彭宠。他派护军傅玄袭击彭宠部将李豪，结果大获全胜，斩首千余人。此后，祭遵和彭宠相持一年多，屡次打败彭宠，挫其锋芒，彭宠的党羽有许多人都投降了祭遵。建武五年（29），彭宠被他的奴仆子密所杀，祭遵乘势进军，平定其地。

建武六年（30）春，光武帝刘秀命祭遵和耿弇、虎牙大将军盖延、王常、捕虏将军马武、骁骑将军刘歆、武威将军刘尚从天水（治今甘肃通渭西北）进军，讨伐割据蜀地的公孙述，并事先诏告割据陇西的隗嚣。部队行至长安，光武帝也赶到了。

隗嚣不愿让汉兵经陇道进军，上书设辞，说："白水险阻，栈阁陡绝，难以行走。"光武帝召集众将，议决此事。将领们都说"可以再给隗嚣一点时间，并对他的将帅厚加封赠，以便瓦解他们。"只有祭遵持不同意见，他说："隗嚣心怀奸谲已经不是一天半天了。如果我们按兵不动，拖延时日，只会使他的诈谋更深，而蜀地公孙述也就会加强戒备。不如立即进军为上。"光武帝认为祭遵说得对，便派他为先锋军。

隗嚣派其部将王元据守陇坻（今陕西陇县、甘肃清水之间），伐木塞道，以挡汉军。祭遵鼓勇进攻，击败王元，追至新关。等到诸将到来，与隗嚣作战，却纷纷失利，退兵下陇。于是，光武帝命祭遵驻汧（今陕西陇县南），耿弇驻漆，冯异驻枸邑，吴汉等还屯长安。此役之后，祭遵又数挫隗嚣。

三、克己奉公　雅歌投壶

建武八年（32）秋，祭遵又随光武帝由陇道西上，出征隗嚣。不久，隗嚣由略阳（今甘肃秦安西南）败退，光武帝东归，经过汧县，特意到祭遵营中犒赏士卒，演奏黄门武乐，夜深才罢。当时祭遵重病在身，光武帝特赐以又厚又软的坐席、床褥，覆以御盖，关切备至。

后来，公孙述派兵救援隗嚣，吴汉、耿弇等撤军逃回，只有祭遵留在驻地，独守冲难，没有退却。

建武九年（33），祭遵在军中病逝。

祭遵为人十分廉洁，一生克己奉公。他得到赏赐，都分给部下，也不治产业，家无余财。他自己一生穿皮裤、盖布被，夫人也裳不加彩，俭朴至极。他的兄长祭午见他没有儿女，便做主娶了一妾给他送去。祭遵坚决不受，他认为自己身负国家重任，因而不敢图谋继嗣。临死时，他告诉家人将自己用牛车拉回，薄葬洛阳；问他家中之事，他一句也不说。他死后，博士范升上书，赞扬祭遵说:"清名闻于海内,廉白著于当世","任重道远,死而后已"。

祭遵竭诚奉公,尽忠为国。他一生戎马倥偬,北平渔阳,西拒陇蜀,先登坻上,探取略阳,说得上纵横南北、屡立功勋。他带兵有方,"制御士心,不越法度",而且所至秋毫无犯,致使当地吏人不知有大军经过。

祭遵身为武将,却笃好儒学。他选拔人才,全用儒术;连饮酒时的娱乐,也只用儒家的雅歌(《雅诗》)投壶。他还建议朝廷为孔子立后,并奏请设置五经大夫。他虽然身在军旅,但从不忘俎豆之礼,确实是一个好礼悦乐、守死善道之人,在东汉中兴名将中,他是一员难得的儒将。

祭遵一生,很受光武帝刘秀重视。他的死讯传来,光武帝悲伤异常;他的灵柩运回河南,光武帝命百官都去迎接,自己也素服亲临,哀痛不已;经过他的车骑时,光武帝泪流满面,不能自已;随后,光武帝又亲自用太牢祭祀他。举行葬礼那天,光武帝再次亲临,给他将军、侯印绶,朱轮容车(容饰之车),命甲士列阵送葬;葬礼完毕,光武帝又亲自到他的坟上吊唁,并到他家中慰恤其家属。

祭遵去世后,光武帝时常怀念他,每次都叹息说:"再也找不到像祭征虏(祭遵曾为征虏将军)那样忧国奉公的人了!"

执金吾寇恂

寇恂(?~36),东汉中兴名将,"云台二十八将"之一。字子翼,上谷昌平(今属北京)人。他一生戎马,智勇双全。他任地方官,深得民心。受光武帝刘秀之托而行当年萧何留守关中之事，为东汉王朝削平群雄立下了大功。但他居功不骄，见识过人，受人钦敬。

一、上谷夺印　广阿攀龙

寇恂出身于上谷郡的世家大姓。年轻时任郡功曹，郡太守耿况很器重他。

王莽失败后，新立的更始帝刘玄，派遣使臣巡行郡国，声言："先降者复爵位。"耿况带领寇恂，到边界恭迎使臣，并按规定交上了印绶。然而，使臣收取印绶后，过了一夜，仍然没有归还之意。

寇恂大怒，勒兵入见使臣，请还印绶。使臣不给，并说："我是天王使臣，你想威胁我吗？"寇恂说："我不敢威胁使君，不过是认为您考虑不周罢了。如今天下初定，国家威信还未建立，使君奉皇命持节以临四方，郡国没有一个人不延颈倾耳，望风归属。如今使君刚到上谷便先毁坏国家威信，使人们向往朝廷之心受到打击，进而产生离心离德的行动，您将如何号令别的郡呢？而且耿府君（耿况）在上谷，长久被官吏、百姓拥戴，如今更换太守，如果得到贤者则造次未安，得不贤者则会生出变乱。为了使君考虑，不如发还印绶，以安百姓。"

寇恂恳切陈辞，使臣仍不肯听。寇恂当即命令手下，以使臣名义召见耿况。耿况进见，寇恂抢步向前，取回印绶交给耿况；使臣见事已如此，只好承制命耿况仍任原职。

王郎在邯郸起事，自立为帝，派将领巡行上谷，逼迫耿况发兵响应。寇恂与门下掾闵业一起向耿况进言："邯郸王郎猝然起兵，实难相信，不可归附。当年王莽在位，最怕的是刘伯升（刘縯）。现任大司马刘秀，就是刘伯升的胞弟。听说他尊贤下士，贤者闻风影从。我们该去攀附他才是！"耿况犹豫难决，说："王郎正当盛大之时，我们无法与之抗衡，怎么办呢？"寇恂回答："如今我们上谷郡城郭坚固，粮食充足，拥兵过万。凭着这些，完全可以从容地安排去就，选择良主。我愿到渔阳（治今北京密云西南）去，同彭宠结好，齐心协力，共图王郎。"

耿况采纳了寇恂的主张，派他到渔阳，与渔阳太守彭宠结盟。寇恂完成盟约，由渔阳归来时路过昌平，袭击王郎的使臣，杀死了他，夺有其军，然后与耿况的儿子耿弇到广阿（治今河北隆尧东）去投奔刘秀。刘秀任命寇恂为偏将军，赐号承义侯，让他随军转战。

寇恂在军旅中，多次与刘秀亲信的谋士邓禹谈论军国大事。邓禹认为他有过人之才，于是杀牛把酒，结为好友。

二、转输得力　干城有方

刘秀南定河内，想命将领留守，但考虑到更始帝的大司马朱鲔盛兵据守洛阳，以及并州也未平定等因素，一时想不出合适的人选。于是，刘秀去征询邓禹的意见。邓禹说："当年汉高祖任命萧何留守关中，免去自己西顾之忧，这才得以专力经营山东，终成大业。如今，河内山川险固，户口殷实，北通上党，南迫洛阳，地势异常重要。寇恂文武兼备，有驾驭士卒、管理百姓之才，除了他没有人能担当此任。"

邓禹是刘秀信任的谋士，听了他的话，刘秀便任命寇恂为河内（治今河南武陟西南）太守，行大将军事。临行之前，刘秀对寇恂推心置腹，殷殷嘱托："河内郡城完民富，我要以它为依托成就大业。当年高祖留萧何镇守关中，我今天委托您镇守河内。希望您能坚守土地，转输军资，秣马厉兵，防遏敌兵，助我共图大业。"寇恂对刘秀的信任深为感激，表示一定竭心尽力，助成霸业。

不久，刘秀北伐燕、代。寇恂统领属县，讲论军事，教习战守。砍掉淇园（卫国的苑囿，多竹，属河内郡）的竹林，造箭百万枝，养马二千匹，收租四百万斛，并把这些及时转运前线，以给军资。

朱鲔听说刘秀北征、河内势孤，便想乘虚而入。他派讨难将军苏茂、副将贾强率兵三万，渡越巩河，进击温县（今河南温县西）。

警报传来，寇恂立即整军而出，并通令下属各县发兵，到温县集合，迎击敌人。幕府中有人劝谏："洛阳兵正在渡河，前后不绝。最好等众军毕集，然后出击。"寇恂说："温县是本郡的屏障，丢掉它，郡国就危险了。"下令军队直扑温县。

第二天，两军战于温县城下。正好，偏将军冯异派来的援兵和各县兵马也已赶到。一时间，汉军士马四集，旌旗蔽野。寇恂大张声势，派士兵登上城墙，擂鼓呐喊，齐说："刘公（刘秀）兵到！"苏茂部下见此声威，阵脚移动。寇恂纵兵奔击，大败敌军，乘胜追杀，直到洛阳城下，斩杀苏茂副将贾强。苏茂军士被俘上万人，投河溺死者无数。寇恂、冯异大获全胜，渡河而还。从此之后，朱鲔丧胆，洛阳城一日三惊，城门白昼也不敢开。

当时，有消息传给刘秀，说朱鲔攻破河内，但不一会儿，寇恂报捷文书也来了。刘秀大喜，说："我知道寇子翼是可以倚重的！"诸将闻此大捷，纷纷向刘秀祝贺，并劝其即位称帝，刘秀听从众将之意随即称帝。

光武帝刘秀纵横征战，军粮不足。寇恂用辇车（人力挽行之车）并驾转运，前后不绝于路。光武帝屡次写信慰问寇恂。寇恂的同学董崇对他说："皇帝刚刚登位，四方尚未平定。您却占据大郡，内得人心，外破苏茂，功劳名声，遐迩皆知。这正是小人们侧目构陷之时。当年萧何镇守关中，听信鲍生之言，高祖欢心

（鲍生劝萧何派遣自己的子孙昆弟到刘邦军中为人质，以打消刘邦的疑心，萧何听从，刘邦见此大喜）。如今您的部下，好多都是自己的宗族昆弟，难道您不想以前人为鉴吗？"寇恂认为他说得对，便称病不理政务。

光武帝攻洛阳之前，先回河内，寇恂请求随军出征。光武帝说："河内离不了你。"寇恂屡次请求，光武帝仍然不同意。于是，寇恂便派侄儿寇张、外甥谷崇率精锐骑兵，做光武帝的先锋。光武帝很高兴，任命二人为偏将军。

三、能避贾复　"愿借寇君"

建武二年（26），寇恂因过失免官。这时，颍川人严终、赵敦聚众万余，与密县（今山东密县东南）人贾期连兵为寇。于是，寇恂被免官几个月后，又被起用为颍川（治今河南禹县）太守。寇恂和破奸将军侯进共同率军击杀贾期，平定颍川。光武帝封他为雍奴侯，食邑万户。

执金吾贾复驻军汝南（治今河南上蔡附近），他部下的一名小将在颍川杀了人，寇恂把那个小将逮捕并关押起来。当时，国家尚在草创阶段，军队中的人犯了法，往往互相包容，搪塞了事。可寇恂却把那个小将明正典刑，斩首示众。贾复深以此事为耻，常常叹息，且心怀怨恨。

后来，贾复回军，经过颍川，对手下人说："我和寇恂并列将帅，现在我却被他欺凌，大丈夫哪能受到欺凌而不与之决一雌雄呢？这次见了寇恂，我一定要亲手将他刺死！"

寇恂得知贾复的想法，不想与贾复相见。部将谷崇说："我也是将领，可以带剑陪侍您。如有变故，足可以和他们抗衡。"寇恂却说："你这样说就不对了。当年蔺相如不怕秦王而屈身于廉颇，纯粹是为了国家。小小赵国，尚知此义，我哪能忘掉大义呢？"于是命令下属各县盛陈食物、供应酒肴。贾复部队一经入界，一个人供应两个人的饮食。寇恂本人则先到路上迎接，旋即称病退回。贾复想整兵追赶寇恂，无奈将士们都喝醉了，只好过境离去。

后来，寇恂派谷崇向光武帝汇报，光武帝当即召寇恂入朝。寇恂入京陛见，贾复正在殿中，寇恂当下起身躲避。光武帝说："天下未定，两虎怎能私斗？今天，朕给你们二位分解。"于是，三人坐在一起，推心置腹，有说有笑。贾复与寇恂旧怨尽释，结为挚友，同车而出。寇恂归守颍川。

建武三年（27），光武帝派使者到寇恂的驻地任命他为汝南太守，并派骠骑将军杜茂率兵协助寇恂讨伐盗贼。不久，盗贼肃清，郡中无事。寇恂素好学术，于是兴修乡校，教授生徒，并聘请研究《左氏春秋》的名师，自己也亲从受学。

建武七年（31），寇恂代替朱浮任执金吾。第二年，又随光武帝出兵攻打隗嚣。这时，颍川发生了群众起义事件，占领了所属县，光武帝率军撤回。途中，他对寇恂说："颍川靠近京师，关系重大。朕想，只有卿能使之安定。卿位至九卿，不该再任地方官。现在卿从九卿的位置，再出任颍川太守，权当为国尽力吧！"寇恂说："颍川人勇武轻率，听说陛下远越险阻，讨伐陇、蜀，那些狂悖狡猾之人才乘机为乱。如果知道陛下车驾南归，一定惶怖至极。臣愿意披坚执锐，为陛下前驱！"

光武帝即日命车驾南征，寇恂跟随，直至颍川。盗贼见寇恂到来，全部投降，根本不用任命寇恂为太守。光武帝所经之处，百姓们纷纷遮道请求，说："希望能向陛下您借寇君一年！"光武帝只好命寇恂暂驻长社（今河南长葛东）县，镇抚吏民，受纳余降。

四、劝谏光武　慑服高峻

隗嚣部将高峻，拥兵万人，据守高平第一城（在今甘肃固原），是陇西一股强大的势力。光武帝派马援招降了高峻，从此河西之路畅通起来。后来，中郎将来歙任命高峻为通路将军，封关内侯。再后，高峻隶属大司马吴汉，随军在冀县包围隗嚣。谁知等到吴汉退兵，高峻逃回营地，又帮助隗嚣把守陇坻一带。隗嚣死后，高峻据守高平，害怕汉廷诛戮，坚守不降。建威大将军耿弇等围城一年，始终未能攻克。

建武十年（34），光武帝进入函谷关，准备率兵亲征。寇恂当时正在军中，他劝谏光武帝说："长安位于洛阳、高平之间，对双方的照应都很近便，而安定、陇西两郡得知陛下亲征，一定很恐惧。陛下只要安逸地住在长安，就可控制四方。现在兵马已十分疲倦，陛下还想亲自去险要之地，这不是陛下应当做的事。前年颍川发生的百姓起义事件，可应引以为戒。"光武帝不听。

光武帝进至汧县（今陕西陇县南），见高平仍未攻下，便想派人前去劝降，于是对寇恂说："出发时，你阻止我；这回，你还得替我走一趟。如果高峻不肯立即投降，你就率耿弇等五营兵马围攻，一定要拿下此城！"

寇恂带着用皇帝印玺封记的文书来到高平第一城，高峻军师皇甫文出来迎接，言辞礼节倨傲不屈。寇恂大怒，要杀死他，将领们纷纷劝阻说："高峻拥有精兵万人，阻住陇道，连年不克。现在我们想招降，反而杀他的使者，恐怕不行吧？"寇恂不听，下令斩杀皇甫文，并让他的副使回去转告高峻："军师无礼，已被我杀掉。要降，快降；不降，固守。"高峻十分惶恐，自知不敌，即日开门出降。

寇恂走的确实是一步险棋，众人都不解这盘棋竟然如此奏效。事后，诸将都来祝贺，并且请教杀其使却能降其城的原因。寇恂说："皇甫文是高峻心腹，也是背后出主意的人。他这次前来，辞意不屈，全无降心。放过他，皇甫文会自以为得意；杀了他，高峻则胆裂魂飞，自然会主动出降。"诸将听了，无不佩服，说："寇公神机，无人能及！"

寇恂熟悉经术，德行高尚，朝廷倚重，遐迩闻名。他一生戎马，奋其智勇，所得俸禄，却往往厚施亲友故旧和从征将士。他常说："我靠将士们才有今天的名位，哪能独享其成呢？"他治民有方，威望素著，屈己为国，顾全大局，当时的人无不景仰他的长者之风，都认为他有宰相的器量和才能。

建武十二年（36），寇恂去世，谥号"威侯"。他的儿子寇损嗣爵。寇恂的同母弟及侄子、外甥依靠军功封为列侯者共计八人。

左将军贾复

贾复（？～55），东汉中兴名将，"云台二十八将"之一。字君文，南阳冠军（今河南邓县西北）人。贾复纵横疆场，英勇善战，临敌深入，奋不顾身，而且刚毅方直，有功不伐，注重晚节，养其威重，虽因国家惜才，缺少方面之勋，但深得光武帝嘉赏，故得留名云台。

一、折冲千里　灭此朝食

贾复少年时好学不倦，师事舞阴人李生，学习《尚书》。李生发现贾复大有过人之处，深以为奇，曾对门人说："贾君容貌磊落，气宇轩昂，而且精于学术，是将相之才。"

王莽末年，贾复为县掾史，奉命到河东运盐。中途遇上盗贼，同行的十几个人都纷纷逃走，把盐抛散路途；只有贾复击退盗贼，将盐原封不动地运回了县城。县中人均赞誉他恪守信用，能担当大任。

下江、新市兵起，贾复也聚集数百人，占据羽山，自号将军。更始帝刘玄即位后，贾复率领部属归附汉中王刘嘉，被任命为校尉。后来，贾复见更始帝不理政事，朝纲紊乱，诸将放纵，四海离心，就向刘嘉进言："我听说想做尧舜之事而未能达到的，是商汤和周武王；想做商汤、周武王的事而未能达到的，是齐桓公和晋文公；想做齐桓公、晋文公的事而未能达到的，是六国；而定立六国之规，想安守不移而未能实现目的者，则是亡六国之人。如今汉室中兴，大王以宗亲而为藩辅。天下尚未平定，而大王却只是安守所保。大王想过没有，大王所保的难道真值得保吗？"刘嘉听了贾复的话，感到他抱负甚大，便对他说："您说的事，不是我所能担荷的。大司马刘秀正在河北，他一定能接受您，您可以拿我的信去找他。"

贾复拜别刘嘉，北渡黄河，在柏人（今河北唐山）地方追上了刘秀的部队。通过深受刘秀信任的谋士邓禹介绍，贾复拜见了刘秀本人。刘秀见贾复举止谈吐与众不同，颇以为奇，邓禹也说他有将帅之才。于是刘秀任命贾复为破虏将军。当时，贾复的马羸弱不堪，刘秀把自己的左骖马亲手解下，送给他，以显示重视和优待。

不久，刘秀的属官便发现，贾复虽是后来者，但却气势凌人，经常欺凌折辱同僚。于是，这些人联起手来，想把他排挤出去。他们上书刘秀，提议把贾复调补鄗县尉。刘秀不同意，他说："贾复有折冲万里之威，刚刚任他职务，不可擅自调动。"

刘秀南进信都（今河北冀县），任命贾复为偏将军。等到攻破王郎，又升任他为都护将军。

贾复在战场上，冲锋陷关，有如猛虎，从不把敌人放在眼里。一次，他随刘秀在射犬（在今河南许昌境内）地方进击青犊农民军，从早晨开始鏖战，一直到中午，青犊军仍坚守阵地，不肯退却。刘秀见战士们饥渴疲弊，便传令给贾复，说："吏士都已饥渴，可以先吃饭。"贾复战斗方酣，回答说："先破敌军，然后吃饭！"说完，又亲冒矢石，率先冲上敌阵，所向披靡。众将士在他的感召下，奋勇杀敌，敌军败逃。诸将都佩服他的勇敢精神，对他大加称赞。

后来，贾复又和五校农民军在真定（治今河北正定）大战，大破五校，自己也受了重伤，垂垂欲死。刘秀闻讯大惊，说："我之所以不让贾复单独带兵，就因为他倚仗强力，过于轻敌。这次果然受了伤，损失我一员名将。听说他妻子有孕在身，倘若生一女孩，我儿子就娶她为妻；生一男孩，我女儿就嫁给他。总之，我不会让他挂虑身后之事。"

不久，贾复病愈，又赶到前线追随刘秀。刘秀见他康健如初，喜出望外。于是，大飨士卒，让贾复为先锋，进击邺城（今河北临漳西）。结果，一战破敌。

二、"贾君之功　我自知之"

刘秀即皇帝位后，任命贾复为执金吾，并封他为冠军侯。接着，贾复参与进攻受更始帝之命镇守洛阳的大司马朱鲔，并与白虎公陈侨作战，连破陈侨，陈侨降汉。建武二年（26），光武帝刘秀加封贾复穰、朝阳二县。

当时，在南方，好多更始帝的将领如郾王尹尊等，尚未归附。一天，光武帝刘秀召集众将，讨论军机大事。大家都不说话。光武帝沉吟了半天，手执兵檄的竹简敲着地面说："情况非常清楚。如今郾城（今属河南）最强，宛城（今河南南阳）第二，谁去攻打？"贾复昂然起立，应声回答："臣愿去攻打郾城！"光武帝笑了，说："执金吾肯去攻郾城，朕还怕什么！大司马（吴汉）应该去打宛城！"

于是，贾复便与骑都尉阴识、骁骑将军刘植南渡五社津，进击郾王，连战连捷。一个月后，尹尊投降，郾地息兵。贾复又引兵东进，击降淮阳太守暴汜，平定淮阳属县。这年秋天，他又率部南下，讨平召陵、新息。

建武三年（27）春天，贾复升任左将军，在新城（今河南伊阙）、渑池（今河南渑池）一带击败赤眉军，又进军宜阳（今河南宜阳），和光武帝会师，击降赤眉军。

贾复南征北战，从未失败过。他屡次和诸将突破重围，解救危难，身受重伤达十二处之多。光武帝知道贾复敢于深入敌阵，所以很少令他远征，而是壮其勇节，常常让他和自己在一起。这样一来，贾复就缺少独当一面的机会，也就缺少这样的功勋。将领们一谈起战功，往往自我显示夸耀，津津乐道，贾复从不说话。一到这时，光武帝就说："贾君有多大功劳，我心里最有数了（贾君之功，我自知之）。"

建武十三年（37），贾复被定封为胶东侯，食邑六县。

这时，贾复发现，光武帝想偃息干戈，修好文德，不想让功臣拥兵驻在京师，就跟高密侯邓禹一起解除甲兵，致力于儒学。光武帝对他的做法特别满意，遂罢左、右将军之职，命邓禹、贾复以列侯就第，加位特进。

贾复为人，刚毅方直，注重大节。回居私第之后，阖门养其威重，声望益隆。朱祐等人后来曾推荐贾复任宰相。光武帝当时正督责三公，整顿吏治，所以不用功臣，以全其名节。只有高密侯邓禹、固始侯李通、胶东侯贾复和公卿一起参议国家大事，受到很高的恩遇。

建武三十一年（55），贾复去世，谥号是"刚侯"。其子贾忠嗣爵。

建威大将军耿弇

耿弇（3～58），东汉中兴名将，"云台二十八将"之一。字伯昭，扶风茂陵（今陕西兴平东北）人。他决策河北，定计南阳，收集燕卒，克拔齐疆，为东汉王朝的建立、巩固立下了不朽的功劳。

一、"儿曹大志""北道主人"

耿弇的祖上原住巨鹿（今河北平乡西南）。西汉武帝时，将一些郡国的官吏、百姓等迁徙到茂陵，耿家便以二千石官吏的身份从巨鹿迁到茂陵。

耿弇的父亲耿况，精通儒家经典，在朝廷做文官，曾经和王莽的堂弟王伋一起师从安丘先生学习《老子》，后来做到朔调郡的连率〔上谷郡（治今河北怀来东南）太守，王莽的时候把上谷改称朔调，太守改称连率〕。

耿弇年轻时，聪颖好学，熟读经书，对老子的学说也略知一二。由于曾经看到郡尉考选骑士时，竖起大旗，擂响战鼓，练习骑射的场面，他便对军事产生了浓厚的兴趣，立志要成为一名将军。

新莽政权灭亡后，更始帝即位（23），派将领攻略四方。被派出的将领们大都握有重权，擅作威福，动不动就撤换原来的郡守、县令。耿况觉得自己是王莽任命的官吏，因而心存疑惧，很是不安。当时,耿弇二十一岁,眼见父亲为难,便自请进京上书,想趁机向更始帝献上重礼,来巩固父亲的地位。

当耿弇走到宋子县(今河北赵县东北)时,已是更始二年(24),适逢算卦先生王郎假冒汉成帝的儿子刘子舆在邯郸自立为帝。跟耿弇一起来的小吏孙仓、卫包途中商量说:"刘子舆是汉成帝的真正后继之人,不去归顺他,还跑这么远干什么?"耿弇手按宝剑,正气凛然地斥责他们:"王郎是假冒的贼人,迟早会失败,难成大器。待我到长安后,向皇上(更始帝)表明渔阳(今北京密云西南)、上谷二郡的形势和兵马情况,然后从太原(治今山西太原)、代郡(治今山西阳高)率兵而出,这样反复几十天,迷惑刘子舆。那时再调发精锐骑兵扫除这伙乌合之众,应如摧枯拉朽一般。我看你们不识时务,离灭族的日子不远了!"孙仓、卫包不听他的,到底归顺了王郎。

耿弇听说更始帝派遣镇抚河北的大司马刘秀正在卢奴(今河北定县),便昼夜兼行,前去拜见。刘秀把他留了下来,任命为门下吏。

耿弇趁机劝说护军朱祐,请求让他回上谷发兵,平定邯郸之乱。刘秀知道后大笑,说:"小伙子居然有如此大志!"于是召见他,并厚加恩慰。耿弇便跟随刘秀向北到达蓟县(今天津蓟县)。

听说邯郸兵马快到蓟县了,刘秀感觉自己没有什么兵马,不敢与其正面交锋,准备南归,于是召手下将领商量对策。耿弇提出:"如今王郎带兵从南面来,我们不应南行。渔阳太守彭宠是您的同乡(彭宠与刘秀同为南阳郡人),上谷太守则是我的父亲。如果此时调集这两个郡一万多兵力,齐心协力迎敌,那王郎还不是手到擒来,有什么可害怕的?"刘秀的心腹官员都不同意,他们说:"即使死了,头也要向南,怎么能往北自投罗网呢?"刘秀指着耿弇说:"他就是我向北道路上的向导啊!"

这时，原广阳王的儿子刘接在蓟县起兵响应王郎，刘秀率兵仓促向南逃走，手下属官各自离散。耿弇逃回昌平（今北京昌平），说服父亲耿况派功曹寇恂到渔阳与彭宠定约，各自派出骑兵两千人，步兵一千人。耿弇和景丹、寇恂以及渔阳郡将士合兵南下，沿途击杀王郎大将、九卿、校尉以下官吏四百多人，获得印绶一百二十五枚，节杖二个，斩杀敌军三万人，平定涿郡、中山、巨鹿、清河、河间等二十二县，并在广阿（治今河北隆尧东）接应了刘秀。

当时，刘秀正在攻打王郎，谣传上谷、渔阳二郡兵马为救王郎而来，部众都很担心。等到耿弇等人到刘秀营中拜见，人们才放下心来。刘秀得此精兵猛将，十分高兴，说："应当和渔阳、上谷两郡的官兵共同分享这个重大功劳！"当即任命耿弇为偏将军，让他仍然统率本部兵众。后又加封耿况为大将军、兴义侯，允许他自己营建城池。耿弇等人随军攻克邯郸。

二、调兵幽州 转击民军

更始帝刘玄见刘秀声威日盛，羽翼日丰，深恐尾大不掉。于是，派使者宣诏，立刘秀为萧王，命他停战，并率领有功将领回长安；同时，派苗曾为幽州（治今北京西南）牧，韦顺为上谷太守，蔡充为渔阳太守，一起北行上任。

当时，刘秀正在邯郸宫温明殿昼寝。耿弇走到刘秀床前，对他说："如今更始政治败坏，君臣淫乱，将领们在各自的地盘上专权，皇亲国戚在京城作威作福。天子的命令根本传不出城。各地的地方官，动不动就给换了，当官的心里惶惶不安，百姓也不知该听从谁的；另外抢夺财物、劫持强奸妇女的事件更是层出不穷。一些人带着金玉外出，却再也没有生还。天下人都说这还不如新朝王莽做皇帝的时候呢！再加上铜马、赤眉的起义不断，更始帝早已不知所措。用不了多久，他自然就会退位。您在南阳起义，破敌百万之军，平定了黄河以北，占据着天下富饶的地方。如果此时发布号令，以义征伐，一定会有很多人响应，天下很快就能平定。皇权崇高无上，决不可落入他姓人手中。听说更始帝派来使者，想要命您交出兵权，此事断不可从。如今军中将吏，死亡不少，我愿回幽州招募更多的兵马，以成大事！"

耿弇的这番话正中刘秀下怀。刘秀当下任命耿弇为大将军，和吴汉一起到幽州去调发所属十郡的兵力。

幽州牧苗曾听到这个消息，暗中吩咐各郡不得服从征调。吴汉率二十余骑兵先行到达幽州无终县（在今天津蓟县附近）。苗曾出城迎接，吴汉当即逮捕苗曾，并将他斩杀。耿弇紧随其后来到上谷，收斩韦顺、蔡充等人，随后调发幽州全部兵马，引军南下，跟随刘秀攻破铜马、高湖、赤眉、青犊等农民军，又追击尤来、大抢、五幡等部农民军，直到元氏（今河北元氏西北）。在战斗中，耿弇经常亲率精锐骑兵为先锋，奋勇杀敌，敌兵皆望风披靡。刘秀乘胜追击，在顺水（今河北满城西北）开始战斗，敌人情势危急，但仍殊死作战。刘秀的军士已是疲惫不堪，于是大败，退驻范阳（治今河北定兴）。休整了几天，士气再次振作，正好敌军退兵，耿弇跟随刘秀追击，连续作战，大破敌军。

刘秀回驻蓟县，又派耿弇和吴汉等十三名将领赶赴潞县（治今山西黎城西南）东部追击敌军。在平谷，两军大战，斩杀敌军一万三千多人，并乘胜在无终、土垠（今河北丰润东）穷追猛打，直到浚靡（今河北遵化西北）。敌众溃散，进入辽西、辽东一带。

更始三年（25），刘秀即位，建元"建武"，任命耿弇为建威大将军。随后，耿弇受命与骠骑大将军景丹、强弩将军陈俊一起攻打聚兵起事的刘茂（原新朝将军），迫使其投降。

建武二年（26），耿弇被加封为好畤侯，镇守好畤（治今陕西乾县东）、美阳（今陕西武功西北）二县。建武三年（27），汉中农民军将领延岑从武关进攻南阳，攻下好几座城池。穰县人杜弘率领他的部下投靠了延岑。耿弇率军与延岑等人在穰县（治今河南邓县）开战，耿弇大胜，消灭敌人三千多人，生擒官兵五千多人，缴获将印三百多枚。杜弘投降，延岑带着几个骑兵逃往东阳（治今安徽天长西北）。

之后，耿弇跟随光武帝来到南阳舂陵（今湖北襄阳东）。当时，渔阳太守彭宠、涿郡太守张丰相继叛汉。耿弇向光武帝说出了自己的宏远计划，他请求再次北上，调集上谷郡还未发动的兵马，到渔阳平定彭宠，到涿郡攻灭张丰，然后回师，收降富平、获索等农民军，接着，向东攻打自立为齐王的张步，平定齐国等地。光武帝见他志气可嘉，准许了他的请求。

建武四年（28），光武帝下令耿弇进攻渔阳。但这时，耿弇却有了顾虑。他认为，父亲耿况是上谷太守，与彭宠同样立有大功却没有加官晋爵，自己又没有兄弟在京城，倘若光武帝生疑，就不好办了。他不敢独自进兵，上书请求回洛阳。光武帝知道他的心思，下诏书抚慰："你全家为国效力，所向披靡，功勋卓著，为何要自生疑虑，而想入朝为官呢？你暂且在涿郡驻扎下来，思考一下破敌的办法。"身在上谷的耿况听说此事，也不能自安，便派耿弇的弟弟耿舒到洛阳侍奉皇帝，实际是当人质。光武帝很欣赏他的做法，加封耿况为隃糜侯。后来，耿况、耿舒都参与了平定彭宠的战事，立有大功。

在此期间，耿弇和建义大将军朱祐、汉忠将军王常一起进攻望都（在今河北唐县东北）、故安（今河北易县东南）占山称王的贼寇十多个营，都取得胜利；并与吴汉一起在平原大破富平、获索农民军，击降四万多人。

三、连下三城　望战宫台

建武五年（29）十月，耿弇奉诏征讨张步。他把投降的士卒全部召集起来，编成部队，任命将领，并命令率骑都尉刘歆、泰山太守陈俊带领人马向东开进，从朝阳桥渡过黄河。张步得知汉军来攻，立即派大将军费邑驻军历下（今山东历城西南），并分兵屯据祝阿（今山东长清东北），此外，还在泰山、钟城（今山东禹城东南）列营数十，严阵以待。

耿弇渡过黄河后，首先进攻祝阿。部队士气旺盛，早上攻城，中午即攻破。耿弇审度形势，故意放松包围圈的一角，让城中士卒得以逃出，投奔钟城。钟城守军听说汉军势大，祝阿已破，恐惧异常，纷纷抛弃空营而去。

费邑分出兵力，派他的弟弟费敢把守巨里（今山东章丘西）。耿弇驱兵进逼，并派人砍了好多树木，扬言用来填塞战壕，以便攻城。这时，有人从费邑那边投降过来，说费邑得知耿弇要攻巨里，正准备前来救援。耿弇大喜，急令部下迅速修造攻城器具，通告全军，三日后全力进攻巨里城。接着，他暗暗放松对俘虏的看守，让他们有机会逃回。俘虏逃回，把军情报告费邑，费邑果然率领精兵三万赶赴巨里。

耿弇见费邑中计，大喜，对诸将说："我之所以大张声势地修治攻城器具，为的就是引诱费邑来！如今费邑送上门来，真是求之不得。"当即留下三千士兵牵制巨里的敌兵，自己则率领精兵占据山脊山坡等有利地形，居高临下，阻击费邑。敌军大败，费邑被杀。耿弇砍下他的首级展示给巨里守军观看，守军惊惧万分。费敢无法据守，只好率兵逃到张步驻军的地方。随后，耿弇发兵攻打尚未攻克的营垒，连下四十多营，终于平定了济南。

当时，张步建都剧县（今山东寿光东南），得知济南失守的消息，便命弟张蓝率精兵两万驻守西安（县名，今山东淄博西北），另派诸郡太守合兵万人驻守临淄（今山东淄博东北），两地相距四十里。

耿弇挥师，直进画中（在今山东淄博西），在西安、临淄两城之间驻扎。经过实地考察，耿弇发现，西安城虽然小，却坚固难攻，而且张蓝的兵马也是精锐善战；临淄虽然城大，却容易攻破。于是命令部下将校，整顿军旅，五日后攻西安。张蓝闻知此讯，日夜严守城池，不敢懈怠。

到五日那天半夜时分，耿弇命令将士饱餐战饭，乘夜进军临淄。护军荀梁等人提出应该先攻西安。耿弇说："西安听说我们要进攻，日夜严加防备；临淄则不然，我们突然袭击，敌军必定惊扰恐惧，一天就可以攻克。临淄一旦攻克，西安孤危无助，张蓝一定弃城逃跑，这样一来，我们就可以击一得二，并收其功；如果先攻西安，敌人兵力精悍，城池牢固，不但一时难以攻克，那时率疲兵攻坚城，会造成大量伤亡。即使攻克，张蓝率领残部逃回临淄，与张步的兵力合在一起，静观我们的虚实。那时，我们深入敌人地盘，后面没有粮草供应，不出十天，就会不战自困。你们的意见不妥。"

耿弇发兵进攻临淄，半天就攻占其城。张蓝听说后，大惊失色，便率领自己的部众逃回剧县。耿弇的声东击西之计取得了成功。

耿弇下令部队不得私自进临淄城侵扰掳掠，必须等到张步到来时，再劫掠财物，用以激怒张步。张步自立为齐王后，曾与尤来、大肜的农民军作战，大败敌军十几万人，因此颇为自负。张步知道连失二城，也觉突然，但自恃兵多，大笑说："当年尤来、大肜十几万人马，被我一战击溃。如今耿弇兵马还不及尤来、大肜，又远来疲顿，有什么可怕的！"于是，带领三个弟弟张蓝、张弘、张寿以及曾任大肜渠帅的重异等人，发兵数万，气势汹汹地来到临淄大城东部，准备与耿弇一决高下。

耿弇率先渡过淄水，与重异遭遇。骑兵部队想冲出去厮杀，耿弇恐怕挫败了张步的锐气，以后就不敢进军了，遂命令全军退让，并故意显出懦弱的样子来增长敌人的骄傲嚣张之气，以迷惑张步。一直退入临淄小城，陈兵严阵以待。

张步见耿弇如此，越发志得意满，率兵直攻耿弇军营。耿弇命刘歆接战，自己则登上旧王宫的一座毁坏的高台瞭望战况。见刘歆等人已经与前敌交锋，就亲率精锐部队冲出东门，向张步的阵地横冲过去，大败张步。战斗中，一支流箭射中了耿弇的大腿，耿弇用佩刀削断箭杆，继续指挥作战，连他身边的随从都不知他受了伤。战到天黑，双方收兵。

第二天，耿弇又要率军出击。当时，光武帝正在鲁地，听说耿弇被张步大军进攻的消息，马上率兵赶往援助，尚在半途。耿弇的部下听说援兵马上就到，便对耿弇说："张步兵势强盛，不如暂且闭营休养部众，待皇上驾到，再战不迟。"耿弇听了，厉声说："圣驾将临，为臣者自当杀牛斟酒恭迎乘舆、慰劳百官，难道想把敌人也留给皇上吗？"

耿弇激励士卒，出兵大战，从早晨开始一直到黄昏时分，杀得敌军尸横沟壑，血流成河。耿弇估计张步将要撤兵，预先在其左右两翼布置伏兵。夜深人静，张步果然率军撤退，埋伏的部队突然冲出，追杀敌人八九十里，直到钜昧水（在今山东寿光西）边，一路死者相连。张步退还剧县，兄弟各分兵而去。

四、追降张步　有志事成

过了几天，光武帝来到临淄，亲自犒赏将士，大会群臣。光武帝对耿弇说："当年韩信攻破历下，开创了汉朝基业，如今将军您攻下祝阿，得成奇勋。这两地都在齐国的西部，您与韩信的功劳相当啊。但韩信攻打的是已经投降的部队，将军您战胜的却是劲悍之师，比韩信可就难得多了。"

在赞誉了耿弇一番之后，光武帝说到了自己："当年田横用油锅烹杀了高祖的使者郦食其，后田横归降的时候，高祖命令卫尉郦商（郦食其之弟）不得难为田横，卫尉不听，和田横结下了怨仇。张步以前也杀害了朕的使者伏隆，假若他来归降，朕也会让大司徒伏湛（伏隆之父）尽释其怨，不予追究。这又是相似的。"接着，又转而夸奖耿弇："以前，您在南阳舂陵，提出了您的大计划。朕还以为不太容易实现呢！如今，您是有志者事竟成啊！"

此次会后，耿弇率兵继续追击张步残部，张步逃到平寿（今山东潍坊西南），再也无路可走，只好肉袒负斧到耿弇营中投降。耿弇让他到光武帝行营谒见，自己则率兵进入平寿城。当时，张步尚有十余万兵众。耿弇入城后，命人树立起十二个郡的旗号，让张步降卒分别站到本郡旗下，然后遣散他们返回乡里。

耿弇后又带兵抵达城阳（今属山东），收降了五校农民军的残余势力。至此齐地完全平定，耿弇也率部返回京城。

建武六年（30），耿弇西征攻打割据陇西的隗嚣。建武八年（32），耿弇又随光武帝征讨隗嚣。第二年（33），与中郎将来歙分别率领部队征讨安定、北地等城池，都取得了胜利。

算起来，耿弇一生平定四十六郡，屠城三百座，在战阵上由于他有勇有谋，善于指挥，未曾受过挫折。

建武十二年（36），耿弇的父亲耿况患病，光武帝多次前往探望。光武帝还任命耿弇的弟弟耿广、耿举同为中郎将。至此，耿弇兄弟六人都在朝为官，共同在父亲身边侍奉医药，耿氏家族都以此为荣。耿况去世后，追谥"烈侯"，他的小儿子耿霸袭其爵位。

建武十三年（37），光武帝开始大削功臣的实权，他增加耿弇的封邑，令他交回大将军印绶，以列侯奉朝请。但国家一有疑难，仍然召耿弇入朝咨询筹划。

永平元年（58），耿弇去世，享年五十六岁，谥号"愍侯"。

左中郎将臧宫

臧宫（？～58），东汉中兴名将，"云台二十八将"之一。字君翁，颍川郏（今河南郏县）人。在东汉建立、巩固过程中，他追随光武帝刘秀攻城夺寨，立下了许多战功。他善用谋略，"城门断限"、"矫制借兵"的故事，流传至今。

一、城门断限　震慑骆越

臧宫年轻时曾任县中亭长、游徼等职。后来率领宾客参加下江兵（绿林军的一支），任校尉，有机会追随刘秀南征北战。诸将都夸他勇敢。刘秀见他话语不多，做事勤勉，也很器重他，把他收纳为亲信。刘秀进兵河北，任命臧宫为偏将军。臧宫屡次陷阵破敌，立有战功。

光武帝刘秀即位后，任命臧宫为侍中、骑都尉。建武二年（26），又封他为成安侯。建武三年（27），臧宫率领精锐骁勇的骑兵和征虏将军祭遵一道击降更始帝的将领左防、韦颜。建武五年（29），率兵前往江夏（治今湖北云梦），攻克代乡、钟武、竹里（皆在今湖北境内）。光武帝派太中大夫持节任命他为辅威将军。建武七年（31），光武帝改封臧宫为期思侯，臧宫奉命进军，平定梁郡（治今河南商丘）、济阴（治今山东定陶西北）。

建武十一年（35），臧宫率兵到中庐县（在今湖北襄樊南），驻军在骆越人（古越人的一支，自广东、广西迁徙到湖北）聚集之地。当时，割据蜀地的公孙述的将领田戎、任满正与东汉征南大将军岑彭在荆门对峙。由于岑彭等人屡次出战失利，骆越人心浮动，有人准备叛汉归蜀。

臧宫当时兵力单薄，难有作为。正好属县送来几百辆运输车，臧宫一见，顿生巧计。他让人乘夜锯断城门的门限（门槛），命令运输车辆来而复往，出入城门，络绎不绝。于是，车声辚辚，整整响了一夜。骆越派来的探子听到一夜车声不绝，看到城门门限也断了，就传语族人，说汉军大部队来了。骆越的首领闻讯，不敢再怀二心，送来牛、酒犒劳汉军。臧宫排兵列阵，杀牛摆酒款待、抚慰他们。骆越人这才安定下来。

二、矫制借兵　大败延岑

臧宫和岑彭等人攻破荆门（在今湖北宜都西北）之后，率部出垂鹊山，然后出秭归，至江州。光武帝命岑彭进军巴郡，命臧宫率领五万降兵从涪水向平曲（今四川合川东）进发。

当时，割据蜀地的公孙述的部将延岑率领大军据守洛水，声势浩大。而臧宫的情况却很艰难，人多粮少，补给困难；好多新归降的士兵心存去意，总想借机会反叛逃散。郡内各县的地方势力见此情形，也再次聚集自保，准备观察双方交战胜败情况后，再决定究竟投向哪一边。臧宫本想率部撤回，可又担心部下反叛、敌人追杀，一时犹豫难决。

适逢光武帝派谒者令率兵去见岑彭，有骑兵七百多人。臧宫当机立断，假传圣旨，把这些兵调到了自己部下，壮大自己的声势。随后，他命令部队乘夜行军，并故意打出许多旗帜，派人登上山冈擂鼓呐喊。行军时，左岸是步兵，右岸是骑兵，夹拥着战船浩然而进，呼喊声震撼山谷。

延岑没有料到汉军来得如此突然，急忙登山瞭望，看到汉军阵容强大，士马鲜明，他十分震惊。臧宫乘势纵兵出击，大败延岑，延岑部众被斩首和落水溺死的有一万多人，江水都变得浑浊了。延岑只身逃奔成都，他的士兵全部投降，臧宫缴获了他的兵器、马匹、珍宝和一应辎重，然后乘胜追击，一路迫降十几万人。

臧宫进军到平阳乡，蜀将王元率众投降。接着，又进军攻占绵竹（今四川德阳北），击破涪县城（治今四川绵阳东），斩杀了公孙述的弟弟公孙恢。又攻克了繁县（今四川彭县西北）、郫县（今四川郫县）。前后收得五副节杖，一千八百个印绶。

当时，大司马吴汉也已统兵进逼成都（公孙述正盘踞在此）。臧宫连屠大城，兵马雄壮，旌旗甚盛。于是，率兵进入小雒城门，耀武扬威地经过成都城下，来到吴汉营中。

吴汉见到臧宫，特别高兴，两人饮酒高会。酒后，吴汉对他说："您来时经过敌城，威风凛凛，风行电掣，足以扬我军威，破敌之胆。不过，穷寇叵测，建议您还营时从别的路走，以防不测。"

臧宫心气高傲，哪里肯听，他仍从原路返回营地。敌人不敢冒犯他。接着，臧宫率部进军咸门（成都北面东头门），和吴汉一起消灭了公孙述。

三、臧宫黩武　光武厌战

光武帝因蜀地刚刚平定，任命臧宫为广汉太守以镇抚那里。建武十三年（37），光武帝增加臧宫的封地，改封他为鄌侯。建武十五年（39），臧宫应征召回京师，以列侯奉朝请，定封朗陵侯。建武十八年（42），臧宫被任命为太中大夫。

建武十九年（43），妖巫维汜的弟子单臣、傅镇等人传播谣言，聚众滋事。他们攻进原武城，劫持官吏百姓，自称将军。光武帝派臧宫率领大军包围原武城。当时单臣等粮草丰足，汉军几次攻打，都未能攻克，士卒多有死伤。

光武帝召集大臣商量如何应对，公卿、诸侯王都说应该悬重赏购求敌首。东海王（即后来的汉明帝刘庄）提出了不同意见。他说："妖巫劫持吏民，不会长久，他们内部一定有因后悔而想逃跑的。只不过由于我们围城太急，他们没有机会出逃罢了！现今之计，最好是略缓围城，让他们得以逃出城去。众多敌兵一起逃走后，有一个亭长就足可以擒获敌首了。"

光武帝采纳东海王的建议，命令臧宫撤出部分兵力，暂缓围城，敌人果然分散逃出。臧宫等斩杀了单臣、傅镇，平息了变乱。

臧宫回京，升任城门校尉，又转任左中郎将。后又出兵到武溪平乱，敌降而归。

臧宫在战场上智勇双全，平日则谨信质朴，因而很受光武帝重视任用。

后来，匈奴饥疫连年，内部纷争不息。光武帝召见臧宫，问他对匈奴问题的看法。臧宫说："臣愿率五千骑兵，纵横沙漠，扫平匈奴，建立功勋。"光武帝笑了，说："常胜之家，难与虑敌，吾方自思之。"意思是说，你是常胜将军，不能跟你讨论敌情，因为你根本不把敌人放在眼里，还是朕自己思考吧。但是，臧宫并没有领会光武帝不愿轻启战争的意思。

建武二十七年（51），臧宫和杨虚侯马武一起上书光武帝，建议趁匈奴发生灾疫，北击匈奴，刻石纪功。疏中说：

匈奴贪图利益，毫无礼、信可言，当他们贫穷时，就向我朝臣服；生活刚有些起色，他们就开始烧杀劫掠。因而，边境地区常受毒害，中原百姓也担心他们突然入侵。如今匈奴地方灾疫连年，人畜死亡，旱蝗满野，赤地千里，实力虚弱到连中原的一个郡都比不上了。他们的生死存亡，已掌握在陛下的手上。好机会不会出现第二次，好形势也稍纵即逝，哪能一味固守文德而废弃武事呢？如果陛下派遣将领，出兵塞外，悬赏购求匈奴之首，并通知高句丽、乌桓、鲜卑攻其左翼，征发河西四郡、天水、陇西之兵攻其右翼。这样一来，几年就可灭掉强敌。如果您仁慈恩厚，不忍加兵，或者谋臣们犹豫不决，贻误时机，那么，就会失去建立奇功、刻石不朽的机会了。

光武帝长年寄身军旅，颇厌战争，并且知道天下疲耗，人心思定，只想偃武息兵、与民休息，不想轻起边衅，疲国困民。他下诏书给臧宫、马武，阐明自己的观点。此后，将领们再也没有人提起用兵黩武之事了。

明帝永元元年（58），臧宫去世，谥号"愍侯"。

讨虏将军王霸

王霸（？～59），东汉中兴名将，"云台二十八将"之一。字元伯，颍川颍阳（今河南许昌西）人。一生戎马，斩王郎，破苏茂，平河南，去卢芳，奋其智勇，数有战功；任上谷太守二十多年，修治飞狐道，建议与匈奴和亲之策。他对于东汉政权的建立、巩固及边疆的镇守都有重大贡献。

一、疾风劲草　冰合滹沱

王霸家族世好文法,其祖父为诏狱丞,其父曾任郡决曹掾。王霸年轻时也做过狱吏,但不愿意当这无所作为的小吏。他平素谈吐举止慷慨有大志,他的父亲深以为奇,便让他游学长安。

刘秀等起兵,经过颍阳,王霸带领宾客拜谒,表示愿意追随。他说:"将军兴起义兵,我不自量力,仰慕威德,希望能跟随将军,以效微劳。"刘秀见王霸气宇轩昂,不同常人,也特予礼待,说:"我做梦都想得到贤能之士的帮助,共同成就一番功业。"于是,王霸跟随刘秀,在昆阳(今河南叶县)击破王莽的将领王寻、王邑所率的百万大军,然后还居乡里。

等到刘秀被更始帝任命为司隶校尉,路经颍阳,王霸请示父亲,想再去从军。父亲说:"我老了,不能再上疆场了。你去,一定要努力!"就这样,王霸又跟随刘秀到了洛阳。

不久,刘秀任大司马,便任命王霸为功曹令史,带他到达黄河以北一带,镇抚安定那里。

当时河北一带,农民军四起,要平定河北并非易事。由于形势并不乐观,当初跟王霸一起投靠刘秀的几十个宾客渐渐离去,只有王霸矢志不移。刘秀对他说:"当年在颍川追随我的人都走了,只有您留了下来。真是疾风知劲草,让我们一起努力!"

王郎在邯郸(今河北邯郸)诈称汉成帝之子称帝起兵,刘秀正在蓟县(今天津蓟县),王郎便传檄蓟中,悬赏捉拿刘秀。刘秀派王霸到市中招募兵士,以攻打王郎。王霸到市中游说,市人深信王郎就是汉成帝之子,认为攻打他太过荒唐,都放声大笑,举手揶揄。王霸惭愤而回。

无奈之下,刘秀率部乘夜疾行,直到下曲阳(今河北晋县)。传闻王郎部众紧追其后,将士们都很害怕。接近滹沱河(今河北境内）时，前方侦察的将士回来报告，说河面上漂浮着薄冰，没有船只，无法渡河，将士们愈加恐慌。

刘秀又命王霸前去察看。王霸害怕惊扰部队，带来更大的混乱，心想不如径直前进，等被阻时再说不迟。于是回来向刘秀报告："冰很厚，可以过去！"将士们听了转忧为喜。刘秀也笑了："刚才那侦察人员真是说瞎话！"说完，催军前进。部队行进到河边，河冰恰已冻合，光武帝命王霸护军过河。最后几骑人马还没有完全上岸，河冰又化解了。

见此情景，刘秀夸奖王霸道："安定军心，使我们安全渡过此河，免遭灾难，全靠了你的力量！"王霸谦逊地说："这是神灵保佑您，像当年周武王的白鱼之应一般。"刘秀又对将士们说："王霸随机应变，使我们得以渡河，这是天降吉祥！"当即任命王霸为君正，赐爵关内侯。

不久，刘秀到达信都（今河北冀县），发兵攻破邯郸，王霸追击败军，斩杀王郎，获得其印绶，被封为王乡侯。

二、闭营承弊　不战屈敌

王霸跟从刘秀平定河北，经常与将军臧宫、傅俊同营驻扎。三人中，王霸最为关心士卒：对死者，他脱衣收殓；对伤者，他亲手救护。

光武帝刘秀即位（25），认为王霸爱护士卒，通晓军事，可以独当重任，便任命他为偏将军，把傅俊、臧宫的部下合在一起，也由他统管。而命臧宫、傅俊为骑都尉。建武二年（26），光武帝改封王霸为富波侯。

建武四年（28）秋天，光武帝亲临谯县（今河南夏邑），派遣王霸和捕虏将军马武去讨伐梁王刘永的部将周建。梁王的另一骁将苏茂带领四千人马赶来救援，并且先派精锐骑兵去拦截马武的粮草。马武前往解救，周建便从城内冲出，与苏茂夹击马武。马武倚仗着有王霸的援助，作战时并未倾尽全力，被苏茂、周建击败。马武率军经过王霸营垒，大声呼救。王霸说："敌人兵势正盛，我如出兵，势必两军俱败。还是自己努力奋战吧！"说着，紧闭营门，坚守壁垒，不肯出援。

将士们不满意王霸的做法，跟他争执。王霸解释说："苏茂所率领的全是精锐士卒，人数又多，我军将士早已心生恐惧；加上捕虏将军跟我们互相依赖，两军号令、将士的心志也不一致，出援只会失败。现在我们闭营固守，做出不出兵的样子，敌人就会乘势冒进；而捕虏将军见没有援兵，斗志也自会倍增。时间一长，苏茂部队必然疲弊，那时我们再出战，就一定能克敌制胜了！"

苏茂、周建果然率兵倾巢出动进攻马武，马武与之激战良久。这时，王霸营中路润等数十将士心急如焚，群情激奋，断发请战。王霸见部下锐气已盛，便率领精锐骑兵冲出营垒，猛袭敌军后阵。周建、苏茂前后受敌，惊乱败走。王霸、马武各自归营。

过了几天，苏茂、周建重新聚集兵力，到营前挑战。王霸坚守不出，在营中设宴，犒赏将士，饮酒作乐。苏茂命部下向营中射箭，箭密如雨，把王霸面前的酒杯都射中了，王霸依然安坐不动。部下军吏们都说："苏茂前几天刚被打败，今天出兵，定能一鼓全歼。"王霸却不这样看，他说："苏茂远道而来，粮食不足，所以一再挑战，想侥幸取胜。我们关闭城门，休养士众，时日一长，敌军自败，所谓'不战而屈人之兵'，这是上上之计。"

苏茂、周建欲战未得，只好引军赶回营垒。这天夜里，周建的侄儿周诵在城中起事，紧闭城门，不放苏茂、周建入城，二人只好率军逃遁。第二天，周诵献城降汉。

三、颇识边事　建策和亲

建武五年（29）春，光武帝派太中大夫持节任命王霸为讨虏将军。建武六年（30），王霸屯田新安（治今河北新安）。建武八年（32），又命他屯田函谷关（在今河南灵宝东北），并将荥阳、中牟（皆属河南）一带的盗贼彻底打平。

建武九年（33），王霸和大司马吴汉、横野大将军王常、建义大将军朱祐、破奸将军侯进等率兵五万，进军高柳县（治今山西阳高），与卢芳（匈奴所立汉帝）部将贾览、闵堪作战。匈奴派骑兵援助卢芳。汉军遇雨，战斗失利。吴汉受诏返回洛阳，命朱祐屯驻常山（今河北常山），王常屯驻涿郡（今河北涿州），侯进屯驻渔阳（今北京密云西南）。而玺书则任命王霸为上谷（治今河北怀来东南）太守，仍率领原部，搏击胡虏，不受郡界的限制。

第二年，王霸又与吴汉等四名将军率六万人出击贾览，光武帝下诏命王霸和渔阳太守陈䜣一起为诸军先锋。匈奴左南将军率领几千骑兵驰救贾览。王霸等与他在平城（治今山西大同东北）连续交锋。匈奴军败走，汉军追出塞外，斩首数百人。王霸和诸将回师入雁门（在今山西境内），与杜茂合兵进击卢芳部将尹由，没能取胜。

建武十三年（37），光武帝改封王霸为向侯。当时，卢芳和匈奴、乌桓联手，不断滋事，连续抢掠汉朝百姓，边境大为所苦。光武帝命令王霸率领六千多刑徒和杜茂一起修治飞狐道，堆石布土，筑起亭障，从代城（今河北蔚县东）一直延伸到平城（今山西大同），全长三百多里。

王霸屡屡与匈奴、乌桓作战，比较了解边疆事务。他曾数次上书，提出应与匈奴和亲交好；还曾提出可以从温水（此水从居庸关东流出，经过河北军都县、蓟县）漕运，以节省陆地转输之劳。这些建议，均被朝廷采纳实行。后来，南单于、乌桓归降汉朝，北部边疆无事。

建武三十年（54），朝廷定封王霸为淮陵侯。永平二年（59），王霸因病去职，几个月后去世。

捕虏将军马武

马武（？～61），东汉初将领，"云台二十八将"之一。字子张，南阳郡湖阳县（治今河南唐河西南湖阳镇）人。更始帝时，任振威将军；后归附光武帝，任侍中、骑都尉。他多有战功，封为捕虏将军，爵郫（在今山东平原县西南）侯。

一、归附光武　战功累累

马武年轻的时候，曾经因某事与别人结下了仇，为了躲避仇家，他离开家乡，客居在江夏郡（治今湖北云梦）。

王莽末年，江夏郡中的许多百姓聚在一起揭竿起兵，马武便去参加了这支部队。在这支部队发展壮大过程中，他们加入到绿林军，后来又与汉军会合。

更始帝即位，任命马武为侍郎，命他率军与刘秀一起攻打王莽，大败王莽将领王寻等人。马武因有军功，被任命为振威将军。接着，更始帝又命令马武与尚书令谢躬一道前往河北，攻打王郎。

当时，谢躬受更始帝之命监视刘秀，并削夺其兵权。刘秀在攻克邯郸后，邀请谢躬和马武等人，举行盛大宴会，想借此机会杀死谢躬，却没有成功。但刘秀不甘心，他看中了马武是个将才，一心要拉拢他。

宴会结束后，刘秀独自和马武登上故赵王台丛台，十分和气地对马武说："等我得到了渔阳、上谷两郡的精锐骑兵，想请您来统率，您意下如何？"当时，渔阳太守彭宠与上谷太守耿况正准备率兵前来归附刘秀，因此刘秀有此说。马武听后受宠若惊，连忙说："我愚钝懦弱，没有什么谋略，如何能当统帅呢？"刘秀说："您久为将军，懂得行军作战，我的那些才能平平的佐吏哪能和您相提并论呢？"马武一时间十分感动，不知如何作答。此后，马武深深为刘秀赏识自己而高兴，常言道："士为知己者死"，马武一心要归附刘秀，为他卖力。

谢躬被刘秀所杀后，马武急急赶来，投降刘秀。刘秀见到他十分高兴，把他安排到自己的身边。刘秀每次犒飨将领，马武便起身到大家面前斟酒，刘秀常常拿这件事取乐。刘秀让马武仍然率领他的部队进驻邺地，马武不想前往邺地，想留在刘秀身边，便叩头辞谢，说自己不愿意。刘秀对他的心意表示理解，并加以赞扬。于是，马武便没有前往邺地去，而是随从刘秀征讨各路农民军。

刘秀攻打尤来、五幡等部农民军时，在慎水战败，马武独自殿后，掩护刘秀率领的主力部队退却，又掉回头来攻打敌人，攻破了敌阵，使农民军溃散而去，拖延了时间，使追兵不能追上刘秀。

刘秀率领的部队进入安次县、小广阳（皆属河北）后，继续向周边出兵，攻打农民军。马武在攻打农民军时，每次都充当先锋，奋力作战，战无不克。先锋军一战胜，便使士气大振。将领们都领着自己的部队跟随马武前进，奋勇杀敌，终于打败了敌军。马武又尽力追击，直到平谷、浚靡（皆在今北京附近）才收兵而回。

刘秀即皇帝位后,任命马武为侍中、骑都尉,封他为山都侯。建武四年(28),马武与虎牙将军盖延等去讨伐自立为梁王的刘永。在大败刘永后,马武又攻打济阴郡(治今山东定陶),攻下成武、楚丘(皆在今山东境内),因此军功,他被封为捕虏将军。第二年,平狄将军庞萌反叛,前来进攻挑战,马武首先同他交战,经过奋勇杀敌,打败了他。光武帝刘秀也亲自赶来助战,敌军为之惊心,庞萌便撤军败逃。

建武六年(30)夏,马武与建威大将军耿弇向西征讨割据自立的隗嚣,汉军不利,马武等率军退出陇地。隗嚣追得紧急,马武挑选精悍骑兵回军在后抵抗隗嚣,骑兵们身着甲衣,手持利戟,驰马奋战,杀了几千敌军,隗嚣这才退兵,汉军各部才得以回到长安。

二、因罪遭贬 败羌复升

建武十三年(37),光武帝追封马武的军功,扩大马武的食邑,改封他为鄃侯。让他领兵在下曲阳(今河北晋县西)驻守,防备、反击匈奴入侵。在下曲阳驻守期间,马武因为脾气暴躁,杀死了一名无罪的军吏。此事上报到朝廷,光武帝下诏追究马武的罪责。结果,马武因犯杀害军吏罪,被迫领着妻子儿女到他的封地居住。马武先来到洛阳,交还了将军印绶,光武帝命令,削减马武的食邑五百家,最后封为杨虚侯,以奉朝请名誉留住京城。

在留住京城时,马武作为功臣,仍经常被光武帝邀请参加宴会。有一次,在宴席中间,光武帝与诸侯、功臣们聊天,十分平静、和蔼地问道:"诸位如果不与朕相遇,你们自己想想你们的爵位俸禄能达到哪一步呢?"高密侯邓禹首先回答说:"臣小时候曾求学问师,臣可以做郡的文学博士。"光武帝说:"您说话为什么如此谦虚呢？您是邓家的后辈，志尚和品行端正，为什么不可以做掾史、功曹呢？"其余的人一个个按次序对答，轮到马武时，他说："臣勇敢而有武力，可以任郡都尉的职务，督察盗贼。"光武帝笑着说："您还是不要侦察盗贼为好，做个亭长，这就可以了。"

马武爱喝酒，他为人大大咧咧、不拘小节，在光武帝面前敢于说话。有时，马武在宴会中喝醉了，在光武帝面前当面指责同僚们，评价他们的长短，不知道回避和畏惧。光武帝有时故意怂恿他这样做，拿这作为谈笑取乐的话头。但对于马武的话，光武帝并不放在心上，也不随便治某大臣的罪。

光武帝虽然统治功臣，但常常能够婉转地宽容他们，原谅他们的小的失误。远方进贡珍玩美食，光武帝必定先赐给所有诸侯，甚至没有留给太官一些，以备皇帝使用。列侯有功，光武帝便增大他的食邑作为奖赏，不委任官职，所以功臣们大都能够保持他们的福分禄位，始终没有被杀身、被贬斥的。因此，马武虽然在皇帝面前有些放肆，但光武帝也原谅了他，使他得以长期居住在京城。

后来，在南方武陵蛮暴动时，光武帝又想到了多次征战皆有战功的马武，便派他作为伏波将军马援的属下，率军征战南方。

建武二十五年（49），马武以中郎将的官衔领兵攻打武陵蛮夷。汉军到达临乡（今湖南常德古城山），武陵蛮来攻，马援指挥将士作战，马武与诸将奋勇杀敌，大败蛮兵，斩首、俘虏两千多人。马武还朝以后，交还中郎将的印绶。

汉明帝初年，西羌入侵陇西，打败汉军，杀了汉军将领。朝廷担忧西羌的侵扰，又任命马武为捕虏将军，以中郎将王丰为副将，与监军使者窦固、右辅都尉陈䜣，率领乌桓兵、黎阳营、在三辅地区招募的士兵、凉州各郡的羌胡兵以及已放松拘管的犯人，共四万多人进击西羌。马武率领四万大军浩浩荡荡西征，到达金城郡浩亹县（今甘肃兰州广武西南），与羌人开战，杀了西羌六百人。此战胜利使汉军产生了轻敌的思想，马武本人也放松了警惕。

不久，马武率军与西羌战于洛都河边，被羌军打败，死了一千多汉兵。西羌首领为了保存自己，虽然打了胜仗，也不敢与汉军再次战斗，就率领部队退出界处，马武率兵追击到东、西邯（在今廓州化阴东，邯川城内有水自北出，分为东西两部，故称），大败羌军，杀了四千六百多人，活捉了一千六百人，剩下的羌军大都投降或者走散。

马武整顿军队，回到京城。因为此功，汉明帝给马武增加食邑户数七百家，与其已有食邑户数相加，一共是一千八百户。

永平四年（61），马武去世，他的儿子马檀继承了侯爵。

三公丞相走马灯

东汉无名义上的丞相,却有实际上的丞相,那就是:只要是三公之一,再加参录尚书事,就成为实际意义上丞相。光武帝一朝的三公,有的明确"总摄百司",有的则没有明示。由于小事即获罪谴,三公频繁更换,有如走马灯。开国三公邓禹、吴汉、王梁功高爵显,贡献突出,后来者则或任职时短,或能力平平,备位充员而已,且相权逐渐被皇帝身边的尚书分走……

大司徒邓禹

邓禹（2～58），光武帝时大司徒，光武中兴的元勋。字仲华，南阳新野（今河南新野）人。初从刘秀镇压河北的铜马等部农民起义军。后为前将军，率军入河东，镇压绿林军王匡、成丹等部。光武帝刘秀即位后，他任大司徒，又渡河入关，所部号称"百万"，不久为赤眉起义军所败。他戎马一生，为东汉政权的建立和巩固作出了巨大贡献，堪称东汉时期的一位名相。

一、识势知人　大器早成

邓禹自幼聪颖，喜欢读书，十三岁即能背诵《诗经》。他在长安（今陕西西安）从师学习期间与刘秀结识。邓禹虽然年纪很轻，可一见到刘秀，就认为他不是一般的人，于是经常与刘秀接触。过了几年，他学成返回家乡。

新莽末年，各地起义军风起云涌，天下纷乱。新莽地皇四年（23）二月，刘玄登上帝位，是为更始帝。众豪杰都推荐邓禹任职，邓禹却不肯追随更始帝。当他听说刘秀作为大司马镇抚河北后，立刻北渡黄河，携带着干粮徒步而行，终于冒着天下的纷乱行至邺县（今河北临漳西）。

刘秀见到邓禹十分高兴，对他说："我有封官拜职的特权，您远道而来，难道希望封官吗？"邓禹说："不愿。"刘秀说："既然如此，您想做什么呢？"邓禹回答道："只希望您的威望和恩德普施于天下，我愿贡献我的微薄之力，能在史册上留下功名。"刘秀听后笑了，就把邓禹留下，同他私下长谈。

邓禹针对当时的天下形势，向刘秀提出了非常重要的建议。

他说：

"刘玄虽然在关西长安建都，但崤山以东地区还未安定。赤眉军、青犊军的部队，数以万计，三辅地区，自立名号的人，也往往成群结队地聚在一起。刘玄不但对他们不进行围剿，而且又不能听取臣子的意见，作出决定。他的那些将领，不过是庸碌之辈，全靠运气才爬到现在的位置，他们一心想要发财，争着卖弄权势，只不过是图一时快乐而已。他们之中，并没有忠良明智、深谋远虑、想辅佐皇帝安定百姓的人。

"纵观古今，任何一个王朝的兴盛，不外乎依靠天时和人事这两个条件。从天时来看，刘玄即位后，天象突然异变；从人事来看，如此帝王大业，不是一般人所能胜任的。如今，天下分崩离析的形势已经很明显。但您就不同了，带兵打仗，您纪律严明，身先士卒；从事朝政，您胸怀大志，言而有信。当今之计，不如招纳英雄，共图大业，创立高祖当年的功业，救百姓于水火之中。以您的仁德、智慧天下不难统一。"

刘秀听后大喜，立即命令身边的人称邓禹为邓将军。让邓禹经常住宿在中军，参与计议重大事件。

二、身经百战　名震天下

更始二年（24），刘秀从蓟县（今天津蓟县）到达信都（治今河北冀县），派邓禹征集骁勇的兵士数千人。刘秀让邓禹亲自带领这批勇士，另行攻打乐阳（今河北平山东北），大获全胜。接着，邓禹随从刘秀来到广阿（今河北隆尧北）。

在刘秀的临时住所内，刘秀打开地图，指着地图对邓禹说："天下郡县这样多，现在才得到一处。您以前说我可以统一天下，有什么根据？"邓禹说："现在海内混乱，百姓盼望圣明的皇帝，像婴儿思念慈母一样。古代能成就大业的，在于恩德的多少，不是凭借地方的大小。"刘秀听后，十分喜悦。在任命和调整将领等事宜时，大都征询邓禹的意见。邓禹也常常推荐人才，并做到才尽其职。刘秀十分赏识邓禹识才、举才和用才的贤德。

邓禹出战制胜，越来越得到刘秀的重用。继乐阳之战后，刘秀又派邓禹率骑兵与部将盖延等人在清阳（今河北清河东）攻打铜马农民军。盖延等人先到，战斗不利，回军保卫清阳县城，被铜马军围困。邓禹军赶来参战，大败铜马军，俘虏铜马军大将。紧接着，邓禹又随刘秀乘胜追击，直至莆阳，大获全胜，由此基本上平定了北方州郡。

当赤眉军向西进入函谷关时，更始帝刘玄派定国上公王匡、襄邑王成丹、抗威将军刘均等将领抵抗赤眉军。赤眉军大军压上，王匡抵挡不住。刘秀料定赤眉军一定能攻下长安，便想乘机收取关中，而自己刚开始在崤山以东地区从事攻战，一时不知并取关中的大事应当托付给谁。

因邓禹深有谋略、度量大方，刘秀决定委以西征之重任，即封他为前将军执持节符，率精兵两万西入函谷关，并让他自己挑选征西的偏将及以下将佐。于是邓禹任命韩歆为军师，李文、李春、程虑为祭酒，冯愔为积弩将军，樊崇为骁骑将军，宗歆为车骑将军，邓寻为建威将军，耿䜣为赤眉将军，左于为军师将军，率兵西进。

建武元年（25）正月，邓禹率军进入河东郡（治安邑，即今山西夏县西北)，遭到河东都尉的阻击。邓禹率军经过十多天的激战，攻下箕关（在王屋山东今山西垣曲境内），并缴获装载军用物资的车一千余辆。进而围困安邑，数月未能攻下。更始帝大将军樊参率领数万人，越过大阳（治今山西平陆西南）县境进攻邓禹。邓禹派遣将领们迎战，在解南（今山西运城西南）大败樊军，斩了樊参。接着，王匡、成丹、刘均等人汇合十余万人，共同攻打邓禹。邓军失利，樊崇战死。此时天色已晚，战事结束。军师韩歆和将领们见兵势已败，力劝邓禹乘夜撤退，邓禹不肯。

次日，王匡没有出兵，给了邓禹一个重整队伍的机会。一天后，当王匡命令全军出动攻打邓禹时，邓禹方面早已做好了迎战准备，他命令军队不得轻举妄动，等王匡率军进逼营垒后，才传令各将领，击鼓并进，大破王匡军，王匡等将领弃军逃跑。邓禹率轻装骑兵加紧追击，生擒刘均及河东太守杨宝，杀死持节中郎将弭强，缴获节杖六支，印绶五百，兵器不可胜数。随后，邓禹秉承刘秀旨意任命李文为河东郡太守，更换了所属各县的全部县令，以便安定这些地方。

三、首任司徒　定国安邦

更始三年（25），刘秀在鄗县（今河北柏乡北）登基称帝，建元"建武"，派使者持节封邓禹为大司徒，并命令说："制诏前将军邓禹，极有忠孝之心，与朕谋划于营帐之中，而能决定千里之外的胜负。孔子说：'自从我有了颜回，弟子们对我日益亲近了。'临阵杀将，攻破敌军，平定山西，功效极为显著。百姓不亲爱，五常不和顺，你作为司徒，要慎重地施行五常之教，而五常之教的实行又在于宽待。如今派遣奉车都尉授予印绶，封你为酂侯，食邑万户，望你谨慎行事。"此时，邓禹二十四岁。

邓禹升任大司徒后，深感自己责任重大。本来作为大司徒的邓禹应该总理朝政，可是面对时局，只好先定国安邦。

邓禹上任伊始，率兵渡过汾阴河，进入夏阳（今陕西韩城南）县境，打败更始帝的十万兵将。百姓听说邓禹连战连胜、治军有方，全都扶老携幼前来欢迎，归降的人日以千计，众人号称邓禹军队为"百万"。邓禹的军队纪律严明，对百姓秋毫无犯。邓禹本人走到哪里，都要停车驻马，劝勉百姓。男女老幼欢天喜地聚集在邓禹的车下。就这样，邓禹的定国安民之举，赢得了百姓的拥戴，邓禹的名声传遍整个关西。对此，光武帝十分赞许，多次写信赞誉他。

光武帝虽已定都洛阳，但西京长安仍然在赤眉军的手中。邓禹手下的将领豪杰都劝说他直接进攻长安。邓禹却另有考虑，他说："不能这样。现在虽然我们的兵力多，但能打仗的却少之又少。前方没有可依靠的粮草，后方没有运转的物资供应。赤眉军刚刚占据长安，财物富足，锋锐不可抵挡。但是，一群盗贼纠集在一块，不会有长远的打算；他们钱粮虽然很多，而事故万端，他们难道能够长期坚守吗？上郡（治今甘肃榆林东南）、北地（治今甘肃庆阳西北）、安定（治今甘肃平凉）三郡土地宽广，人口稀少，谷物丰富，牲畜繁多，我们暂且在北方休整兵马，利用那里的粮食供应士兵，以观察赤眉军的漏洞，这样，才可攻取长安。"

邓禹率领军队北到枸邑（今陕西旬邑）。邓禹所到之地，郡邑都打开城门归顺。西河太守宗育也派遣其子捧着文书来投降，邓禹派他前往洛阳拜见光武帝。

光武帝看到关中没有平定，而邓禹又久不进兵，就写信责备他说："你作为大司徒，应是圣明的唐尧；亡命的贼寇，应是暴虐的夏桀，长安的官吏和老百姓整日恐惧不安，毫无依靠。你应抓住时机及时进讨，平定、抚慰西京，收拢老百姓的心。"尽管如此，邓禹仍然坚持原来的想法，分派将士另攻上郡各县，又征集兵员，储备粮食，回到大要（今甘肃宁县）。

邓禹派冯愔、宗歆驻守枸邑，可冯、宗二人为了争权，互相厮杀，最后冯愔杀了宗歆，并乘势回军袭击邓禹。邓禹派人将此事报告光武帝。光武帝问使者："冯愔的亲信是何人？"使者回答说："护军黄防。"光武帝认为冯愔和黄防不会久和，势必相互反目，便回答邓禹说："捉拿冯愔的人，一定是黄防。"便派尚书宗广拿着节符去招降黄防。一个月后，黄防果然捉拿了冯愔，率领他的部下前来认罪。冯愔到洛阳，被赦罪未杀。

建武二年（26）春，光武帝又派使者封邓禹为梁侯，食四县的赋税。

长安城中粮食耗尽，赤眉军便向西行军，被隗嚣军队战败，只好又返回长安。途中他们发掘了汉朝陵寝，掘取了许多陪葬品，并污辱了吕后及后妃的尸骨。

赤眉军走后，邓禹进入长安，驻军昆明池（故址在今陕西西安西南），大摆宴席，犒劳三军。随后，率领将领们斋戒，选择良辰吉日，准备厚礼到高庙拜祭，收集十一个帝王的神位，派使者敬奉到洛阳；巡查帝王墓地，设官吏士卒守护。

之后，邓禹又率兵在蓝田（今陕西蓝田）与汉中农民军将领延岑交战。这次战役没有取得胜利，他又回到有粮食囤积的云阳（今陕西淳化西北）。汉中王刘嘉到邓禹处投降。刘嘉的丞相李宝傲慢无礼，邓禹将他杀掉。李宝的弟弟收集李宝部下的军队袭击邓禹，杀了将军耿䜣。

自冯愔反叛以后，邓禹的威望略有降低，又加上缺乏粮食，最初归顺的人又离开了邓禹。赤眉军又再次进入长安，与邓禹交战。邓禹战败，逃至高陵，士兵饥饿，以野生的枣子和蔬菜为食。于是，光武帝召邓禹还朝，命令他不要再随便进兵。

邓禹以受重任不建功为耻，遂不听光武帝的命令，多次率领饥饿的士卒与赤眉军交战，都失败了。建武三年（27）春天，邓禹不死心，又与车骑将军邓弘联合攻打赤眉军，被赤眉军打败，士卒或是战死、或是逃去。邓禹、邓弘邀请冯异共同攻打赤眉军。邓禹又不听冯异的劝阻和建议，一意与赤眉军连续作战，结果被赤眉军打得大败，死伤三千多人，邓禹和手下二十四人骑马逃到宜阳（今河南宜阳）。

光武帝对邓禹违抗旨意、多次战败十分生气，下诏免去他的大司徒之职和梁侯的封号，并让他上交了印绶。

四、天下平安　再任司徒

建武四年（28）春，延岑与秦丰合兵再次侵扰顺阳一带。光武帝下诏令归还邓禹梁侯印绶，又任命他为右将军，派他总领复汉将军邓晔、辅汉将军于匡攻打延岑。邓禹率大军在邓县（今河南邓州）击败延岑，追至武当，再次打败延岑。延岑逃奔汉中，余部全部投降。

因战事已毕，光武帝罢免了邓禹的后将军、左将军和右将军的职务，让他用特进的身份行朝拜之礼。邓禹淡泊名利，讲究礼仪，待人敦厚，事母至孝。天下已定，他常想远离名誉和权势。

邓禹的功勋和美德颇受光武帝的重视。建武十三年（37），天下平安，光武帝扩大功臣们的食邑。改封邓禹为高密侯，以高密、昌安、夷安、淳于四县作为他的食邑。

邓禹的家教颇受人们的赞赏。他有十三个儿子，他非常注重修整家庭伦理，教养子孙。他并不是指使儿子去争权夺利，而是让他们各自掌握一种技艺。他的生活费用取于食邑，不置产业。

建武中元元年（56），邓禹再次出任司徒职务。随光武帝到东方巡视，参与祭泰山的仪式。

邓禹作为光武帝的第一功臣被封为太常，晋见光武帝时可以坐西向东，光武帝对他十分尊敬和爱护。

中元二年（57），邓禹卧病。光武帝多次上门慰问，还任命他的两个儿子为侍从官。

章帝永平元年（58），邓禹病逝，终年五十七岁，谥号为"元侯"。

邓禹作为东汉的首任司徒，戎马一生，为东汉刘秀政权的建立和巩固作出了巨大贡献。他的功绩更多地体现在军事上。

由于刘秀"退功臣、进文吏"的政策，使邓禹在宰相之位，不谋宰相之职。刘秀虽置三公，事归台阁，尽管司徒是由丞相改称的，管民政，但权力比前朝丞相小得多，真可谓"徒有虚名"。

邓禹及其后代在东汉的历史上产生过重大影响。他的儿子邓训、孙子邓骘都是东汉名臣，他的孙女邓绥是汉和帝的皇后，曾临朝执政十余年，勤政爱民，以贤德著称后世。

大司马吴汉

吴汉（？～44），东汉中兴名将，"云台二十八将"之一。字子颜，南阳宛（今河南南阳）人。他处事沉稳，用兵从容，常能转危为安。他忠于职守，敬重皇帝，有时却又不执行命令；他军纪严明，有时却又纵容部下，时有掳掠，是一个有明显不足的武将。

一、渔阳说宠　无终夺军

吴汉少时，家境贫寒，在县中任亭长。王莽末年，吴汉因为手下宾客犯法，逃跑到渔阳（治今北京密云西南），后来资用匮乏，便以贩马为业。他往来于燕、蓟之间，每到一处都留意交结当地豪杰。

更始帝刘玄被拥立后，派使者韩鸿巡行河北。有人推荐吴汉，说："吴子颜是天下奇士，可与谋事。"韩鸿召见吴汉，感觉所举不虚，当即任命他为安乐（今北京顺义）令。

更始二年（24），大司马刘秀镇抚河北。适逢王郎诈称汉成帝之子刘子舆，起兵邯郸，北方州郡惊扰困惑、不知所从。吴汉早听说刘秀是仁慈长者，乘机向渔阳太守彭宠进言，劝他归附。吴汉对彭宠说："渔阳、上谷地方的骑兵，天下驰名。您应该与上谷太守耿况联合起来，调发两郡精锐部队，追随刘秀，进击邯郸。"彭宠觉得吴汉说得有理，无奈部下官属都想依附王郎，彭宠也难以强制。

吴汉告辞出来，想哄骗那些官属，可一时难觅良策。这时路上有一个儒生模样的人正风尘仆仆地行走，吴汉便派人将他召来，请他吃饭，并问起旅途见闻。那儒生说刘秀所到之处，天下归心；又说邯郸称帝的，其实并非刘子舆，而是王郎假冒。

真是踏破铁鞋无觅处，得来全不费工夫。吴汉马上假造了一封刘秀的檄文，让那儒生送给彭宠，并叫他把途中见闻说给彭宠听。吴汉随后进府。彭宠听了那儒生之言，深以为然。决定派吴汉和上谷郡将领合军向南，追寻刘秀。吴汉等人历经险阻，沿途斩杀王郎将帅部众，终于在广阿（治今河北隆尧东）赶上了刘秀。刘秀任命吴汉等人为偏将军，扫平邯郸后，又赐号为建策侯。

吴汉生性质朴厚重、缺乏口才，加上新到汉营，无法靠言辞赢得刘秀的赏识。邓禹和诸将知道后，几次荐举他，刘秀这才召见了他。但吴汉一经召见，便得到了刘秀的赏识信任，常居门下。

刘秀想调发幽州兵马，连夜召见邓禹，问他谁能担当此任。邓禹说："最近几次跟吴汉交谈，发现他勇敢而有谋略，众将很少能赶上他的！"光武帝便任命吴汉为大将军，命他持节到北方去征调十郡突骑（精锐骑兵）。

当时，已被封为萧王的刘秀与更始帝刘玄已经貌合神离，更始帝刘玄任命的幽州牧苗曾听到吴汉要来发兵，便暗中约束部队,下令各郡不得响应征召。

吴汉率领二十骑人马一路疾驰,先行赶到无终(治今天津蓟县),苗曾以为吴汉对他没有防备,就到路上迎接。没想到吴汉一见面,先发制人,立即指挥部下擒住苗曾并将他斩首,夺了他的军权。这一举动,使幽州震骇不已,于是所有城邑都望风归附。吴汉便调发十郡之兵,并率领他们南下,和刘秀在清阳(今河南南阳南)会师。

刘秀部将见吴汉调兵而还,士马壮盛,旌旗蔽路,纷纷猜测说:"如此精兵,难道也肯分给别人吗?"等到吴汉进入幕府,呈上所调兵员的簿籍之后,大家这才释然。于是,又纷纷请求刘秀多分配给自己一些兵力。刘秀不无揶揄地说他们:"兵归了自己,恐怕就不愿分给别人了。为什么要这么多呢?"诸将听了,都惭愧不已。

二、邺下陈辞　广乐裹伤

为了监视刘秀,更始帝派尚书令谢躬率领六名将领进攻王郎,屡攻不下。刘秀率军到来,才共同平定了邯郸。谢躬手下将士军纪散漫,常有侵扰掳掠之事,刘秀深以为忌,两军都在邯郸,却分城而处。不过,刘秀常常慰问谢躬及其部下。

谢躬为人勤于职事,刘秀也一有机会便称赞他,说:"谢尚书才真是个当官的样子!"谢躬因此对刘秀深信不疑。不久,谢躬率领他的几万人马,移驻邺城(治今河北临漳西)。

刘秀进军攻击青犊农民军,对谢躬说:"我这次一定会大破敌兵。而在山阳的尤来(农民军的一支)部众,势必闻风奔逃隆虑山。假若你肯奋发神威,进击这散溃之兵,定会一举成擒。"谢躬连连称是。

刘秀果然击败青犊,尤来也果然向北逃向了隆虑山。于是,谢躬留大将军刘庆、魏郡太守陈康留守邺城，自己率部追击尤来部众。然而，尤来农民军却并没有一触即溃。他们自知途穷，没有退路，拼死作战，其锋锐不可当。谢躬大败，死者数千人。

刘秀趁谢躬不在，命令吴汉和岑彭进袭邺城。吴汉派舌辩之士进城对陈康讲了一番道理："上智之人从不处于危险之地，从不心存侥幸；中智之人能够想方设法，转危为功；下愚之人安于危地，自取败亡。可见福祸无常，全是人自招。如今京师败乱，四方纷扰，是您亲耳所闻；萧王（刘秀）兵强士附，河北平定，是您亲眼所见；谢躬内背萧王，外失众心，是您亲自所感。您如果保守孤危之城，坐待灭亡之祸，最终必然节无所立，义无所成。不如开门归诚，转祸为福，倒可以免除下愚之败，而收中智之功。"

陈康认为吴汉说得有理，便收捕刘庆和谢躬全家，放吴汉入城。谢躬从隆虑山败归邺城，不知道陈康已经反叛，率领数百骑进入城门。吴汉埋伏人马，擒获谢躬，亲手将他杀死，并收降了他的部众。

刘秀北征，吴汉常率五千精锐骑兵为先锋，屡次率先登城，攻破敌阵。河北平定之后，吴汉和诸将一起拥立刘秀即皇帝位。光武帝刘秀封吴汉为大司马，不久又封武阳侯。

建武二年（26）春天，吴汉率领王梁、朱祐、杜茂、贾复等将领在邺东漳水大破檀乡农民军，收降十多万人。光武帝派使者定封他为广平侯，食邑四县。接着，吴汉又率领众将进击邺西山贼黎伯卿所部，在河内修武（今河南获嘉）大破敌军，光武帝亲临军队中慰劳。此后，吴汉又进军南阳郡，把宛、涅阳、郦、穰、新野等城邑全部攻克，然后率兵在黄邮水（在河南新野境内）一带大破自称楚黎王、拥兵割据的秦丰。另外，吴汉还曾和偏将军冯异进击昌城五楼农民军张文所部，又到新安攻破铜马、五幡农民军。

建武三年（27）春天，吴汉率领建威大将军耿弇、虎牙大将军盖延进攻青犊军，青犊军兵败归降。不久，吴汉又率领骠骑大将军杜茂、强弩将军陈俊等人在广乐（今河南虞城西）包围了苏茂。苏茂原来是绿林军将领，随朱鲔投降刘秀，后杀死淮阳太守潘蹇，占据广乐，投降割据自立的梁王刘永，刘永封他为大司马、淮阳王。

这时，刘永部将周建招聚十万人马，赴救广乐。吴汉率领骑兵迎战失利，不慎掉下马来，摔伤了膝部，收兵回营；周建也进入广乐，与苏茂连兵。

一时失利，汉军军心受到了一定影响。将领们对吴汉说："大敌当前，您却受了伤，将士们都很害怕。"吴汉一听此言，勃然而起。他包裹伤处，巡视营垒，杀牛酾酒，犒劳士兵，意气昂扬地鼓动将士："敌人人数虽多，但都是乌合之众，'胜不相让，败不相救'，没有仗义死节之人。如今正是努力作战、杀敌立功、拜将封侯的好机会，请诸君努力!"吴汉豪气凌云，将士们也深受感染，个个磨砺刀枪、整顿盔甲，全军激扬发奋，士气倍增。

第二天，苏茂、周建出兵包围吴汉。吴汉挑选四部精兵和乌桓突骑三千多人，擂鼓呐喊，同时进击。周建大败，逃入广乐城。吴汉纵兵追击，部下与周建败卒争门并入。苏茂、周建弃城逃跑。吴汉便留下杜茂、陈俊驻守广乐，自己则率兵到睢阳（治今河南商丘南）帮助盖延包围刘永。双方相持一百多天，刘永粮尽突围，被盖延斩杀，睢阳归降。

三、闭营砺兵　荡平蜀地

建武十一年（35）春天，吴汉和征南大将军岑彭等征讨割据蜀地的公孙述。岑彭捷报频传，但却被公孙述派人暗杀。光武帝命令吴汉一并统率其军。

第二年春天,吴汉在鱼涪津(今四川乐山北)大败蜀将魏党、公孙永,进围武阳(今四川彭山县东)。公孙述派其女婿史兴率军往救,被全部歼灭。汉兵乘胜进入犍为郡,属县都闭城自守,不敢阻挡兵锋。于是吴汉挥师直攻广都(今成都南),迅速攻克,并派轻骑兵烧毁成都市桥。慑于汉军威猛之势,武阳以东的小城纷纷投降。

此时,光武帝下诏告诫吴汉:"公孙述在成都尚有十多万部队,不可轻视。你现在最好坚守广都,等他来攻你,不要跟他争锋。如果他不来攻你,可推进营地逼近他。等他力尽兵疲,然后发动进攻。"吴汉连获胜利,颇有点踌躇满志、洋洋自得,他没有执行光武帝的命令,自己率两万多人进逼成都,在江北离城十几里的地方扎营,建造浮桥,派副将刘尚率万人驻在江南,两营相距二十里。

光武帝得知吴汉如此部署兵力,大吃一惊,下诏书责备说:"朕对你千叮咛万嘱咐,没想到你遇事全不肯听!你既轻敌深入,又分兵设营,若有紧急情况,势必不能互相救应。假设敌人出兵牵制你,而以大军进攻刘尚,你必败无疑。幸亏还没发生意外,快率兵退回广都!"

然而,诏书尚未送达,公孙述已派将领谢丰、袁吉率十万多人,分为二十多营,一起出击吴汉;另派将领率兵万人牵制刘尚,使他无法救援接应。吴汉与敌军大战,兵败,退回营垒,谢丰率领兵将包围了吴汉的大军。

吴汉见形势危急,便召集将士,激励他们。吴汉说:"我和诸位逾越险阻,转战千里,舍生忘死,才得以深入敌军腹地,至其都城之下。如今,却与刘尚分在两地,处于敌人包围中,相互无法救应,后果不堪设想。我打算秘密突围到江南与刘尚会合,然后合兵御敌。如果我们大家同心协力,人自为战,大功可立;如其不然,定会一败涂地!成败之机,在此一举!众军努力!"诸将齐声应诺。

吴汉下令闭营三日,飨士秣马,并在营内遍插旌旗,使烟火不绝,以迷惑蜀军。第三天夜里,吴汉率军潜出城围衔枚疾走,过江与刘尚部会合。谢丰等人还蒙在鼓中,毫不知情。第二天,谢丰留军监视江北,自己率军进攻江南。吴汉率领全军将士迎战。从早到晚,杀声不断,汉军越战越勇,斩杀了谢丰、袁吉,大获全胜。

这时,吴汉让刘尚留在原地抵拒公孙述。自己引军退回广都,并上表报告军情曲折,深深引咎自责。光武帝回信抚慰:"你如今引兵据广都,非常正确。公孙述不敢略过刘尚攻打你。如果他先攻刘尚,你从广都率兵赴援,也不过五十里,正好可以在他困顿、疲惫之时赶到,肯定能够克敌制胜。"

从此,吴汉与公孙述接战于广都、成都之间,八战八胜,进占了成都外城。

公孙述拿出国库中全部财货珍奇,招募了五千名敢死之士,交给将领延岑率领。延岑在成都市桥假设旗帜,鸣鼓挑战,暗地里却派遣奇兵,绕到背后,袭击汉军。仓猝中,吴汉堕入水中,侥幸拽住马尾,好不容易才爬上水来。

此役吴汉受挫严重,且军中粮草不支,想暂时撤除成都之围。蜀郡太守张堪料定公孙述必败,劝他不要撤兵,吴汉听从了。

这年十一月,公孙述亲自率领几万人马出击吴汉。公孙述率兵从早上战到中午,军队吃不上饭,都疲困不堪。吴汉派精锐之士向公孙述猛攻,公孙述所部大乱,他本人也在混战中被刺穿胸部,掉下马来。手下人把他抬回城去。他支撑着,把兵权交给延岑执掌，当夜就死去了。

第二天，延岑见大势已去，举城投降，蜀地遂平。

建武十五年（39），吴汉北击匈奴。建武十八年（42），蜀郡守将史歆在成都叛汉。吴汉率兵万人复入蜀地，调发广汉、巴、蜀三郡兵众围攻成都。一百多天后，城破，吴汉诛杀史歆等人，率军回京。

四、沉稳不惊　鸷狠谨质

吴汉为人，遇变不惊，沉稳有力。不少将领一见战阵失利就垂头丧气，惶怵不安，平日的风度威严全失。吴汉却不然，每到这时，他整治战械，鼓励士卒，不但毫不气馁，反而愈加意气风发。

一次危难之际，光武帝派人去看吴汉，想了解他在干什么。回报说，大司马（吴汉）正在修治攻战之具。光武帝深有感慨，说："吴公差强人意，威重如同一个敌国！"

由于吴汉遇变不惊，沉稳有力，所以往往能转败为胜，转危为安。围攻广乐，他裹伤勉士；失利成都，他闭营厉兵秣马，都是很好的化险为夷的战例。

当年，吴汉率部在平原郡进击富平、获索农民军，农民军集结五万人夜袭其营地。军中惊慌异常，几乎难以保守，而他却高卧营中，丝毫不为所动。过了一段时间，军营人心安定，他又连夜发兵，出营袭击敌人，大获全胜。

此前，吴汉巡行清河、平原等地。鬲县五姓联合起来，驱逐当地长官，占据城邑。诸将都跃跃欲试，争相请求攻城。吴汉不同意，他说："酿成叛乱的，是当地官长。谁敢轻举士兵贸然攻城，杀无赦！"于是，一面下公文给郡府，命他们收捕肇事官吏，一面派人入城安抚五姓。五姓人众大喜归降。众将佩服吴汉的沉稳,说他"不战而攻克城邑,人所难及"。

吴汉在建武年间,居于高位,常受倚重,与他沉稳不惊、做事谨慎的个性很有关系。

吴汉有时也很固执。建武八年(32),他随光武帝出征陇西,在西城包围了隗嚣。光武帝对他说:"各郡甲士只是坐耗军粮,无益战阵。一旦逃亡,又会扰乱军心,应该将他们罢回原郡。"吴汉却坚持认为,人多攻城力大,没有执行光武帝的命令。结果,粮食匮乏,士众疲惫,有很多人逃亡了。当公孙述引兵来救隗嚣时,吴汉只好败退。

吴汉性格中,还有鸷狠残忍的一面。他经常放纵部下劫掠乡里,破房将军邓奉叛汉,就是由于他的故乡新野被吴汉部众劫掠骚扰而起的。公孙述死后,延岑出降,吴汉居然杀死公孙述的妻子儿女,灭尽他的家族,把延岑也灭了族;而且任凭士卒大肆掳掠,焚烧宫室,摧残人民。光武帝听到消息,勃然大怒,严厉地谴责了吴汉。光武帝还下诏切责吴汉的副将刘尚,诏书说:"城降之日,官吏、百姓相继降服,仅仅是孩子、老人,人口就得以万数,一旦放兵纵火,闻之可为酸鼻!你刘尚是宗室子孙,又曾当过官吏,怎么忍心这样做?仰视苍天,俯视大地,你以为秦西巴释放小鹿、乐羊吃他儿子的肉羹,二者谁有仁心?确实有失斩将吊民之义!"

不过,吴汉有时却又恪守规矩,十分严谨。他随光武帝出征,光武帝不休息,他常常侧足而立,不知疲倦;每次出兵,早上接受命令,晚上就可上路,根本不用什么整顿准备的时间。他出征时,妻子在后方买了一些田产。等他征战归来,却都送给了故旧亲友。他对妻子说:"部队在外连年征战,将士流血牺牲,军需常常不足,你怎能在家多买田宅呢?"

吴汉病重,光武帝亲临探视,问他有什么话要说。吴汉回答："臣愚笨无所知，只希望陛下不要赦免我罢了。"

建武二十年（44），吴汉去世，谥号为"忠侯"。吴汉死后，光武帝调发北军五校、轻车、介士载吴汉的尸体，为他送葬。其子吴成嗣爵。

大司空王梁

王梁（？～38），光武帝时大司空，"云台二十八将"之一。字君严，渔阳要阳（今北京密云）人。他原为渔阳郡狐奴令，后投奔刘秀，拜为偏将军。刘秀占领邯郸后，封王梁为关内侯；刘秀称帝之后，历任野王令、大司空、河南尹、济南太守，先后被封为武强侯、阜成侯。他建有战功，但拜大司空却与符谶有关；担任河南尹时开渠失败，最后卒于官任。

一、屡建功勋　拜任司空

王梁原本是新莽时期渔阳郡的小吏，后来受到渔阳太守彭宠重用，任命其为狐奴县（今北京顺义）县令。

更始元年（23）十月，更始帝刘玄令刘秀以破虏将军行大司马事，持节北渡，镇慰河北诸州郡。刘秀到河北后不久，王郎在邯郸称帝，河北地方势力大多投归王郎。刘秀处境颇为艰难，不得不率众南下。

上谷太守耿况劝说渔阳太守彭宠，一起派兵支持刘秀。彭宠的主要部下安乐令吴汉、护军盖延、狐奴令王梁，也都力劝彭宠支持刘秀。彭宠于是派遣步骑三千人，以吴汉代理长史，率领都尉严宣、护军盖延、狐奴令王梁，与上谷兵合兵南下支援刘秀。

上谷兵、渔阳兵会师南下，沿途击斩王郎的大将、九卿、校尉以下四百余人，攻取涿郡、中山、巨鹿、清河、河间所属二十二县，最终在广阿（今河北隆尧东）追上了刘秀。

刘秀得到这支生力军之后非常高兴，把王梁、景丹、寇恂、耿弇、盖延、吴汉等人都封为偏将军，让他们都继续统领本部兵马。

更始二年（24）五月，刘秀攻入邯郸，斩杀王郎，随即封赏功臣，王梁被赐爵关内侯。接着，王郎跟从刘秀，参加了平定河北的征战。

当年，刘秀派邓禹西征，冯异南驻孟津，自己亲率主力北徇燕赵。王梁被刘秀任命为野王（今河南沁阳）令，与河内太守寇恂一起留守大后方河内郡。王梁协助寇恂、冯异南拒洛阳，北守天井关，令朱鲔等不敢出兵，刘秀认为王梁的功劳很大。

更始三年（25），刘秀称帝建国。在议选大司空时，因为《赤伏符》上说"王梁主卫作玄武"，颇为相信符谶的刘秀，认为野王是卫元君所徙，玄武是水神之名，司空是水土之官，于是擢拜王梁为大司空，封武强侯。

二、剿灭五校　平定楚沛

建武二年（26）春天，檀乡农民军与五校农民军，合兵进扰魏郡（郡治邺城，今河北临漳西南）、清河郡（郡治清阳，今河北清河东南）。光武帝刘秀派大司马吴汉，率大司空王梁、大将军杜茂、扬化将军坚镡、建义大将军朱祐、执金吾贾复、偏将军王霸、骑都尉刘隆、马武、阴识等九将军，共击檀乡农民军。诏令军事一律归属大司马，而王梁却擅自发动野王兵，光武帝以其不遵诏令，令他在所在县中停止行动，王梁仍然擅自进军。

光武帝以王梁前前后后都违抗命令，大怒，派遣尚书宗广，持符节往军中斩王梁。宗广不忍心诛杀王梁，就用囚车将王梁载回京师。到京师之后,光武帝感念旧情,赦免了王梁,派宋弘取代王梁出任大司空。一个多月之后,光武帝又任命王梁为中郎将,兼执金吾事。派他北守箕关。王梁到任后攻击赤眉别校,赤眉别校投降。

随后,光武帝再命王梁与杜茂一起,清剿五校农民军余部。杜茂、王梁先后在魏郡、清河郡、东郡(郡治濮阳,今河南濮阳西南)击败了五校农民军,平毁了其所筑的所有营堡,迫降农民军持节的大将就有三十余人。三郡清静,道路畅通,成为汉军的重要后方基地。

建武三年(27)春,王梁带兵转击五校农民军,一直追击到了信都、赵国,大破五校农民军,农民军所有屯聚的营垒全被平毁。当年冬天,光武帝派遣使者持符节,拜王梁为前将军。

建武四年(28)春,王梁奉命带兵进攻刘永残部占据的肥城、文阳,都很快攻下了。接着,王梁与骠骑大将军杜茂合兵,进攻在楚、沛之间的刘永残党佼强、苏茂,攻拔大梁、砫桑;而捕虏将军马武、偏将军王霸也分道并进,一年多全都平定了两地。

建武五年(29)春,王梁跟从光武帝亲征,在救桃城、破庞萌等战斗中,王梁作战积极、最为有功。光武帝任命李通代王梁为前将军,拜王梁为山阳太守,镇守抚慰新归附者。

三、开渠失败 卒于官任

在担任山阳太守几个月之后,王梁奉召入京,取代欧阳歙,担任河南尹,成了京师地区的最高长官。在担任河南尹期间,王梁开渠引谷水,打算注入洛阳城下,向东泻入巩川。但渠修成之后,水却不流不起来。

建武七年(31),有司上书奏明开渠失败之事,王梁惭愧恐惧，上书请求退职。光武帝下诏说："王梁以前率兵征伐，众人称他为贤，所以将他擢升到京师。他建议开渠，是为人兴利。众力已过，而功不成。百姓埋怨诽谤，言谈者喧哗吵嚷。虽蒙皇帝宽宥，他本人还是执意谦退。'君子成人之美'，特以王梁为济南太守。"

建武十三年（37），朝廷给王梁增加了封邑，定封为阜成侯。

建武十四年（38），王梁在官任上去世。

王梁与邓禹、吴汉并列东汉开国三公，但他据此高位，有人似乎认为有些侥幸。后人徐钧诗云："台辅尊贤菲报功，况因符命策司空。平生只为耽言谶，待此登庸恐未公。"

据载，当时选择大司空时，光武帝刘秀见《赤伏符》里面还有"孙咸"两个字，正好手下有人叫孙咸，便想任命他为大司马。可是众将都不服气，光武帝只好作罢，改而任命吴汉为大司马。王梁出任大司空，固然有谶语的原因，但他与孙咸不同，没有因为毫无军功而被众人否定，这说明他的战功起了很大的作用。

永平年间，汉明帝追忆当年随其父皇的功臣宿将，命绘二十八位功臣的画像于洛阳南宫的云台，王梁名列第十八位。

大司徒伏湛

伏湛（？～37），光武帝时大司徒。字惠公，琅邪东武（今属山东）人。他诚笃好学，秉节持重，为时人所敬重。建武三年代邓禹任大司徒，封阳都侯。

伏湛的九世祖伏胜，字子贱，是著名儒生，即经书中常提及的济南伏生。伏湛的高祖父伏孺，在西汉武帝时，在东武教授子弟，遂在此安家。伏湛的父亲伏理，为西汉末的名儒，曾教授汉成帝学习《诗经》。后为高密王刘宽的太傅。

伏湛为人孝敬、友爱，年轻时便开始传授父业，教授几百名子弟。西汉成帝时，任博士弟子。他先后升迁了五次，至王莽篡汉自立时为绣衣执法（即御史），让他督察大奸大恶之人。因为伏湛政绩不错，又升迁为后队属正（王莽改河内郡为后队）。

更始元年（24），伏湛担任平原（治今山东平原）太守。当时战火四起，天下惊扰，而伏湛不为所动，仍教授不止。他见百姓饥荒，十分痛心，对妻子说："五谷不丰登，国君难以安食；如今百姓都处于饥饿之中，我怎能够独饱？"于是与妻子共食糠粝，把自己的俸禄赈济给乡里。

当时，伏湛的门下督素来有力气，他建议伏湛，利用自己在百姓中的威望，起兵自立。伏湛厌恶他惑众谋反，立即斩杀了他，传首城郭，以示百姓。于是，境内人心安定。平原一郡，全靠伏湛才得以保全。

光武帝知道伏湛是名儒旧臣，便让他担任内职，征拜尚书，让他典定旧制。当时大司徒邓禹西征关中，光武帝拜伏湛为司直，行大司徒事。皇帝每次出征，总是留他镇守，总摄百姓。建武三年（27），伏湛代替邓禹担任大司徒，封阳都侯。

当时，彭宠在渔阳（治今北京密云西南）造反，光武帝准备亲自征讨，伏湛上书劝阻说：

> 现在，兖州、豫州、青州、冀州本来是我朝疆土，而盗匪贼寇横行无忌，还没有来得及使他们顺从接受教化。渔阳不过是临近北方外族的荒凉之地，怎么值得先去图谋呢？陛下舍近求远，放弃容易做的事，去做难做的事，真使臣感到迷惑！

光武帝看完奏折，就放弃了亲征的计划。

由于伏湛德义俱隆，深受各阶层人士的敬重。当时有以徐异卿为首的一万多人占据富平（属平原郡，今山东厌次），汉军连攻不下。不久，叛军传言："愿降司徒伏公。"光武帝知道平原郡百姓都信任伏湛，于是派他到平原郡，徐异卿等人即日归降，护送伏湛至洛阳。

伏湛在理政中，以礼乐作为首要的条件。同年冬天，光武帝征讨割据自立的齐王张步，留伏湛居守。当时正值冬祭高庙，不料河南尹与司隶校尉在庙中争论。伏湛没有举奏此事，被免职。

建武六年（30），伏湛徙封不其侯，食邑三千六百户，光武帝遣他前往封国。几年后，南阳太守杜诗对伏湛的品行学问、威望才能十分钦佩，就上书举荐伏湛为尚书。

建武十三年（37）夏，光武帝诏命伏湛为尚书。伏湛还没来得及到任，就因为中暑病倒，不久病逝。光武帝亲临吊祭，派使者为他送葬修坟。

大司徒侯霸

侯霸（？～37），光武帝时大司徒。字君房，河南密县（今属河南）人。建武五年，代伏湛为大司徒，封关内侯。他任司徒八年，明察守正，奉公尽忠。

西汉成帝时（前32～前7），侯霸任太子舍人。侯霸性格矜持严肃，很有威容，家中财产达千金，但他从来不事产业。侯霸笃志好学，以九江太守房元为师，研究《穀梁春秋》，为房元都讲。

王莽初年，五威司命将军陈崇举荐侯霸，王莽升迁侯霸为随县（今属湖北）宰（即县长）。随县辖境旷远，濒临长江，许多亡命之徒多在此为盗寇。侯霸上任后，立即逮捕、诛杀豪猾之徒，分捕山贼，县中得以安定下来。王莽又迁侯霸为执法刺奸（如汉刺史）。侯霸不畏权贵，秉公执法，威名远扬。后来，侯霸官至淮平（即临淮郡，治今江苏徐州）大尹，理政有能名。王莽失败，侯霸保民自守，最终保全一郡。

更始元年（23），更始帝刘玄遣使征召侯霸，临淮百姓老少相携号哭，挡住使者的车，有人还当道而卧，都说："希望侯君再留一年。"使者考虑如果侯霸就征，临淮必乱，不敢授玺书，就把此事上奏更始帝。正值更始帝政权败亡，道路不通，侯霸因此没有就征。

建武四年（28），光武帝征召侯霸与他去寿春，任命他为尚书令。当时没有故典，朝廷又缺少旧臣。侯霸精通过去的历史，收录遗文，启奏前世的善政法度，凡有利于现实的均被施行。光武帝每年春天发布施惠百姓、布德行庆的诏书，全都由侯霸起草。

建武五年（29），侯霸代替伏湛担任大司徒，封关内侯。他在位九年间，明察守正，奉公尽忠。

建武十三年（37），侯霸去世。光武帝十分悲伤和惋惜，亲自临吊。下诏说："侯霸为官素积善德，公正廉明，任职九年，按汉家旧制，丞相拜日，封为列侯。朕以军队尚在外打仗、功臣还未分封，对于忠臣之义，不想超越。但侯霸没有等到封侯拜爵，便突然而终。真让人哀伤啊！"于是，追封侯霸为"乡哀侯"，食邑两千六百户，由他的儿子侯昱嗣爵。临淮官吏、百姓同心协力，为侯霸立了一个祠堂，四季皆祭祀他。

大司徒虞延

虞延（？～71），光武帝时大司徒。字子大，陈留东昏（今河南兰考东北）人。他禀性质朴，行侠仗义，疾恶如仇，富有远见。初为县令，后入朝先后为太尉、大司徒。一生为官正直，秉公办事，从不谄附权贵，终被中伤，引咎自尽。

一、行侠仗义　富有远见

虞延的出生颇具传奇色彩，据说，他刚生下来时，其上方便出现了好像一匹白绢一样的东西，马上又飘飞到空中。虞延的父母觉得很奇怪，便请占卜的人算了一卦，占卜的人认为这是吉祥之兆。

虞延长大后，身手不凡。身高八尺六寸，腰粗十围（一围大约是两手的拇指和食指合拢起来的长度），力大无比，双手能把一只鼎高举过头。因此，虞延年少时便被推举为户牖亭长。

虞延禀性刚直，疾恶如仇；同时又敦厚质朴，乐善好施，行侠仗义。任职亭长期间，他尽心尽责，秉公办事，不分贵贱亲疏。当时正值新莽时期，王莽的贵人魏氏深得王莽宠爱。于是魏氏恃宠骄横，权势熏天。一时间，她的门客趋之若鹜。有一门客仰仗着魏氏，横行郡县，无恶不作，人人恨之。为了铲除这一祸害，虞延便带领吏卒闯入宾客家中拘捕了他。从此，魏氏怨恨虞延，常常在王莽面前诋毁他，虞延也便迟迟不得升迁。

王莽末年，群雄蜂起，盗贼猖獗，天下大乱，人人自危。为了保护亲族生命财产的安全，虞延常常身披甲胄，进行护卫，很多人因此才得以生存下来。虞延有一个堂妹，由于家境穷困，她的母亲不能乳养她，所以一生下来，便把她弃于沟中。虞延刚好从此沟路过，听到沟中的哭泣声，这才发现了这个弃婴。虞延顿生怜悯之心，赶快把她抱回家中。从此，他一直抚养着堂妹，直到长大成人。

光武帝刘秀建立东汉政权后，虞延为官执金吾府，又拜为细阳县令。虞延以仁政治县，深得百姓拥护。每到年节，他都让监狱的囚犯回家探亲。这一举措，深得狱囚之心，他们一般都能按照监狱所规定的日期返回，并且更能安心服刑。一次，一位狱囚探亲期间身患重病，但为了不耽误归期，他便自己用车载回狱中，车到了，人也死了。虞延听说此事后，便带着属吏亲自在县城门外为他出殡，百姓都很感动。

当了几年县令后，虞延便辞去官职，回到自己的家乡陈留。陈留太守富宗对虞延的禀性、为人有所了解，便召他到自己身边作代理功曹。富宗这个人性喜铺张，办事不求实际，喜好奢华、张扬。他所使用的器物、服饰、车子等都非常豪华，往往超出了一个太守的身份。

虞延认为富宗再这样下去，必定会遭遇不测，于是以晏婴、季文子为例劝谏富宗说："过去，晏婴为齐国大夫时，穿的是不完整的鹿裘衣服；季文子为鲁国国相时，其妾不穿用帛制成的衣服。我从来还没听说过，因为节俭而导致身败名裂的人。"当时富宗听了很不高兴，对虞延的劝谏不以为然。虞延断定富宗将来要遭杀身之祸，所以就向富宗辞职返归乡里。没过多久，富宗果然因为奢侈纵欲而被朝廷法办。行将伏法时，富宗痛悔自己没有听从虞延的劝谏。这件事后来被光武帝得知，对虞延的远见卓识非常惊叹。

建武二十年（44），光武帝前往鲁国、东海等地巡行，途经小黄县（今河南开封东北），汉高祖母亲昭灵后的陵园就在小黄县。当时，虞延为陈留县督邮。于是光武帝便诏见虞延，一方面是想询问有关陵园的事宜，另一方面也想亲自见识一下早就有所耳闻的虞延这个人。虞延面见光武帝时，举止从容，仪态端庄。当光武帝问及陵园的情况时，他回答得颇为详尽，甚至连陵园中种植了多少棵树他都一清二楚，而且对祭祀礼仪颇为通晓。光武帝对虞延非常赏识，于是就让虞延跟随自己东巡。

光武帝东巡回来路经封丘（今河南北部）城门，城门很矮小，光武帝的御驾不能从城门通过，光武帝很生气，便命令鞭笞侍御史。当时虞延马上下车向光武帝下跪请罪，主动承担责任，他说罪在他这个督邮，而不在侍御史。虞延言辞激扬，光武帝深感其诚，便下令说："因为陈留督邮虞延的缘故，今天就赦免了侍御史的罪。"虞延护送着光武帝的车驾一直到陈留的西部郡县。光武帝对虞延一路的护驾非常满意，便赐给了他一些钱财、宝剑、佩刀等。此后，虞延在陈留郡的名声大振。

建武二十三年（47），陈留人大司徒玉况征召虞延入京。当时正值元旦，文武百官上朝庆贺，虞延也在其列。当光武帝审视百官时，远远就看见了虞延，便派小黄门跑过去询问，果然是虞延。由于虞延给光武帝留下的印象很深刻，所以，光武帝当即便拜虞延为公车令。第二年，又迁虞延为洛阳县令。

二、明断人事　引咎自尽

虞延在洛阳当县令，依然像从前一样，秉公执政，惩恶扬善。当时光武帝皇后阴丽华有一个宾客叫马成，常常倚仗阴皇后的势力，奸淫、盗窃，无恶不作。虞延便拘捕了他，并亲自加以审讯。阴皇后得知后，几次三番写信请求虞延从轻处罚。虞延不但没有手下留情，反而每收到一封阴皇后的请求信便鞭笞马成二百下。

阴皇后的弟弟新阳侯阴就大怒，认为虞延太目中无人了，他把这事告诉了光武帝，还诬蔑虞延判案不公，常常造成冤案。光武帝本来对虞延颇有好感，听了新阳侯一面之词，心中不免生疑，于是，决定亲自驾临洛阳，审问囚犯。

光武帝来到洛阳令府，虞延马上重新升堂，光武帝坐镇堂上。虞延先把囚犯安排在大堂的东西两边，东边一列是案情可再斟酌的囚犯，西边的一列是案情已定、无可争议的囚犯。当时马成被安排在西边，但他马上急步走向东边一列，虞延上前一把抓住他，大声斥责道："你是人间一个大蠹虫，长久倚仗着社神，并不害怕有人敢来熏烧你。你的案情现在还没有审理完，应当依法从事！"马成大呼冤枉。

当时，光武帝身边的郎官持戟指向虞延，喝令虞延放开马成。光武帝通过在堂上的观察，知道虞延秉公办案，不徇私情，于是对马成厉声训斥道："你违犯了王法，罪不容赦，自取灭亡。"然后命令狱吏立即把马成拿下。几天之后，马成服刑被诛。虞延惩处马成一事，对当时的外戚起到了一定震慑作用。三年后，虞延又迁升为南阳太守。

虞延不但能明断案件，而且鉴别人性也很有眼力。明帝永平初年（58），有一外戚子弟邓衍，是新野县的功曹。每当他参加朝会时，其出众的行走姿势、仪态礼节常常得到明帝的赞赏，并且赐给他车马衣物。为此，人们都对他另眼高看，唯独虞延对他不理不睬、不加礼遇，也不请他作南阳功曹。在虞延看来，此人华而不实，只有出众的仪表，却无优秀的品行。

汉明帝听说这件事后，感到有些奇怪，百思不得其解。于是，下令让邓衍自称南阳功曹入朝，授予郎中一职。不久，又迁升为玄武司马。后来，邓衍的父亲去世了，但邓衍却没有为父亲服丧，引起人们的谴责。自光武帝中兴汉室以来，便很注重孝道，明帝听说了这件事后，就感叹地说："古人说：'能够真正识别一人的优劣，是才智超群的人，就算帝王也难以做到。'看来，这话说得的确有道理。"邓衍自觉惭愧，便辞职了。通过这件事，明帝认为虞延是一个很有眼力的人。

永平三年（60），虞延被召入朝，代替赵憙为太尉；永平八年（65），虞延又代替范迁为大司徒。

永平十四年（71），楚王刘英谋反，有人向朝廷告发了刘英蓄谋造反一事。汉明帝废除了刘英的王位，并将他迁往他处。虞延因此事受到牵连。在此之前，已成为太后的阴氏派人把楚王刘英欲谋反一事暗中告诉了虞延。这是阴太后有意陷害虞延的一个计策。

阴太后因马成一事对虞延始终耿耿于怀。她认为虞延肯定不会相信楚王刘英叛乱一事，也就不会上奏朝廷。事情果然如她所料，虞延认为楚王刘英与明帝是手足同胞，不会反叛朝廷，所以也就没有把楚王刘英阴谋反叛一事上奏朝廷。等到楚王刘英阴谋暴露后，明帝下诏对虞延严加责备。虞延深觉愧对朝廷，便引咎自杀了。

大司徒冯勤

冯勤（？～56），光武帝时大司徒。字伟伯，魏郡繁阳（在今河南临颍）人。初任太守功曹，由于明辨是非，任劳任怨，被光武帝封为大司徒。

冯勤的曾祖父冯扬，在西汉宣帝时任弘农太守，生有八个儿子，均食禄两千石，时称"万石君"。冯勤的祖父冯偃身高不满七尺，与其他身材伟壮的兄弟们站在一起，常因矮小而自卑，唯恐子孙也像自己一样，便给冯勤的父亲冯伉娶了个高个子的妻子，使得冯勤身高八尺三寸，八岁就擅长数学。

冯勤的同县人冯巡等举兵攻打光武帝刘秀，谋反未成，投奔豪族焦廉；冯勤却带着老母亲、兄弟及宗亲归，附本郡太守铫期。铫期把他们看作心腹，并让冯勤担任功曹一职。铫期由于经常跟随光武帝征伐，便将郡中政事全部委托给冯勤管理。

后来，铫期将冯勤推荐给光武帝。开始未被任用，过了一段时间，光武帝任命冯勤担任郎中，给事尚书。因为冯勤致力于解决军粮问题，为政勤奋，办事干练，遂受到光武帝的赏识。每当冯勤晋见时，光武帝总对左右说："好官吏呀！"

后来，光武帝让冯勤负责诸侯封赏的事务。冯勤根据功劳的主次轻重，国土的远近丰薄，合理分封，从来没有出现不服从的受封者。凡是封爵之事，没有冯勤就不能决定。光武帝看他才能出众，便把尚书的总事务都交给他进行总录。

司徒侯霸举荐前梁令闫杨。闫杨平时总爱讥讽议论，光武帝很讨厌他。光武帝见侯霸举荐此人，怀疑他与闫杨有奸谋，勃然大怒，赐侯霸玺书问罪。玺书写道："你打算以身试法吗？将要杀身以成仁吗？"并让冯勤前往司徒府，审问侯霸。

侯霸见到玺书后，忙向冯勤解释，自己只是觉得闫杨博学广闻，推荐他以报效朝廷，并没有与他合伙背叛陛下。冯勤回去后，将侯霸的本意转告给皇上，光武帝这才消了气，并拜冯勤为尚书仆射。

冯勤在尚书仆射任上，长达十五年。由于冯勤从始至终勤勤恳恳、任劳任怨，光武帝赐封他为关内侯，后升任尚书令，拜大司农，任职三年后升任大司徒。

在此之前，三公大多因有罪退职。光武帝希望让冯勤能以善自终，便委婉地告诫他，要他以前任为戒，尽忠报国。冯勤听后，严格约束自己，一心为国尽忠，号称任职。

冯勤的母亲八十岁了，每次晋见皇帝时，光武帝都诏令她不要行叩拜之礼，让御者扶她上殿。光武帝对四周的各位宗王、公主说："使冯勤贵宠的人，就是这位母亲！"

中元元年（56），冯勤去世。光武帝悼念惋惜不已，派使者吊丧，赐东园秘器，赏赐有加。

大司空宋弘

宋弘（？～34?），光武帝时大司空。字仲子，京兆长安（今陕西西安）人。西汉哀帝、平帝时任侍中，王莽新朝时任共工。光武帝刘秀建立政权后，征宋弘为太中大夫，位至大司空。宋弘为人正直，做官清廉，对皇上直言敢谏，曾先后为朝廷推荐和选拔贤能之士三十多人，有的官至相位。光武帝对他甚为信任和器重，封他为宣平侯。

宋弘的父亲宋尚，西汉成帝时官至少府，汉哀帝即位后，宋尚因不依附于大司马董贤，违忤获罪。

宋弘年少时性情温顺，西汉哀帝、平帝年间（前6～5）做侍中，王莽称帝时，任共工（王莽改少府为共工）。赤眉军进入长安后，派使者征宋弘欲授官职。宋弘不愿替赤眉军效力，无奈之下，他来到长安郊外的渭桥上，投河自尽，幸亏被家人救出，因此他佯死获免。

光武帝即位后，征拜宋弘为太中大夫。建武二年（26），宋弘代王梁为大司空，被封为枸邑侯。宋弘为政清廉，所得租俸分给九族，家无资产，以清廉著称。宋弘后徙封宣平侯。

光武帝曾召见宋弘，希望他荐举通博之士。宋弘就推荐沛国人桓谭，说桓谭才学过人，博闻广识，几乎比得上西汉扬雄和刘向父子。于是，光武帝召见桓谭，拜为议郎给事中。

光武帝不用桓谭的才学治理政事，但对他精于弹琴颇感兴趣。每次宴会，光武帝都令桓谭弹琴助兴。宋弘听说后，心中很不高兴。打听到桓谭从宫中出来，宋弘立即穿戴好官服坐在大司空府中，派遣官吏召桓谭来。

桓谭来到之后，宋弘不给他赐座位就责备他说："我之所以举荐你，是想让你辅佐君王，让国家昌盛。可你却每天让皇上听你弹琴。你是自己改正过失呢？还是让我依法处罚你呢？"桓谭磕头求饶，过了很久，宋弘才打发他走。

后来光武帝大会群臣，又让桓谭弹琴，桓谭看见宋弘坐在其中，竟失其常有风度。光武帝见桓谭如此，感觉很奇怪，便问他原因。宋弘见此情景，便离开坐席，摘下帽子，谢罪说："臣之所以举荐桓谭，是希望他能用忠心和才学辅助皇上。如今桓谭却令朝廷上下沉湎于靡靡之音，这是臣举荐之罪。"光武帝听后，连忙向宋弘道歉，并让桓谭重新换上朝服，端坐席间，其后便不再让桓谭鼓琴奏乐。

宋弘见光武帝能改过如是，又向光武帝推荐了许多贤士，其中有冯翊、桓梁等名士，共三十余人。其中有些人后来相继担任了三公九卿。

有一次，宋弘在宴会时拜见光武帝，当时御座新制的屏风上画着许多美女，光武帝数次回顾目视。宋弘见了，心中对光武帝不满，于是再次正容进谏说："未见好德如好色者。"这话说得很尖刻，但光武帝一听，还是明白了自己的过错，不但没有生气，反而马上令人撤去新屏风，笑着对宋弘说："知错能改，可以吗？"宋弘回答说："陛下进德，臣不胜欣喜。"

时值光武帝的姐姐湖阳长公主新寡，相中了宋弘的才貌，求光武帝为她做媒。宋弘被光武帝召见，光武帝令湖阳长公主坐在屏风后面，然后以商量和探寻的口吻对宋弘说："谚语说，'地位高了换朋友，财富多了换妻子'，这是人之常情吗？"宋弘正色回答："臣只知道贫贱之交不可忘，糟糠之妻不下堂。"这一斩钉截铁的回答，表明了宋弘的态度。光武帝回头对湖阳长公主说："这件事办不成了。"

宋弘在大司空这一位置上任职五年，后来因考核上党太守一案不实，坐免归第。数年后，宋弘去世，无子，封国除掉。

大司空窦融

窦融（前15~62），光武帝时大司空。字周公，扶风平陵（今陕西咸阳西北）人。经营河西（今甘肃、青海两省黄河以西，即河西走廊与湟水流域），攻打隗嚣，颇有功勋；又谦逊谨慎，颇识进退，可惜子孙放纵，终致家族衰微。

一、辞让巨鹿　割据河西

窦融的七世祖窦广国，是西汉文帝皇后窦氏的弟弟，被封为章武侯。窦融的高祖父，在汉宣帝年间以二千石官吏的身份从常山（今属河北）迁徙到平陵。

窦融少年时父亲就去世了，他的母亲带着几个孩子生活。新莽年间，窦融任强弩将军王俊的司马。当时，汉朝将领翟义拥兵讨伐篡汉自立的王莽，槐里（治今陕西兴平东南）人赵明、霍鸿等起兵响应翟义。王莽派大司空王邑前往攻打翟义，窦融随军前往。在攻灭翟义后，又在槐里攻灭赵明等，窦融因军功被封为建武男。

此后，窦融的妹妹嫁给王邑为妾。窦融在长安安家，出入贵戚之家，联结闾巷豪杰，以行侠仗义闻名。但窦融十分孝义，侍奉母亲、兄长，养护弱弟，有名于时。

新莽末年，青州、徐州兵起，王莽太师王匡请窦融任助军，与他一起出兵东征。汉兵起，窦融随王邑军在昆阳（今河南叶县）大败，撤归长安。汉兵长驱入关。在王邑推荐下，窦融被任命为波水（在长安南）将军，引兵进驻新丰（治今陕西临潼东北）。

王莽失败后，窦融率军投降更始帝大司马赵萌，任校尉。赵萌十分看重他，推荐他为巨鹿（今属河北）太守。

窦融见更始帝新立，东方尚在乱离之中，加上窦家累世在河西，熟知当地风俗，因而不想出关。他对兄弟们说："天下安危尚未可知，河西一带殷实富足，而且能够以黄河作为牢固的屏障，张掖（治今甘肃张掖西北）属国有一万精锐骑兵。倘若一旦发生紧急情况，切断黄河渡口，完全可以自守，这是保全我等身家性命及后代的好地方。"兄弟们都认为他言之有理。

于是，窦融去见赵萌，说自己不想到巨鹿郡，而想出守河西。赵萌替他奏明更始帝，朝廷遂任命窦融为张掖属国都尉（汉武帝时置属国都尉，以主蛮夷归降之事）。窦融大喜，立即带领家人西行。到任后，他安抚百姓，交结豪俊，对羌人示以恩信。如此一来，窦融受到吏民拥戴，河西百姓都归心于他。

当时，酒泉（今甘肃酒泉）太守梁统、金城（今甘肃兰州）太守库钧、张掖都尉史苞、酒泉都尉竺曾、敦煌（治今甘肃敦煌西）都尉辛肜以及州郡中英雄豪侠之士，均与窦融交好。更始政权失败，窦融召集梁统等人商量说："如今天下动荡，我们不知该归向何处。河西诸郡转眼间便与中原割绝，独处羌胡之中。我们如果不戮力同心，则无法自保；如果大家的权力平等，又会群龙无首。最好是推举一人任大将军，主持五郡大局，以观时变而决行止。"

商定之后，大家各自谦让，后一致推举窦融任行河西五郡大将军，主持大局。当时，武威太守马期和张掖太守任仲没有参与其事。窦融等便写公文晓示二人，二人马上交出印绶离任而去。窦融便任命梁统为武威太守，史苞为张掖太守，竺曾为酒泉太守，辛肜为敦煌太守，库钧为金城太守。窦融仍然驻居属国，兼任都尉之职，设置从事，监察五郡事务。从此，窦融拥众割据河西。

河西地区，民风本来就淳朴，而窦融等为政又比较宽和，于是，上下相亲，一片安乐富足的景象。平时，军民一起习练兵马骑射和烽燧之警。一有外兵侵犯，窦融就亲自率兵与诸郡兵士前去平定。后来，匈奴和羌人都震慑于窦融之威，相继亲附。安定（治今甘肃平凉）、北地（治今甘肃庆阳西北）、上郡（治今甘肃榆林东南）百姓，为了躲避灾荒兵火，逃到这里来的也越来越多。

二、诚归汉室　切责隗嚣

后来，窦融听说光武帝刘秀即位，便想东向归附，但河西路途险远，不能自通。正巧当时西州大将军隗嚣先归附汉室，窦融等便依从隗嚣，接受汉朝正朔。

隗嚣表面上虽顺应官民将士的心愿归附汉朝，内心却存有异志。他派舌辩之人张玄游说河西，张玄对窦融说："更始帝刘玄事业已经成功，却转眼败亡，这已清楚地表明刘姓不可能再复兴了。如果马上就认定君主，隶属于他，就会受到束缚和制约。一旦受制于人，自己就会失掉权力，从而跟着他败亡，后悔莫及！如今天下豪杰争锐竞胜，雌雄未决，我们应该各自占据土地，与陇蜀势力结成合纵联盟。胜利了，可成为战国时代的六国之一；就算失败了，至少也能如尉佗（即赵佗，陈胜起义反秦时，赵佗为南海尉，遂在南越称王）一般割据称雄。"

窦融召集豪杰和太守们商量此事，其中有见识的人都说："刘秀天命所归，而且在目前天下称帝的人当中，他的土地最广阔，兵甲最强盛，号令最严明，别人远远比不上。"诸郡太守的宾客们，意见略有分歧。窦融经过慎重考虑之后，决定东归光武帝刘秀。建武五年（29）夏，窦融派遣长史刘钧向光武帝通诚献马。

正好光武帝也派使者来给窦融送信，使者在路上遇到了刘钧，于是便跟他一起回到洛阳。光武帝接见刘钧，心中异常高兴，因为他早知河西城坚民富，地接陇蜀；也早就想招致河西窦融，借以孤立、逼迫割据陇、蜀的隗嚣和公孙述。他盛情款待刘钧之后，便命他带着自己亲加玺印的书信回河西，信中对窦融非常坦诚直率地分析了形势，劝他拿定主意，早做决断：

> 河西地区与割据一方的公孙述、隗嚣的属地相邻。如今公孙述的蜀军正与我方汉军交战，最终的胜败则掌握在将军您的手中。只要您出兵帮助其中的一方，那么另一方一定必败无疑。您既可以助朕成就像齐桓公一般的霸业；也可以趁势而起，自占一方，形成鼎足而立的局面。朕并不强求于您，只请您一切从长计议罢了。

光武帝还赐给窦融黄金二百斤，任命他为凉州牧。

光武帝玺书一到，河西震惊，全体官员将士都佩服光武帝明察万里之外，洞见徘徊观望之情。窦融又派刘钧上书光武帝，表明自己决意附汉，并无徘徊观望之心。窦融在上书中说：

臣祖上是孝文（汉文帝）皇后的弟弟，由此推算，臣与陛下尚有一点姻亲关系。既然如此，臣又怎会背叛陛下！臣窦融虽然无知无识，但在利与害之际、顺与逆之间，岂能背叛真主，去事奉奸恶、假冒的人！岂能废弃忠贞的节操，去做颠覆国家的坏事！岂能抛弃已经成就的基础，去追求并无希望的利益！就此三项，即使去问一个疯子，也知道如何决定，而臣为什么偏偏会别有用心！

为表示诚意，窦融还派亲弟弟窦友入朝。窦友到达高平（治今宁夏固原）时，正巧隗嚣反叛，道路隔绝，只好转回。于是，派司马席封从小路把信送到洛阳。光武帝又命席封带信给窦融、窦友，真诚地给予安抚慰问。

窦融深知光武帝的意旨，便写信给隗嚣，责备他不该叛汉。信中说隗嚣辖区富庶，政治修明，士兵怀德，吏民亲服。在国家不利、灾厄丛生之时，能够守节不回，承事汉朝，非常明智；后来又派儿子伯春到汉廷为质，非常诚恳。河西五郡之所以愿意与之往来，听从使役，原因就在于此。书中还切责隗嚣，说他背叛汉朝，实在是昏聩不当、不仁不智之举。既对不起士卒百姓，也对不起儿子伯春，既不合于道义，也不合于时宜。并劝他审时达变，迷途知返。

隗嚣不听窦融的意见。窦融便和五郡太守一起厉兵秣马，上书光武帝，请示日期，准备出兵进击隗嚣，为汉廷效命。

光武帝见窦融如此忠诚，嘉奖、赞美了他，并专门派人给他送去外属图及太史公司马迁所著《史记》中的《五宗》、《外戚世家》、《魏其侯列传》。汉景帝是窦氏所生，景帝之子十三人为王，分别是五位母亲所生，同母者为一宗，故称五宗。光武帝赐《五宗》给窦融，是说明窦氏生了景帝，使刘氏子孙众多，光武帝是景帝的后人。魏其侯窦婴是窦氏的侄子，颇有功劳，光武帝是以此激励窦融。

在送图、书的同时，光武帝还下诏给窦融，诏书中先表彰窦氏与自己的亲戚关系以及窦氏祖上对汉王朝的贡献，然后说，有人从天水来，把窦融写给隗嚣的信抄来了，读后令人痛入骨髓。诏书中还指出，隗嚣见窦融不肯帮助自己，肯定会造作离间之言，而朝廷中也可能有人因为不了解本意，传言失实，令人失望，请窦融做好思想准备。诏书最后表示，关东已经平定，大军即将西征，请窦融整顿士马，准备配合大军，一起建功立业。

窦融收到诏书，便率领将士，进驻金城。

三、从征陇上　兄弟封侯

早在更始年间，先零羌封何等部曾杀死金城太守，占有其郡，因而隗嚣派来使者，贿赂封何，与之结盟，想调发封何兵军，以拒汉兵。窦融率领部属击破封何，吞并封何的兵众，大肆宣扬兵威，等待光武帝亲征。当时，东汉大军还未前来征伐隗嚣，窦融便引兵而回。

光武帝见窦融恪守信用，大加赏赐。命右扶风官长修理窦融父亲的坟墓，用太守之礼祭祀，并几次派人赏赐窦融四方珍奇之物。

这年秋天，隗嚣侵扰安定郡，光武帝准备亲自率兵西征，先通知窦融，令他作好接应的准备。窦融得到命令，立即出兵到姑臧。但不巧，天降大雨，道路断绝，而且隗嚣也已退兵，因而汉军未发，窦融回驻原地。

窦融担心此后汉朝不再出兵，上书给光武帝，说明利害：

听说陛下要亲征,臣的部队要东下,隗嚣士众本已骚动不安,战斗之心几乎全失。将领高峻等人,都做好了逢迎大军、率众投降的准备。后来听说大军未出,他们才犹疑起来。隗嚣又造谣说,汉朝东方有变乱,于是西州豪杰又都归附了他。而隗嚣也与公孙述加强联系,互相勾结,图谋共同拒汉。如今,河西势单力孤,夹在他们中间,需要紧急援助。如果陛下从正面进击,臣在后面配合,一定会灭掉他们。如果不从速发兵,无疑是外长敌人志气,内示我方困弱,这样,谗邪之徒就会乘虚而入。臣为此非常忧虑,请陛下早做决断。

光武帝看了窦融的书信,深以为然。

建武八年(32)夏,光武帝亲自西征,窦融闻讯,率领五郡太守以及羌、小月氏等步骑数万人、辎重车五千多辆,在高平第一城会师。

在拜见光武帝之前,窦融先派手下人去请教拜见皇帝的礼仪。当时,戎马倥偬,兵战连年,诸将交错于路,因而礼仪疏简。光武帝得知窦融先问礼仪,十分高兴,于是宣告百僚,置酒高会,用特别优厚的礼节接待窦融等人。任命窦融的弟弟窦友为奉车都尉,堂弟窦士为太中大夫。

接着,光武帝与窦融一起进军讨伐隗嚣,隗嚣大败,城邑都归降了汉朝。光武帝为回报窦融所建的大功,封他为安丰侯,封窦友为显亲侯。窦融部下竺曾等五人也同时被封为侯。随后,光武帝东归,窦融等回镇原地。

窦融因为兄弟二人都受侯封,而且久驻外镇,专有方面之权,内心常怀戒惧,不能自安,屡次上书朝廷,请求派人来替代自己的职务。光武帝下诏回复,说:"朕和将军的关系,犹如左右手一般。您怎么还不明白我的意思，屡次谦逊退让呢？请将军安心，努力治理地方，保境安民，不要擅自离开部众。"

四、位高朝右　心存谦退

陇、蜀平定之后，朝廷下诏，命窦融率五郡太守一起到洛阳奏陈事务。窦融等接到诏令后动身前往，官属宾客相随，驾车千辆，牛羊遍野。窦融先到洛阳城门，奉上凉州牧、张掖属国都尉、安丰侯印绶。光武帝派使者发还侯爵印绶，立即接见了他，使他居于侯位。几个月后，任命他为冀州牧，又过十几天，升任他为大司空，赏赐优厚，恩宠无加，倾动京师。

窦融因为自己本非光武帝旧臣，而一入朝廷就蒙此厚恩，位在功臣之上，所以每次晋见，神情和言词都非常卑恭。光武帝见他能识进退，对他愈加亲厚。

窦融为人一向谨慎小心，如今久居高位，心中不安，屡次辞让爵位。他先通过侍中转达，然后自己上奏，说年事已高，儿子又不争气，因此不愿再位列诸侯，也不愿把侯爵传给儿子。不久，他又请求晋见光武帝，面陈此事此情，光武帝猜测出他的心思，没有召见他。

一天，朝会完毕，诸臣退出，窦融在席位后面徘徊，光武帝知道他又要辞让，就命手下人请他出去休息，不让他上言。后来，光武帝召他议事，预先对他说："上次朕知道您要辞职回乡，所以才推说天气太热，让您退出自便。这次我们见面，只谈论别的事，不准再说辞职的话。"于是，窦融就不敢再请求辞职了。

建武二十年（44），大司徒戴涉因为所推荐的人违法，被关进监狱，后来死去。当时，三公参职，光武帝不得已也免去了窦融大司空的职位。第二年，窦融加位特进。建武二十三年（47），窦融代阴兴行卫尉事，特进如故，又兼领将作大匠。窦友当时担任城门校尉，兄弟二人都执掌禁卫部队。

不久，窦融又提出退职还乡，光武帝不准，常派人赏赐金银、布帛、珠宝等珍奇之物。窦友去世后，光武帝念窦融年迈体衰，派中常侍、中谒者到他的卧室，劝他努力餐饭，珍重身体。

汉明帝刘庄即位之初，窦家同时在朝的就有一名三公、两名侯爵、三名娶公主为妻的、四位二千石等级的官员。在京师，祖孙官府相望，甲第连云。当时外戚、功臣无人能比。永平二年（59），窦融的堂侄护羌校尉窦林犯罪被杀，明帝下诏书切责窦融，并举出西汉武帝时窦婴、田蚡（汉武帝舅舅，构陷害死窦婴）之事为戒。窦融惶恐不已，上书请求离职，明帝便下诏命他归家养病。第二年，窦融交上卫尉印绶。

窦融在宿卫任上十多年，年纪老迈，子孙放纵，胡作非为，多行不法。长子窦穆交结轻薄之徒，嘱托郡县，甚至矫称太后诏命，败乱政事。

永平五年（62），有人上书明帝告发了窦穆。明帝大怒，把窦穆等官职全部免除，命携家属归其故郡，只把窦融留在京师。窦穆等西行，到达函谷关，明帝又担心窦穆回到河西后叛汉，遂下令命他们回京。不久，窦融去世，享年七十八岁。谥"戴侯"。

大司空杜林

杜林（？～47），光武帝时大司空。字伯山，扶风茂陵（治今陕西兴平东北）人。传授《古文尚书》，博洽多闻，时称"通儒"，因不愿为隗嚣做官，被隗嚣长期软禁。后逃到洛阳，被光武帝重用，优宠备至，官至大司空，群僚"甚尊惮之。"

一、博洽多闻　九死一生

杜林的父亲杜邺,在西汉成帝、哀帝时曾任凉州(治今甘肃张家川)刺史。杜林自小好学,而且家中书籍众多,这让他思维开阔,经常会有一些奇思妙想。杜林的表亲张竦父子喜欢研读文章,擅长写作。杜林拜张竦为师,在张竦的指点下,他进步很快,不久便能熟读经史,明了章句,这些为他后来从政打下了良好的基础。他的才学举世公认,被称为"通儒"。

杜林初为郡中小吏。王莽败亡后,扶风一带盗贼四起,杜林便与其弟杜成以及同郡人范逡、孟冀等人,带领家中老小到河西(今河西走廊与湟水流域)一带避祸。途经一处偏僻、荒芜之地,一伙强盗突然出现。这伙人威逼杜林一行交出钱财等贵重物品,又抢走了他们的衣服。强盗怕他们报官,想要杀人灭口,便抽刀架在他们的脖子上,一行人不知如何是好。这时生性胆大的孟冀挺身而出,仰头对这伙强盗说:"我想你们一定知道赤眉军吧。他们有数百万的兵将,打起仗来所向披靡,但他们残害、杀戮百姓,毫无人性,最终全军覆灭。现在,你们也有几千号人,想要称霸一方,却不实行仁义道德,不是重蹈赤眉军的覆辙吗?最终只会自取灭亡。"这伙强盗觉得孟冀所言也不无道理,便放了他们,杜林等人才免于一死。

西州大将军隗嚣早就听说杜林有志节,特别敬重他。杜林一到河西,隗嚣便召见了他,封他为持书平。杜林对隗嚣意图割据自立的行为并不赞同,便趁生病之际,提出辞别,退还食禄。隗嚣不想放杜林走,便让他支撑着病体出任,杜林以病重为由,仍然不从。隗嚣心里虽对杜林不满,但为了表示自己的宽容大度,便下诏令:"杜林其人,天子不能以他为臣,诸侯不能与他交好,这是因为他和伯夷、叔齐一样,有不食周粟的志向。如今,让他暂时留在这里，等天下平定了，再由他而去。"于是，隗嚣将杜林软禁起来，可杜林始终不肯屈服。

建武六年（30），杜林的弟弟杜成病逝，杜林请求送弟弟回乡归葬，隗嚣这才同意放杜林回去。可杜林刚走，隗嚣就后悔了，急令刺客杨贤前往陇坻截杀杜林。杨贤远远地看见杜林推着放有杜成尸体的小车，艰难地走着，便叹息道："当今世上，还有谁能像杜林这般恪守大义。我虽然只是个刺客，但怎能忍心杀害义士呢？"于是，他放弃刺杀杜林的念头，逃走了。

光武帝听说杜林已经回到三辅（今陕西中部），便征拜他为侍御史，又在洛阳召见他，向他询问了有关经书典籍、故友旧事以及隗嚣统治区的情况，杜林都具实而答。光武帝对他的到来特别高兴，赐给他车马衣裘，以及许多金银钱物。众官得知杜林是因为有名德而被征用，对他也十分敬重，京城士大夫们对他的广博见闻更是无比推崇。

二、崇尚古文　提拔贤良

东汉建立之初，郑兴、卫宏等擅长古文经学，四方闻名。一个偶然的机会，杜林遇到了郑兴，高兴地说："我真是三生有幸，能与郑兄相识。请转告卫宏兄，我愿与他共同研习古文经学。"后来卫宏见到杜林，与他畅谈一番后，也对杜林暗暗佩服。济南（今山东济南）人徐巡一开始师从卫宏，后来改从杜林为师。

当时，光武帝提倡今文经学，为了学成后获得高官，入学接受此业的子弟众多。相反，古文经学则很少有人学习。杜林先前在西州得到漆写的《古文尚书》一卷，非常珍爱，即使在自己身陷困境之时，也手不离卷。他拿出此书让卫宏等人学习，并感叹道："我杜林流离于兵荒马乱之中，总是怕不小心将它丢了。没想到能遇到你们，希望你们将它妥善保管，将其流传下去。学习古文枯燥无味，而且有些不合时宜，既然选择了，就希望你们不要后悔，坚持下去。"听罢此言，卫宏、徐巡等人更加重视这门经学。在杜林的影响下，古文经学开始流行。

第二年，朝廷大议郊祀（在郊外祭天或祭地）制度。大多数人认为周朝郊祀后稷，汉朝当郊祀尧。光武帝举棋不定，于是下令再议。经过讨论，除杜林外，全部同意郊祀尧。光武帝单独召见杜林，征求其意见。杜林说："后稷是古代周族的始祖，故周朝郊祀后稷。但尧并不是我大汉皇室的始祖，大汉江山的建立，与他并无关系，为什么要郊祀他呢？臣认为应郊祀我汉朝的列祖列宗。"光武帝也认为杜林所言极是，决定采纳他的建议。

后来，杜林代因病辞归的王良为大司徒司直。上任后，杜林举荐了很多博学、有志之士。同郡人范逡、赵秉、申屠刚以及陇西人牛邯等人，全部被提拔重用。一时之间，他的府里一天到晚总有不少人聚在那里，希望能够得到杜林的荐举。建武十一年（35），朝廷撤掉司直一职，杜林出任光禄勋。他对内管理宫中值宿警卫，对外总管三署（左、右中郎将和五官中郎将）之事。

三、力排众议　忠贞一生

光武帝靠"柔道"治理天下，减轻刑罚便是其中一项。建武七年（31），曾下令京都地区及各郡、国释放囚犯，除犯死罪的，一律不再追究；现在的徒刑犯一律免罪，恢复平民身份；应判两年徒刑而在逃的罪犯，由地方官吏发布文告，一一公布他们的姓名，免治其罪，使其放心回家。

但朝中许多大臣不赞成这种做法。建武十四年（38），群臣上言："古时多用肉刑，因其严酷，所以人们害怕触犯法令；如今律法日渐宽松，以致作奸犯科之事不断发生。希望皇上增加科禁条律，以保障社会秩序的安定。"光武帝并未直接做出决定，而是下诏要文武百官齐议此奏。

杜林也有自己的看法，他上奏说：

> 人如果连续遭受失败和挫折的打击，就会失去自我，毫无义节可言；法律如果制定得多而繁琐，那么人们就会产生侥幸的心理。孔子说过："用政令去训导人民，用刑罚去整治人民，那么人们就只会求得宽恕，不会有一点儿羞耻之心。若用道德去教导他们，用礼仪去约束他们，那么百姓就都会有羞耻之心，而且愿意臣服于君主。"古代圣明的君主，深谋远虑，治理国家，不依靠过多的杀戮。
>
> 大汉刚刚建国时，详察前代得失，遂改方为圆，去雕琢、行质朴，废除苛政、改立宽法，使百姓欢欣，人人感怀宽德。到后来，法令又渐渐增多，吹毛求疵，很多人都罪不当罚。本来是朋友之间馈赠水果蔬菜的小事，接受的人却被定为贪赃，执行死罪。由此一来，弄得国无廉士，家无完行。以至于造成有法不能禁，有禁不能止，欺上瞒下，弊病越来越多。臣认为应实行旧制，不应改变。

这正说到了光武帝的心坎里，于是依杜林所言，没有改变旧制，实施严刑酷法。

建武十九年（43），皇太子刘强自动退位，被封为东海王，光武帝下令重选官属，封杜林为王傅。随后，杜林又跟随光武帝南巡。当时，诸位王傅忙于引荐官吏，或者忙于交游，都不能及时应诏。只有杜林为官谨慎，恪尽职守，有召必到，受到了光武帝的赏赐，但杜林自知此为做臣子的本分，辞赏不受，更得到了光武帝的信任。

第二年，杜林任少府。建武二十二年（46），再任光禄勋，不久又升为大司空。他博雅多智，被称为称职之相。

建武二十三年（47），杜林卒于任上。光武帝亲自临丧为其送葬，提拔其子杜乔为郎，并下诏说："公侯的子孙，必然复现其始祖的辉煌；贤者的后代，应为城邑之宰。任命杜乔为舟水县长。"

大司空张纯

张纯（？～56），光武帝时大司空。字伯仁，京兆杜陵（今陕西西安）人。少袭祖爵，刘秀称帝后，拜为太中大夫，帮助其平定颍川、荆州、徐州等地。后官至大司空。为相十年，主张无为而治，选大儒，定规章，订礼仪，修水利，多有贡献，深得光武帝倚重。

一、为人谨慎　明习典制

张纯的高祖乃西汉名臣张安世。张安世于汉昭帝元凤六年（前85）任右将军之职，因为他宿卫忠诚，处事谨慎，使宫廷得以十分安定，封富平侯。汉宣帝即位，加封张安世一万户。张纯的父亲张放，在汉成帝时任侍中。

张纯少袭祖爵，为第五代富平侯，并在汉哀帝、平帝年间任侍中。他恭俭居世，修身极严。王莽时张纯位至列卿。当时王莽篡政，一改汉制，刘氏王侯子弟的封国爵位，多被王莽收回，西汉分封的绝大部分王侯，均在此时断绝。张纯因为人谨慎，保全前封。

光武帝刘秀即位，张纯率先前来叩拜，故得以复封国，侯位受到东汉朝廷的认可。建武五年（29），朝廷拜张纯为太中大夫，派他率领颍川突骑安抚收集荆、徐、扬部,并监督输送转运工作以及诸将营盘。后张纯又率兵在南阳屯田,升为五官中郎将。此时,有官员上奏请列侯非皇帝宗室(指刘氏),不宜复国。光武帝说:"张纯宿卫十年有余,兢兢业业,从不懈怠。他的爵位不得废置,可以更封为武始侯,食邑为富平侯的一半。"

张纯在朝历经数帝,明习各朝风俗礼仪、规章典制、处事范例。建武初年,光武帝刚建立起东汉王朝,典章制度残缺不全,执政行事多无可以遵循的制度。朝廷中每有疑义,便派人请教张纯。

光武帝向张纯询问的问题范围很广,例如东汉建立之初,如何处理西汉与东汉之间的关系,就是一个非常重要的问题。其时,光武帝为其父、祖父、曾祖、高祖四世单独立庙祭祀,表明东汉乃是刘秀家族的天下。这样实际上就割断了西汉与东汉的联系,不利于政权的巩固。张纯认为,就刘姓天下而言,东汉的建立乃是刘姓的中兴。如若把西汉和东汉融为一体,视为一以贯之的刘姓天下,就会为东汉政权赢得更多的民心,更有利于东汉政权的巩固。从这一思想出发,张纯主张在宗庙设置上,必须以西汉诸帝为自己的祖先,代代设祭。这样,从西汉到东汉便成了枝相连、气相投、血脉相贯的一个统一体。

光武帝采纳了张纯的意见,并令他任太仆,成为九卿之一。随后光武帝又让张纯兼任虎贲中郎将。张纯还多次被引见,有时一日多至四次入朝。

二、兴修水利 制定礼乐

建武二十三年(47),张纯代杜林为大司空,位列三公,主管工程营造。他在位仰慕曹参的为人。曹参在汉惠帝时期,代替萧何为相国,遵循萧何制定的法令,无所变更,世称"萧规曹随"。张纯在位，也主张无为而治，已有的典章制度，不轻易变更，并聘请全国知名的大儒为手下官员，令人瞩目，名重一时。而对一些利国利民的事业，他积极兴办。上任第二年，就协助光武帝兴修水利，在洛阳城南开凿阳渠，引洛水灌溉农田，当地农民获利无穷。

因为张纯熟悉典章制度，建武二十六年（50），光武帝下诏张纯说："《论语》说：'三年不为礼，礼必坏；三年不为乐，乐必崩。'应该引经据典，制定完备的礼乐制度。"张纯谨遵圣旨，广征博引，制定了详细的礼乐制度。当时国泰民安，边境无事，百姓脱离战争灾难，凡属正常年景，家给人足，安居乐业。张纯认为当此之时，民既富之后，就应当"教之"，于是又制定了教民习礼仪的制度，恰好博士桓荣也有此议，两人不谋而合，光武帝批准了他们的建议，在全国推行。

建武三十年（54），张纯上奏光武帝封禅泰山，光武帝没有同意。中元元年（56），光武帝东巡泰山，以张纯为御史大夫跟从，张纯献上汉武帝元封元年（前110）旧封禅仪式的制度，以及用于勒功勋、复祖统、报天神、明中兴的刻石文章。

当年三月，张纯去世，谥曰"节侯"。

大司空冯鲂

冯鲂（前1～85），光武帝时大司空。字季孙，南阳湖阳（今属河南唐河）县人。王莽末年，冯鲂招募豪杰，建营自卫。东汉建立后，先后出仕光武帝、元帝、章帝三朝。冯鲂忠直刚勇、敢于谏诤，被赐爵为关内侯，又被封为杨邑乡侯。

一、建营自卫　被诏为官

王莽末年，天下大乱，群雄竞逐。面对天下动荡不安、人人自危的局势，冯鲂打算在家乡湖阳建立自己的营寨，以求自保。当时冯氏是当地的一个大姓，冯氏家族在郡县也很有名望。因此，冯鲂身边很快便聚集了一批宾客，又招募了一些豪杰之士，然后筑造起营寨。

冯鲂平时礼贤下士，爱惜人才，又仗义疏财，因此身边的人都很敬佩他。一次，冯鲂出外办事，道遇同县人申屠季。当时，申屠季与湖阳的虞都尉因事结下怨仇。虞姓也是湖阳的一大姓氏，而且虞都尉在当地已反叛起事。他自恃势力强大，便杀了申屠季的哥哥，以报私仇；并且扬言要杀戮申屠季全族。申屠季非常害怕，他对冯鲂在湖阳的威望早有耳闻，因此便想投奔冯鲂，没想到在路途中与冯鲂巧遇。

冯鲂听了申屠季的遭遇，义愤填膺，当下决定收留申屠季。当他带着申屠季朝自己的营寨赶路时，恰巧碰上虞都尉的堂弟。虞都尉的堂弟一看见申屠季，就要上前抓住他。冯鲂立刻大声呵斥道："我与申屠季虽说素不相识，但他今天处境窘迫，孤苦无靠，想要投奔我，所以，我要以死相护，这是我的责任，你还有什么话要说吗？"对方被冯鲂的凛然正气所慑服，一时语塞。冯鲂没敢再停留，立即带着申屠季继续赶路。

申屠季跟随冯鲂安然抵达冯鲂的营寨中，他对冯鲂万分感激，拜谢说："承蒙您的大恩，今天我才得以活命。您的大恩大德，我至死也报答不尽。现在我家中还有些财物、牛马，我愿意全部敬献给您。"冯鲂马上正色道："我的双亲、妻子、儿女以及幼弟都在虞都尉占据的城中。今天我竭尽全力保护你，根本就没有考虑亲属的性命安全，难道还贪图你的财物吗？"申屠季感到非常惭愧，此后便留在冯鲂营寨中，尽心为冯鲂效力。县里的人们听说了这件事后，对冯鲂更加敬重，冯鲂的部众也更加信任他。在冯鲂的带领下，大家同心同德治理、坚守营寨，使营寨坚不可摧。

当时，全国各地军阀混战，纷纷割据，不是占山为王，就是拥兵称帝。冯鲂却不随波逐流，既不称王也不称帝。当初他建立自己的营寨时，就没有打算自立山头，只想防守自卫，以待将来真正能统治天下的人到来。

刘秀即帝位后，听说了冯鲂的事情，大加赞赏。建武三年（27），光武帝刘秀下诏征召冯鲂入朝，拜他为虞县县令。冯鲂上任后，为政严明，治理有方；处理事情公正果敢，决不徇私舞弊。因此，冯鲂以威严而有信用名盛一时。过了几年，冯鲂又被调到郏县（今河南中部）担任县令。

二、忠于职守　出任三朝

割据陇右的隗嚣一度曾与汉军对峙。建武八年（32），光武帝刘秀亲自向西征讨隗嚣。于是，颍川（治阳翟，即今河南禹县）一带盗贼乘势蜂起。当时盗贼延褒在郏县县城也乘乱反叛，率众三千余人围攻郏县衙门，情势非常严峻。为保郏县不致失守，冯鲂毫不迟疑地率领县吏、士人约七十多人，奋力抵抗，与盗贼连战数日，最后弓矢都用尽了，终因寡不敌众，郏县县城最后被延褒攻陷。冯鲂奋勇战斗到最后一刻，才被迫逃走。

郏县失守的消息马上便被奏报给光武帝刘秀。光武帝深知一旦后方根据地动乱，东汉政权便会动摇，就飞速赶赴颍川。光武帝一到颍川，冯鲂马上前往谒见。他向光武帝如实地陈述了郏县县城被盗贼围攻以及最终失守的全部过程。光武帝不只听取冯鲂所讲的事情经过，还实地进行了一番勘察，最终证明冯鲂所述属实，冯鲂当时弃城而逃确属不得已。因此光武帝不但没有处罚冯鲂，而且对冯鲂大加称赞："冯鲂是一刚健、勇猛的县令。"然后命冯鲂抓捕盗贼，并且特别授权冯鲂抓捕盗贼可以不拘州郡，越境讨伐。

盗贼延褒一伙听说光武帝亲自来到郏县剿匪，感到非常害怕。延褒认为与其坐以待毙，不如前去自首。于是，延褒等人都把自己的头发剃光，背着杀人用的刑具斧锧，前来向光武帝请罪。光武帝没有马上处置延褒等人，而是把他们先押往一处，暂且赦免了他们的罪行。接着，光武帝又派冯鲂招降郏县其他反叛的地方武装。于是，冯鲂亲率部下奔赴郏县各地剿匪，没过多久，郏县的反叛终于被镇压下去。

郏县平定之后，光武帝下诏把延褒一伙送交冯鲂，并让冯鲂诛杀他们。于是，冯鲂在县衙升堂审理此案。当延褒等人被押上堂后，冯鲂厉声斥责了他们乘乱反叛的不法行为，并决定要以军法严加处治。延褒等都叩头谢罪："今日伏法被杀，死无遗憾！"

冯鲂看到延褒他们确有悔过之心，而且态度真诚，转念一想，与其杀了他们，倒不如赦免了他们，日后可以为定安郏县尽心效力。于是，冯鲂对延褒等人说："今天你们既然已经知道悔过服罪，那么我现在全都赦免了你们。你们可以各自返乡务农，日后就做我的耳目，如果周边一旦出现反叛动乱的事件，就马上向我报告。"延褒等人一听县令宽恕，个个欢呼万岁。后来，延褒等人回到乡里，密切地关注着四周的动静，一旦出现盗贼，便马上向冯鲂举报。此后，郏县再没有敢于暴乱者，郏县境内得以安定、平静。

建武十三年（37），冯鲂调离郏县，任魏郡太守。建武二十七年（51），冯鲂因才学优、品第高，被朝廷调入京都洛阳代替赵憙任太仆。冯鲂为官清廉公正，禀性忠直威严，很受光武帝的赏识。

中元元年（56），光武帝东行前往泰山举行封禅大典，命冯鲂跟随，任卫尉一职。从泰山返回洛阳后，大司空张纯去世，光武帝又命冯鲂代张纯为大司空，并赐爵为关内侯。

中元二年（57），光武帝在南宫前殿驾崩，明帝刘庄即位，派冯鲂持符节建筑原陵，又封他为杨邑乡侯，食邑三百五十户。

永平四年（61），陇西太守邓融获罪，当时，冯鲂主审。在拷问邓融罪状时，由于冯鲂听任奸吏所为而犯法。明帝下诏免去冯鲂的职务，并削除其爵位和封地。永平六年（63），明帝巡视鲁地，想起过去光武帝临幸鲁地时曾担任卫尉的冯鲂。于是便起用冯鲂，让他代理卫尉职务。次年，明帝又命冯鲂代替阴嵩为执金吾。

冯鲂为官一直忠正，且多次敢于诤谏，所进之言又往往切中时政，因而屡次被采纳，所以永平十四年（71），明帝便下诏恢复冯鲂的爵位和所享受的食邑。第二年，明帝东行巡视郡国时，命冯鲂负责守卫南宫。

建初三年（78），冯鲂因自己年老多病而请求离职，汉章帝便允许了他的请求。同年冬天，冯鲂又被章帝授为五更（年老致仕而经验丰富的人），并下诏让其上朝拜见章帝。当时朝贺时，冯鲂被安排在列侯的位置上。

元和二年（85），冯鲂去世，时年八十六岁。

买账和不买账的文士

光武帝好儒任文,自然对儒生文士青眼有加。但文人的头向来最不好剃,皇上青眼,功名利禄,有人买账,有人不屑。光武帝有幸,遇到了古往今来最不买账的文人——严光严子陵;严子陵有幸,遇到了古往今来最能善待文人的皇帝。光武帝朝的文士,还是买账的多些;但文人"矫情",尤其是对皇上崇信谶纬,意见不断、提了又提,也不免惹得龙颜大怒……

富春隐士严光

严光（前39～41），东汉初隐士。本姓庄，后避汉明帝刘庄讳改严姓；又名遵，字子陵，会稽余姚（今浙江余姚）人。严光少有高名，曾与刘秀同学，亦为好友。他曾助刘秀起兵，事后归隐著述，设馆授徒。刘秀即位后，多次延聘，但他隐姓埋名，退居富春山。后卒于家，享年八十岁，葬于富春山。范仲淹《严先生祠堂记》，赞其"云山苍苍，江水泱泱。先生之风，山高水长"。

一、皇帝故人　不肯屈仕

严光年轻时就很有名，曾与光武帝刘秀同在太学学习。到了刘秀即位，他便改换了姓名，隐居在桐庐富春江畔，不再露面。

光武帝很想念这位故人，也打算让他帮助自己，就下令按照严光的形貌在全国查访。后来，齐国上报说："有一位男子，披着羊皮衣，在水泽边钓鱼。"光武帝怀疑此人就是严光，便准备了舒适的安车以及玄纁等礼物，派人去请他。严光屡次推辞，请了三次才答应。到京师洛阳后，安排在京师护卫军军营住下，供给床褥等用具，宫中掌管膳食的官员每天早晚供给酒食。

大司徒侯霸与严光是老相识，派人送信给严光。送信的人对严光说："侯公听说先生到了，一心想立刻就来拜访，限于朝廷的有关制度，所以不能前来。希望能在天黑以后，亲自来向你表达歉意。"严光没有回信，把书简扔给送信的人，口授说："君房先生：官位到了三公，很好。怀着仁心辅助仁义，天下都高兴；拍马屁看人脸色办事，可就要身首异处了。"（怀仁辅义天下悦，阿谀顺旨要领绝。）侯霸收到信，看过后又封好，上给了光武帝。

光武帝笑着说:"这狂家伙还是老样子。"

当天,光武帝就亲自来到严光居住的馆舍。严光躺着不起来,光武帝就进了他的卧室,摸着他的腹部说:"哎呀,子陵,就不能相帮着做点事吗?"严光还是照躺着不说话,过了好一会才睁开眼睛,看了好一阵子,慢腾腾说:"过去唐尧那样显著的品德,巢父许由那样的人,听说要授给官职尚且去洗耳朵。读书人本各有志,何以要到强迫人家做官的地步!"光武帝说:"子陵,我终究不能使你作出让步吗?"于是便上车,叹息着离开了。

后来,光武帝又请严光到宫里来,谈说过去的交往旧事,两人在一起相处好了多天。有一次,光武帝随意问严光:"我比过去怎么样?"严光回答说:"陛下比过去稍稍有点变化。"晚上,他们在一起歇息,严光睡熟了,还把脚压在了光武帝的肚子上。第二天,太史奏告,说有客星冲犯了帝座,很是厉害。光武帝笑着说:"没什么,不过是我老朋友严子陵与我睡在一起罢了。"

光武帝授予严光谏议大夫的职务,严光不肯屈意接受,回到富春山,过着耕种生活。

建武十七年(41),光武帝又一次征召,严光也没有去。有光武帝《与严子陵书》传世,其中写道:"古大有为之君,必有不召之臣,朕何敢臣子陵哉。惟此鸿业若涉春冰,辟之疮痏须杖而行。若绮里不少高皇,奈何子陵少朕也。箕山颍水之风,非朕所敢望。"

严光一直活到八十岁,在家中去世。光武帝下诏命郡县赐钱百万、谷千斛安葬。墓在陈山(客星山)。

二、遗迹众多　评断参差

严光是中国古代隐士的著名代表,身后留下了不少遗迹,也引出了后人纷纭不绝的歌咏、评论。

严光的隐居处,名为"严子洞"或"子陵洞"。它位于浙江汝州蟒川乡,严子河(今误为燕子河)东岸富春山(当地百姓称为"东山")脚下。石洞高、宽约一仗,深约一丈二。现在,石洞中仍可见洞口西侧的石井、煎药灶,洞后的炒药灶、放药杵处。河边严光垂钓的地方,则称为"严陵濑"、"严陵钓台"等。

严光的这些遗迹,成为后来隐士朝拜的地方,士大夫向慕的地方,文人墨客歌咏的地方,丹青圣手描绘的地方。

后人对严光的高隐不仕,多所叹赏;对其仁义之言,多所赞成;对光武帝礼待这位不买账的文士,也给予很高评价。比如徐钧诗云:"故人风谊可态忘,辞禄无嫌故态狂。仁义一言非小补,此身何必佐岩廊。"

最为突出的,要算是范仲淹《严先生祠堂记》的评论,他指出:"先生,汉光武之故人也。相尚以道。及帝握《赤符》,乘六龙,得圣人之时,臣妾亿兆,天下孰加焉?惟先生以节高之。既而动星象,归江湖,得圣人之清。泥涂轩冕,天下孰加焉?惟光武以礼下之。在《蛊》之上九,众方有为,而独'不事王侯,高尚其事',先生以之。在《屯》之初九,阳德方亨,而能'以贵下贱,大得民也',光武以之。盖先生之心,出乎日月之上;光武之量,包乎天地之外。微先生,不能成光武之大;微光武,岂能遂先生之高哉?而使贪夫廉,懦夫立,是大有功于名教也。"其中的两句话——"云山苍苍,江水泱泱,先生之风,山高水长",竟然成了后来学生称赞老师的套话。

不过,也有人对严光的"高节"表示疑问,指出他的"不肯屈仕",也不过是沽名钓誉而已。比如宋人有一首咏严光的诗说:"一着羊裘便有心,虚名留得到如今。当时若着蓑衣去,烟水茫茫何处寻。"是说严光对名声仍有渴求。诗人陆游的《鹊桥仙》也说:"时人错把比严光,我自是、无名渔父。"

太傅卓茂

卓茂（？～28），东汉初文臣。字子康，南阳宛（今河南南阳）人。生性善良，待人宽厚忍让，不好争斗。建武元年（25），尊为太傅、褒德侯，食邑二千户。

一、不与人争　德服百姓

卓茂的父祖皆官至郡守。卓茂在西汉元帝时就学于长安，跟随有"《鲁诗》宗"之称的博士（汉昭帝时）江生，学习《诗》、《礼》、历法、算学等学问。卓茂学习极其用心，能够穷究学问，被人们称为通儒。卓茂平日为人宽仁恭爱，他的乡党故旧，虽然爱好、志向与卓茂不同，但都爱慕他，喜欢与他交往。

在西汉哀帝年间，卓茂被推荐为丞相府史，给丞相孔光做事，孔光称卓茂是为人处世的"长者"。有一次卓茂驾车出去，有人错认卓茂车上挽的马是自己丢失的马。卓茂问："你丢马有多长时间了？"对方回答："已有一个多月了。"卓茂养育这匹马已有数年了，知道是对方认错了，但却默默解下马来给了那人，自己平静地挽车而去。卓茂在分手前回过头来对那人说："如果你以后发现此马并非你丢的那匹，请到丞相府还我。"过了些时候，这个丢马的人果然从别处找到自己真正丢失的那匹马，他这才意识到自己认错马了。此人立即来到丞相府，将卓茂养的马送还给他，并叩头向卓茂道歉。卓茂平日与人交往，都像这样不喜与人争执。

后来，卓茂以儒术被人推举为侍郎，给事黄门。过了一段时间，迁升为密县（今河南密县）县令。卓茂任职期间，勤于公务，视民如子，推行仁政教化百姓，口无恶言，官吏与百姓都非常尊敬卓茂，做事不忍欺骗他。

有一次，有人前去告诉他，说卓茂下属的一位亭长接受了他所赠送的米和肉。卓茂已猜知此人之心，于是避开左右问此人："是亭长向你要米、肉了吗？或者是你有事拜托亭长，特意送给他的呢？或者是因为平日经常往来，有了交情，你自己有意送给他的？"此人回答："是我主动赠送给亭长的。"卓茂回答："既然是赠送，人家就应该接受，你为什么还要上告呢？"对方又回答："我听说贤明的君主让老百姓不惧怕官吏，官吏也不向老百姓索取东西。而现在我畏惧官吏，所以送东西给他，而他也接受了，所以我来上告。"

卓茂说："你这种认识是毫无道理的。人聚集在一起有秩序地生活，而不同于禽兽，是因为人比禽兽多了份仁爱之心。人知道处世时需要相互敬重。现在的社会风气是邻里长老之间互相馈赠，这才是人道，是人之常情，所以人们才相互间亲热。一般的邻里情况尚且如此处理，更何况吏与民之间的上下级关系呢？从为政的角度看，为吏者确实不应当凭借权势，强迫要求他人送财物。但从为民的角度看，情况又会有所不同，又有变化。凡是人一旦出生，皆群居杂处，便有既定的礼仪，以相交往，这样人和人的关系才有感情色彩，才会融洽。这是很正常的人际关系往来，合情合理。如果你自己不想与人交往、相处，难道能高飞远走、不在人间生活吗？这位亭长素来被人视为好吏，平时各方面表现都不错。你一年送一次东西，是礼节的需要。你心中还有什么不舒服的呢？这不是很正常吗？"

此人还有其他的想法，于是接着又问："假设真的如你所说，百姓向官吏一年送一次礼是正常的人际往来，那么法律为什么禁止呢？"卓茂笑着说："法律设立行为规范，礼仪则顺应人之常情。

这是法律和礼仪的不同，现在我以礼教诲你，对我你一定没有怨恨之情；如果我用法律惩罚你，你将有什么举动呢？国家的行政管理用法律约束，这是大局；民间的交往原则遵循礼节，这是民间关系协调自然而又妥当有效的方法。法律要求严峻，强迫人们执行；礼仪注重人情，亲切又柔和。一门之内，罪过小的可以论罪，罪过大的可以杀头。你且回去好好琢磨琢磨。"说得此人心服口服。此事传开，百姓皆接受卓茂的教诲，官吏都感念其恩。

二、不仕新莽　归附光武

卓茂刚到密县上任时，和别的县令不同，他处理政务时有所废置。属吏为此笑话他，邻城的人听说后都讥笑他没有才干。河南郡守因为此故，特意为卓茂任职的密县又设置一位守令，协助卓茂治理政务。卓茂也不埋怨，照常办公。时间长了，官吏与百姓都发现卓茂是一位称职的县令，便不再找那位守令办事。数年之后，他所推行的教化形成风气，以致百姓道不拾遗。

汉平帝时，出现了蝗灾。蝗虫遮天蔽日，所到之处，草木一光。河南郡二十余县皆受蝗灾。卓茂事后了解到一这情况，号召全县人民利用各种办法，大力灭蝗，这样蝗虫才没有给密县造成灾害。当时，该郡督邮发现各处蝗灾如此严重，唯独卓茂所管辖的密县未受其害，十分诧异，就将这一情况上报河南郡太守。太守也不相信，于是亲自来到密县，果然如督邮所报。

当时王莽秉政，置大司农六部丞，劝课农桑，朝廷迁卓茂为京部丞，密县的老少全都流着泪，一路跟随着为他送行。等到王莽篡汉，建立新朝，卓茂因病辞官，回归故里。卓茂病好后，被任命为门下掾祭酒，卓茂对王莽篡汉心怀不满，不肯出任此官。

更始帝即位，任卓茂为侍中祭酒（即侍中仆射），卓茂跟随使者进入长安。根据一路所见所闻，卓茂认为更始政治混乱，不可能为政长久，于是以年老为由请求归故里。

光武帝即位后，立即派人寻访卓茂下落。当时，已经七十多岁的卓茂欣然前往谒见光武帝。光武帝于是下诏书说："前密县县令卓茂，束身自修，执节淳固。确实能为人所不能为，名满天下，当受天下重赏。现任命卓茂为太傅，封褒德侯，食邑二千户，赐几案、手杖、车马，衣一袭，絮五百斤。"又任命卓茂长子卓戎为太中大夫，次子卓崇为中郎，给事黄门。

建武四年（28），卓茂去世。光武帝赐卓茂棺椁冢地，亲自车驾素服，为卓茂送葬，行汉帝为太傅丧葬之礼。卓茂子卓崇嗣爵，徙封汛乡侯，卓崇官至大司农。

博士范升

范升（生卒不详），光武帝时博士。字辩卿，代郡（治今河北蔚县西南）人。王莽时，上书大司空王邑减轻赋税，王邑不听，他托病不仕。光武帝即位，征召他为议郎，提升为博士。他博学多识，朝廷每有重大决议，常征询他的意见。范升对于光武帝提倡儒学、发展教育，有很大帮助。

一、饱读经书　为帝看重

范升幼年丧父，他的母亲带着他搬回娘家，依托外祖父生活。范升自幼好学，饱读经书，九岁时便精通《论语》、《孝经》。成年后，范升又学习《梁丘易》、《老子》，以教授子弟为生。

由于范升以饱学闻名，王莽政权的大司空王邑便征召他担任议曹史。当时，王莽为了镇压起义军，频繁地征集兵役，赋税繁重，范升便给王邑上书说：

我听说人子把别人不非议他的父母看作孝道，人臣把群下不非议他的国君看作忠诚。如今许多人都称道朝廷圣聪，都赞扬您明智。明智便会无事不见，圣聪便会无事不知。如今天下大事，光明如同日月，声响如同雷霆，可是从朝廷的议论中不曾听到，您的谏辞中不曾提及。在这种情况下，老百姓怎能不呼喊苍天？如果您认为朝廷的举措正确因而不说，过错尚小；如果明知举措失当却听从命令，过错便大了。这两种情况对于您来说必居其一，难怪天下的老百姓都怨恨您。

朝廷把远方的民族不归服看作巨大的忧虑，我把老百姓不愉快看作重大的忧愁。如今行动与时世相背，办事与常理相反，无异于驱马奔驰在曾多次翻车的道路上，是在败事之后仍要伸手到沸水中取物。后出现的事更使人觉得奇怪，晚做的事更使人害怕。

如今正值春天，是一年的开头，却征发士兵到远方服役，野草不足以让人们充饥，田园荒废无人耕种，谷价飞腾上涨，每斛达到数千钱，吏役百姓陷于水深火热之中，已不是国家的人了。这样一来，胡、貊等部族就会守关抗拒，青州、徐州的敌寇就会进入朝廷了。

我有一句话，可以解除天下老百姓的痛苦，去掉老百姓的急难，这句话不能写出来，希望通过您的引见，使我能全部陈述出自己的意见。

王邑虽然认为范升的话正确，可是终究没有采纳。范升见此，十分失望，便托病辞职。王邑不允许，派遣他乘坐驿站的传车出使上党。受命出使期间，范升得以与汉军会见，趁机留在上党没有返回。

建武二年（26），光武帝征召范升入朝，任命他为议郎，不久又提升他为博士。范升认为自己才学浅薄，上奏推辞说：

> 臣与博士梁恭、山阳太守吕羌一同学习《梁丘易》。梁恭、吕羌二人都已年老，深通经学，如果臣不顺时退下，却与梁恭并列为博士，又熟知吕羌的学术根柢，而臣却不能增进自己的学识，就会感到羞愧，对不起二老，也无脸见世人。诵读经书却不实行，知书达理却不能建言的人，不可以开口为人师表，臣请求辞让博士而避开梁恭、吕羌。

光武帝没有同意，反而因此更加看重他，多次下诏接见他；朝廷每逢有重大的决议，范升常被召见征询意见。

二、辩于朝廷　死在家中

建武三年（27），尚书令韩歆上奏章，要替《费氏易》、《左氏春秋》设立博士，光武帝下令让群臣讨论。

建武四年（28）正月，光武帝在云台接见公卿、大夫、博士，首先点名："范博士可上前评说。"范升站起来回答说："《左传》不述孔子之学，而是出于左丘明之手，师徒相传，又没有特定的人才，况且先帝也不曾问及，没有根据应设立博士。"于是，范升与韩歆及太中大夫许淑等互相辩论，直到中午才停止。

范升退席后，上奏章说：

> 臣听说，国君不考核古事，便不能承接天命；人臣不遵循圣人之道，便不能事奉国君。皇上痛惜经学衰损，关心经籍，意在广闻博识，因此不合儒学的学说争相涌进。

最近主管部门请求设置《京氏易》博士，群臣左右，没有谁能据理拨正。《京氏》既可设立博士,习《费氏》的人便心怀不满。《左氏春秋》又以此相比,也希望设立博士。《京》、《费》既已设置博士,其次又有《高氏》、《春秋》学派,又有《驺》、《夹》。如果让《左氏》、《费氏》设置博士,《高氏》、《驺》、《夹》、"五经"各不相同,一并要求设博士,各有所持的理论,互相争执。听从他们,便不合正道;不听从,又失人心,臣担心皇上必定会感到厌倦。

孔子说:"广泛地学习,再用礼仪来加以约束,便不会离经叛道了。"虽然勤奋学习但不能约束自己,必然会违背正道。颜渊说:"老师用各种文献使我学识广博,又用礼仪来约束我的行为。"孔子可以说懂得教育,颜渊可以说善于学习了。《老子》说:"修道,私欲会一天天减少。"损就是约束。又说:"弃绝学问就没有忧虑。"讲的是弃绝没有本源的、肤浅的学说。

如今《费》、《左》二学,没有本师,且多怪异,先帝前朝,对此存有疑惑,所以《京氏》虽立博士,随即便被废除。怪异之道不可听取,怪异之事不可做。《诗》、《书》的撰述,由来已经很久了。孔子尚且周游列国,实地考察,直到五十岁知天命之时,才从卫国返回鲁国,安心校正《雅》、《颂》。如今皇上初建天下,朝廷的法制尚未制定,即使设立学官,没有学生,不讲《诗》、《书》,不演习礼乐,却奏请设立《左传》、《费氏易》博士,这不是政务的急需。

孔子说:"批判那些不正确的议论,祸害就可以消灭了。"《传》说:"知道可疑之理就传疑,知道可信之理就传言,尧舜的思想就在这里了。"希望皇上怀疑先帝所怀疑的事,相信先帝所相信的事,以显示返归正道,表明不独断专行。天下的事情之所以怪异,因为不是同一根源。《易经》

说:"天下万物的一切运动,都归于端正专一。"又说:"端正根本,万事就顺利。""五经"的根基是从孔子开始的。谨上呈《左传》的错误共十四件事。

当时驳难的人认为司马迁多征引《左传》,范升又呈上司马迁违反《五经》、错乱孔子的言语及《左传》不可采纳的三十一件事。光武帝下诏命博士们讨论。

范升出任博士后,受到光武帝的重用,地位变了,便厌弃了糟糠之妻,他休掉了妻子,另娶新妇。

后来,范升被休弃的妻子所告发,免掉博士之职,拘禁在监狱中。出狱后,范升回到乡里。

汉明帝永平年间(58~75),范升担任聊城县令,因事被免职,后在家中去世。

太中大夫郑兴

郑兴(生卒不详),光武帝时儒臣。字少赣,河南开封人。精通经学,以才闻名。更始帝时,任谏议大夫、凉州刺史,耻于臣属隗嚣,曾谏止隗嚣称王置官。光武帝征召为太中大夫。他好古学,因不习谶学遭光武帝怒叱。以事免官后,回乡闭门读书,不再应征出仕。

一、师从刘歆　劝谏更始

郑兴少时学习《公羊春秋》,成年后擅长《左氏春秋》(即《左传》),遂精通经学,通达其旨,当时研究《左传》的人都以他为师。王莽天凤中(约16~17),郑兴带领门生随国师刘歆研究《左传》大义。

刘歆是西汉后期的著名学者。他不仅在儒学上颇有造诣，而且在目录校勘学、天文历法学、史学、诗赋等方面都堪称大家。虽然他曾帮助王莽篡汉，但他的学识仍受到时人的一致肯定。郑兴也是冲着他的学识才随他学习的。经过一段时间学习后，郑兴的才学便受到刘歆的称赞，刘歆让他撰写条例、章句、训诂，并校正《三统历》。《三统历》是刘歆所撰的夏、殷、周历，郑兴对此书精心校正，费了不少心血。

更始帝刘玄即位后，以司直李松处理丞相的事务，率先进入长安。李松任用郑兴为丞相长史，让他前去迎接更始帝迁都。更始帝手下的各将领都是崤山以东人，都劝更始帝留在洛阳。

此时，郑兴却对更始帝说："陛下自荆楚（更始起兵南阳，南阳属荆州，为楚地）起兵，政权还未巩固，一朝建立帝号，长安一带的豪雄争相诛杀王莽，打开函谷关，郊迎陛下，是因为什么呢？这是因为天下人共同苦于王莽的暴政，思念高祖（刘邦）的旧德。如今长时间对百姓不加以抚慰，臣担忧百姓将离心，盗贼又复起。《春秋》记载'齐国小白入齐'，不称侯，是因为未祭拜先祖庙之故。如今议论的大臣准备先平定赤眉军后入函谷关，是不识其本而争其末。臣恐怕若不早定都关中，万一有人先入关，则国家镇守将转在函谷关。到那时，即使陛下安卧洛阳，又怎能够安枕呢？"

对郑兴的分析，更始帝颇为赞同，他说："朕决定向西迁都。"于是，拜郑兴为谏议大夫，让他安抚关西及朔方、凉、益三州。后来，又封郑兴为凉州（今属甘肃）刺史。郑兴在担任凉州刺史期间，因为天水一带谋反的人攻打杀死了郡守而被免职。

二、不仕隗嚣　力请东归

当时，赤眉军已进入函谷关，往东的道路不通，郑兴无奈之下，只好向西逃走，归附了西州将军隗嚣。隗嚣礼请郑兴，十分恭敬，希望他能为己所用。然而，郑兴以屈附于隗嚣为耻，称病不肯出仕。

隗嚣在陇西拥兵自重，夸耀自己，矫饰弄巧，经常自比为周文王复起，还与诸将商议自立为王。郑兴得知此事后，认为隗嚣称王不合适，就前往劝说他："《春秋传》有言：'有口不讲忠信之言是奸诈，有耳不听五音之和是聋子，现在诸将会集，无一人讲忠信之言，大将军有耳能听，怎么能够面对阿谀奉承却不明察？过去周文王占有天下的三分之二，还向商朝称臣。周武王和八百个诸侯事先没有商量而一同集结起来，还要退兵等待时机。高祖连年征战，还用'沛公'的名义指挥军队。如今您的恩德虽然显明，但是没有周朝世代相承的王位；您的威望才略虽然高，但没有高祖的战功。想要做不可能做到的事，显然会加速祸患的降临，恐怕不能这样做吧！"

隗嚣听了这番话，很受触动，便放弃自己的打算。后来隗嚣又大量任命官员，以示自己的尊严和高贵。郑兴说："中郎将、太中大夫、持节等官，都是帝王的规格，不是臣子所应设置的。对实际并无好处，对名义却有损害，不是尊重主上的本意。"隗嚣很不满意，但也只好作罢。

在光武帝的攻打下，刘永、彭宠等割据势力相继败亡，隗嚣深感恐惧，便派遣长子隗恂到洛阳去侍候光武帝。

郑兴趁隗恂之行，请求返回故乡安葬父母，隗嚣不同意，却让郑兴搬到更好的住所，又增加他的俸禄，对他礼遇有加。郑兴对此毫不动心，又去面见隗嚣说："以前遭赤眉之乱，因为将军是同僚旧识（郑兴曾为凉州刺史，当时隗嚣为西州将军），所以敢于前来投奔您，以彰明我的德行。侥幸蒙受将军之恩，得以保全我的性命。我郑兴听说侍候双亲之道，在父母活着时按礼节侍候他们，在父母死亡时按礼节安葬他们，再按礼节祭祀他们，遵奉礼节，不能有所失误。我如今因为父母没有安葬，请求返回家乡。如果因为增加俸禄、迁移住所，我就改变主意留下来，这便是用双亲做诱饵，太无礼了！将军怎么能够任用这样的人呢？"

隗嚣听了，难以反驳郑兴，只好说："我隗嚣将无法留住老朋友吗？"郑兴说："将军占据七郡（天水、陇西、武威、张掖、酒泉、敦煌、金城）之地，拥有羌胡的众将士，拥戴汉朝，德行没有比这更高的，威望没有比您更重的。居住在此地则为朝廷专门任命的大吏，进入朝廷则为鼎足之臣。我郑兴，不过是个从俗之人，不敢深居屏处。将军如果谋求上进，不用担心不发达；将军如果谋求入朝为官，何必担心不受宠信？这是我的计谋，希望能够不拂逆将军。我郑兴为父母请命，不达目的不罢休，情愿留下妻子、儿女，独自返回故乡安葬父母，将军还猜疑什么呢？"隗嚣见此，也不好强留他，只得无可奈何地说："好吧。"

郑兴获得了隗嚣的准许，由于隗恂出发的时间在即，他便仓促收拾了行装。隗嚣想来想去，觉得留下郑兴的妻子、儿女没有什么用处，只会开罪郑兴，索性让他们与郑兴一起都东归家乡。当时，是建武六年（30）。

三、仕于光武　以谶斥免

侍御史杜林曾与郑兴一起在陇西住过一段时间，对郑兴的才学十分了解，就向光武帝推荐他说："河南人郑兴坚执大义，饱读《诗》、《书》，喜好古文，博通事理，遇见疑难毫不迷惑，有公孙侨、观射父（二人皆为德高之士）之德，适合侍候陛下于帷崿，典领机密之职。从前张仲（周宣王贤臣）在周朝为官，佐助周宣王，士人无不欢欣鼓舞。希望陛下任用郑兴，留心考察，以对治理天下有所帮助。"光武帝接受了杜林的举荐，征拜郑兴为太中大夫。

建武七年（31）三月，出现了日食。当时，光武帝处理政事常常过于严苛急迫。郑兴因此上书说：

>《春秋》以寒暑易节为灾，以万物失其本性为妖，以人颠倒德行为乱，乱则导致妖异、灾患诞生。近几个月以来，贬谪、得罪的事连续出现，议论的人都认为是执事者有许多失误之处。据《春秋》记载："昭公十七年夏季六月，出现了日食。"《左传》有言："春分已过而夏至未及，日、月、星辰将有灾异，于是百官素服，君王不能举行盛宴，避过正寝以过日食的时间。"乐官奏鼓，祝人用币于社，史官用辞自责。如今正值孟夏，阴气还未充斥，却出现了日食，灾祸尤为严重。国家没有善政，上天的谴责就在太阳月亮上显现。关键在于顺应人心，用人得当。

>现在公卿大夫多数推举渔阳太守郭伋，认为可以做大司空，而陛下不及时决定。道路上谣言四起，都说"朝廷打算任用军功之臣"，但任用军功之臣就会人和职位不相配。请求陛下委屈自己，听从大家的意见，以鼓励群臣谦让的美德。

>近来，日食多发生在每月三十日，太阳和月亮提前重合，都是由于月亮运动快的缘故。太阳象征君子，月亮象征臣子。君主急促而臣子迫切，所以月亮运动得快。当今陛下高明而群臣遑急不安，应当考虑用柔和而行之有效的政治手段，请陛下留心《尚书·洪范》的做法。博采众议，采纳群臣之策。

此后，对于群臣的奏议，光武帝多有采纳，处理政事也稍加宽缓。

光武帝喜好运用隐语或预言占验吉凶的图谶，曾和郑兴讨论到郊外祭祀的事，说："朕想用图谶来推断，怎么样？"郑兴回答："臣不从事图谶。"光武帝发怒说："你不从事图谶，是认为它不对吗？"郑兴惶惧，说："臣未学过图谶之书，并没有认为它不对。"光武帝的怒气稍消。

郑兴多次言及政事，无不引经据典，恪守大义，文章十分文雅。但是因为他不擅长图谶，所以不被光武帝重用。

建武九年（33），征南将军岑彭、积弩将军傅俊屯兵津乡（在今湖北荆州），以抗击割据自立的公孙述。光武帝派郑兴前往监军。不久，岑彭被公孙述所派刺客杀害，郑兴负责统领他属下将士，与大司马吴汉一起攻打公孙述。公孙述死后，光武帝下诏让郑兴留下来屯兵成都。没过多长时间，侍御史便上书弹劾郑兴奉公差却私自买奴婢，光武帝本来就因郑兴非议图谶深感愤怒，便下诏将他贬为莲勺（今江苏下邳东北）令。

郑兴有些灰心丧气，但仍想为百姓办些好事，以效命国家，所以还是前往上任。当时，战乱刚结束，郡县荒芜、残败，郑兴正准备修筑城郭，兴修礼教，以教化百姓，却又因为某件小事被免官。郑兴这下子绝望了，他回到家乡，闭门谢客。

郑兴喜好古学，尤其通达《左传》、《周官》，擅长历数，杜林、桓谭、卫宏等著名学者都佩服他的学问，无不取其著述讲解之意。世人都认为研究《左传》的人大多以郑兴为祖。

从此以后，郑兴再也不肯出仕，以教授弟子为生。三公多次征召他，他也不肯出仕。数年以后，在家中去世。他的儿子郑众受父亲影响，致力于研究《左传》，成为东汉著名的学者。

太中大夫申屠刚

申屠刚（生卒不详），东汉初儒臣。字巨卿，扶风茂陵（今陕西兴平）人。为人刚直方正，常直言极谏。初任郡功曹，因对策触犯王莽，被罢归田里；后避乱河西、巴蜀，曾谏阻隗嚣归附公孙述，不被采纳。光武帝时，征为侍御史，迁尚书令，曾为平阴令，又征拜太中大夫。

一、丞相之后　直言敢谏

申屠刚出身官宦之家，其七世祖申屠嘉是西汉文帝时丞相。申屠刚为人清廉、质性方直与申屠嘉颇为相似，而他更是羡慕史鰌（春秋时卫国大夫）、汲黯（汉武帝时主爵都尉）等刚直的官员。西汉平帝即位后，申屠刚出任为郡功曹。

此时，王莽专擅朝政，他担心卫氏外戚分享他的权益，重蹈哀帝登基时的覆辙，勒令平帝母亲卫姬、帝舅卫宝、卫玄等卫氏外戚留居中山（治今河北定县），不得进京。申屠刚感到这样做太绝情了，于是在朝廷举贤良方正时，对策说：

> 臣听说若朝廷黑暗腐败，只会令天神愤怒，让奸邪之徒有机可乘，从而出现古人所说的"阴阳错位"。这是上天对王者的告诫，由此让走入误区的君主幡然醒悟，让有奸邪之心的臣子悬崖勒马。如今朝廷不再论功行赏，只是一味地听取小人之言，多次下诏，设置重法，借口抑止断绝诽谤朝廷的言论，实则是禁止朝臣的议论。那些敢说真话的大臣，一开口就被定为重罪，甚至被处以腰斩之刑。打击忠义之臣，

挫败直士之锐，如此一来，岂不是违背了先祖广开言路、直言纳谏，以振兴朝纲的夙愿。

臣记得西周成王年幼继位，周公辅政。他对所有臣子一视同仁，不分新旧。只要臣子忠心为国，敢进忠实之言，即可得到重用，这样一来，西周迅速壮大。然而如此顺天之举，仍然引起召公及其管、蔡、商、奄四国的不满和流言飞语。

众所周知，母子之情是天地间最深厚的感情。现在陛下幼小，刚刚离开襁褓，即位以来，便与母亲分离，得不到母亲的呵护。汉朝天下，虽以任用英贤为主，但也需要姻戚的支持。运用亲情，重用姻戚，将这两点交替应用到国家的治理上，这的确是安宗庙、重社稷的一项重要措施。如今太后卫氏一族并未犯罪，却不被重用，甚至有些人被安置在边塞荒远之处，生活状况还不如普通百姓，这难道真是陛下之意吗？为人后，就不会嫌弃自己的出身，不论其先人的地位是尊贵，还是卑微。陛下现将太后等外戚置于中山，文武百官对此做法早已心存怨恨，而奸臣贼子却可乘虚而入，如此一来，很难想象不会有叛乱发生。

现在辅佐陛下的并不是古代的周公。像周公这样的至圣之人，尚且会有流言飞语，更何况我们的所作所为并非顺天而行呢！古时周公先派其子伯禽守卫鲁国的封地，然后割断父子之恩，不使自己的尊崇加于后代，所以鲁国得以延续三十多代……如今朝廷处于衰乱之后，国库枯竭，赋敛无数，苛吏当道，百姓无力务农，且瘟疫流行，百姓生活在水深火热之中。

百姓为求生存，如今已有成千上万人加入了盗贼之列，他们拥兵而行，聚众而止，订立国号，自立为帝。现已向我京师进发，一路上烧杀抢掠，甚至有传言说他们要闯入皇宫。这种情况自汉兴以来，实所未有。上天有好生之德，求陛下顺承天意，昭然觉悟，赶快遣使者接太后来京，并赐卫氏外戚以官职，使他们能够执戟亲自保卫陛下，以防未然之患。

申屠刚奏书上呈之后，即落入王莽手中，王莽以歪曲经义、违背大义的罪名罢免了申屠刚的官职。

二、谏隗从汉　重为汉用

王莽篡汉后，申屠刚为躲避王莽的暗杀，辗转往来于河西（今河西走廊与湟水流域）与巴蜀（今四川一带）之间二十多年。在这期间，光武帝刘秀建立了东汉，申屠刚成为西州大将军隗嚣的门客。

隗嚣此时占据陇右（今甘肃六盘山以西，黄河以东一带），势力愈加强大，他觉得此时正是脱离东汉、割据自立的最好时机，因此他想叛汉臣服蜀帝公孙述。申屠刚不同意隗嚣的主张，劝谏隗嚣说：

我听说凡顺天而行之人，必会得到天下人的拥护与爱戴；凡逆天而行之人，则会被天下人所唾弃。如今光武帝顺应天意，率兵征战，所向披靡，无坚不摧，这实为上天所助，并非他能力所致。而将军并无征伐寸土之功，反将自己孤立于陇西一隅，故应以大局为重，推诚奉顺，与朝并力，既可顺天意，又能得民心，何乐而不为呢？

如今朝廷多次颁布诏令，希望将军报效朝廷。朝廷信任将军，欲与将军共担凶吉。普通百姓之间尚有至死不负承诺的信义，更何况是万乘之躯的光武帝呢？归顺东汉有何可畏，依附公孙述又有何利可求？将军如此摇摆不定，倘若突然有什么意外之变，则会背负对上不忠不孝、对下愧对百姓的骂名。若我的话只是对未发生的事情的预言，那倒也可称之为虚谈。但现在事已发生，只是还未临头，希望将军接受此忠言直谏，再三考虑。

隗嚣根本听不进申屠刚的一言一词，终于叛汉而臣服公孙述。

申屠刚敢于直谏，天下皆知。建武七年（31），光武帝下诏征召申屠刚。申屠刚早有归汉之意，便欣然同意，他临走时又写信劝谏隗嚣说：

我听说固执己见的人，终将自己孤立；不听劝谏的人，更是闭目塞听。如此一来，国必亡。顺人心者，昌；逆人心者，亡。这是古今不变的道理。将军本为布衣出身，应对百姓颇为了解。如今东方政权日益巩固，百姓平安；而西州之地，连年征战，百姓生活在担心、忧虑之中，这样下去，根本不可能有什么精锐之师。

物极则生变，事急则计改，这是必然之势。离道德、逆人心而能有国有家，使国家繁荣兴盛的事，古今未有。将军一向以忠孝闻名，所以士大夫们不远千里，慕名而来。现在如果将军执意依附公孙述，只会使百姓受涂炭之祸，将军一世英名将毁于此！将军，小心啊！

隗嚣仍未听取申屠刚的忠义之言。

申屠刚一到洛阳，即被拜为侍御史，不久又升迁尚书令。申屠刚仍以他的直言敢谏而被光武帝所称道。一次，光武帝想出游,申屠刚认为陇、蜀未平,不应出行游乐,耽于安逸。光武帝不听其谏,申屠刚便用头抵住车轮,不让车行。光武帝这才取消了出游的计划。

当时朝中大臣,多是光武帝自己选任的,又加上法理严苛,所以都很辛苦。但是光武帝并未体谅他们,很多尚书、近臣只要稍有不对,就拽过来命侍卫一阵捶打。面对此景,群臣无人敢言,只有申屠刚每次看到这样的事,都会极力劝谏。他还多次进言说皇太子应及时去东宫,选人担任太傅,以成就其德。但光武帝完全不采纳。

申屠刚因多次谏言,惹怒了光武帝,被降为平阴(今河南孟津东北)县令,后又被征拜为中大夫。申屠刚晚年因病辞官,卒于家中。

议郎给事中桓谭

桓谭(约前23～50),东汉初文臣。字居山,沛国相县(今安徽濉溪西北)。擅长经学和音乐,有文才。西汉哀帝、平帝时曾为郎官。至东汉光武帝时,任给事中。曾进谏光武帝不应以谶纬来决断事情,因而被降为六安郡丞,病逝于途中。著有《新论》。

一、博学多才 智救傅家

桓谭博学多才,遍读"五经"。他读经只理解大义,从不做分章摘句的琐碎之学。桓谭不但文章很出众,而且尤其喜欢钻研古文经学,多次与当时古文经学的大家刘歆、扬雄分辨解析经文中疑难异同的问题。桓谭的父亲通晓音律,在父亲的影响下,桓谭十分爱好歌舞音乐，特别是对弹琴，情有独钟。桓谭从不注重举止、礼节，而且心直口快，经常嘲讽那些让他瞧不起的庸俗儒生。正因如此，他在官场上多被排斥，在哀帝、平帝年间，只当了个小小的郎官。

汉哀帝的皇后傅氏，虽然贵为皇后，但得不到哀帝的宠爱。堂堂天子宠爱的，是个姓董名贤的美男子。哀帝又召董贤的妹妹入宫，封为昭仪。董昭仪因其兄之故而为哀帝宠爱。皇后的寝宫曰"椒房"，哀帝诏令董昭仪的寝舍曰"椒凤"，以配椒房。哀帝还破例恩准董贤的妻子入侍董贤。有时三人一同侍奉哀帝。

傅氏越来越被哀帝疏远，身为国丈的傅晏见此情景，心急如焚，却也无可奈何。桓谭与傅晏是多年挚友，见傅晏整日愁眉不展，向其询问后，说："不知傅兄是否知道当年汉武帝想要立卫子夫为皇后，便暗中查找陈皇后的过错，最终废掉陈皇后，而立了卫子夫的事？现在董贤最得宠，他的妹妹也备受恩幸，我担心他们二人联手，再次上演当年的宫闱之变！"

傅晏听罢，大惊，忙问道："桓弟言之有理，只是不知应该如何才能逃过此劫呢？"桓谭想了想说："牢狱刑罚不能强加于无罪之人，邪恶冤屈更不能打败品性正直的人。士人以才华、智慧赢得国君的重用，而女人们却多以巫蛊之术骗得主人的欢心。皇后年纪尚轻，很少经历磨难，可能有人会利用这点，在宫内驱使巫医，出宫寻求方术陷害皇后，对此不可不防。另外，由于您是皇后的父亲，一定有许多人投靠在您的门下。这其中势必有人凭借您的威重权势，讥讽、议论朝政，如果让董贤抓住这个把柄，您也将有祸患。不如现在就将这些人遣散回家，以防后患！"傅晏连声称是。

随后，傅晏遣散了府中所有门客，又入宫晋见傅皇后，重复一番桓谭的告诫，让她处处小心。后来，董贤果然唆使太医令真钦查找傅家的过错，逮捕了傅皇后的弟弟、担任侍中的傅喜。令真钦查遍了傅家上上下下，男女老少，毫无所获。董贤无奈之下，只得将傅喜释放。傅氏一族在哀帝时期，终得保全自身，而未受迫害。

董贤升任大司马后，听说桓谭的名望很高，曾一度想与桓谭结交。但桓谭以前曾经上书奏于董贤，陈述如何辅佐国家而保全自身的道理，当时董贤没有采纳，所以桓谭便不肯与他结交。

元始五年（5），正当王莽摄政篡位、弑杀平帝之际，天下的士人竞相为其歌功颂德，有人甚至伪造符命，向王莽献媚。桓谭对王莽的做法并不赞同，便与其保持距离，默然无一言。在新莽时期，桓谭曾任掌乐大夫；更始时期，征召他为太中大夫。

二、弹琴惹祸　疏陈时弊

光武帝刘秀即位后，广纳贤才，征桓谭为待诏。但因桓谭上书陈述政事不合光武帝旨意，而未被录用为正式官员。建武二年（26），在大司空宋弘的推荐下，桓谭被拜为议郎给事中。

光武帝听说桓谭琴技了得，便命他弹奏一曲。桓谭对音乐有自己独到的见解，弹出来的曲子如行云流水，使人如置身于梦幻之中。光武帝听后，顿觉耳目清新，精神大振，便经常让桓谭给他弹琴。宋弘得知此事后，觉得桓谭让皇上沉湎于音乐之中而荒废了政事，便将桓谭狠狠教训了一通。

此时，桓谭也认识到自己的志向是辅助君主，振兴汉室，于是他上书陈述时弊说：

> 臣觉得国家的兴衰，在于政事的处理；政事的得失，又在于辅臣的功过。辅臣贤良开明，就会招贤纳士，而且将政事处理得井井有条；辅臣若不开明，闭目塞听，就会使国家

停步不前。所以任何想要兴教化而施仁德的国君,国家未能有所发展的原因,就在于辅臣的贤明与否。春秋时期,楚庄王向贤相孙叔敖询问如何治理国家。孙叔敖认为治国之事是关乎百姓疾苦的大事,不能由君主一人定立。楚庄王不明白,问:"难道要让臣子去定?"孙叔敖说:"君主傲视士人,说士人不靠我就无法富贵;士人傲视君主,说君主没有士人就无法生存。有些国君直至丧失了国家还不省悟,而有的士人直至饥寒交迫也没有认识到。君臣不合作,国家大计就无从定立了。"

董仲舒曾经说过,"治理国家就像调理琴弦,对那些不可调理的琴弦就应改换新弦"。如今制定的法律禁令,不可能从根本上杜绝天下的奸邪之徒,也不可能完全符合众人的欲望要求,只有采取对国家更有利的措施才可以。设置官吏来治理百姓,悬赏设罚来区别善恶。如今人们相互残杀,罪犯虽已伏法,但彼此之间却结下怨仇,子子孙孙,冤冤相报,最终闹得家破人亡,而世俗却称之为豪侠,以至一些本性怯弱的人,仍要勉强去做复仇之举。这些都是由于朝廷听任百姓相互仇杀,而没有加重法律禁令造成的。所以只要加重法律禁令,百姓之间的仇恨自然就没有了。

治国经邦之道在于兴农桑而抑工商,所以先朝皇帝禁止农民兼营工商业,禁止商人做官,这就是当时之所以能抑制兼并而促进廉洁的原因所在。如今富商大贾,大多放高利贷,中等人家的子弟都得依附他们,为之效劳。这些人收的税比君侯还多。于是百姓纷纷效仿,放弃耕种,以至于田无农耕,杂草丛生,国库粮食短缺。请皇上下令,让商贾们自相纠察告发,如果不是自己的劳动所得,一律没收其赃物,给予告发者。如此一来,人们就会专心从事自己的行业,再不敢把财货卖给他人。他们势单力薄之后，必然就会回乡务农了……

光武帝以"柔道"治国，不喜欢重法严刑，因此对于桓谭主张加重法律禁令，他并不赞同。当时，经过西汉末年的战乱，经济凋敝，光武帝为了发展经济，正大力发展工商业，又怎会听从桓谭抑制工商业的建议呢？因此，桓谭的奏书上奏之后，光武帝看了一遍，便弃置不问。

三、反对谶纬　途中病逝

光武帝刘秀依据图谶"刘氏当兴，李氏辅佐"起兵，又依据图谶即帝位，所以他巩固政权后，便大肆颁行图谶，多用它来决定疑难之事。

桓谭不忍看见光武帝被图谶所迷惑，于是上奏说：

> 臣上次冒昧上奏，未见诏书答复，不胜愤懑，因而再次冒死陈言。即使是愚夫的策谋，只要对国家、朝廷有利，就是因为它符合人心和政事的规律。就通常而言，人们总是忽视现实事物，而重视稀奇异闻，但纵观先朝君王的记载，却都是以仁义正道为国之本，根本不会相信那些奇怪荒诞之事。如今各种卖弄小聪明的方技之人，只不过在儒家经典的基础上增加了一些谶纬迷信的内容，就谎称谶记，用以欺骗、迷惑贪心邪念，贻误国君，对此怎可不遏止、疏远他们呢？谶语所言，虽然有时与时事相符，但这与占卜有单、双数是一样的，并不值得惊讶。陛下应擦亮您的双眼，不要听信小人之言。
>
> 臣还听说，若世道安定平稳，那么有道德学术的士人就

会得到人们的尊敬；若遇到战火纷飞，那么披甲戴盔、英勇善战的将士就是人们生存的希望。如今我朝中兴，恢复刘氏天下。陛下虽为群臣之主，但四方盗贼仍未全部归降，这就是陛下的失策了。臣见陛下对于诸名归降麾下的武将，并没有对其赐予重赏，有时甚至掠夺他们的财物，所以将领们都心生狐疑，各自结党联盟，以至战事不断。古人有言："天下人都知道索取就是索取，但没有一个人懂得给予也是一种索取的道理。"若陛下真能理解这句话，并按它所说认真去做，那世事还有什么不能实现？这样就能够变狭窄为广阔，变迟缓为迅速，使亡者复生，失而复得。

光武帝看到这道奏疏，更加不高兴。

此后，光武帝要建一座灵台，专门用于图谶的研究，于是下诏让群臣讨论此事。光武帝对桓谭说："吾要用谶语来裁决国家大事，你看如何？"桓谭沉默了好久说："臣不读谶书。"光武帝问他原因，桓谭再次坚决陈述谶书并非经典的道理。光武帝立即怒喝道："桓谭非议圣上，无视国法，推下去斩首。"桓谭立即跪在地上磕头告饶，直到流血，才被免了死罪。死罪可免，活罪难逃，桓谭被押解出京城，贬为六安郡（治今安徽六安北）郡丞。桓谭郁郁不快，在赴任的途中病逝，时年七十余岁。

桓谭生前曾著《新论》一书，论述当代现行政事，反对迷信思想。全书共二十九篇，原书已佚，现存有不少片断。王充对《新论》评价很高，说："挟桓君山之书，富于积猗顿之财。"（《论衡·佚文篇》）又说《新论》"论世间事，辩照然否，虚妄之言，伪饰之辞，莫不证定"（《论衡·超奇篇》）。可以说，桓谭正是王充的先导。

元和（84～87）年间，汉章帝在东方巡行视察，来到沛县，派使者祭祀了桓谭的坟墓，同乡人皆引以为荣。

太常桓荣

桓荣（？～59），东汉初名儒。字春卿，沛郡龙亢（今安徽淮河以北地区）人。他饱读经书，广收弟子，教授弟子几十年，是一代名儒。建武十九年（43），征拜为议郎，教授太子刘庄。建武三十年（54），拜为太常；汉明帝即位，封为关内侯。永平二年，明帝赐桓荣关内侯，食邑五千户。

一、何汤引荐　官至尊位

桓荣少年时代在长安学习《欧阳尚书》，以九江（今属江西）人、博士朱普为师。朱普受业于西汉名儒平当，学徒众多。桓荣家贫，为了能够学习儒学，他就经常替人做佣工以挣些学费，但在学习上从不懈怠，十五年没有回过家。直至王莽篡位时，他才学成还家。

不久，老师朱普辞世，桓荣至九江奔丧，负土成坟。桓荣也就此机会留在当地教授学生，当时有徒众数百人。

王莽败亡后，天下大乱。为了能够继续教授学生，桓荣抱着经书，和弟子们逃匿到山谷之中，虽然常常饥困，但桓荣讲经学从不间断。桓荣后来客居江淮间，在那里广收弟子传授学问。

建武十九年（43），桓荣已经六十多岁，才被大司徒府推荐给光武帝。当时刘庄刚被立为皇太子，光武帝为其选求明经之人，就提拔桓荣的弟子何汤为虎贲中郎将，要他以《尚书》教授太子。光武帝问何汤的老师是谁，何汤说："臣的老师是沛国人桓荣。"

光武帝立即召见桓荣，令他讲述《尚书》。桓荣将《尚书》逐一分析，细细讲来，令光武帝甚为惊讶。不久拜桓荣为议郎，赐钱十万，让他入宫教授太子刘庄。

每次朝会，光武帝都会令桓荣在公卿面前详细奏陈经书。光武帝称颂桓荣讲得好，感叹说："得到桓生有点太晚了！"当时正遇上《欧阳尚书》博士缺人，光武帝想聘用桓荣，桓荣叩头辞让说："臣经术浅薄，不如同门生郎中彭闳和扬州从事皋弘。"光武帝说："你所举荐的人，也是朕希望的，你若能将他们请来，朕立即征二人为官。"

光武帝之所以这样说，是因为在东汉初年，有些儒家名士，不肯出仕，而且当时的风气，名士越不肯出仕，名士的名气就越大。光武帝知道桓荣与此二位有交情，故此让桓荣前去拜请。不久，桓荣推荐的两位名士都来了。光武帝就拜桓荣为博士，任命彭闳、皋弘为议郎。

二、举果谢恩　学利若是

有一次，光武帝车驾幸至太学，召集众博士在他面前讨论问题，提出质疑。当时桓荣身披儒衣，温文尔雅，谦恭有礼，游刃有余地辨明经义。每当发生争论，桓荣都以礼让的态度使人折服，不以言辞犀利压倒对方，其他儒家学者都不及他。光武帝对桓荣特加赏赐。光武帝随后又诏诸生吹奏《雅》、《颂》，敲击钟磬，直到天黑才结束。

由此可知，古代的儒生学通六艺，只要皇帝允许，随时可以尽情尽兴，不仅仅以读书习经为乐。

后来，桓荣入会庭中，光武帝诏赐奇果，受者皆放入怀中。唯独桓荣用双手捧着奇果，拜谢光武帝。光武帝笑着手指桓荣说："这才是真正的儒生啊。"从此，光武帝对桓荣更加敬重，常令桓荣在太子宫住宿。

桓荣教授太子经学五年后，推荐门下生九江人胡宪侍讲，自己才得以出宫。此后，他只要清晨去一次就行了。有一次，桓荣患病，太子刘庄每天都派中傅前去问候，赐给桓荣珍馐、帷帐、奴婢，并对桓荣说："如有不测，我会帮你照顾你的家人的。"后来桓荣病愈，又入宫侍讲。

建武二十八年（52），光武帝大会百官，询问谁可为太子太傅。群臣迎合光武帝的心意，都说刘庄的舅舅执金吾、原鹿侯阴识可以担任。博士张佚正色说："如今陛下立太子，是为阴家呢？还是为天下呢？如果是为阴家而立，则阴侯就可以了。如果为天下，那就必须用天下贤才。"光武帝听了觉得很有道理，说："我之所以想要设置太子太傅，就是为了辅佐太子。现在博士张佚辅佐朕亦不难，何况辅佐太子呢？"立即就拜张佚为太子太傅，桓荣为太子少傅，赐给辎车、乘马。

桓荣召集他的学生，将光武帝赏给他的车马、印绶一一摆列出来，然后说："今日我得到的一切荣幸，都是得力于对古代文化的钻研，诸生为何不努力呢？"诸生听后，都表示以后会更加努力学习古文经学。

过了一段时间，桓荣认为太子刘庄有关经学方面的学问已经颇有造诣，就向刘庄上书称谢，说：

> 臣幸得侍讲于宫廷帷幄之中，得以执教经学连年不辍。现在皇太子以聪明睿智之姿通明经义，纵观古今，储君副主，没有一个能精专博学如此的。这确实是国家的福佑，天下幸甚。臣已尽师道，学问皆在太子身上。现在臣请求辞归。

太子刘庄接到桓荣的上书后，回信说：

> 刘庄以童蒙之身，学道九载。但是典训中还有许多不明白的地方，学问知识通晓得也不精。《五经》学识涵盖广大，先圣之言内蕴幽远。如果不是天下至精至华，岂能汇聚于《五经》中！何况我以不才之人，秉承师傅的教诲和授命，过去确实有先师辞谢弟子，但这弟子是能够上通经旨，分明章句；下则去家慕乡，求谢师门。现在我蒙您收为弟子，位于下列听讲就学，不敢有辞别之想。希望老师慎疾加餐，重爱玉体（君子之身亦可称之为玉）。

这两封信，是桓荣与刘庄之间互相谦让，说明师生的感情很真诚，发自于内心。

建武三十年（54），桓荣被拜为太常。当初桓荣身逢战乱，曾与族人桓元卿同样饥困，同陷窘境。但是桓荣仍然讲诵经学不息。桓元卿嗤笑桓荣说："你那只是自讨苦吃，白费力气，你讲的那些道理，何时才能在时局恢复之后施用呢？"当时桓荣笑而不答。等到桓荣担任了太常，桓元卿感叹道："我本是农家子，岂能预料学好了这些学问，最后竟获得如此巨大的利益（学利若是）呢？"

三、"大师在是" 蒙恩皇宠

汉明帝刘庄即位后，仍对桓荣尊以师礼，甚见亲密与敬重，拜桓荣二子为郎。当时桓荣已经年过八十，自认为已经衰老了，数次上书请求辞职，回乡养老。明帝不允，仍时常加以赏赐。

明帝乘舆经常幸临太常府。明帝让自己的老师桓荣朝东而坐，并为他设置几案和手杖，集合文武百官以及桓荣的门生数百人，自己亲自执讲经业，诸生中有离开座位发难、辨析经义者，明帝就会说："大师在是（老师在此）。"执讲完毕，明帝将太官供应的食具全套赏赐给桓荣家。

永平二年（59）三月，明帝幸临辟雍，当时三雍刚刚建成。"三雍"指的是三宫，即明堂、灵始、辟雍。皇家用来执政宣教、赏赐选士、庆典朝会、祭祀、教学、养老等大典，均在其中举行。建成三雍之初，举行了大射礼。十月，明帝在辟雍，初行养老礼。当时明帝让李躬为三老（老人知天地人之事者），桓荣为五更（老人知五行更代事者；五更与三老皆是年老仍为官之人）。对于三老、五更，皇帝要像对待父亲兄长那样，妥为奉养，这是明帝以身作则，意在向天下人提倡孝道。

每次大射、养老礼毕，明帝就会让桓荣及其弟子登堂。明帝亲自讲论经书，儒生们则手执经书，向明帝询问疑难。当时，围在雍桥门外桥头观看和聆听的官吏和士人，数以千万计。不久，明帝下诏赐桓荣为关内侯，食邑五千户，三老及五更皆以二千石禄，奉养终身。

每次桓荣患病，明帝都派使者慰问，派去送食物的太官和治病的太医络绎不绝，相望于道。桓荣病重时，曾上书谢恩，请求奉还爵土。明帝知道后，幸临桓荣家，去探问桓荣的病情。一进入桓荣家住的那条街道，明帝便下车，手捧经书步行。到了桓荣宅内，明帝手抚桓荣流泪不止，赐给他床垫、帷帐、刀剑、衣被，过了很长时间才离去。从此，前来探望的诸侯、将军、大夫都不敢再乘车直抵桓荣宅门，全都步行到桓荣床前拜见。

不久，桓荣去世，明帝亲自穿上丧服，临丧送葬，并在首阳山（在今河南偃师西北）南麓赐给桓荣一块墓地。桓荣去世后，其子桓郁嗣爵。

地方大吏政绩多

但凡有道明君,马上打天下的时候,同时就在着眼、着手地方治理。光武帝以镇慰河北之机,奠定了自己的根据地。之后每下一地,便安排干将留守管理地方。建国之后,地方大吏逐渐由武将转为文臣,而且多有名臣。光武朝的地方大吏,大多恪尽职守、多有政绩,而且秉承皇上"以柔治国"方针,崇尚和睦有节;即便个别"酷吏",较之武帝时亦平和许多。

东郡太守耿纯

耿纯（？～37），东汉初大臣，位列"云台二十八将"之一。字伯山，巨鹿宋子县（今河北赵县北）人。耿纯追随光武，载木焚庐，转战南北，义无反顾，至今史有令名。而他治理东郡，吏民怀之，再入其境，动乱自息，亦足令人深思。

一、诚结明主　载木烧庐

耿纯是巨鹿大姓之后，他的父亲耿艾，王莽时任济平尹。耿纯游学长安，被王莽任命为纳言士。王莽败亡，更始帝刘玄新立，派舞阴王李轶巡行郡国。耿艾归降更始朝，被任命为济南太守。

当时，李轶的从兄李通也封为西平王，李氏兄弟二人皆封王，权势显赫。李轶把持朝政，宾客盈门，游说者众多。耿纯屡求拜谒，过了好长时间才得以见面。他对李轶说："大王凭着龙虎之姿，遭际风云之会，骤然于群雄之中拔起，短时间内兄弟并登上王位。但是，士民尚未知道您的道德信义，百姓也未见大王的业绩功勋。高位厚禄，一时暴兴，这是智者最忌讳的事。一个人兢兢业业，谨慎小心，还怕后果不堪，何况沛然自足、恃宠骄矜的人了！"李轶见耿纯直言相诫，深以为奇，加上耿纯是巨鹿大姓子弟，于是便以更始皇帝的名义，任命他为骑都尉，授以符节，命他去安定赵、魏地区。

此时，大司马刘秀渡河到达邯郸（今属河北），耿纯前往拜见，刘秀与他深相结纳。耿纯发现刘秀官属人才济济，统兵法度也与别的将领不同，十分严明，便献上马匹和缣帛，表示愿意跟从刘秀效命。

刘秀北进中山（治今河北定县），把耿纯留在了邯郸。邯郸王郎起兵，刘秀被迫南下。耿纯与堂兄弟耿䜣、耿宿、耿植一起率领宗族宾客两千多人，到育地（在河北冀县一带）迎接刘秀。耿家此次出来，连家族中老迈病衰的也都一起来了，甚至连棺材也拉上了（史称"载木"）。

刘秀见耿纯忠诚，大喜，任命他为前将军，封耿乡侯，他的堂兄弟也都被任命为偏将军。刘秀让耿纯兄弟一起为前锋，攻降宋子县，此后，又随军进攻下曲阳（今河北晋县西）和中山。

当时，邯郸王郎势力较大，好多郡国官吏望风归附。耿纯怕自己宗族中有人徘徊观望，心存犹豫，专门派耿䜣、耿宿回乡，烧掉了所有房屋（史称"焚庐"）。刘秀问他烧房屋的缘故，他说："明公单车巡行河北，只用恩德怀服百姓，并没有府藏财宝用来聚集兵众。如今王郎自立为王，九州疑惑纷纷，我虽然率领全族归附于您，老弱都在军中，但还是担心，怕宗族宾客中有人心怀二志。所以，焚烧故园房舍，绝其后路，使他们无反顾之望。"刘秀听了赞叹不已。

到了鄗县（今河北高邑东南），刘秀住在驿馆之中。鄗邑大姓苏公叛乱，打开城门，放王郎将领李恽进城。耿纯最早发现这一阴谋，率兵击败李恽，并将其斩杀。然后，耿纯随刘秀一起平定了王郎，又大破铜马农民军。

二、南北征战　以智克敌

当时，赤眉、青犊、上江、大彤、铁胫、五幡等农民军十多万人都在射犬（在今河南许昌境内）附近。刘秀率兵前往征剿，耿纯为前锋，驻扎在离敌营几里远的地方。敌人乘夜偷袭，箭如雨点一样射入耿纯营中，死伤了不少人。耿纯一面约束部队，坚守不动；一面精选敢死队两千人，都拿着硬弓，各带三支箭，衔枚夜行，绕到敌人背后，齐声擂鼓呐喊，同时用箭射敌。敌人大惊，急忙撤军，耿纯这才出兵追击，大获全胜。

战事结束后，耿纯立即派人向刘秀汇报，刘秀第二天一早就赶到了耿纯营中。刘秀召见耿纯，问："昨夜很艰难吧？"耿纯回答："全仗您的威德，幸而获胜！"刘秀说："大军夜里不能轻易移动，所以没有来救助你。军营进退无常，此后你的家眷亲人不要都住在军中了！"于是，刘秀任命耿纯族人耿伋为蒲吾（今河北灵寿西南）长，让耿纯家族留居蒲吾。

刘秀即皇帝位后，封耿纯为高阳侯，命他率大军去剿平割据自立的梁王刘永所部。耿纯率部攻克定陶（今属山东），但因旧疾复发，不得不停下。原来，当年耿纯随刘秀征王郎时，曾掉下马来，摔断肩膀，此时病发，不能征战。回京之后，光武帝刘秀问耿纯兄弟中谁可以代他领兵，耿纯推举了堂弟耿植，光武帝便命耿植代耿纯指挥军队。

当时，真定（治今河北正定）王刘扬派人编造、散布流言，说"赤九之后，瘿扬为主"。刘扬脖子上长了一个大包，故以此煽惑百姓。建武二年（26），光武帝派骑都尉陈副、游击将军邓隆征召刘扬入京，刘扬关闭城门，不让陈副等入城。

光武帝派耿纯持节，到幽州、冀州颁布赦令，并顺便慰问各地王侯。耿纯临行，光武帝密令："如果见到刘扬，就把他抓起来！"

耿纯率一百多骑兵在元氏（今河北元氏西北）遇见了陈副、邓隆，于是一起到了真定，停留在驿馆中。刘扬自称有病，不能拜见使者；但因为耿纯是刘扬的宗族姐妹所生之子，刘扬想借亲戚关系拉拢耿纯，便派人给耿纯送信，想见他一面。耿纯回答："我奉有命令，接见各地王侯及行政长官时，不准先往拜候。您要想与我见面，就到驿馆中来吧！"

当时，刘扬的弟弟临邑侯刘让、堂兄刘细每人拥兵万人，刘扬倚仗人多，又见耿纯语言平和，以为不会出事，就到驿馆中来见耿纯，而命刘让、刘细率兵在外，以防不测。耿纯谦恭有礼地接待了刘扬，把他稳住之后，提出请刘让、刘细来见一面。刘扬见没有危险，便唤二人入见。谁知耿纯却关闭门户，把他们兄弟三人全部杀死。官吏士民慑于耿纯等人的威势，没有人敢有所动作。真定遂平。

三、任职地方　威服东郡

耿纯回到京师，向光武帝提出请求，想到地方任职。光武帝笑着说他："你已从征多年，武功显赫，如今又要修文了吗？"便任命他为东郡（治今河南濮阳西南）太守。当时，东郡尚未完全平定，时有骚扰动乱。耿纯到任，恩威并施，几个月后，政治修平，郡县安定。

耿纯在东郡任职四年。后来，发干（今山东冠县东）长有罪，耿纯上奏朝廷，并把他看管起来。但朝廷批示未到，发干长便自杀。耿纯因此被免职，以列侯奉朝请（以列侯身份、奉朝请名义参加朝会）。

后来，耿纯随驾征讨割据自立的董宪，经过东郡，郡中百姓数千人流着眼泪跟随皇帝车驾，向光武帝请求："愿复得耿君。"光武帝对公卿大臣们说："耿纯年轻时就身披甲胄驰骋疆场，想不到他治理百姓也能有如此成绩，居然能令人如此怀念追思！"

建武六年（30），耿纯定封东光侯。于是，他向光武帝请求到封国去。光武帝同意了，并说："当年文帝曾对周勃说，'丞相吾所重，君为我率诸侯就国'，如今，卿也如此。"耿纯到封地后，吊死问疾，深得百姓拥戴。

建武八年（32），东郡、济阴有人起兵叛乱，朝廷派大司空李通、横野大将军王常前往征剿。光武帝知道耿纯威望素著，便命他为太中大夫，参与征剿。东郡起事者听说耿纯来到，纷纷向他投降，朝廷大军不战而还。

光武帝真正了解了耿纯在东郡的威望，于是亲封玺书，任命耿纯为东郡太守。耿纯在任数年，官吏百姓无不心悦诚服。

建武十三年（37），耿纯死于任上，谥号是"成侯"。其子耿阜嗣爵。耿纯的几个兄弟也都封了侯，耿植为辅威将军，封武邑侯；耿宿官代郡太守，封遂乡侯；耿䜣为赤眉将军，封著武侯。耿纯的宗族封为列侯的共计四人。

长沙太守郅恽

郅恽（生卒不详），东汉初大臣。字君章，汝南西平（今属河南）人。郅恽胸怀大志，为人耿直，为官敢谏，坎坷一生。他看过城门，做过功曹，最后升任长沙太守，在东汉文官中以直言敢谏闻名。

一、胸怀大志　"伯乐"难寻

郅恽为人至孝，他十二岁时，母亲去世，他居丧超过了礼制。他笃志好学，刻苦攻读，日夜手不释卷，特别钟情于西汉博士韩婴的《韩诗》，以及严彭祖的《严氏春秋》。他对天文历法也颇有研究。

王莽新朝时期，各地寇贼群起，起义军风起云涌，社会动荡不安。郅恽夜观天象，对其友人叹息道："如今土、木、火三星都在汉的分野翼宿、轸宿之内去而又来。依此推断，大汉江山必会再易新主，福归有德之人。如果此时有位顺天而行，且资质非凡的人出现，那么此人必成大器。"

郅恽听说颍川郡守逯并喜欢招贤纳士，看来将要颇有一番作为，于是来到逯并府中，对他说："我前日夜观星象，发现此时是智者将昌、愚者将亡的关键时刻。古时，伊尹自荐于商，得到重用，最终助汤灭夏，成就一世功业。我郅恽不逊，斗胆希望得到您的重用。您倘若不怕背上逆反之名，我愿助您成就一番伟业。"逯并一听，觉得很是奇怪，于是决定将郅恽暂时留下，让他当了属下一名下等官吏。

逯并此举让郅恽觉得不但没有得到重用，还受到了侮辱，于是拒绝了逯并的封授，并对他说："想当初商王武丁在傅岩（今山西平陆东）工地发现奴隶傅说，即封他为重臣；周文王遇到在渭水边钓鱼的姜尚，即尊他为太师；齐桓公更是不计较管仲当初袭击他时的一箭之仇，而重用其为相。我从未听说过像傅说、姜尚、管仲这样的人才去做一个小吏的。君不授予骐骥（千里马）以重任，骐骥只好俯首裹足离去。"说完，便扬长而去。

此后，郅恽西到长安，上书给王莽说："臣闻天地塑造万物，为使它们茁壮成长，又造北斗为其定时，日月给其光明，这样才有了我们呼吸的大气，生存的食物，天地万物才得以保全至今。孔子作纬，并著有历朝运势的大概期限，是我大汉治国的根本，由不得愚惑之人贻害百姓。有智者顺应天意，必能成其伟业；愚昧的人则会只顾眼前，回天乏力。如今上天垂显警戒之象，本意就是让陛下早有察觉，让出本应属于刘姓的天下，从而转危为安。如若仍未察觉，则有可能背上窃位的罪名了。尧舜尚且能在天象有异时，禅让其位，陛下为何非要贪图一时的富贵而自讨苦吃呢？上天是陛下的严父，臣是陛下的孝子。父亲的教诲不可置之不理，儿子的劝谏不可拒之门外，希望陛下留神于此。"

王莽看后，大怒，当即以大逆不道的罪名捉拿郅恽。但因为郅恽所说的依据是圣人孔子的谶纬之说，故很难将他定罪。于是，王莽派人威胁郅恽，让他承让自己精神恍惚，根本不知道自己说了什么。没想到，郅恽怒目骂道："我所说的全是天文圣意，不是狂人所能编造出来的。"于是被捕入狱，等待入冬处置。后遇天下大赦，郅恽得以出狱，便与同乡郑敬南一起逃到苍梧（治今广西梧州）。

二、不图军功　杀人自首

建武三年（27），郅恽辗转来到庐江（治今安徽庐江西南），正巧积弩将军傅俊在与征南大将军岑彭征讨割据一方的秦丰后，独自领兵平定江东，也来到此地，准备收复扬州（治今安徽和县）。傅俊早对郅恽有所耳闻，在此相遇后，便对郅恽以礼相待，并封他为将兵长史，帮助傅俊治理军政。

郅恽一到任，便制定军规，带领众将士向天发誓："不乘人不备而偷袭，不因人危难而围困，不得断人肢体，不得抛尸露骨，不得奸淫妇女。"但傅俊的属下军士仍然掘坟抛尸，掠夺百姓，没有半点收敛。于是，郅恽对傅俊说："昔日周文王不忍见白骨暴露在光天化日之下，周武王更是不愿伤害任何一个无辜者，他们这样做的后果是得到了广大百姓的拥护，依靠百姓，最终战胜了商纣如林的军队。将军为什么不效仿周文王、周武王，却要逆天而行，杀人掠物，暴尸荒野呢？如若将军仍不思改过，可能连性命也要丢了。希望将军能依我所言，亲率将士收治伤者，埋葬死者，并将那些暴于荒野的白骨再次安葬，以表明以前之事并非将军本意。"

傅俊听此言后，对自己部下的所作所为深表遗憾，下令依郅恽说的去做，果然得到了百姓的原谅，并赢得了百姓的支持。此后,傅俊率军所向披靡,很快攻下了扬州。

建武七年(31),傅俊凯旋回京,上奏朝廷,为郅恽请功。郅恽认为凭军功谋位不光彩,便辞归乡里。

郅恽有个朋友叫董子张,极为孝顺。董子张的父亲被乡人谋害致死,董子张一气之下,也病倒了,郅恽前去看望他。董子张临死时,双手颤抖,歔欷不能说话。郅恽早已猜到他的心思,便说:"我知道你不是因为怕死而悲伤,而是因父仇未报而悲痛。你放心,我将亲手杀掉你的仇人,为你和你的父亲报仇。"董子张仍不说话,只是死死地盯着郅恽。郅恽当即带领他的朋友们截杀董子张的仇人,并将其头一刀砍下。董子张看到仇人的首级后,才安详地闭上了眼睛。

郅恽将董子张安葬后,便到县衙投案自首。县令知道他的为人,对他深表敬佩,不愿将其捉拿。正在县令迟疑之际,郅恽大义凛然地说:"为友报仇是我一个人的事;严格执法是您的为官之道。请不要为了我,而破坏法令,这不是一个人臣的所作所为啊!"说完便径直跑向监狱。县令顾不得穿鞋,光着脚就去追他,但没有追上他。于是县令也来到监狱,拔刀架着自己的脖子说:"你不随我出来,我就以死表明心迹。"郅恽见县令这般架势,才走出了监狱。

三、直言惹祸　无奈归隐

几年后,欧阳歙出任汝南(治今河南上蔡西南)太守。欧阳歙早就听说该郡有个直言敢谏的郅恽,一上任,便让他出任功曹一职。

汝南郡有个习俗,每年十月都要举行飨会,百里内的百姓都要带着牛酒到郡守府上宴饮。这年的飨会快要结束时,太守欧阳歙宣读了一道教令:"西部督邮繇延,品性忠贞,公正严明,以德服人，摧破奸凶。今天我与众儒生商议后，决定将繇延的善行上报朝廷。如此贤德之人，当以牛酒相敬。"在欧阳歙宣读教令的同时，户曹带领繇延上前受赐。

郅恽听完太守宣读的教令，陡然变色，大步走上前，说："太守所言差矣。繇延为人贪邪，表面是个正人君子，实际上却阳奉阴违，勾结当地盗匪，欺压百姓，横行乡里。他所辖之地，政荒人乱，百姓生活在水深火热之中。如今太守以恶为善，当众称赞这种奸邪之人，这让我们如何是好？"郅恽一番义正词严之后，欧阳歙面有愧色，不知该说什么好。

这时，郅恽的朋友、门下掾郑敬出来打圆场道："君明则臣直，功曹所言如此深切，全靠太守平时的教导啊！"欧阳歙脸色稍有缓和，说："这都是我的错，我愿意受罚。"郅恽又接着说："当初虞舜辅佐尧时，广开言路，不信谗言，任用贤臣，所以尧帝能作股肱之歌。郅恽不忠，当众揭露奸佞小人，使其所做恶事昭显天下，请太守治罪。"欧阳歙叹了一口气，说："如果治你的罪，就是让我罪上加罪啊。"于是回屋去了。郅恽回府后，也觉得自己太鲁莽了，遂称病不出。繇延自知无脸见人，也自动辞官了。

郑敬与郅恽亲如手足，交情深厚，见郅恽出言触忤太守，便劝他和自己一起离开汝南郡，说："你在大会上当众揭露繇延的罪行，太守都不采纳。虽然繇延此时退位，但太守一定还会召他回来。直言而谏固然是为臣之道，但道不同不相为谋，我们还是一起离开这里吧！"但是，郅恽并不这么认为，他说："孟子认为强迫君主做他不愿做的事的人，为忠臣；顺从君主，让君主做自己不能做的事的人，是贼子。我已经强迫太守做了他不愿做的事，既已获得了忠直之名，却又不能为职责竭尽死力，这同样有罪。我不能随你而去。"郑敬便独自隐于弋阳山（今河南境内，属汝南郡)。

数月后,欧阳歙果然又将鬷延召回。郅恽气愤之余,只得来到弋阳山中,与郑敬一起渔钓自娱。由于志在仕途,不久,他便感慨万千,对郑敬说:"上天为了让百姓有更好的生活,而生下我们这些有志之士。人不可以与鸟兽同群。如今,你和我是伊尹、姜尚隐居以待明主呢?还是巢父、许由以隐居为志呢?或是以尧舜为父老之人呢?"

郑敬答道:"我已经知足了。想当初跟随你去苍梧寻找像舜一样的明主,为的就是有朝一日能像赤松子那样归乡隐逸。经过了这么多事情之后,我们有幸活到现在,传宗接代,能够在家乡侍奉祖坟(郑敬是汝南人),尽学问道,虽未直接从政,但事中有政,也是从政之义呀。我已经老了,无力跟从于你,还望你今后珍重啊。"郅恽于是告别而去。

四、拒帝城外　力保母子

郅恽离开郑敬后,来到江夏郡(今属湖北)教书授学。后被郡中举为孝廉,被光武帝征召到洛阳,出任上东城门(洛阳城东面北头门)候。

一日,光武帝带人到洛阳郊外打了一天猎,回到洛阳城的时候,已经是半夜。光武帝的车驾行至上东门时,城门早已关闭。随从打猎的侍从叫郅恽开门,郅恽就是拒不开门。无奈,光武帝亲自来到城门前,让郅恽看清人后,马上开门。不料,郅恽却说:"火光闪烁看不清楚,不能随便开门。"光武帝碰了个钉子,只好绕到东中门进城。

第二天,光武帝正想找郅恽责问,不想郅恽的奏章已经送上来了。奏章说:"昔日周文王从不流连于游猎,只将百姓困苦记于心上。如今陛下跑到山林深处去打猎,夜以继日,如此下去,国家社稷将如何处理？徒手打虎、趟水过河这样危险的事情，陛下要三思而后行啊！"光武帝看了奏章，觉得郅恽说得头头是道，不但没有治罪于他，反而赐其布一百匹，并将那个管东中门的官员降了职。

光武帝听说郅恽通晓《韩诗》，便将他召至宫中，教授皇太子刘强《韩诗》，在殿中侍讲。

光武帝与皇后郭氏感情不和，矛盾越来越大，产生了废后的念头。郅恽听说后，上言给光武帝说："一日夫妻百日恩，事已至此，臣也不便多言。只希望陛下能宽以待之，不要让天下人所耻笑。"光武帝听后，连连点头，说："郅恽所言极是！"因此，光武帝在废掉郭氏皇后之位后，并没有将郭氏幽禁冷宫，而是封她为中山王太后，随她的儿子中山王刘辅去了中山国。

郭后被废，太子刘强非常不安，郅恽便劝太子刘强说："疑惑长时间得不到解决，就有可能让你走上迷途。古时不论明君还是贤臣，都曾为了一点小事而放逐他们的亲生儿子。《春秋》中曾道，'母以子贵'。殿下可以通过一些朝臣和兄弟向皇上表明引咎辞位、愿意奉养母亲的心愿。"太子刘强觉得有理，便向光武帝请求辞掉太子之位。起初光武帝不许，拖了一年多，才将太子刘强降为东海王。

此后，郅恽被任命为长沙（治今湖南长沙）太守。在郅恽上任之前，长沙有一位孝子古初，在父亲死后还没有下葬时，邻居家发生了火灾，渐渐蔓延到古初家中。古初一看大火要烧到父亲的棺材了，非常着急，便趴在棺材上，以自己的身体挡住大火，大火不久被扑灭，棺材得以保全。郅恽上任后，听说了这件事，准备把古初推举为孝廉。

前长沙太守张禁在任时接受馈赠的财物众多，遭到别人的告发，但郅恽却不加推劾审理，因此被贬为芒县（在今安徽砀山西南）长。

在任芒县长期间，芒县守丞韩龚接受大盗丁仲的钱财，有意庇护，不加重刑，只是鞭笞丁仲一顿了事。韩龚拜见郅恽时，称赞丁仲雄健。郅恽察知韩龚接受贿赂之事，大怒，以铁杖捶打韩龚。韩龚挨了暴打，十分怨恨，遂杀死丁仲。这件事情上报，郅恽受到株连，又被免官归乡，隐遁教授，著书八篇。后因病而逝。

并州牧郭伋

郭伋（前41~47），东汉初大臣。字细侯，扶风茂陵（今陕西兴平）人。他历仕哀帝、平帝、王莽、更始帝，终归附光武帝，受到重用，历任渔阳太守、并州牧等职，治政有方，深受赞扬。

一、历仕数帝　光武重用

郭伋的高祖父郭解，在西汉武帝时以行侠仗义闻名。郭伋的父亲郭梵，为蜀郡太守。郭伋出生在这样的家族，深受影响，少年时就志向远大、品行出众。哀帝、平帝年间，郭伋被大司空府征召。此后，经过三次升迁，郭伋升任为渔阳（治今北京密云西南）都尉。

王莽篡汉后，郭伋出任上谷（治今河北怀来东南）大尹（太守），后又迁为并州（治今山西太原西南）牧。

更始帝刘玄即位之初，由于三辅一带连续遭受战乱，寇盗劫掠，百姓都十分恐慌，强宗大姓相继拥众自卫，修建堡垒，没有一个肯首先归附更始帝。更始帝素闻郭伋的大名，便征拜他为左冯翊，让他安抚三辅的百姓。郭伋上任后，威行三辅，安定了人心，使官吏、百姓相继归附更始帝。只可惜，更始帝昏庸无能，最终败亡，枉负了归附他的官吏、百姓。

光武帝刘秀即位后，拜郭伋为雍州（治今陕西凤翔南）牧。由于郭伋在雍州牧任上治政有方，颇有才名，光武帝便将他提拔为尚书令。郭伋任尚书令后，多次忠言进谏，均被光武帝采纳。

建武五年（29），渔阳太守彭宠叛汉灭亡，郭伋出任渔阳太守。渔阳经过王莽之乱，又加上彭宠的叛乱，该郡百姓大多狡猾、凶恶，因此盗寇、小贼充斥各地。郭伋上任后，对百姓示以威信，及时嘉赏百姓，率兵攻打、杀死了盗寇之首。贼首一死，群盗便树倒猢狲散，盗寇因此逐渐绝迹。

在郭伋担任渔阳太守期间，匈奴多次入境抢掠郡县，边境百姓饱受苦难。郭伋整治士卒、兵马，定立攻守之略。匈奴见此，深感畏惮，便销声匿迹，不敢再入边塞抢掠，百姓得以安居乐业。在郭伋的治理下，渔阳郡经济发展起来，百姓的生活也富足了，奸猾、凶恶的风气为之大变。郭伋在职五年，渔阳的人口增加了一倍。

二、威震颍川　德结并州

建武九年（33），颍川（治今河南禹城）一带盗贼蜂起，光武帝想到郭伋善于对付盗贼，便征召他入朝，任命他为颍川太守。郭伋欣然受命，在辞别时，光武帝慰劳他说："贤能太守距离京师（洛阳）不远，河润九里，泽及三族，希望京师一并托君之福。君虽然长于追捕盗贼，然而山道险恶，易守难攻，君应该谨慎行事。"

郭伋到了颍川郡，恩威并用，一边厉兵秣马，准备攻打山贼；一边派人前往招降他们。郭伋威名素著，山贼们都心怀恐惧，其中赵宏、召吴等山贼的头目见到招降文告，便率领数百人，束手前来归降郭伋。郭伋见这些山贼真诚归降，又是生活无着落才沦为盗贼的，就把他们全部释放，为他们安置了田地、房屋，让他们从事农业生产。

由于郭伋事前没有请示光武帝，就上书自责，说自己擅自释放降贼，请求治罪。光武帝对他的做法表示赞同，没有追究他专擅之罪。

后来，赵宏、召吴等人的党羽听说了郭伋的威信，纷纷前来归降他。有的远自江南，有的来自幽、冀二州，都前往颍川归降郭伋。如此一来，在通往颍川的道路上，归降之人络绎不绝。

建武十一年（35），光武帝裁掉朔方刺史，隶属于并州。光武帝以卢芳割据北边，北边不能安定，就调郭伋出任并州牧。郭伋受命，前往京师洛阳谢恩，光武帝立即召见了他，并召皇太子刘强及诸王前来，设宴招待郭伋，谈了一整天；光武帝还赏赐车马衣服等物给郭伋。当时，光武帝任用了许多南阳人为官。郭伋在与光武帝谈话中，趁机进言，说选补官职，应当挑拣天下才能出众的贤俊，不应该专用南阳人。光武帝采纳了他的建议。

郭伋以前在并州时，一向广施恩德，这次他受命出任并州牧，进入并州境界时，他所到的县城，老人、小孩都手牵着手，在路上迎接他。他每到一个地方，都询问人民的疾苦，聘请德高望重的老人和当地的英雄豪杰，并为他们设置几案、手杖，表示尊重，经常和他们一起讨论政事。

郭伋刚到职时，便到各部属巡视考察，当到达西河郡美稷县（今内蒙古准格尔旗）时，看见几百个儿童，各人骑着竹马，在路上迎接拜见他。郭伋问："你们为什么从远方到这里来。"儿童们回答说："听说使君前来，心里高兴，所以来迎接您。"郭伋向他们道谢。等到事情办完，这些儿童又送他到城外，问"使君应当什么时候回来"？郭伋叫别驾从事计算好日期告诉他们。郭伋巡视部属后回来，在约定的日子前一天到达，郭伋认为违背了信誉，就在野外的亭子里住下，等约定的时间到了才进城。

当时朝廷里很多人都推举郭伋担任大司空的职务，光武帝认为并州有卢芳侵犯的紧急情况存在，而且匈奴也没有平定，想让郭伋长期担任并州牧，因此不召他任大司空。郭伋知道卢芳是一个老奸巨猾的人，很难凭武力一下子制服，于是经常严格设置烽火台，明令重金悬赏，以收买敌方人员。卢芳的部将随昱受到感召，就谋划胁迫卢芳投降郭伋，卢芳于是逃亡到匈奴去了。

此后，郭伋因为年老多病而上书请求告老还乡。建武二十二年（46），光武帝召他到京任太中大夫，并赐给他一栋住宅和帷帐、钱、谷，以充实他的家产，郭伋将财物全部分给他的同族亲戚，自己不留一点。第二年，郭伋去世，享年八十六岁。光武帝亲自前往吊唁，并赐给墓地。

渔阳太守张堪

张堪（生卒不详），东汉初大臣。字君游，南阳郡宛县（今河南南阳）人。

张堪的家族是南阳郡的大族，富有家产。张堪少年时，父母就双双去世。他的父母临死时，考虑到张堪年少，生活没有着落，因此把几百万财产都留给了他。但是，张堪志向远大，视财产如粪土，把几百万财产全都给了哥哥的儿子。

张堪十六岁时，离开家乡，到京师长安学习。他学习勤奋，严于律己，进步非常快。与他一起学习的儒生，惊讶于他的聪明，都称他为"圣童"。当时，刘秀也在长安学习，与张堪是同学。刘秀看到张堪的志向远大、品德高尚，经常赞美他，与他相交很深。

刘秀即位后，中郎将来歙荐举张堪。光武帝刘秀深知张堪的才学、志向，立即征召他任郎中。张堪到了京师洛阳，光武帝将他连升三级，任命他为谒者。过了一段时间，光武帝派他运送丝绸缣帛，并带马七千匹，前往蜀郡，援助大司马吴汉攻打割据蜀地的公孙述，在半路上又任命他为蜀郡太守。

当时，吴汉的军队只剩下七天的粮食，暗中准备船只想要逃走。张堪听到这件事，立即驱马去见吴汉，对他说公孙述必定失败，不应该撤军。吴汉听从他的意见，于是在挑战时故意显示自己兵力虚弱。公孙述果然亲自出马，战死在城下，吴汉得以攻克成都。成都攻克后，张堪先进城占据全城，查看仓库中的财物，收藏好库中的珍珠宝贝，全部分条列出上报，他自己一点儿也不占有；并且安抚慰问官民，蜀地的百姓非常高兴。

张堪在蜀郡任太守两年，光武帝又召他任骑都尉，前往北方边疆攻打割据称帝的卢芳。张堪带领骠骑将军杜茂的军队，在高柳打败援助卢芳的匈奴大军，光武帝任命他为渔阳（治今北京密云西南）太守。他大力镇压郡中的恶霸势力，嘉奖有功之人，赏罚分明，说到做到，官民都乐意为他出力。匈奴曾经带领一万骑兵攻入渔阳，张堪带领几千骑兵急速前往进攻，把他们打得大败，郡界因此平静。张堪又在狐奴开辟八千多顷稻田，鼓励人民耕种，以致使百姓都富裕起来。老百姓歌唱道："桑树没有小旁枝，麦子一株结两穗，张君到来当郡守，人民快乐不可支。"张堪治理渔阳八年，匈奴不敢侵犯郡界。

光武帝曾经召见各郡的计吏，询问各郡的风土人情和前后郡守的能力如何。蜀郡计掾樊显进言说："渔阳郡太守张堪在蜀郡，他拥有仁德，对下广施恩惠；他威风凛凛，能够统兵讨伐敌寇。

以前公孙述被打败时，珍珠宝贝堆积如山，随手拿走一把，足够让十代人富起来，但是张堪离职的时候，却坐着折断了辕木的车子，仅仅携带着布被子、布袋子。"光武帝听说，感叹了很长时间，提拔樊显为鱼复县长。

光武帝正要征召张堪，他却突然病逝，光武帝感到十分悲伤和愧惜，下诏表扬他，并赐给一百匹丝帛。

南阳太守杜诗

杜诗（？～38），东汉初大臣。字君公，河内郡汲县（今河南汲县）人。王莽时，任郡功曹；更始时，受大司马府征召；光武帝时，先后任侍御史、成皋县令、沛郡都尉、南阳太守等职。他勤俭节约，治政清平，制造水力鼓风机，铸造农具，又兴修水利，深受百姓爱戴。

一、政绩优异　百姓盛赞

杜诗年轻时就很有才能，在王莽时，任河内郡（治今河南武陟西南）功曹，有办事公正的名声。更始帝的时候，大司马府征召他。

建武元年（25），杜诗由于才能出众，一年中连续三次被提拔，光武帝命他以侍御史之职到洛阳安定百姓。当时，将军萧广纵容士兵在民间横行霸道，老百姓惶恐不安。杜诗告诫他，他仍然不改，杜诗就击杀了萧广，然后才向光武帝呈状报告此事。光武帝认为他做得对，没有追究他先斩后奏之罪，在召见他时，赐给他棨戟，又派他到河东郡，消灭和招降叛贼杨异等人。

杜诗到大阳县（治今山西平陆西南）后，听说贼寇计划逃往北方，便急忙和长史一起把他们的船只烧掉。随后，杜诗统领郡兵，带领冲锋陷阵的骑兵趁机攻击敌兵，大败叛军，杀掉杨异等人，贼寇因此被消灭。

杜诗平定叛乱后，回到京都洛阳，受到光武帝的嘉奖，提拔他出任成皋（今属河南荥阳）县令。杜诗在成皋管理政事三年，在考察上报政绩时，杜诗的政绩特别优异。再次被提拔为沛郡都尉，转调为汝南都尉，由于他为政干练，办事有才能，处处被人赞扬，认为他治政有方。

建武七年（31），杜诗升为南阳郡太守。杜诗具有勤俭节约的品质，治政清平，靠消灭凶恶残暴的人来树立自己的威信。他善于用计和谋略，节省和珍惜民力。杜诗制造水力鼓风机，命人铸造农具，使百姓用力少而收到的功效多，老百姓从中得到很多便利。杜诗响应光武帝兴修水利的旨意，大力修建池塘，广开田地，郡内家家户户逐渐富足起来。

当时的人把杜诗比作西汉的召信臣。召信臣在西汉元帝时担任南阳太守，为当地老百姓大力兴修水利，开通沟渠十多处，务在使百姓富足。杜诗也大力发展水利，使百姓富足，所以南阳百姓用这样的话来赞扬他："前有召父，后有杜母。"

二、自谦请辞　建言献策

虽然百姓盛赞，但杜诗自认为没有功劳，不安心于长久地治理一个大郡，想降低职位和避免功臣的名声，于是向光武帝上书说：

> 陛下英明，建成大功，成就事业，止息战争，修治文政，各级将帅都带兵返回，海内和平统一，万代蒙受福祉，天下十分幸运。只有匈奴不能理解陛下的英明德政，仍然骚

扰西、北两方的边界，侵犯中原地区，边境的民众财力虚耗，不能保卫自己。臣恐怕勇敢的将领们虽然勤苦不息，也不能立即脱下战袍，藏起弓箭。勤苦不停会产生怨气，劳苦不息也会产生怨气，满怀怨气的军队，很难再要求他们立功。臣暗自观察将帅的情绪和功臣们的愿望，都希望在内郡休养。臣认为军队取胜的主要因素在于上下和睦一心，而不在于人数众多，陛下虽然挂念北方的边境，也应该适当用兵。过去商汤王、周武王善于驾驭民众，所以没有残忍凶狠的军队。陛下起兵已有十三年了，将帅团结一心，士兵和睦欢悦。

现在如果使公、卿、郡守都从军队中提拔出来，那么将帅们自然会奋发向上；如果士兵的待遇和官中的警卫一样，那么战士的勇气自然会百倍地增长。为什么呢？因为天下已经安定，人人都各自看重自己的性命，从大臣到百姓，都喜欢安居乐业，如果不根据他们的功劳来使用他们，就无法鼓励他们。陛下确实应该空出几个郡的职位，以等待在军中立功的臣子，多次的重赏，应该给予长期打仗的士兵。这样一来，沿边驻扎的军队，就会努力奋发，不怕牺牲，守城防边的官吏，就会不辞辛劳，那么就会烽火精良，守战坚固。圣明的君王治政，一定要依靠人心。如果滥用愚蠢少才的人，堵塞了功臣的期望，确实是不合适的。

臣杜诗仔细考虑，臣本来只是一个掌管文书的小官员，恰好遇上陛下创建大业，贤良的人都在外面作战，在朝廷缺少人员的情况，蒙陛下施恩，格外提拔。臣治政不称职，在职期间没有取得什么成绩，长久地占据在这样的职位上，会使功臣心怀怨恨，因此臣十分恐惧惊慌。建武八年（32），臣曾上书请求回避功德，但受陛下特殊的恩遇，不允许臣辞

> 退。臣杜诗受到陛下的恩德尤其深厚，但从义理上讲，又不敢随便冒功求赏，臣愿意从大郡的职位上退下来，而只接受一个小小的职位。到臣壮年、有经营严重复杂的大事的能力的时候，假如臣杜诗能对朝廷有所补益，臣再接受重大的职务，即使是朝廷封给臣爵位，臣也不推辞。希望陛下怜悯臣，满足臣的心愿。

光武帝览疏，爱惜杜诗的才能，没有答应他的请求。

杜诗平常喜欢推荐贤能的人，曾多次推举当时的名士，刘统和董崇等人，相继被光武帝任用。

东汉建立之初，朝廷推行简单的法禁，只用玺书调兵，没有用虎符这样的信物，杜诗就上书给光武帝说：

> 臣听说军队是国家的凶残工具，是圣人们所小心谨慎对待的东西。旧的制度规定，调兵都用铜虎符（铜制作而成），召调其余的东西，只用竹使符（竹制作而成，镌刻篆书）罢了。信符只要相合，就作为最大的信物，信符是用来明确国家的号令、保持朝廷威望的东西。臣见近来调兵，只用玺书，有的用诏令，如果有坏人欺骗做假，也无法及时发觉。臣认为军队刚刚建立，敌人还没有消灭，向郡国调兵，应该非常慎重，可以设立虎符，以杜绝坏事的萌芽。过去魏公子无忌，威望压倒邻国，还要借助兵符，来解除赵国之围，如果没有如姬仇人的头，他的功劳也不能显明。有的事情是很繁琐但又不能简省的，耗费也是不得已的，大概就是讲的这种事吧。

书上奏后，光武帝听从了杜诗的意见。

杜诗虽然长期驻守在外面，但全心全意为朝廷考虑，随时向光武帝建言献策，光武帝也大多采纳。杜诗治政七年，南阳郡好的政治风气得以普遍推行。

杜诗的弟弟和别人发生争执，被杀死了。杜诗一向很疼爱弟弟，见弟弟被人杀死，又悲又恨，发誓要为弟弟报仇。他结交侠士，让他们替自己报仇。

建武十四年（38），杜诗因为派刺客为弟弟报仇而犯罪，被朝廷征召，恰好碰上他病逝。杜诗为官清廉，家无余财，因此为杜诗治丧成了问题。司隶校尉鲍永上书讲杜诗贫困，没有土地房屋，收殓他的棺材没有地方放置。光武帝下诏允许在郡邸为杜诗办理丧事，并赐给一千匹绢资助治丧事宜。

鲁郡太守鲍永

鲍永（？～41），东汉初大臣。字君长，上党屯留（今山西屯留南）人。更始时任尚书仆射，行大将军事，封为中阳侯。光武帝时出任鲁郡太守，封关内侯。后又出任司隶校尉、东海相、兖州牧等职。

一、更始将军　光武大夫

鲍永的父亲鲍宣，在西汉哀帝时任司隶校尉，因不依附王莽，被杀。鲍永少年时代就胸怀大志，通习《欧阳尚书》。鲍永对待自己的后母也十分孝顺，鲍妻曾在后母前大声呵叱一只狗，鲍永认为她这是对母亲无礼，一怒之下，将她休了。

王莽篡汉自立为帝时，鲍永任郡功曹。王莽因当年鲍宣不附自己，就想灭掉他的子孙，以斩草除根。都尉路平奉旨阴谋加害鲍永，以邀功请赏。

当地太守苟谏是个正直的官员，他非常同情鲍家的遭遇，于是将鲍永安排在自己身边为吏，常置府中，时时加以保护。鲍永乘机多次对苟谏陈述兴复汉室、剪除篡逆之策。苟谏每次都告诫鲍永当心事机不密，招致灭族之祸。鲍永虽不能依靠苟谏推翻王莽政权，但内心十分感激苟谏的劝诫。等到苟谏辞世，鲍永就像他儿子一样，亲自将其灵柩送归他的故乡扶风（今陕西凤翔）。

苟谏死后，一直伺机陷害鲍家的路平，趁机将鲍永的弟弟鲍升逮捕入狱。恰值新任太守赵兴到职，听到鲍升入狱的消息，感叹道："我虽为汉朝命官，但不能守臣节。当年鲍宣是为汉朝江山而死，我岂可害其子！"于是，赵兴让县令放出鲍永，并再次任命鲍永为功曹。

不久，有人诈称朝廷的侍中到了，在传舍中休息。赵兴就想和其他地方官一道前去拜谒，鲍永却怀疑其中有诈，劝他不要出府，但赵兴却不理会，执意驾车前往。鲍永于是拔出佩刀，截住车马，赵兴只好不去。过了几天，王莽果然下诏书捕捉那位假称侍中的人，鲍永因此在地方上知名。郡守举荐他为秀才，他因与王莽势不两立，没有应命。

更始政权建立后，鲍永被拜为尚书仆射，行大将军事，持节领兵，安抚河东、并州、朔部，且授命鲍永有执法权，可以纠偏补弊，辄行军法。鲍永到了河东，乘机进攻青犊农民军，大破农民军，更始帝封鲍永为中阳侯。

鲍永虽身为将帅，但是军队的服装、车马都很简陋、朴素，与当时其他的更始部队相比，走在路上都能被人认出来，路人称之为"鲍尚书兵马"。

赤眉军杀害更始帝后，盘踞长安，三辅道路不通。光武帝刘秀即位，派遣谏议大夫储大伯，持汉符节征鲍永来拜见皇帝。因为当时战局混乱，难辨真假，鲍永心中怀疑，又无法沟通消息和进行验证，就没有听从储大伯所言，将储大伯收入狱中，将其所持汉节封存于晋阳传舍中。

鲍永派遣使者去长安打探消息，才知道更始帝刘玄已死。鲍永就给更始帝发丧，并放出储大伯等人，自己封存了更始帝所授封给他的上将军、列侯等印绶，并将自己所率领的士兵全部遣散。鲍永自己不戴冠，只用幅巾束住头发，与诸将领、自己门下的门客百余人前往河内。

光武帝见到鲍永，却没见到庞大的军队，就奇怪地问鲍永："你的部队在什么地方？"鲍永离开座位，磕头说："臣效忠更始帝，没有能保全更始帝的性命，难以用跟随他的众人来谋求自己的荣华富贵，内心真是惭愧，所以将这些士兵全部遣散了。"光武帝眼见一支庞大的军队化为乌有，心中大为不快，就讽刺他说："你的忠心可表啊！"

当时正值汉军久攻怀县（治今河南武陟西南）不克，光武帝就顺势对鲍永说："我攻怀县三日而不下，我听说关东之人都敬服你，你可以去劝说怀县的守军投降。"马上拜鲍永为谏议大夫，让他去做瓦解怀县的劝说工作。鲍永到了怀县，劝说更始年间刘玄任命的河内太守，于是怀县开城向汉投降。光武帝大喜，赐给鲍永一处位于洛阳城中东北的上商里宅第，鲍永固辞不受。

二、智除匪兵　刚直遭贬

此时董宪的偏将屯兵于鲁地，侵害百姓，横行乡里。光武帝就拜鲍永为鲁郡（治今山东曲阜）太守。鲍永一到任，就带兵讨伐这批匪兵，结果得胜，向鲍永投降者达数千人。只剩下别师彭丰、战休、皮常等各率千余人，自称"将军"，不肯投降。

过了没多长时间，孔子阙里（孔子授徒之所）从讲堂到里门，无故荆棘自除，鲍永感到惊讶，对府丞和鲁令说："在这个危急时刻，而阙里自开，这岂不是孔夫子欲令太守行礼，帮助咱们讨伐那些匪贼吗？"

于是鲍永召开大会，召集众人，修乡射之礼，请彭丰等人一同观看，借此机会将这批人擒捉。彭丰等人也想将计就计，加害鲍永，于是彭丰等人赶着牛群、挑着美酒前来慰劳鲍永，其中暗藏兵器。鲍永敏锐地察觉了，徒手杀死彭丰等人，又率军擒获和击破余党。

光武帝十分赞赏鲍永的计谋，封他为关内侯。鲍永也因此迁任扬州牧。

当时，南方也同北方一样，有很多强盗。鲍永到任之后，就命令吏卒们捕捉首领、首恶，予以严惩。然后对其他随从放宽政策，以示诛强横而镇抚其余，百姓们就安定下来。过了一段时间，鲍永因丧母回乡丁忧。鲍永去官之际，将自己的全部财产送给当地的孤苦子弟。

建武十一年（35），鲍永被征为司隶校尉。当时光武帝的叔父赵王刘良，因曾抚育光武帝兄弟姐妹长大成人，深受光武帝恩宠，地位十分尊贵。刘良跟随光武帝为中郎将来歙送葬回来，进入夏城门（洛阳北门）中，与右中郎将张邯相逢，由于道路狭窄，刘良呵斥张邯旋转车子，又将门候岑尊召去斥责了一顿，并让岑尊往前跑数十步。鲍永得知，不顾刘良是皇亲国戚，仍然上书弹劾他说："刘良身为朝廷重臣，明知岑尊是享有六百石俸禄的城门候吏，却肆意羞辱，让其奔走马头前。刘良不守藩臣礼节，犯了大不敬之罪。"

光武帝接到奏书，称赞鲍永不畏权贵。此后，朝廷肃然，皇亲国戚都引以为戒。鲍永又推荐扶风人鲍恢为都官从事，鲍恢也刚直不屈，不畏强权显贵。于是光武帝常说："皇亲贵戚姑且收敛，以避开二鲍。"当时皇亲国戚等惧惮鲍永到了如此地步。

鲍永到霸陵巡查，路经更始帝之墓。鲍永睹物思人，回想当年更始帝对自己的重用，情不由己，就想去给更始帝拜墓。同行的从事劝他不要去拜墓，鲍永说："更始帝待我不薄，我怎么能路过故主之墓不拜！即使因此可能会得罪当今天子。"鲍永终究在路边下拜，哭尽哀情才离开。后来鲍永的车驾往西经过扶风，鲍永又杀牛上坟，祭奠过去曾保护过他的已故太守、王莽时官员苟谏之墓。

光武帝听到这两件事，心中不快："鲍永为什么如此念旧呢？其中会有什么政治缘故吗？"光武帝就把这两件事交给公卿们讨论，说："鲍永做这样的事，其意何在？"太中大夫张湛回答说："仁是行为的宗旨，忠是道德的主宰。仁者不忘故旧，忠者不忘君王，这是操行高洁之士的行为。"光武帝心中的不满才得以消释。

后来，担任大司徒的韩歆因直言向光武帝进谏，词语激烈刚直，为光武帝所不容。光武帝耿耿于怀，将韩歆免官后，还派人问罪，韩歆父子无奈自杀。鲍永深深了解韩歆的为人，当时努力想为韩歆开脱罪责，于是向光武帝屡次求情，都未获同意。鲍永因此忤逆光武帝的旨意，被贬出京师，任东海相。

不久，鲍永因坐度田不实，被征入京师，行至成皋地界，光武帝下诏迎拜鲍永为兖州牧。鲍永此次任职视事三年，后卒于任上。

九真太守任延

任延（5~67），东汉初大臣。字长孙，南阳宛（今河南南阳）人。十九岁为官，曾任九真（治今越南清化）、武威（今甘肃民勤东北）太守，勤政爱民，除暴安良，招贤纳士，免除徭役，兴办学校，受到当地百姓的交口称赞。他卒于任上，为东汉边塞的安定贡献了一生。

一、少年"圣童" 注重贤才

任延少年好学，见识超群，沉静聪明，气宇不凡。十二岁时，便已熟读《春秋》、《易经》等书，被称为"任圣童"，连京城太学中的名士对他也有所耳闻。此时正值多事之秋，为逃避官兵的烧杀抢掠，任延跟随父母到陇西（治今甘肃临洮南）一带躲避。这时，已占据陇西四郡的隗嚣派遣使者，拜见任延，希望得到他的辅佐，任延婉言拒绝了。

更始元年（23），十九岁的任延投靠到大司马刘秀门下，被更始帝封为会稽（当时治今江苏苏州）都尉。任延赴任时，迎接他的官员被眼前这个稚嫩的面孔惊呆了，他们难以相信新上任的都尉只有十九岁。

当时天下初定，由于之前的战乱，被破坏的道路仍未修好，故当初来会稽避难的中原人士，至今无法重回家园。因此，会稽以人才众多而闻名于大江南北。任延了解到这种情况后，决心广开门路，招贤纳士，使其为自己效力。他首先聘请了一些品行高尚、道德学问出众的，如董子仪、严子陵（严光）等人。任延对这些人特别尊敬，把他们当做自己的朋友和老师。

严子陵精通"黄老之学"，学问高深，在长安游学时，就与刘秀相识，并结成忘年之交。严子陵志向高洁，耻于官场上的阿谀奉承，后隐居于富春山（今浙江桐庐境内）。这次应任延之邀，完全是被任延的诚心所打动。

任延对待自己的下属，可谓一视同仁，从未鄙视过他们；对于他们中家境贫困的，他也总是拿出自己俸禄的一部分来救济他们；如果谁家有人去世，他就将公田捐出，任其耕种，以解其燃眉之急。任延还特别提倡孝道，每次他去视察各个属县，总会派人去看望当地的孝子，并请他们一同吃饭。

会稽的龙丘山（今金华九峰山）上有位叫龙丘苌的隐士，他笃志好学，志向高洁，不为荣辱所移。新莽时，王莽曾多次以出任四辅（太师、太傅、国师、国将）、三公（大司马、大司徒、大司空）为条件征召他，龙丘苌都辞谢不受。任延的属下建议任延，邀请龙丘苌出山，借他的名气招募更多的有德之士。任延摇了摇头，叹息道："龙丘苌先生为将道德大义发扬光大，不惜放弃了世间的荣华富贵、功名利禄，有原宪（孔子弟子，安贫好学）、伯夷（让国君位，饿死首阳山）一般的节操。我虽身为都尉，但若为他洒扫庭院，我都担心会让他感到是一种羞辱，更谈不上去征召他了。"

再三思量后，任延决定派下属功曹史拿着自己的名帖前去拜访。又听说龙丘苌身患重病，便将一味良药和一封亲笔书信交于功曹史，让他一同带给龙丘苌。功曹史奉命前往龙丘山，只见从山脚到山顶，一路上想要求见龙丘苌的官吏使者络绎不绝，他们都是来请龙丘苌下山的，可没有一位成功。功曹史见到龙丘苌后，将任延的名帖、书信和药交给了他，并没有多说什么就离开了。

一年以后，龙丘苌突然下山来到任延的府上，请求拜见，希望在有生之年，能够在任延手下任职。原来，一年前龙丘苌病重之时，幸得任延所赠的良药才捡回性命，此次下山，就是为报任延救命之恩。任延对龙丘苌心中充满敬重之情，不忍心让他成为自己的属下，再三辞让，最终让他暂任仪曹祭酒。不久，龙丘苌因病去世，任延亲自前去灵前祭奠，三日没有升堂办公。桂阳郡的贤士大夫看到他如此诚心招贤，都争着到他的手下任职。

二、治理九真　百姓富足

刘秀即位，任延归拜，光武帝任命他为九真（治今越南清化）太守，并召见了他。听说他在桂阳郡招贤纳士的事迹后，光武帝甚感惊讶，很难相信年纪轻轻的任延，竟有如此过人的威望，于是赐他良马一匹、杂缯数匹，并让他的妻子留住洛阳。

九真地处边境，与外界少有往来，当地百姓以射猎为业，不懂得用牛耕种，只能到与之相邻的交阯（今广东、广西及越南北部）买粮，生活极其困乏。任延到任后，立即命铁匠铸造农具，手把手地教当地百姓开垦荒地。经过年复一年的辛勤劳作，大片土地得到开垦，收获的粮食也越来越多，百姓生活供给充足。

这时，通过进一步深入百姓，任延发现该郡骆越（古越人的一支）地区（今属越南）的百姓没有嫁娶礼法。一家之中既没有正妻，也不识父子种姓，夫妇之道，只是按照自己的喜好，随意匹配。任延便给各郡县发下文书，令男二十至五十岁之间，女十五至四十岁之间，皆按年龄相配。另外，该地百姓生活虽有好转，但仍有一些人因家境贫困，无钱下聘娶妻。为此，任延命长吏以下官员将自己的俸禄节省下来，以救助这些贫困的百姓。

此令下达之后，九真地区娶亲的人家络绎不绝，多达两千余人。这一年，当地风调雨顺，五谷丰登，婚嫁有度，人民生活有了很大的改善。那些生儿育女的百姓都说："没有任延就没有我的孩子。"于是，多将孩子取名为"任"，以表达对任延的感激之情。境外的蛮夷夜郎等国对任延的事迹也有所耳闻，对他颇为敬佩，决定不再侵扰九真一带，而任延也撤掉了在边境侦察的戍兵。九真百姓为感激任延，在他在任之时，就为他修建了一座祠堂。

任延任九真太守四年后，被召回洛阳。在途中，他身染重病，未能按时返回，光武帝把他降职为睢阳（治今河南商丘南）县令。

三、为民除害 任劳任怨

光武帝早知任延是个人才,让他出任睢阳县令的确是大材小用,没过多长时间便拜他为武威太守。临行之前,光武帝亲自召见了他,告诫他说:"武威地处边塞,郡患颇多,你上任后首先要赢得上级官吏的欢心,不要因此丢了名誉。"任延没想到皇上会说出这种话,顿时怒上心头,回答道:"古语云,'忠臣不私,私臣不忠'。为朝廷效力是做臣子的责任,但若一味讨好上司,上行下效,那最终的结果可要令陛下后悔了。所以,陛下的诏令,臣不敢遵奉。"光武帝仔细一想,任延所说也不无道理,便叹息着说:"爱卿所言极是。"

任延一到武威,就听说当地将兵长史田绀是郡里的大姓豪强,经常横行乡里、欺压百姓,他的子侄门客更是仗势欺人,凶恶残暴。任延立即派人跟踪田绀等人,搜集证据,不久,便将这伙人逮捕入狱,并将田绀父子及其门客五六人依法处死。田绀的小儿子田尚逃脱后,招集了几百个轻薄、奸猾之徒,并自称为将军,发誓要替父"报仇",夜袭武威郡城。任延立即带领部下一千余人,全力迎击,很快就将其全部歼灭。任延威名顿时震慑武威全境,官吏、百姓对他又敬又怕。

武威处于边塞,北临匈奴,南接种羌,经常受到这些部落的侵扰、掠夺,百姓大多废弃田地,迁至中原。任延为留住百姓,安定武威,从郡内挑选了一千名文武双全的人,让他们率领杂胡休屠、黄石骑兵屯据要塞。若有匈奴或种羌入侵,立即迎击追讨。在长期的打击下,部落入侵的次数越来越少,武威逐渐趋于安定。

任延又设置水官,修沟建渠,解决了当地的干旱问题。他还兴建学校,设立了主管的学官,并命令其下属官吏的子孙全部上学读书。若学得好，就免除他们的徭役。此令实行后，武威郡终于有了许多儒雅之士。

但好景不长，任延因擅自诛杀羌人而未先上奏光武帝，被降职为召陵（今河南郾城东）县令。

永平元年（58），明帝即位，拜任延为颍川（治今河南禹县）太守。永平二年（59），任延又被任命为河内（治今河南武陟西南）太守，在职九年，卒于任上。

洛阳令董宣

董宣（生卒不详），东汉初大臣。字少平，陈留郡国（今河南杞县南）人。学识渊博，精明能干，刚正不阿，执法严正，因此不断受到权贵们的诬陷而一再遭贬。光武帝对他的刚烈正直非常欣赏，赐他"强项令"的美称。他一生清廉，七十四岁卒于任上。

一、执法严正　扫除恶霸

董宣学识渊博，刚正不阿，精明能干，受到大司徒侯霸的器重。侯霸把他推荐给光武帝。董宣应荐出来做官后，政绩显著，逐渐升迁为北海（汉代诸侯国，治今山东昌乐西）相，相当于一个郡的太守。

董宣就任北海相后，发现郡中臭名昭著的武官公孙丹，仗着自己是当地的大姓豪族，为所欲为，横行乡里。公孙丹准备破土动工建造一座新的宅院，请来一名阴阳先生占卜吉凶。这个阴阳先生胡诌了一通新宅房基不吉利的鬼话，大放厥词说，住进去必将招致全家人横死。公孙丹大惊，忙奉上重金以求破解之术。阴阳先生围着宅院转了一圈，暗暗指点，只要宅子里放个死人就可躲过一切灾难。公孙丹对此竟信以为真，马上指使他的儿子在光天化日之下将一个无辜的路人拦截杀死，将尸体埋在房基底下做替身，以为这样就可消灾禳祸、吉祥如意了。乡亲们听说后，义愤填膺，纷纷到董宣那里告发，控诉公孙丹父子残害百姓的种种罪行。董宣受理此案后，不顾其他人的劝说和阻挠，查明了犯罪事实后，立即命人缉拿公孙丹父子，斩首示众。这一大快人心的壮举，得到了百姓们的交口称赞。

但公孙丹在当地势力强大，他死后，其宗族朋党聚集了三十多号人马，手持兵器，到衙门前聚众闹事，口口声声叱喝着要找董宣算账，气焰十分嚣张。董宣知道公孙丹曾经伙同这帮人投靠过王莽，背后有强大的后盾，生怕他们因此勾结海盗，危害百姓，于是当机立断，派人将这三十多人全部抓获，关进剧县（今山东昌乐西）监狱。北海郡的老百姓看到董宣真心实意为民除害，奔走相告，并向董宣告发了这帮人的大量罪行。董宣依然命令门下书佐（辅助官吏）水丘岑，把这三十多个犯人全部斩首，以平民愤。

青州（治今山东临淄）太守得知董宣处死了公孙丹等三十多人，大为恼火，遂以滥杀无辜的罪名向朝廷上奏章弹劾他，同时要求将水丘岑逮捕查办。廷尉没有调查清楚，便把董宣等九人押解到京，投进廷尉监狱，等候发落。在狱中，董宣明知自己凶多吉少，但毫无惧色，从早到晚埋头读书，泰然自若，丝毫没有悲怨之气。

董宣最终因滥杀无辜而被判处死刑。消息传开，城中愁云密布，万人哀泣，董宣却如往常一样，没有一点惧色。一些官员钦佩董宣的气节，临刑当天，预备了酒菜佳肴，准备为他饯行。面对同僚的好意，董宣却严厉地说："我一辈子不曾吃过别人的酒席，更何况是死已在即的时候！"说完，登上刑车，从容而去。

当时，与董宣同刑的共计九人，董宣排在第二位。眼看董宣就要被推上断头台之际，光武帝的使者快马赶到，当众宣读圣旨，暂缓处决董宣。接着，光武帝又派特使来询问公孙丹的案子，以及他处死那么多人的原因，董宣便如实将公孙丹等人的罪行详细陈述了一遍，并特别提到，水丘岑是执行他的命令处斩犯人的，罪不在水丘岑，他愿替水丘岑承担罪责。

特使把询问的情况向光武帝作了禀报。光武帝认为董宣秉公执法，被诛者系咎由自取，罪有应得。对董宣忠心为国的品格应予以表扬，而不是治罪。于是光武帝下诏书赦免董宣，并改派他出任宣怀县令，同时命令青州太守不再追究水丘岑的罪。后来，水丘岑的官职一直升迁到司隶校尉。

二、智驱匪徒　勇治恶奴

江夏郡（治今湖北黄冈西北）有一伙以夏喜为首的匪徒，经常抢掠百姓财物，扰乱郡内。为了平定贼匪之乱，维护当地治安，光武帝任命董宣为江夏太守，着力剿匪。董宣到任后，立即发布文告："皇上相信我可以剿灭那些为非作歹、刁钻狡猾的匪徒，才让我这个不太够格的人来担任本郡太守。剿匪的军队已经布置停当，奉劝各位看了这个文告以后，要认真地考虑一下自己的处境，是投案自首、洗手不干，还是继续顽抗，自取灭亡？何去何从，望速抉择！"

夏喜等匪徒对董宣从严办案的威名早有所闻，如今又看到这份文告，心里不免胆怯起来。于是这帮匪徒逃跑的逃跑，投降的投降，顷刻之间就瓦解了。

董宣面对豪强、匪盗，丝毫不手软；在皇亲国戚面前，同样是不卑不亢，令人叹服。

居住在京城洛阳的皇亲国戚众多，其中有些人骄奢淫逸，专横跋扈，他们的家奴也狗仗人势，胡作非为。对此，京城百姓都敢怒不敢言。为了扭转这一局面，光武帝决定任命已六十九岁的董宣做洛阳令。

董宣到任不久，即有人向他控告：湖阳长公主（光武帝的姐姐）的心腹恶奴在光天化日之下行凶杀人，之后躲进湖阳长公主的府第里不出来。董宣闻讯，即派衙役在公主府第附近秘密监视，伺机捉拿杀人恶奴。

过了几天，湖阳长公主以为新来的洛阳令只不过是故作姿态，虚张声势而已，便乘车外出，杀人恶奴依然洋洋得意地陪乘。派出去的衙役立刻回来向董宣报告，董宣立即带人赶到公主的必经之地夏门亭（在洛阳北门），拦住了公主的车马。湖阳长公主坐在车上，看到这个拦路的白胡子老头如此无礼，便傲慢地问道："你是什么人？敢带人拦住我的车驾？"董宣上前施礼，说："我是洛阳令董宣，请公主交出杀人犯！"

那个恶奴看到形势不妙，赶紧钻进公主的车子里，躲在公主的身后。湖阳长公主一听董宣向她要人，仰起脸，满不在乎地说："你有几个脑袋，敢拦我的车马抓人？你的胆子也太大了吧？"可是，她万万没有料到，眼前这位小小的洛阳令竟然怒气冲天，双目圆睁，猛地从腰中拔出利剑向地下一划，厉声斥责公主不该目无国法，窝藏、庇护杀人恶奴。湖阳长公主一下子被这凛然的气势镇住了，目瞪口呆，不知所措。

这时，董宣又义正词严地说："王子犯法与庶民同罪，更何况是你的一个家奴？我身为洛阳令，就要为洛阳的众百姓做主，决不允许任何罪犯逍遥法外！"董宣一声喝令，洛阳府的衙役一拥而上，把那个作恶多端、杀害无辜的凶犯从公主车上拖了下来，就地砍了脑袋。

湖阳长公主何曾受过这等屈辱，气得脸色发紫，浑身打战，随即掉转车头，直奔皇宫而去。

三、刚正不阿　廉洁奉公

湖阳长公主见到光武帝，便向他哭诉，非让兄长杀了董宣替她出这口恶气不可。光武帝听了姐姐的一面之词，勃然大怒，发誓要把董宣乱棒打死，为姐姐出气。

董宣处决了湖阳长公主的家奴，便做好了被杀头的准备。他奉诏进宫时泰然自若，还未等光武帝开口，便正义凛然地说："请允许我先说一句话，然后再处死我。"光武帝十分恼怒，便说："你胆敢当众侮辱公主！死到临头了，还有什么话可讲？"董宣从容不迫地答道："陛下靠实施仁德、除暴安良，才使汉室再次出现中兴的喜人局面。可如今却纵容皇亲的家奴滥杀无辜，残害百姓！臣为了使汉室江山长治久安，致力于严肃法纪、抑制豪强，如今却要落得个乱棍打死的下场。陛下口口声声说要用文教和法律来治理国家，可如今，这国家的法律还有何用？陛下的江山将要如何治理？要我死容易，用不着棍棒捶打，我自寻一死就是。"说罢，便一头撞向旁边的殿柱，顿时血流满面。

光武帝不是个昏君，董宣那一番慷慨陈词之后，他心中也渐生愧意，见董宣如此举动，立即令左右上前将其搀扶起来，给他包扎好伤口，然后说："念你为国家着想，朕就免你不死。不过，你总得给公主点儿面子，向她磕头赔罪。"董宣理直气壮地说："我没有错，也无礼可赔！因此这个头不能磕！"光武帝只好让左右将董宣搀扶到湖阳长公主面前磕头谢罪。这时，年近七十的董宣用两只胳膊支撑着地，硬着脖子，怎么也不肯磕头认罪。两个小黄门使劲往下按他的脖子，却怎么也按不下去。

湖阳长公主自知理亏，却又耿耿于怀，便冷笑着问光武帝："文叔（光武帝的字）当老百姓的时候，常常在家里窝藏逃亡的罪犯，根本不把官府放在眼里。现在当了皇帝，怎么反而连个小小的洛阳令也不敢管了？我真替你脸红！"光武帝巧妙地答道："正因为我当了一国之君，才更应该律己从严，严格执法，而不能像过去做平民时那样办事了。"光武帝转过脸又对董宣说："你这个强项令，脖子真够硬的，还不快点退下去。"

光武帝对董宣执法如山、宁折不弯的作风十分欣赏。为了对他嘉奖和鼓励，光武帝专门派人给董宣送去三十万赏钱。董宣把这笔赏金全部分给了他手下的官吏和衙役。从此，"强项令"、"卧虎令"的威名传遍了全国，整个洛阳城的皇亲、豪强，没有一个不惧怕他的。经过治理，洛阳的社会秩序得到好转。据史书记载，当时洛阳有一句民谣说："桴鼓不鸣董少平。"桴鼓是官衙前的警鼓，少平是董宣的字。意思是说，董宣做了洛阳令，没有人敢违法乱纪，也就没有人去官府门前击鼓鸣冤了。

董宣做了五年的洛阳令，七十四岁那年死在任所。光武帝对他的去世感到很悲痛，派专人前去吊唁治丧。只见董宣的遗体上仅仅盖着一块破布被头，妻子儿女相对恸哭，家中除了一辆破车和几石大麦，别的什么都没有。使者回来将所见情形禀告给了光武帝，光武帝甚为叹息地说："董宣这样廉洁奉公，直到他死后我才知道，惭愧啊，惭愧！"特赐给董家银印禄级，并按照大夫礼将董宣安葬。同时，还任命他的儿子董并为郎中。后来，董并一直被提拔到齐（诸侯国，在今山东内）相的职位。

天水太守樊晔

樊晔（生卒不详），光武帝时酷吏。字仲华，南阳新野（今河南新野）人。历任侍御史、扬州牧等职，后升任天水（治今甘肃通渭西北)太守长达十四年，教民耕田种树，惩治不法豪强，善恶立断，史称凉州"道不拾遗"。

一、盒饼施恩　惩恶振威

樊晔一开始在新野做一名小吏，凭借其严谨、公正的办案在当地颇为有名。一个偶然的机会，使他结识了前来新野的刘秀。原来，刘秀的二姐夫邓晨家住新野，刘秀是在他家暂住。此时的刘秀性情温和，仗义疏财，他与哥哥刘縯在南阳一带名望很高。

在新野期间，因为一点小事，刘秀被不明事理的新野县县令抓捕入狱。刘秀在狱中受尽百般折磨，又饥又饿。樊晔与刘秀虽然素不相识，但他对刘秀的名望还是有所耳闻。这天正逢樊晔值班，看着狱中早已饿得奄奄一息的刘秀，樊晔偷偷将自己的干粮——一盒饼送给刘秀充饥。正是这盒饼救了刘秀一命，使刘秀对樊晔的大恩没齿难忘。

刘秀称帝后为报当初樊晔一饼之恩，特封他为侍御史，后升为河东（治今山西夏县西北）都尉，并在南宫云台召见了他。见到自己的救命恩人，光武帝颇为激动，询问了樊晔一通后，赐给他数件宫中宝物，又让樊晔与自己一同用膳。席间，光武帝开玩笑说："一盒饼换个都尉，你感觉如何？"樊晔自知功不至此，立即跪在地下，拜谢皇恩。

樊晔到任后不久，就听说恶名远扬的马适匡等人，仗着自己是当地的大姓豪族，欺压乡里，为所欲为，当地百姓苦不堪言。于是，樊晔一面派人暗中调查马适匡等人的行踪，一面联合当地百姓，争取一举消灭这帮土豪恶霸。一切布置妥当之后，几路人马以迅雷不及掩耳之势将这帮人分成几部分，各个击破，马适匡则被当众斩首。这帮恶霸被肃清之后，樊晔在当地的威望与日俱增，官吏和百姓们对他既充满敬仰，又有一些惧怕。

之后，樊晔再次得到升迁，出任扬州（东汉时治今安徽和县）牧，这一干就是十多年。当地由于饱经战乱，百姓生活极其贫困。樊晔上任后，手把手地教给百姓耕田、种树以及治家的方法。在他的带领下，扬州郡的百姓生活越来越好。正当百姓对樊晔的感激之情溢于言表时，令大家没有想到的事情发生了，樊晔因犯法被贬为轵县（今河南洛州济源东南）长。

二、为政严猛　卒于任上

建武九年（33），割据陇右（泛指陇山以西，古代以西为右，故名）的隗嚣含恨而死，随后，朝廷派兵将其残余势力一举攻灭，收复陇右地区（今甘肃六盘水以西，黄河以东一带）。但此后的几年中，由于陇右地处偏僻，周边多为羌、胡等游牧部族，朝廷政令又难以涉及，所以这个地方烧、杀、抢、掠之事经常发生，人们生活在极度恐慌之中。这时，光武帝想到了善于治理地方的樊晔，便任命他为天水太守，大力治理陇右地区。

樊晔办事果断，为政严猛，他一上任，就把战国时期的思想家申不害、韩非所提倡的法律条文作为衡量人们的言行、善恶的标准。樊晔办事不同常人，当他大笑时，犯人必死无疑；而当他愤怒时，也许犯人倒能免于一死。由于他为政严猛酷烈，崇尚刑狱，大多数获罪入狱的人都不能活着出来。为此，当地的官吏、百姓以及周边羌、胡等部族都很怕他。

天水百姓虽然也会怨恨樊晔的刑罚残暴，将他与凶猛无比的老虎相比，可是在他的治理下，天水郡的百姓路不拾遗，就是有人在夜间把衣服行李放在路边，只要说一声"托付给樊公"，就一定不会丢失。有一首《凉州词》歌颂的就是樊晔在天水的卓越政绩，"游子常苦贫，力子天所富。宁见乳虎穴，不入冀府寺。大笑期心死，忿怒或见置。嗟我樊府君，安可再遭值！"

樊晔任天水太守十四年后，卒于任上。

永平年间，汉明帝追念樊晔在天水时颇有政绩，无人能及，下诏赐予他的家人百万钱财。本想赐给他的儿子樊融一官半职，却不料樊融喜欢黄老之学，不肯做官，此事也就不了了之。

琅邪太守李章

李章（生卒不详），东汉初大臣。字第公，河内怀县（今河南武陟西南）人。早年跟随光武帝南征北战，后出任郡守，秉公执法，不畏权势，打击地主豪强势力，功绩卓著，是光武帝朝有名的酷吏之一。

一、不畏豪强　铁面无私

李章出身官宦世家，其祖上五代为官，俸禄已达二千石。李章生性好学，学而不倦。他博览群书，特别是汉宣帝时博士严彭祖所著《严氏春秋》，他读得十分精细。正是由于他的刻苦勤奋，使自己学识广博，且通达事理。

李章为求功名，先后做过州、郡的官吏，希望由此逐步高升，但由于他禀性正直，不徇私情，令许多求情者碰了钉子，衙门里的同行借此对他冷嘲热讽，趁机排挤。

更始元年（23），升任大司马的刘秀被派往黄河以北地区，考察当地官员的政绩。刘秀对该地情况并不了解，经人推荐，他召来在当地素有"小青天"之称的李章，并任命李章为东曹属，让他根据能力的大小，任用或罢免各类官员，公平审理诉讼刑狱。李章秉公而论，铁面无私，对该地官员进行了认真的筛选，凡是不合格的一律罢免，政绩突出的则得到嘉奖或升迁。刘秀对李章的工作非常满意，便让他跟随自己左右。

更始二年（24），刘秀诛灭称帝邯郸的王郎，被封为萧王。黄河以北地区的豪强地主率宗族、宾客、子弟先后归附刘秀，成为他的有力支柱。此后，刘秀拒绝听从更始帝的调动。同年秋天，又攻破招降了黄河以北地区的铜马、高湖、重连等部农民起义军，扩充了实力。李章在这一系列行动中，勇敢作战，毫无惧色，深得刘秀的赏识。

次年（25）六月，刘秀在群臣的拥戴下称帝于鄗（今河北柏乡北）。即位后，光武帝任命李章为阳平（治今山东莘县）令。阳平地处赵（汉代诸侯国，今河北一带）、魏（汉代诸侯国，今山东一带）两地交界，当地多是拥有宗族、宾客、子弟的豪强地主。他们中的一些人甚至拥有自己的武装，自封为兵长、渠长，雄踞乡土，抗拒政令。清河（今河北清河东南）大姓赵纲在县界修筑坞壁，配备武器盔甲，企图脱离朝廷的管辖，而且在该县为所欲为，横行乡里，为害一方。

李章到任后，立即派人到赵纲府上，对其好言相劝。可没想到，赵纲不但没有半点收敛，反而仗着自己拥有武器，更加嚣张。李章自知赵纲兵多，无法与他正面冲突，于是决定智取。

几天后，李章设宴邀请赵纲。赵纲恐其有诈，便身着鸟羽编织的衣服，腰间佩着锋利的剑，并带着一百多人前来赴宴。李章面色平和，对赵纲笑脸相迎。这一来，赵纲便消除了戒备之心。待双方落座后，李章与赵纲对饮起来，李章频繁劝酒，在连饮数杯后，赵纲渐有醉意。李章趁其不备，夺过赵纲的佩剑，一剑向他刺去，赵纲应声倒地。随后，预先埋伏好的士兵一拥而上，将赵纲带来的随从全部杀死，并趁势奔向坞壁，将其攻破。这一大快人心的壮举，得到了清河百姓的交口称赞。

二、从严办案　大败豪强

李章由于在阳平令任内从严办案，被升为千乘（治今山东高青高苑镇北）太守。此地盗贼横行，百姓生活苦不堪言。李章为杜绝盗患，下令：凡因偷盗，一经被抓，就地正法。这样一来，不论是十恶不赦的大盗，还是能够改过自新的小贼，都横死刀下，令当地百姓十分震恐。这种情况没过多久，便引起了朝廷的重视。于是，李章因斩杀盗贼过于随便，被免除官职，逮捕下狱。同年，又被免罪出狱，出任侍御史，后又任琅邪（治今山东胶南琅邪台西北）太守。

此时，豪强地主势力仍然强大，他们不愿放弃自己割据乡土的武装，归附朝廷，北海郡安丘（今山东安丘）大姓夏长思便是其中之一。夏长思可谓北海一霸，他家的武装力量与当地官府相比，有过之而无不及。建武二年（26），夏长思起兵反叛，将北海太守处兴（据《史记》载，赵有辩士名处子，故有处姓）囚禁起来，发兵攻占了营陵城。

李章听到此事后，义愤填膺，立即征调该郡数千兵士，准备发兵征讨夏长思。李章左右见他如此激动，生怕他鲁莽行事，劝阻他道："您现在所任官职，只能在本郡行使权力，无权管理其他郡县事务，而且您的军队没有上司的命令也不能擅自出动，您要三思而后行啊！"李章手握长剑，声音颤抖着说："这些叛逆者横行不法，竟敢囚禁劫持郡中太守，我难道应该无动于衷吗？如果我因此而死，那么我死不足惜。"

李章带领琅邪郡内的精兵强将来到安丘城下，只见城门紧闭，守卫森严。李章从军中挑选了几名勇猛将士，命他们趁敌军防备松懈之隙，火烧城门。此计果然厉害，守城敌军还没有弄清情况，便被活活烧死。李章率兵攻入城内，和夏长思展开了正面交锋。城内百姓对夏长思的所作所为早已深恶痛绝，便加入到李章的军队中。夏长思寡不敌众，很快便败下阵来，李章将其就地处决，共斩首三百多级，俘获牛马五百多头。

北海郡太守处兴获救后，立刻将此事上奏光武帝。光武帝下令将所得财物全部分发慰劳有功的将士，并特别对李章进行嘉奖。

后来，李章在任内由于计量土地时出现偏差，被交付司寇处治。光武帝念他以前屡立功劳，便只罚他服劳役。李章从太守任上一落千丈成为役卒，心情极为沮丧，但他仍任劳任怨地服劳役。由于他表现不错，几个月后得释回家。此后，朝廷又下令征召他为官，但此时身患重病的李章已心有余而力不足。不久，死于家中。

平原太守赵熹

赵熹（前4~80），东汉初大臣。字伯阳，南阳宛县（今河南南阳）人。曾被更始帝封为郎中，行偏将军事，后升为五威偏将军。在昆阳大战中，因军功拜中郎将，封勇功侯。光武帝时，先后任简阳侯相、平林侯相、平原太守、太尉，封为关内侯。明帝永平元年（58），又封为节乡侯。汉章帝即位，升任太傅，录尚书事。

一、替兄报仇　为友解难

赵熹少有节操。赵熹十五岁时，他的堂兄被人所杀，由于堂兄没有儿子，赵熹便决定自己为堂兄报仇。于是他积极结交宾客，预备了许多武器，等到各方面都差不多了，就亲自带领众人上门寻找仇家。恰巧仇家卧病在床，竟没有能与赵熹相对抗的人。赵熹认为趁别人身患疾病、没有反抗能力之际报仇，实在不是大丈夫所为，就暂且放过了仇家，带着众人离去。赵熹临走的时候，对仇家说："你们身体一旦好起来，就躲得远一点。"仇家的人都趴在地上磕头感谢。等他们的病好了，全都将自己捆起来拜见赵熹，但赵熹始终不肯和仇家的人见面，他认为请死之人也不能杀。最后，赵熹还是把仇家的人都杀了，完成了当初为堂兄报仇的夙愿。

更始帝刘玄即位，舞阴（今河南中部偏南）有大姓李氏，拥城不降。更始帝派柱天将军李宝劝降，大姓李氏不肯，说："听说宛县的赵氏有个人叫赵熹，以恪守信义著名，我等愿意归降他。"

更始帝派人征召赵熹。当时赵熹不满二十岁，更始帝见到他，便笑着说："你现在不过是如同头上长着只有茧栗那么大牛角的毛头小伙子，岂能负重招降远方之人？"但还是挺信任赵熹，马上就提拔他为郎中，行偏将军事，派他前往舞阴。果然，赵熹一到舞阴，李氏就投降了。随后，赵熹乘机带兵进入颍川，攻打诸城邑中先前屡攻不下者，相继攻城成功。赵熹又带兵经过汝南边界，最后还军归宛。更始帝大悦，对赵熹说："你可称得上是千里驹了（西汉武帝曾用'千里驹'来比喻刘德年幼而才华过人），勉励自己，努力干吧。"就这样，赵熹以勇敢无畏得到了更始帝的赏识。

更始元年（23）五月，王莽派遣将领王寻、王邑率兵出函谷关，前来讨伐更始帝。更始帝拜赵熹为五威偏将军，派他协助刘秀等将在昆阳抵抗王寻、王邑。在这次历史上著名的昆阳大战中，刘秀指挥大军打败了王寻、王邑；赵熹在苦战中受伤，立了战功，更始帝又拜赵熹为中郎将，封勇功侯。

更始三年（25），更始帝败亡。赵熹被赤眉军所围，由于当时形势非常急迫，赵熹不得不翻过屋顶，才得以逃走。赵熹和自己所平日友善的韩仲伯等数十人,携带着年少力弱者,翻山越岭,逃出武关。当时同行的韩仲伯因为自己的妻子长得容颜美艳,担心会遇上强盗强暴妻子,使自己的性命牵连受害,就想把妻子扔在途中。赵熹怒责韩仲伯,韩仲伯也不听。赵熹就想了个办法,用泥涂在韩仲伯妻子的脸上,用鹿车(言其小只能容鹿)载着她,赵熹亲自推着前行。途中,每次遇见贼人想抢夺或逼迫韩仲伯之妻,赵熹就说韩妇病状如何如何,以此得免。

后来等到进入丹水(属南阳郡)地界,赵熹等一行人遇见了更始军各将领的亲属们,这批人打着赤脚,衣衫褴褛,狼狈不堪,流落在军队之外,也没有人保护,随时都有生命危险。赵熹并没有因为战争失败,这些女人又和自己非亲非故,就自顾自地逃走,而是承担起保护和照顾这些更始军家属的责任。当时这些人已经因饥饿疲劳不能向前行走,赵熹见此悲感交集,将自己所携带的缣帛、资粮,全都给了他们,并将他们一一护归乡里。

二、查办豪强　民颂功德

建武二年(26),吴汉的军队在南阳各县肆行掳掠。破虏将军邓奉是南阳郡新野(今河南新野)县人,当时正在家乡,他对吴汉军兵掳掠自己的乡里非常愤怒,就组织族人攻打吴汉率领的汉兵。赵熹素来与邓奉关系不错,对邓奉的叛汉并不赞同,劝邓奉服从大局,不要因小失大,并多次写书信,严厉地指责邓奉。这本是一件好事,但平素与赵熹不和的人乘机扬言赵熹与邓奉合谋,这一谗言致使光武帝对赵熹起了疑心。一直等到邓奉在建武三年(27)四月败降被杀,光武帝在邓奉军中查获赵熹的亲笔书信,才惊叹道:"赵熹是真正的长者。"光武帝心中的疑云顿消,马上征召赵熹,赐给他骏马,让他待诏公车。

后来,光武帝任命赵熹为简阳(今四川简阳)侯相。由于连年战争的关系，当时江南郡尚未归顺东汉，道路不通。赵熹单车驰到简阳。城中吏民等不想让赵熹入城，赵熹就晓以道理，并喊出城中守城大人，将所带符节交给他看，示以国家之威。此人一看是大汉使者，立即打开城门，面缚自归，由此诸营军士皆降。

荆州牧上奏光武帝，说赵熹任职才高，善于处理繁琐的事务，让众人服从，光武帝诏赵熹为平林（今湖北随县东北）侯相。平林是平林兵的起义之地，因此起义军众多，赵熹到任后，就着手解决当地最突出的问题，率军攻打起义军，安置抚慰已经投降的义军，于是县邑平定。

由于赵熹为政比较干练，光武帝又拜赵熹为怀县县令。当地大姓李子春，因过去出任过琅邪相，又是当地豪强，奸邪并兼，横行不法，为百姓大患。赵熹刚一到任后，就听说李子春的两个孙子杀人后尚未被官府审理，就立即将二案犯逮捕归案，穷究其罪行，并收捕审问李子春；李子春的两个孙子自杀。接着赵熹便要追究李子春的罪行，当时从京师中来了不少人，特意前来为李子春说情的人有数十个。赵熹始终不听，坚持秉公执法。

当时，光武帝的叔父赵王刘良因患病过重已近临终之际，光武帝亲自前往探视叔父，向刘良问临终还有什么请求。赵王刘良说："我素与李子春交情深厚，李子春如今犯罪，现在怀县令赵熹要杀他，我愿为李子春乞求其命。"光武帝说："当地的地方官吏是奉法行事，国家的刑律是不能随意改动的，您可以请求其他的事。"赵王刘良没有再说什么。刘良死后，光武帝追念叔父，痛定思痛，觉得自己的叔父只有这么一桩心愿，还是替他了了吧，这才命赵熹赦出李子春。

建武十七年（41），光武帝提升赵熹为平原（治今山东平原西南）太守。当时平原郡多盗贼，赵熹与诸郡联合讨捕，斩杀其大帅，但还有余党数千人。赵熹上书说："这些人的恶行止于一身，不应全部处死，可以把他们迁到京师近郡。"光武帝采纳了这一建议，将这些人全都移置颍川、陈留两郡。赵熹于是在平原郡推举义行，诛除奸恶。后来青州郡发生大蝗灾，但是蝗虫一飞进平原郡边界就死，使平原郡未受蝗害，连年丰收，于是百姓争相歌颂赵熹的功德。

三、宠于二帝　历经三朝

建武二十六年（50），光武帝召集内戚参宴。当时宴会的气氛很热烈，与会的各贵宾都携带着家属，其中有一部分就是赵熹当年在丹水之地营救的那批疲惫不堪、流落在外的妇女。诸位夫人心存感激，都争相对光武帝讲起赵熹壮举，说自己的性命全靠赵熹才得以保全。光武帝为此也十分赞赏赵熹，便征赵熹为太仆。赵熹被引见时，光武帝对赵熹说："卿不仅被英雄所保，连妇人亦怀念卿之恩。"对赵熹厚加赏赐。

建武二十七年（51），朝廷拜赵熹为太尉，赐爵关内侯。这时南单于向东汉称臣，乌桓、鲜卑皆来入朝，光武帝令赵熹监典边境事务，并嘱咐他要为边境治理考虑长久大计。赵熹上书，请恢复边缘诸郡，幽、并二州由此而定。但是赵熹在监典边境事务时，因为自己是功臣、重臣、老臣，拥功自骄，目空一切，也不尽职尽责，因而并不十分得边境的军民之心。

建武三十年（54），赵熹上书，建议光武帝封禅泰山，并正三雍之礼。光武帝采纳了他的建议。中元元年（56），赵熹随光武帝封禅泰山。能随皇帝登泰山封禅，是许多大臣引以为荣之事，从中可见赵熹颇为光武帝宠信。

中元二年（57），光武帝驾崩，赵熹负责主持丧礼。东汉中兴后，原西汉的典章制度有所遗失，相当部分礼节上的制度并未恢复。当时，诸藩王皆在京师，自王莽篡位以来，天下混乱，旧典不存。皇太子刘庄与东海王刘强等，杂乱同席，不分尊卑座次。封国的官员出入宫禁，与朝廷百官没有区别。赵熹神情严肃，在殿阶上手按剑柄，将诸亲王扶下大殿，以明尊卑之分；并上奏书，请求派谒者护送封国官员分别迁到外县，命诸亲王一一回到本封国设在京城的官邸，只准在上午和下午入宫哭悼。如此一来，才使礼仪分明，门禁森严，朝廷内外井然有序。

永平元年（58），汉明帝刘庄将赵熹封为节乡侯。永平三年（60）春，赵熹因考核中山国相薛修事不实，被免官。其冬，赵熹复出，代窦融为卫尉。

永平八年（65），赵熹代太尉虞延行太尉事。在代理太尉期间，赵熹办事干练，公务井然有序，如同真正的太尉。后来逢母丧，赵熹上书明帝，乞还职行丧礼，明帝不允，遣使者为赵熹释服，且赏赐恩宠都很优厚。赵熹只好忍住悲痛，没有归乡为母亲守丧。虽然如此，他内典宿卫，外任宰职，正身立朝，也没有一丝一毫懈惰。

永平十八年（75），汉明帝驾崩，赵熹再次监典刘庄丧事。他一如既往，申明礼仪，安排诸事，有条不紊。汉章帝即位，赵熹进为太傅，章帝授权赵熹录尚书事。

建初五年（80），赵熹患病，汉章帝亲自探视。不久赵熹去世，享年八十四岁。汉章帝车驾前往，亲自为赵熹吊丧，谥曰"节乡正侯"。赵熹去世后，其子赵代嗣爵。

割据势力与叛汉将领

光武帝即位后,面临的是一个群雄割据、山头林立、错综复杂、变幻莫测的局面。农民起义此起彼伏,称王称霸;汉室后代心中不服,窥测时机;非刘氏者,编造身世,乔装皇族,浑水摸鱼;豪强地主也趁势而起,割据一方……血气方刚的光武帝,几乎马不停蹄,调兵遣将,用十几年的时间才基本削平这些对手,取得了当时所谓"天下"的大致统一。

河北伪帝王郎

王郎（？～24），东汉初年割据势力，在河北自立的伪帝。一名王昌，邯郸（今属河北）人。他本以卜相为业，后自称是汉成帝之子刘子舆，被西汉宗室刘林及土豪李育推举为帝，建都邯郸。不久，刘秀攻破邯郸，王郎被杀。

一、诈称子舆　称帝起兵

王郎通晓星相历数，经常对别人说河北有天子的气象。刘林是西汉景帝七代孙赵缪王刘元的儿子，他喜好术数之道，常活动在赵、魏之间，一向讲义气，喜欢打抱不平，与当地豪侠多有交往。王郎与刘林相识后，结为好友，关系密切。

早在王莽篡位时，长安城中便有个叫武仲的人，自称是汉成帝之子刘子舆。对于这种人，王莽当然不能让其存在，很快就以假冒之罪把他处死了。王郎因此谎称自己才是真正的刘子舆，他解释说："母亲本是成帝的歌女，曾经在殿中晕倒，僵卧不起，不久有一股黄气从上而下，过了半日才消散，接着便怀了孕，入住馆中。当时的皇后赵飞燕不能生育，为了保住成帝专宠，极力摧残后宫怀孕的嫔妃，也打算谋害母亲，幸而用别人家的婴儿顶替，所以能保全我一命，给我起名叫子舆。我十二岁时，有一个知道天命的人——郎中李曼卿带着我一起来到蜀地；十七岁时，我来到丹阳（今湖北秭归东）；二十岁时，我返回长安；后来辗转中山（今属河北）一带，来往于燕、赵之间，以待天时。"刘林听了，半信半疑。

更始元年（23），刘秀受更始帝刘玄之命率军来到河北邯郸，准备攻打赤眉军。刘林前往面见刘秀说:"赤眉军现在河东,可以决开黄河之水来淹没他们。"刘秀没有听从他的建议。刘林怏怏不乐,就去向王郎问卜,以决后来的吉凶。王郎说:"我是汉朝的后裔,你可以径自拥立我,何必仰仗别人?"刘林一听动了心,便与赵国有影响力的豪杰李育、张参等谋划,共同拥戴王郎为帝。李育本与王郎认识,平时常让王郎卜卦,且多有被王郎说中之时,所以深信王郎并非凡人。因此一经刘林提议,便慨然赞许,还将家中钱财拿出来,招募壮丁。不到半个月,就聚集了数千人。

此时,恰好民间传说赤眉军将渡过黄河,刘林等趁此机会传播谣言:"赤眉当立刘子舆",以试探众人的反应。百姓哪里知道什么真假子舆,因此大多数都深信不疑。

十二月的一天,刘林等率领车骑数百人,一早就进入邯郸城,住进了赵王王宫,拥立王郎为皇帝。王郎任命刘林为丞相、李育为大司马、张参为大将军,然后分别派遣将领,向幽州、冀州夺取土地。接着,王郎以刘子舆的名义,传檄郡国说:

> 制诏部刺史、郡太守,朕乃孝成皇帝之子子舆。过去遭逢赵氏之祸,后来王莽篡位欲杀朕,幸亏有知天命之人保护朕躬,在赵、魏间隐姓埋名。王莽窃位,获罪上天,上天保护汉室,所以使东郡太守翟义、严乡侯刘信拥兵征讨王莽。溥天率土,知道朕隐居民间。刘圣公(刘玄)、刘秀等是朕的先驱。朕仰观天文,汉室应兴于此地,于本月在赵王宫即位。刘圣公不知朕的存在,所以误称帝号。翟义未死,已率兵来到行宫助朕。

王郎以百姓思汉,常传言翟义未死,所以诈称翟义已来助他，以收人心。文告传送各州、各郡，赵国以北、辽东以西的百姓都望风响应。

二、为敌刘秀　兵败被杀

更始二年（24），时任更始朝大司马的刘秀驻扎在无终（今天津蓟县）。王郎悬赏十万户封邑求购刘秀的头颅。正巧原广阳王的儿子刘接在蓟中（今北京西南）起兵，以响应王郎，蓟城内搅扰，混乱不堪。百姓纷纷传言王郎的使节刚到，二千石及以下的官吏都出城迎接。刘秀一听十分害怕，急催车马而出。到南城门时，城门已经关闭，不得已奋起攻击，才逃出了城。

当时，各郡国都已投降王郎，只有信都（治今河北冀县）太守任光、和戎太守邳肜不肯归附。刘秀一行准备前往信都，投奔任光。任光自己认为独守孤城，恐怕不能保全，听说刘秀到来，非常高兴，官民齐呼万岁。邳肜也从和戎来相会。刘秀的属官都认为刘秀可以依靠信都兵护送，西回长安。

邳肜不以为然，对刘秀说："官民歌咏思念汉朝很久了，所以刘玄举起尊贵的称号而天下响应，三辅清理宫室、修治道路来迎接他。如今占卜先生王郎，冒充汉成帝庶子之名，顺应事物发展的趋势，驱赶汇集乌合之众，虽然得以立足于燕、赵之地，但并无坚固的基础。您使信都、和戎两郡的军队奋勇讨伐王郎，还用得着担忧不能取胜！现在放弃这样的条件而西归，岂不是白白地失去了黄河以北，而且势将惊动三辅，大损您的威信。如果您没有讨伐王郎的意图，那么，即使信都的地方部队也难以召集。为什么？您若西行，邯郸方面就控制了局势。百姓哪里肯抛弃父母妻子，背叛现在的主人，千里迢迢去护送您，他们离散逃亡是必然的。"刘秀于是决定不走，准备讨伐王郎。

刘秀进军，相继攻陷堂阳县、贳县、昌城、卢奴等县。刘秀命人在所经过的郡县，征发急用的非常部队，向沿边郡县发布文告，号召共击邯郸，各郡县纷纷响应。王郎派属下将军李恽前往鄗县（今属河北），攻打刘秀，李恽兵败被杀。王郎又派属下将军李育前来攻打刘秀，埋伏在柏人（今河北隆尧西）。刘秀前部偏将军朱浮、邓禹不知有伏兵，仍旧率军进发。突然，李育的伏兵四起，朱浮、邓禹军队溃散，辎重尽失。刘秀大军赶到，大战李育。李育战败，只得固守柏人城。刘秀遂率军攻克了广阿（今隆尧北）。

更始帝刘玄派尚书令谢躬率领六位将军讨伐王郎，没有进展。刘秀到来，两军相合，向东围攻巨鹿，但一月有余不能取胜。王郎派遣将领倪宏、刘奉率数万人援救巨鹿，被刘秀手下将领击败，死伤数千人。

王郎虽然未能解巨鹿之围，但巨鹿城仍然控制在己方手里。这时，耿纯向刘秀建议："我们长期围困巨鹿，官兵将会疲惫。不如趁大军士气旺盛进攻邯郸，如果王郎被诛，巨鹿不战自会服从。"刘秀采纳了耿纯的建议，留下将军邓满继续围困巨鹿，自率大军向邯郸挺进，连续战斗，很快打败了王郎的军队，使其不得不退缩城中。

王郎困守孤城，走投无路，于是派谏议大夫杜威出使到刘秀军中，请求投降。杜威强调王郎确实是汉成帝刘骜的嫡亲骨肉，刘秀说："假使汉成帝复活，也得不到天下，何况他的冒牌儿子？"杜威请求封王郎万户侯，刘秀说："饶他不死已经够了。"杜威大怒离去。

刘秀发动猛烈攻击，历时二十余日。最后，王郎少傅李立打开城门，让汉兵入内，于是邯郸攻陷。王郎乘夜逃走，刘秀手下将领王霸紧急追捕，擒获了他，并就地斩首。

梁王刘永

刘永（？～27），东汉初年割据势力，自立为梁王。梁郡睢阳（治今河南商丘南）人。梁孝王刘武八世孙。一开始依附更始帝，被封为梁王；更始帝失败后，他自称天子。不久，被光武帝刘秀击败，为其部将庆吾所杀。

一、一度称霸　旋即败逃

刘永是西汉梁孝王刘武八世孙，一直传国到了刘永之父刘立。西汉平帝元始年间（1～5），刘立与平帝母亲的娘家——中山卫氏交结，被王莽诛杀。

更始帝刘玄即位后，刘永率先赶到洛阳朝拜，更始帝封他为梁王，国都为睢阳。更始帝终日饮酒作乐，朝政混乱。刘永认为更始帝不可依靠，便依据封国起兵，以弟弟刘防为辅国大将军，刘防之弟刘少公为御史大夫，封为鲁王。刘永广发文告，招揽各郡的英雄豪杰，沛县（今安徽濉溪）人周建等相继归附，都被刘永任命为将帅。

刘永率领兵士攻陷济阴（今山东定陶）、山阳（今山东金乡）、沛县、楚（今江苏徐州）、淮阳、汝南等地，共占领了二十八座城池。刘永又派遣使者任命西防（今山东单县北）起义军的将帅佼强为横行将军，东海（今属江苏）起义军的首领董宪为翼汉大将军，琅邪（治今山东临沂北）起义军首领张步为辅汉大将军，监管青州、徐州两州，将军队合并在一起，于是得以称霸东方。

刘永四出攻城略地，兵势强盛，震动了更始朝廷。但是更始帝只顾个人享受，大臣们又只顾争权夺利，无暇顾及镇压刘永。等更始帝败亡后，刘永便自称天子。

当时，各地拥兵自立的人众多。秦丰在黎丘起兵，攻陷寓县、宜城等十余县，有部众一万人，自称楚黎王；田戎攻陷夷陵，自称扫地大将军，转战劫掠各郡县，有部众数十万；公孙述在成都称帝，号称"成家"；隗嚣在天水自称西州上将军。

光武帝建武二年（26）四月，光武帝刘秀派遣虎牙大将军盖延统率驸马都尉马武等四位将军，进击刘永。同行的四将中有更始朝廷洛阳守将朱鲔和苏茂，他们都是不久前投降汉朝的。在军中，苏茂与盖延意见经常不合，不能和睦共处，一气之下叛变，杀死了淮阳太守潘蹇，掠夺了数县，占据广乐，并向刘永称臣。刘永任命苏茂为大司马、淮阳王。

盖延率军包围了睢阳，刘永困守睢阳。几个月后，睢阳弹尽粮绝，城被攻破，刘永只得带领家属逃奔虞城（今属河南）。然而，虞城人并不拥护刘永，他们杀了刘永的母亲和妻子儿女，刘永只好与部下数十个将士又逃奔到谯城（今河南夏邑）。苏茂、佼强、周建合军一处，前来救援刘永，但被盖延击败，苏茂逃回广乐，佼强、苏建保护着刘永逃到湖陵，据城自保。

光武帝派太中大夫伏隆持符节出使青州、徐州，招降刘永统治下的各郡、各封国。青州、徐州的守将听说刘永失败，全都惊慌失措，纷纷归降光武帝。

二、为部将杀　子刘纡立

刘永几乎成了孤家寡人，为了拉拢将士，他派遣使者封张步为齐王、董宪为海西王，试图苟延残喘。

光武帝派大司马吴汉、骠骑大将军杜茂等七位将军，率大军在广乐包围了苏茂。周建招集到十余万人援救苏茂，但在汉军的奋勇进攻下战败，苏茂、周建丢弃广乐城，逃奔湖陵。

这时，汉军刚攻克不久的睢阳发生叛乱，迎接刘永进城。吴汉与盖延合军一处，包围睢阳达三个月之久。城中粮食吃尽后，刘永与苏茂、周建突围而出，准备逃往酇县（今安徽亳州）。吴汉等将急速追击，刘永的部将庆吾见事情危急，心生降意，便趁刘永不备，杀了刘永，将他的头颅献给汉军投降。苏茂、周建逃到垂惠（今安徽蒙城东北），一齐拥立刘永的儿子刘纡当了梁王。

建武四年（28）七月，光武帝到达谯城，派遣捕虏将军马武、骑都尉王霸在垂惠包围刘纡、周建。

董宪的将领贲休献出兰陵县（今山东峄县）投降。董宪得到消息，从郯县率军包围兰陵。盖延与平狄将军庞萌在楚驻屯，请求前往兰陵救援贲休。光武帝告诫说："大军可以直捣郯县，兰陵之围自然就会解除。"盖延等认为贲休所守的兰陵城危险，于是先奔赴兰陵救援。董宪迎战，然后假装战败撤退。盖延等因此攻破围军进入城内。第二天，董宪率大军合围。盖延等深感恐惧，迅速突围逃跑，于是前往攻打郯县（今山东郯城）。光武帝责备盖延等人说："先前要进攻郯县，是由于出其不意的缘故罢了！现在既然败逃，敌人的计谋已经确定，怎么还能解除兰陵之围呢！"盖延等到达郯县，果然不能攻克。而董宪终于攻陷兰陵，诛杀贲休。

苏茂率领大军前往垂惠救援刘纡，刘纡、周建也出兵与马武作战，但没有战胜。这时，周建兄长的儿子周诵反叛，关闭城门拒绝苏茂进城。周建、苏茂、刘纡等人逃走。周建又气又惧，连日奔逃，在半路上死去，苏茂逃到下邳（今江苏睢宁）与董宪会合，刘纡前去投奔佼强。

建武五年（29），光武帝派遣骠骑大将军杜茂前往西防攻打佼强。佼强不敌汉军，只好与刘纡一起逃走，前往投奔董宪。当时，平狄将军庞萌反叛汉朝，击败了盖延，引兵与董宪会合，自号东平王，屯兵在桃乡（今山东龚丘西北）之北。次年，庞萌失败被杀，刘纡和董宪也同时被杀。

东平王庞萌

庞萌（？～30），东汉初年叛汉，自立为东平王。山阳（治今山东金乡西北）人。更始帝时，任冀州牧。归降光武帝后，任侍中，拜平狄将军。在进攻董宪时叛变，自称东平王。不久，光武帝刘秀亲自征讨，庞萌败逃，被人杀死。

一、深受信任　心疑叛变

庞萌早年投身行伍，亡命于下江兵中。当时长江自南郡（今湖北西部）以下称为下江；新莽地皇三年（22），绿林军中以王常、成丹为领袖的一支部队进驻南郡，号称"下江兵"。在下江兵中，庞萌逐渐混出了一些地位，自己手中也掌握了一些军事力量。

更始帝刘玄即帝位后，庞萌转身投靠更始帝，被任命为冀州牧。他曾经归属尚书令谢躬指挥，共同击破王郎大军，深受谢躬信任。但谢躬因与刘秀多次冲突，时常想袭击刘秀，却因为畏惧刘秀兵力强大而不敢发动。两支部队虽都在邯郸，却分城而处。后来刘秀用计击杀了谢躬，谢躬的部队全部投降，庞萌也于此时归降了刘秀。

光武帝刘秀即位后，任命庞萌为侍中。庞萌为人谦逊和顺，光武帝信任并喜爱他，常常称赞他说："可以托付辅佐幼主、封为诸侯的是庞萌。"不久，光武帝拜庞萌为平狄将军，派他和盖延共同攻打董宪。当时诏书只颁给盖延而没有颁给庞萌,庞萌以为是盖延在光武帝面前说了自己的坏话,起了疑心,于是叛变,袭击盖延军队,打败盖延,转而和董宪联合起来,自称东平王,在桃乡(今山东龚丘西北)以北扎营驻军。

庞萌攻下彭城(今江苏徐州),要杀死楚郡太守孙萌。楚郡官吏刘平趴在太守身上,哭号着请求代替太守去死,身上受了七处伤。庞萌觉得刘平很讲义气,就赦免了孙萌。

光武帝听到庞萌叛变的消息,大怒,亲率军队讨伐庞萌。他还给将领们写信说:"朕曾经以为庞萌是可以托付国家的重臣,将军们恐怕要笑朕说的话吧?庞萌这个老贼应当灭族,你们加紧操练军队,在睢阳(治今河南商丘南)会师!"

二、兵败被杀 传首洛阳

董宪与庞萌合兵后,并非齐心合力,他听说光武帝亲自讨伐庞萌,十分恐惧,和刘纡、苏茂、佼强离开下邳,回到兰陵,让苏茂、佼强协助庞萌围攻桃城。

光武帝当时正在蒙县(今山东济宁),听说之后,就留下辎重,亲自率领轻装的部队,日夜奔驰赶赴救援。到达亢父县(今河南商丘),有人说官员们都很疲劳,可暂且停止行军,住宿休息。光武帝不同意,又行军十里,在任城住宿,距离桃城六十里。

第二天,将领们请求进军,庞萌等也派兵前来挑战。光武帝命令将领们不得出击,休整部众,养精蓄锐,以挫败敌军的锐气。当时吴汉等在东郡,光武帝派人骑快马招他前来。庞萌等吃惊地说:"数百里路日夜行军,以为到了就会立即投入战斗。可现在刘秀却稳坐任城,招别人到城下。这样看来,我们确实不能前去对阵!"于是庞萌等又全力进攻桃城。

城内的人听说皇帝自来救援，军心更加牢固。庞萌等攻打二十多天，将士们疲劳不堪，也未能攻陷。吴汉、王常、盖延、王梁、马武、王霸等东汉将领都到达后，光武帝便率领各路大军进攻庞萌，亲自参加战斗，大破敌军。庞萌、苏茂、佼强连夜逃跑，投奔董宪。

董宪和刘纡带领全部兵马数万人屯驻在昌虑县（今山东滕县东南），光武帝的军队步步进逼。董宪自己率领精锐士卒在新阳（今属江苏）拒敌，光武帝先派遣大将吴汉击破董宪军，董宪只得逃回昌虑。吴汉进军昌虑，董宪恐惧，就招集诱降五校农民军余部步兵、骑兵数千人屯驻在建阳（今山东峰县），距离昌虑三十里地。光武帝知道五校军缺乏粮食，不久就会撤退，告诫各路大军坚守营垒，以等待敌军疲惫。

不久，五校军果然离去。光武帝于是亲临战场，四面围攻董宪。三天后，大破董宪的军队。佼强率领部众投降，苏茂投奔张步，董宪和庞萌逃跑，据守郯县（今山东郯城）。光武帝到达郯县，留下吴汉攻城，自己转而攻取彭城、下邳（今江苏睢宁）。吴汉攻占郯县，董宪、庞萌、刘纡逃到朐县（今江苏东海县南）据守，吴汉进军包围朐县。

建武六年（30），朐县城中粮尽，董宪、庞萌、刘纡潜出城外，偷袭并攻取了赣榆（今江苏东海）。琅邪（治今山东临沂）太守陈俊攻打庞萌等人，董宪、庞萌不敌，只得逃到大泽中。吴汉攻下朐城后，将董宪、庞萌及诸将士的妻子、儿女全部俘获。董宪得知后，率领几十个骑士在夜间离去，准备从小道归降吴汉。然而，吴汉校尉韩湛不知董宪将来归降，在半道上追击并斩杀了董宪一行，刘纡也死于非命。与此同时，一个名叫黔陵的人也杀死了庞萌。

庞萌与董宪死后，都被传首洛阳。

齐王张步

张步（？～32），东汉初年割据势力，自立为齐王。字文公，琅邪不其（治今山东崂山西北）人。新莽末年，聚众起义，自称五威将军；梁王刘永自立，拜他为辅汉大将军、忠节侯。后攻城夺地，兵甲强盛，自立为齐王，但终被光武帝将士击败斩杀。

一、受齐王爵　占十二郡

新莽末年，各地义军风起云涌，在刘縯、刘秀起义时，张步也聚众数千起义。张步率军攻打琅邪郡（治今山东临沂）附近诸县，连下数城，自称五威将军，遂占据琅邪郡。

更始帝刘玄即位，派遣魏郡人王闳为琅邪太守，张步拒不受命，王闳无法进入琅邪。王闳本是王莽叔父平阿侯王谭之子，汉哀帝时曾任中常侍。当时，幸臣董贤任大司马，宠爱贵盛，王闳多次劝谏哀帝，忤逆旨意。哀帝临死时，把玺绶交给董贤说："不要轻易给别人。"哀帝死后，国无嗣主，朝廷上下都忧惧不安，王闳告诉元后，请求夺取玺绶；元后同意后，王闳立即带剑来到董贤的住处，举手呵斥董贤说："皇帝晏驾，国嗣未立，公受皇恩深重，应当俯伏在地悲号哭泣，为何要长久把持着玺绶以待祸至呢！"董贤不敢抗拒，将玺绶交给了他。王闳接过来，交付太后，朝廷都称赞王闳的壮举。王莽篡位后，忌惮王闳，命他出任东郡太守。王莽败亡，汉兵兴起，王闳独自带领东郡三十余万户归降更始帝刘玄。

王闳既是一个如此有勇有谋的人，面对张步的抗拒，自然不肯轻易罢休。于是，王闳便传谕文告，招降各县官吏，先后获取了赣榆（今江苏东海）等六个县。王闳聚集了数千兵士，与张步作战，但未能取胜。

当时，梁王刘永贪图张步兵力强盛，拜张步为辅汉大将军、忠节侯，督青、徐二州，让他征召那些不听从命令的人。张步贪恋爵号，便接受了梁王所封官职。之后，张步就在剧县（治今山东寿光南）训练军队，并任命弟弟张弘为卫将军、张蓝为玄武大将军、张寿为高密太守。为了开疆拓土、增强兵力，张步还派出将领攻打泰山（今山东泰安）、东莱（今山东掖县）、城阳（今山东莒县）、胶东（今山东平度）、北海（今山东昌乐境内）、济南（今山东历城）、齐郡（今山东淄博），而且全都攻克了。

张步所属土地日渐宽广，兵甲渐盛。王闳自忖力量不能与之对抗，于是到张步的驻地去面见他，准备以义理说服他。张步安排大军列队，迎见王闳，发怒说："我有什么过错，你先前攻打我那么厉害！"王闳手按着剑柄说："我奉朝廷的命令到任，而阁下领兵抗拒，我只是攻打贼寇罢了，怎么叫做厉害呢！"张步起身跪拜谢罪，设宴和王闳一起喝酒，招待他如同尊贵的客人，并由他掌管本郡事务。

建武三年（27）二月，光武帝刘秀派遣光禄大夫伏隆持符节出使到剧县，拜张步为东莱太守。梁王刘永听说伏隆到达剧县，便也连忙派遣使者封张步为齐王。张步贪图王爵，犹豫不决。伏隆解释说："高祖曾经规定，除刘姓皇族外不能封王爵，现在你仅能做个十万户侯罢了！"张步想留下伏隆，与他共同据守青、徐二州。伏隆不同意，要求返回洛阳报告情况。于是张步拘捕了伏隆，接受了刘永的封爵。

伏隆派密使上书光武帝说："臣奉命出使，不能完成使命，被叛逆拘捕，处于险境。臣虽然身处艰难窘迫之中，但为完成陛下授予的使命，即使牺牲生命，也在所不惜。再有，官民们知道张步叛变，民心不能归附。希望陛下及时进军，不要顾念臣。臣能够活着回到朝廷，被主管官吏诛杀，这是臣最大的愿望。假如臣死于叛贼之手，就把父母兄弟长期托付给陛下了。祝福陛下和皇后、太子永远享受万国的拥戴，同上天一样无穷无尽！"

光武帝得到伏隆的奏书，召见他的父亲伏湛，流着眼泪把奏书拿给他看，说："朕恨不得暂且许诺张步封王，以便能够让他立刻释放伏隆返回！"后来，张步终于还是杀了伏隆。

当时，光武帝北方担心渔阳彭宠，南方担心梁国、楚国的割据势力，无暇顾及张步，所以张步能够独霸齐地，占据十二个郡。

二、兵败归降　再叛被杀

梁王刘永死后，张步准备立刘永之子刘纡为天子，自封为定汉公，分封百官。王闳劝谏说："梁王因为拥戴本朝（更始帝）的缘故，所以山东各地才归附他。如今拥立其子为帝，将会使众心生疑。而且齐地的人大多狡诈，应该仔细思虑此事。"张步一听有道理，便打消了立刘纡为帝的想法。

建武五年（29），光武帝派遣建威大将军耿弇前来攻打张步。张步得知后，立即任命部将费邑为济南王，屯兵历下（今山东历城西南，因在历山下而得名）。这年冬天，耿弇大破费邑军队，斩杀了费邑，又进军攻占了临淄（今属山东淄博）。

张步认为耿弇兵少，又远道而来，可以一举攻取，就倾其所部兵士攻打耿弇。然而，耿弇谋略出众，指挥有方，最终以少胜多，大败张步军。张步率领残兵败将逃回剧县。光武帝亲自来到剧县，犒赏将士。张步在汉军的追击下，退保平寿（今山东潍坊西南）。

这时，苏茂率领一万多军士来援救张步。苏茂责备张步说："以南阳军队的精锐，延岑（汉中农民军将领）的勇敢善战，耿弇却击败了他们。大王为什么靠近并攻击耿弇的阵地呢？您既然征召我，就不能多等一等吗？"张步说："惭愧惭愧，我没有什么可说的。"

光武帝派人告诉张步、苏茂，能诛杀对方而投降的人将封侯。于是张步杀了苏茂，然后来到耿弇军营门前，露出臂膀投降。耿弇用驿车把张步送到光武帝驻地，自己率军进入平寿城，树起十二个郡的旗帜，在旗下设鼓，命张步的士兵分别站到本郡的旗下。此时，张步的军队还有十余万人，全部被遣散返回乡里。耿弇把张步的三个弟弟分别囚禁在当地的监狱，光武帝下诏全都赦免，并封张步为安丘侯，让他和妻子儿女住在洛阳。王闳见此，也来到剧县，归降了光武帝。

张步虽然被迫归降了光武帝，但内心并没有真正归附，还想东山再起。建武八年（32）夏季，张步带领妻子、儿女逃往临淮，和弟弟张弘、张蓝会合，打算招集旧部，乘船入海。琅邪太守陈俊率军追击，很快就追上并斩杀了他。

燕王彭宠

彭宠（？～29），东汉初年叛汉，自立为燕王。字伯通，南阳宛县（今河南南阳）人。父彭宏，官渔阳（治今北京密云西南）太守。彭宠一开始归附更始帝，拜为偏将军；归降光武帝后，封建忠侯，赐号大将军。后因未入三公之列，心生怨恨，遂叛变，自立为燕王，但终为其奴仆子密所杀，惨遭灭族。

一、归附刘秀　征讨王郎

彭宠的父亲彭宏容貌丰伟，在汉哀帝时出任渔阳太守，威震边疆。王莽篡位后,在诛杀那些不归附自己的人时,彭宏与何武、鲍宣等正直的官员一起遇害。父亲死后,彭宠一家人的生活十分困苦。因此彭宠少年时便出任郡吏,赖以生存。

新莽地皇年间(20～22),彭宠任大司空的元士,跟随王邑向东抵抗起义的汉军。到达洛阳时,彭宠听说自己的弟弟也加入了反抗王莽的汉军,畏惧被诛杀,便与同乡吴汉逃亡到渔阳,投奔父亲旧时的属吏。

更始元年(23),更始帝派谒者韩鸿持符节巡视北部州郡,准许他用皇帝名义任命二千石以下的官员。韩鸿来到蓟县(今天津蓟县),见到彭宠、吴汉,因二人都是他的同乡故交,所以三人相见甚欢。当下,便拜彭宠为偏将军,行渔阳太守事,任命吴汉为安乐(今山西潞县西北)县令。

时任大司马的刘秀到达黄河以北的郡县,以更始帝的名义镇抚慰问各地官吏。到了蓟县,刘秀便写书信召见彭宠。彭宠准备了美酒和牛肉,打算前往谒见刘秀。正值王郎诈称刘子舆自立为帝,向各地传告檄文,派遣将领巡视渔阳、上谷,并紧急征调那里的部队。北方沿边郡县虽然满腹狐疑,但大多数都打算服从王郎。这样一来,彭宠也动摇了谒见刘秀的念头。

上谷郡功曹寇恂、安乐县令吴汉、护军盖延等都认为刘秀礼贤下士,都劝彭宠归附刘秀。彭宠经过一番思想斗争,决意归附刘秀,于是派出步骑兵三千人,命吴汉代理长史,与盖延共同率领部队,南下进攻蓟县,杀死了王郎大将赵闳。接着,彭宠便与上谷郡太守耿纯合军南下,在广阿城(今河北隆尧北)归附了刘秀。刘秀以更始帝名义封彭宠为建忠侯,赐号大将军。

此后,彭宠跟随刘秀征讨王郎,征调骑兵突击部队协助作战,转运粮草,前后不断。应该说,彭宠在征讨王郎的过程中,是立有不容小觑的功劳的。等王郎死后,刘秀追击铜马军到蓟县，彭宠仗着自己的功劳，期望很高。但是，刘秀没有满足彭宠的期望，彭宠因此心怀不平。

刘秀察知后，问及幽州（治今北京大兴）牧朱浮。朱浮回答说："以前吴汉自北方调发大兵时，大王将自己所佩带的剑赠给彭宠，并将他比作北道主人。彭宠认为应当与大王握手于私室，坐在一起欢笑言谈。如今大王却没有这样做，所以彭宠很失望。"朱浮又说："王莽为宰相时，少府甄丰日夜与他谋议大事，当时的传言说：'夜半客，甄长伯（甄丰字）。'等王莽篡位后，甄丰满心以为王莽要委他以要职，但王莽只升任他为更始将军。于是，甄丰便心中愤愤不平，最终因此被诛杀。"刘秀大笑，认为彭宠不至于此。

二、不满加官　叛变自立

刘秀称帝后，吴汉、王梁都是彭宠的部将，并列为三公，而唯独彭宠没有加官。彭宠更加不满意、不得志，叹息说："既然你们列为三公，我就应当封王。但是现在我却没有加官，是陛下把我给忘了吗！"

这时，北方州郡大多残破零散，只有渔阳郡还较为完整。这里有旧时设置的铸铁工场。彭宠以铁器来换取谷物，积蓄珍宝，一天比一天富强。

幽州牧朱浮，年纪轻而才华出众，想要严格风俗教化，收拢士人之心。他征召州中素有名望的人和王莽时俸禄二千石的旧官吏，把他们全都招致安置在州府中；调拨各郡的大量粮食赡养他们的妻子儿女。彭宠不赞同朱浮的所作所为，他认为天下没有完全安定，军事行动方兴未艾，不应该多设置官员来消耗军事物资，因此不服从朱浮的命令。朱浮一向骄矜急躁，自以为高人一等，彭宠也倔强不让步。

随着时间的推移，两人之间的嫌隙、怨恨越来越深。朱浮多次向光武帝刘秀进谗言，陷害彭宠，密奏彭宠集结大量军队和粮草，意图很难预料。光武帝就故意泄露这些话让彭宠听到，以此胁迫他，使他感到害怕。

过了一段时间，光武帝下诏令召见彭宠。彭宠给光武帝上书，请求和朱浮一起去洛阳，光武帝不准。彭宠认为光武帝不信任自己，因此更加疑心。彭宠的妻子一向刚强，不能忍受这种压抑屈辱，再三劝丈夫不要接受召见，她说："天下还没有平定，四方英雄各自称雄。渔阳是个大郡，兵马最强，为什么要放弃这里的一切离去呢？"彭宠又和自己亲信的官员商议，大家都怨恨朱浮，所有人都不赞同他去洛阳。

光武帝派彭宠的堂弟子后兰卿去劝导彭宠，彭宠便留下子后兰卿，随后起兵叛变。他任命了将帅，自己率领两万余人攻打朱浮所在的蓟城。彭宠又因和上谷郡太守耿况都立有大功而封赏同样微薄，几次派人邀请、引诱耿况共同起兵。耿况不肯接受邀请，将彭宠派去的人全部斩杀。

建武二年（26）八月，光武帝派遣游击将军邓隆协助朱浮讨伐彭宠。邓隆的军队在潞城（在今山西东南部）南屯驻，朱浮的军队在雍奴（治今天津武清东北）屯驻，双方屯驻下来以后，便各派官吏向光武帝奏报军情。光武帝看过文书，非常生气，对那个充当专使的官吏说："军营相距一百里，这种形势怎么能够相互支援！等你回去，驻扎在北面的潞城的军队必定吃了败仗。"彭宠果然派遣轻装部队攻袭邓隆的军队，大败邓隆军。朱浮的军营距离太远，结果无法相救。打了败仗后，邓隆只得引兵而去。

建武三年（27）春天，彭宠攻陷了右北平、上谷等数县。三月，涿郡太守张丰造反，自称"无上大将军"，与彭宠军队联合在一起。这样一来，叛军的声势越来越浩大。为了结交外援，彭宠派遣使者以美女、财物赠送给匈奴单于，要求和亲。单于同意与彭宠和亲，命左南将军七八千骑，往来边境，作为游兵以帮助彭宠。彭宠向南结交张步及富平一带的农民军，相互交换了人质，以兵力相连衡。彭宠攻占了蓟城，自立为燕王。

建武四年（28），光武帝命令建威大将军耿弇进攻彭宠。这时，征虏将军祭遵驻屯良乡、骁骑将军刘喜驻屯阳乡，共同讨伐涿郡太守张丰，猛烈攻击，活捉了张丰。张丰败后，势单力孤的彭宠率领匈奴的军队准备袭击耿弇。

耿弇是上谷太守耿况的儿子，他因为父亲耿况与彭宠功劳相同，怕有谋反嫌疑，不敢独自进军反击彭宠。光武帝下诏安慰了耿弇。为了证明自己没有谋反之意，耿况命他的另一个儿子耿舒击败匈奴军，诛杀了匈奴的两位亲王，彭宠这才退兵。

三、妻子噩梦　奴才造反

建武五年（29）二月，彭宠的妻子多次做噩梦，又常常看到奇异反常的现象。卜卦、望气的先生都说兵乱要从内部兴起。彭宠因为堂弟子后兰卿是在洛阳做人质后归来的，很不信任他，派他率领军队住在外地，远离宫中。彭宠在供休息用的便室斋戒，奴仆子密等三人趁彭宠正在睡觉之机，合力把他绑在床上，告诉外面的官员说："大王正在斋戒，让官吏们全都放假。"子密又假传彭宠的命令，把男女奴仆全都捆起来，分别囚禁。接着，子密又以彭宠的命令唤请他的妻子，彭宠的妻子进入便室，大惊说："奴才造反了！"家奴们竟然揪着她的头，狠狠地打她的耳光。彭宠急忙叫道："赶快为将军们置办行装！"彭宠称呼三个奴仆为"将军"，意在笼络、讨好他们。于是两个奴仆押着彭宠的妻子到后宫收取珍珠财宝，留下一个小奴仆看守彭宠。

彭宠对看守自己的奴仆说："你这个小孩子，我一向爱护你。

而今你不过被子密胁迫罢了！替我解开绳索，我将把女儿彭珠许配给你做妻子，家里的财物也全都给你。"小奴仆想要解开绳索，看看门外，见子密正在听他们说话，便不敢去解。于是，子密等人收取了后宫中的财宝衣物，回到彭宠所在的便室装好，备好六匹马，命彭宠的妻子缝制两个细绢做的口袋。

天黑以后，子密解开彭宠的手，命他给守卫城门的将军亲笔写命令："今派子密等人到子后兰卿那里去，不要留难。"彭宠写好之后，子密等人斩杀彭宠和他的妻子，把人头放到口袋里，就拿着彭宠的手令骑马疾驰出城，将人头送到东汉京师洛阳。

第二天，宫门不开，彭宠属下的官员们翻墙而入，看到彭宠的尸体，十分惊慌。为了稳定人心，彭宠的尚书韩立等共同拥立彭宠的儿子彭午为燕王。但国师韩利一向不赞同彭宠叛汉自立，便找机会诛杀彭午，砍下人头，带到东汉征房将军祭遵处投降。祭遵把彭宠家族全部杀死。后来，光武帝封子密为不义侯。

后来，唐朝宰相权德舆议论说：彭宠叛变，子密杀君，同样是乱臣贼子，罪恶不能相遮盖，应当分别绳之以法，使王法显示于天下。但刘秀反而封子密做五等爵，又冠以"不义"的称号。既然指出他"不义"，就不可以封侯。如果这样的行为可以封侯的话，汉朝的爵位就失去劝勉的意义了。应该说，权德舆此论堪为确论。

伪汉帝卢芳

卢芳（生卒不详），东汉初年割据势力，匈奴所立的伪汉帝，字君期，安定三水（今甘肃泾川北）人。王莽时，诈称汉武帝曾孙刘文伯，与羌胡起兵；更始帝时，任骑都尉；更始帝败亡，出使匈奴，被立为汉帝，掠夺土地，与胡人通兵。光武帝初年，与汉军数次交战，归降后曾受封代王；不久又叛变，归附匈奴，最终死于匈奴。

一、勾结匈奴　立为汉帝

卢芳自幼居住在左谷（泾川北有左右谷）中。王莽篡汉后，天下百姓都怀念汉朝的德政，卢芳因此诈称自己是汉武帝的曾孙刘文伯。他说自己的曾祖母是匈奴谷蠡浑邪王的姐姐，因为和亲嫁到汉朝，成为汉武帝的皇后，生下了三个儿子，长子被立为太子。在绣衣御史江充运用巫蛊祸乱宫廷时，太子被诛杀，皇后也被处死，二儿子次卿逃亡到长陵，三儿子回卿逃亡到左谷。霍将军（霍光）立次卿为帝，迎接回卿返回。回卿不肯回来，因此居住在左谷中，生下儿子孙卿，孙卿生下儿子文伯。卢芳经常以这些话在安定一带诓骗迷惑别人。

王莽末年，卢芳与三水一带的羌胡联合起兵。

更始帝刘玄进驻长安后，曾征召卢芳任骑都尉，让他镇理安抚安定以西。更始帝败亡后，三水一带的豪杰共同商议，认为卢芳是刘氏子孙，理应承祧宗庙，就共同拥立卢芳为上将军、西平王，准备平定西方；接着，便让卢芳出使，与西羌、匈奴结为和亲。

匈奴单于对卢芳的到来表示欢迎，他说："匈奴本来就与汉朝约为兄弟（汉高祖与冒顿单于约为兄弟）。后来匈奴中期衰落，呼韩邪单于归降汉朝，汉宣帝派兵援助，拥护呼韩邪单于，匈奴才得以安定，世代向汉称臣。如今汉朝也中期断绝，刘氏来归降我，我也应当立其为帝，使汉朝尊敬地事奉我。"于是，单于命令句林王率领数千骑兵迎接卢芳，卢芳与兄长卢禽、弟弟卢程都进入匈奴，单于遂立卢芳为汉帝。单于任命卢程为中郎将，率领胡骑返回安定。

起初，五原郡（治今内蒙古包头西）人李兴、随昱，朔方（治今内蒙古杭锦旗北）人田飒，代郡（治今河北蔚县西南）人石鲔、闵堪，各自起兵，自称将军。建武四年（28），单于派遣无楼且渠王进入五原郡的边塞，与李兴等人和亲，并告诉他们说准备让卢芳返回汉地为皇帝。

建武五年（29），李兴、闵堪率兵来到单于的王庭，迎接卢芳，与他一起进入边塞，建都九原（今内蒙古包头西）。卢芳回到汉地后，开始派兵攻城略地，相继攻占了五原、朔方、云中（今内蒙古托克托东北）、定襄（治今内蒙古和林格尔西北土城子）、雁门（治今山西右玉南）五个郡，并设置了太守和县令，与胡地通兵，侵扰北部边境。

二、众叛亲离　降而复叛

建武六年（30），卢芳属下将军贾览率领胡骑击杀代郡太守刘兴。后来卢芳又因为某事诛杀了五原太守李兴兄弟。常言道："唇亡齿寒"，这使朔方太守田飒、云中太守桥扈深感恐惧。他们为了保全自己的性命，就背叛了卢芳，举郡归降了汉朝，光武帝命令他们仍任原职。随后的几年中，汉朝大司马吴汉、骠骑大将军杜茂等多次攻打卢芳，都没有攻克。

建武十二年（36），卢芳与贾览共同率兵攻打云中郡，久攻不下，他的部将随昱留守九原，打算胁迫卢芳归降光武帝。卢芳得知这一消息，大吃一惊，他见自己的羽翼外附、心腹内离，深感惶恐，就丢弃辎重，与十余骑逃亡到匈奴，他属下的其余士兵全都归属随昱。随昱跟随光武帝的使者程恂来到洛阳，拜见了光武帝。光武帝任命随昱为五原太守，封为镌胡侯，随昱之弟随宪被封为武进侯。

建武十六年（40），卢芳重又入居高柳县（治今山西阳高），与闵堪的兄长闵林一起派遣使者出使到光武帝那里，请求投降。光武帝接受了请求，立卢芳为代王，闵堪为代国相，闵林为代国太傅，赐给绸缎两万匹，让他为朝廷安抚匈奴，建立和睦的关系。卢芳上书谢恩说：

> 臣卢芳托于先帝遗体，被弃置在边陲。社稷遭王莽废绝，这令汉室子孙忧虑不已，理应群起共诛，所以臣遂西连羌戎，北结匈奴。单于不忘汉朝旧德，全力相助。那时候兵革四起，烽烟遍地。臣并非敢于有所觊觎，只是为了祭祀宗庙，兴立社稷，因此长久僭越皇帝的号位，达十多年，罪该万死。陛下圣德高尚，躬率众贤，海内折服，恩惠延及边远殊俗之地。陛下以亲戚之故，赦免了臣卢芳的罪过，加以仁恩，封为代王，让我防守北部边疆。臣无以担负起边塞重责，希望能与匈奴和睦相处，不敢遗有余力，背负陛下的厚恩。臣十分思念想望朝廷，希望能朝见天子。

光武帝准许卢芳来朝见，下诏回答他，让他明年正月来朝见。但诏书还没送到，卢芳便动身了。这年冬天，卢芳入朝，南下到昌平（今北京昌平）时，光武帝下诏命他停止南下，改为明年朝见。

起初，匈奴听说汉朝悬赏捉拿卢芳，因贪图得到财帛，所以送回卢芳让他投降。后来卢芳以自动归附为功，不说是匈奴所遣，匈奴单于也耻于提到当初的谋划，因而汉朝没有进行赏赐。匈奴从此大为愤恨，入境侵扰得更厉害。

卢芳从昌平返回后，怀疑光武帝并不信任自己，因此让他半道返回，改为明年朝见，内心十分忧虑恐惧，于是再度反叛，与闵堪、闵林互相攻战了几个月。卢芳不能取胜，只好考虑退路，暗中派使者出使匈奴。匈奴派数百名骑兵接应卢芳来到塞外。从此，卢芳便留住在匈奴，十余年后病死。

朔宁王隗嚣

隗嚣（？～33），东汉初年割据势力，受公孙述之封为朔宁王。字季孟，天水成纪（今甘肃秦安）人。新莽末年，被豪强拥立。曾依附更始帝刘玄，被封为御史大夫。其后割据一方，自称"西州上将军"。后为汉军所败，忧愤而终。

一、讨伐王莽　依附刘玄

隗嚣青年时代喜爱儒家经典，素有贤名。

新莽地皇四年（23），刘玄被拥立为帝，史称更始帝。隗嚣叔父隗崔和兄隗义以及上邽（今甘肃天水）人杨广、冀人周宗得知刘玄已建立政权，便共同谋划起兵，积极响应刘玄的汉军。

当时，隗嚣不赞成他们的做法，他认为起义打仗是凶险之事，因此极力劝阻隗崔和隗义。但是隗崔、隗义并没听其规劝，他们聚集数千人攻打并占领了平襄（今甘肃通渭），杀了王莽的镇戎郡（今甘肃天水一带，治平襄）大尹李育。隗崔、隗义认为聚众起事应推选一首领，这样才能聚拢人心、统一步调，于是，便一致推举隗嚣为上将军。隗嚣推辞不掉，只好无奈地对众人说："如果大家能够听从我的命令，我就出任上将军。"众人一致表示服从他的命令。就这样，隗嚣便当上了上将军，隗崔为白虎将军，隗义为左将军。

隗嚣首先派人从平陵（治今陕西咸阳西北）请来方望担任军

师。方望建议隗嚣兴建汉高祖刘邦祭庙，称臣盟誓，辅佐效忠汉室，这样，举兵起义才能名正言顺，才能取得民众的信任。隗嚣听从其言，便在平襄东郊兴建了汉高祖刘邦祭庙，祭祀汉高祖、汉文帝、汉武帝。隗嚣等人杀牲盟誓，决心复兴刘氏汉室。然后，向各郡县、封国发送文告，声讨王莽"慢侮天理、悖道逆理"的罪行。

接着，隗嚣率领十万大军，首先攻打雍州，杀死了雍州牧陈庆；继而又攻打安定，安定大尹王向是王莽从弟之子，素来威猛，所辖郡县民众没有反叛的。隗嚣派人传言王向，劝他弃城投降，王向不从。隗嚣便率兵进攻安定，俘虏并杀了王向，平定了安定。

此时，长安汉将起兵杀了王莽。隗嚣趁势先后攻占了陇西（治今甘肃临洮）、武都（治今甘肃成县）、金城（治今甘肃兰州）、武威（治今甘肃民勤）、张掖（治今甘肃张掖西北）、酒泉（治今甘肃酒泉）、敦煌（治今甘肃敦煌西）等郡县。隗嚣的势力逐渐强盛。

更始二年（24），更始帝刘玄征召隗崔、隗义等人。隗嚣即将出发之际，军师方望坚决阻止，认为更始帝刘玄成败尚不可知，不能贸然前往，否则前途未卜。但是隗嚣根本听不进去，执意奔赴长安。方望无奈，留下一封书信，辞别而去。

隗嚣到达长安后，被任命为右将军，而隗崔、隗义皆袭旧号。这年冬天，隗崔、隗义因心中不满，便合谋反叛回到天水。隗嚣怕祸及自身，便向更始帝刘玄告发了他们，隗崔、隗义被杀。更始帝刘玄感其忠诚，封隗嚣为御史大夫。

二、割据陇地　助汉攻伐

光武帝刘秀即位后，隗嚣与张卬诸将暗中合谋，打算借立秋这天进行杀牲祭祀的机会，挟持更始帝刘玄东归，归附光武帝。但事机不密，泄露出去，更始帝刘玄称病不出门，召张卬等人进宫，准备全部斩杀。隗嚣对此起了疑心，就称病没有进宫。他私下召来宾客王遵、周宗等率军士自守。更始帝刘玄命令执金吾邓晔率兵包围了隗嚣的住宅，隗嚣闭门拒守。经过一番冲杀，黄昏时分，隗嚣终于冲出包围，逃回天水。

回到天水后，隗嚣又重新招集部众，占据故地，自称"西州上将军"。由于隗嚣谦恭爱士，所以当时三辅士大夫都纷纷归附隗嚣。隗嚣对他们热情接待，并结为布衣之交。一时间，隗嚣身边集聚了一批豪杰之士，如绥德将军马援，大将军王元、行巡、杨广等，宾客班彪，师友范逡等。由此，隗嚣兵强马壮，威震西部州郡，闻名于崤山以东。

建武二年（26），光武帝派大司徒邓禹率军镇压赤眉起义军，可是邓禹的裨将冯愔带兵叛逃。当时隗嚣出兵阻击冯愔，在高平（治今宁夏固原）打败冯愔，因此隗嚣深为邓禹所信任。邓禹代表光武帝派使者持节封隗嚣为"西州大将军"，隗嚣得以专门辖制凉州、朔方事务。此后，赤眉军离开长安，欲入陇西，隗嚣派将军杨广击败了赤眉军。

隗嚣既然有功于汉，又接受了邓禹代表光武帝的赐封，因此，他的部下劝其遣使与京师（洛阳）沟通。隗嚣认为部下言之有理，便上书光武帝。光武帝很快回复隗嚣，言词诚恳，予以慰藉。当时公孙述占据成都，号称蜀王。面对当时的形势，隗嚣采取观望的策略，不随意依附任何一方。他先派马援赴蜀观察公孙述的情况，继而又派马援前往洛阳察看刘秀。

建武五年（29），公孙述聚集数万军队在陈仓驻屯，当时陈仓吕鲔拥众数万，公孙述、吕鲔二人联合起来，准备攻占三辅地区，光武帝命征西大将军冯异率师迎击。隗嚣派遣军队协助冯异，最终大败吕鲔。隗嚣便派遣使者上书光武帝。光武帝亲笔回信，称赞了隗嚣的举动，并说，今后如果公孙述侵犯汉中，希望隗嚣予以牵制。此后，公孙述数次出兵汉中，隗嚣都同冯异合军共同将其挫败。为了拉拢隗嚣，公孙述派使者将大司马、扶安王的印信绶带授予隗嚣，隗嚣以公孙述为敌，耻于充当其臣，于是诛杀使者，连连攻破公孙述的军队。此后，公孙述的蜀军便不再向北进攻了。

隗嚣割据一方，在当时群雄割据为王的形势下，也想自立为王。他居功自傲，自比周文王。当时客居陇地的郑兴规劝他不能自立为王，认为隗嚣并没有周朝世代相传的王位，也没有汉高祖的赫赫战功，想要做不可能的事情，会给自己带来灾祸。隗嚣只好放弃了自立为王的打算。虽然他没有称王，但仍有割据自立的念头，为此，他不再愿意帮光武帝攻打公孙述，而是宁可让公孙述牵制汉朝的军力。

三、拒汉击蜀　依附蜀王

建武五年（29），关中将领们屡次上书光武帝，认为攻打西蜀公孙述的时机已到，要求立刻攻打公孙述。光武帝把这些上书送给隗嚣阅览，想借隗嚣的势力攻打公孙述，以此证明隗嚣对自己的信任。隗嚣上书光武帝，大谈三辅势单力薄，而割据五原、朔方等五郡的卢芳在北方又构成威胁，所以他认为眼下不宜攻蜀。光武帝深知隗嚣脚踩两只船，不愿归属自己，因此，便逐渐降低对他的礼节，以端正君臣礼仪。

此后，光武帝又派隗嚣的故友来歙、马援规劝隗嚣入朝，并许诺封其尊贵的爵位。隗嚣认为自己占据的地势有利，割据势力强大，所以根本不愿归附光武帝。他派使者到洛阳上书光武帝，说自己目前还没有为朝廷建功，待四方平定后，就退隐还乡。其后，光武帝又派来歙劝说隗嚣让其长子入朝为人质。隗嚣一方面为了取信于光武帝，另一方面也鉴于当时刘永、彭宠割据势力已被光武帝消灭，有些畏惧光武帝，因此便派长子隗恂随来歙前往洛阳。光武帝任命隗恂为胡骑校尉，封为镌羌侯。

隗嚣虽然把长子派遣到洛阳充当人质，但自己仍然想专制一方。他的一些部属为此劝阻他，他也根本不听。于是，一些以往依附他的士人及长者也都渐渐离开了他。

建武六年（30），公孙述派兵进犯南郡（今湖北江陵），光武帝下诏隗嚣，令其从天水讨伐蜀地，光武帝想借此试探隗嚣。隗嚣又以白水关险恶、栈道残破为托词，拒绝出兵。光武帝知道隗嚣最终也不会为己所用，便想出兵讨伐他。

同年四月，光武帝前往长安，派遣建威大将军耿弇等七位将军取道陇西伐蜀，意在灭隗。光武帝先派中郎将来歙向隗嚣奉上诏书，说明此次出兵的意图。隗嚣既心生畏惧，又深感疑虑。来歙见其不能决断，非常生气，一边斥责他，一边就要向前行刺。隗嚣起身入内，召集部众要杀来歙，后经部众劝阻才罢手。隗嚣决定公开与汉为敌，命王元据守陇坻，砍伐树木，阻塞道路。东汉诸将率大军压境，在与隗嚣的交战中大败，率兵逃下陇山。

隗嚣乘胜派王元、行巡率领两万人下陇山，行巡攻打栒邑（今属陕西），王元攻打汧县（今属陕西）。光武帝已事先命征西大将军冯异驻屯栒邑，又派征虏将军祭遵驻屯汧县。冯异深知隗嚣一旦占领栒邑，三辅便会动摇，于是率军急速行军，抢先占据了栒邑。冯异进城后，关闭城门，偃旗息鼓。行巡刚到达栒邑城下，冯异乘其不备，突然战鼓齐鸣，率军杀出城来。行巡部下慌乱逃窜，溃不成军。王元的军队在汧县与祭遵率领的军队交战，也惨遭大败。北地郡（治今甘肃庆阳西北）诸豪强首领耿定等见隗嚣大势已去，便纷纷背叛隗嚣，投降了东汉。

隗嚣自觉形势不利,便上书向光武帝请罪:

> 官吏百姓听说东汉大军到来,惊慌恐惧,只求自救,臣不能加以禁止。臣的部队虽然开始获得胜利,但臣不敢忘记君臣之礼,亲自追回他们。过去虞舜侍奉父亲,如果父亲用大棍打就躲避逃跑,如果用小棍打就独自承受。臣虽然不聪敏,但臣怎敢忘记这君臣大义!如今臣已在朝廷的掌握之中,您如果赐臣一死,臣就死;如果赐臣加刑,臣就加刑。如果承恩宽恕,使臣能洗心革面,臣至死都不敢忘记!

光武帝属下认为隗嚣言词傲慢,请求诛杀其子隗恂。光武帝有些不忍心,又派来歙送信给隗嚣,表示如果隗嚣今后能约束克制自己,再派隗恂的弟弟到朝廷做人质,那么朝廷就可以保全其爵位和俸禄。隗嚣自己感觉到光武帝已识破其骗术,便私下派使者向公孙述称臣,以便给自己将来留条后路。建武七年(31),公孙述封隗嚣为朔宁王。他们互相派兵往来援助。

四、为汉所败 忧愤而终

建武七年(31)秋天,隗嚣率军三万侵犯安定郡(治今甘肃固原),到达阴槃(今陕西长武西北),受到冯异的阻击;隗嚣又命令其他将领下陇山,在汧县攻打祭遵,但失利而还。

为了从内部瓦解隗嚣,光武帝便命来歙写信招降隗嚣的部下王遵。王遵早有归汉之意,曾劝说隗嚣归附光武帝,也多次劝隗嚣派其子入朝。但隗嚣不听其劝,一意孤行。后来王遵入朝后,被任命为太中大夫,封为向义侯。

建武八年(32)春,光武帝命来歙率领两千余人伐山开路,袭击并夺取了略阳城(今甘肃秦安东北陇城镇),斩杀隗嚣的守将。隗嚣大为震惊,光武帝则高兴地对臣下说:"略阳是隗嚣所赖以依据的重地,犹如他的心腹。如今心腹都已坏掉,那么要想制服他的肢体就容易多了。"隗嚣担心其后还有大军到来,便派王元据守陇坻,行巡据守番须口(今陕西陇县西北),王孟阻塞鸡头道(今甘肃平凉西),牛邯驻屯于瓦亭(今甘肃平凉西南)。隗嚣亲自率军数万人围攻略阳,公孙述派将领李育等协助作战,但一连几日都没能攻下。

这年夏天,光武帝亲自率军征讨隗嚣。当时,河西的割据势力窦融已归顺汉朝,他率军与光武帝会合,兵分几路登上陇山。光武帝继续采取瓦解隗嚣内部的策略,命王遵写信招降隗嚣部下牛邯。牛邯弃暗投明,归降汉朝,被任命为太中大夫。接下来,隗嚣部下的其他大将也相继投降汉朝。就这样,隗嚣的十三位大将、十六个属县、十余万部众,全部投降。

隗嚣眼看大势已去,便带着妻子儿女逃往西城(治今陕西安康西北)投奔其部下杨广。公孙述的将领李育等退保上邽(今甘肃天水东南)。光武帝下诏给隗嚣:"你如果弃城投降,你们父子便能相见,朕保证你不会有什么事情。如果你甘愿做黥布,那只好悉听尊便。"隗嚣始终不肯投降,光武帝便诛杀其子隗恂,又派吴汉和征南大将军岑彭包围西城,派耿弇与虎牙大将军盖延包围上邽。其后,光武帝返回洛阳。

不久,杨广去世,再没有人可以投奔的隗嚣深感孤苦,无路可走。就在这时,公孙述派五千余人援助隗嚣,于是隗嚣部下王元、行巡、周宗等率领蜀军登高擂鼓,大声高呼:"百万大军来了!"东汉军队大惊失色,乱了阵营。王元等乘势进城救出隗嚣,回到冀县(今甘肃甘谷)。此后,吴汉军队粮食吃尽,只好退兵。盖延、耿弇也相继撤军。隗嚣率兵尾随其后进行攻击,岑彭断后,朝廷军队才得以东归。朝廷撤军后,安定、北地、天水、陇西相继被隗嚣占领。

建武九年（33），隗嚣患病，又赶上灾年闹饥荒，以黄豆干饭充饥，不久便抑郁忿懑而死。王元、周宗便立其少子隗纯为王。第二年，来歙、耿弇、盖延等攻破落门（在今甘肃甘谷南），于是周宗、行巡、赵恢等献出隗纯全部投降。自此隗嚣的割据势力被彻底消灭。

光武帝把隗氏家族迁徙到洛阳以东，隗纯与行巡等被迁徙到弘农（今河南灵宝北）。建武十八年（42），隗纯与宾客骑马逃跑，企图投奔匈奴，后在武威县被捕获，最终被处死。

蜀帝公孙述

公孙述（？～36），东汉初年割据势力，在蜀称帝。字子阳，扶风茂陵（今陕西兴平东北）人。新莽时，初为蜀郡太守。后起兵割据蜀地，又据蜀自立，建立"成家"政权。光武帝刘秀几次劝降，终不归降，最后为汉所灭。

一、新朝贰臣 据蜀自立

汉哀帝时，公孙述与其父公孙仁皆为汉臣，其父为河南都尉，公孙述则为天水郡清水县县令。在公孙述前往清水县上任时，公孙仁因儿子年轻，便让门下掾史随同儿子一起上任，以便指教他。但是，一个月后，掾史自己回来了，对公孙仁说："公孙述本人很能干，根本不需要我的指教。"后来，天水太守因爱其才，便提拔公孙述兼管其他五县。在公孙述的治理下，所管辖的郡县政事清明，奸盗之事极少发生。公孙述因此声名鹊起，受到州郡官吏、百姓的交口称赞。

西汉末年,王莽篡权。王莽对公孙述早有耳闻,便命公孙述为导江郡(既原蜀郡)太守,郡府设于临邛(治今四川邛崃)。就这样,公孙述成了新朝官吏。在为官期间,公孙述以出众的才能闻名于世。

新莽地皇四年(23),刘玄被拥立为帝,建元"更始"。一时间,各地豪杰纷纷起兵响应。当时,南阳人宗成自称"虎牙将军",入侵汉中。商雒县人王岑自称"定汉将军",也起兵于广汉郡雒县(东汉时益州治所),杀死王莽益州牧宋遵,以响应宗成。宗成的队伍迅速扩大为数万人。

当时宗成的势力较强,也颇有影响。公孙述认为在群雄逐鹿的形势下,自己的力量毕竟单薄,便想与宗成联合起来以扩大势力。于是,公孙述便派人迎接宗成入蜀。但是宗成率领队伍到达成都后,到处杀戮百姓、抢劫财物,残暴蛮横,根本没有把公孙述放在眼里。

公孙述非常气愤,便召集蜀中豪杰,对他们说:"天下长期以来苦于新朝的统治,思念汉朝已很久了。所以,听说汉将到来,便开城迎接。没料到却带来了灾祸。百姓本来无罪,但妻子儿女却被捕获,房屋被烧毁。这是一群贼寇,并非义兵。今天,我想保卫蜀郡,以待真主到来。诸位如果愿意与我联合的就请留下来,不愿意的就请离开。"因为公孙述在蜀郡颇有威望,所以众人没有一个要走的,大家一致叩头响应:"愿意效死。"

于是,公孙述便派人诈称是汉朝使者,特来蜀中授予公孙述辅汉将军、蜀郡太守兼益州牧的印信。随后,公孙述挑选精兵千人,向成都进发,攻打宗成。沿途很多百姓积极投身于公孙述的队伍之中。到了成都后,公孙述率领队伍与宗成军队展开激战,最终大败宗成。宗成被部将垣副所杀,其余全部投降。公孙述兼并了宗成的部众,队伍进一步扩大。

公孙述在蜀中势力渐渐强大，这引起更始帝刘玄的忌惮，准备派军讨伐他。更始二年（24），刘玄派柱功侯李宝、益州刺史张忠率军万余人前来围剿。公孙述派其弟公孙恢在绵竹（今属四川）进行阻击，大败汉军。消息传开，公孙述一时间威震蜀中。于是，公孙述自立为蜀王，建都成都。此后，天下文武能士纷纷依附公孙述，西南一些部族也前往祝贺。

二、妄自称帝　渐失民意

蜀郡功曹李熊劝说公孙述应当称帝，他认为在群雄蜂起的动荡局势下，应当凭借蜀地地势险要、土地肥沃的有利条件，图取霸业。公孙述非常赞同。

其实，公孙述早有自立为帝的想法。当初，在攻打宗成时，虽然假托为汉臣，但内心并不拥戴汉室，只是为了笼络人心，积聚势力。恰在这时，蜀中有人传说看见有一条龙夜晚从公孙述府中飞出，飞龙全身熠熠闪光。公孙述认为这是祥瑞的吉兆，便在其掌上刻了"公孙帝"三字。建武元年（25）四月，公孙述在成都称帝，号"成家"，建元"龙兴"。

公孙述称帝后，在成都大兴土木，建造宗庙、宫殿。沿袭汉制，设立公卿百官。任命李熊为大司徒，弟弟公孙光为大司马、公孙恢为大司空。改益州为司隶校尉，蜀郡为成都尹。关中豪杰吕鲔等拥兵数万，多归附公孙述。

公孙述称帝后所推行的一些政策以及一些做法，在蜀中渐渐引起人们的不满。他下诏在蜀中废除原来的铜钱，铸造铁钱，结果使货币不能通行，老百姓为此苦不堪言。公孙述为政过分苛细，即便是一些无关紧要的事，他也亲自过问处理，仍然延续着他为清水县令的作风，而且稍有违背者，便进行杀戮，这引起部下的不满。

在分封官吏问题上，公孙述先己后人的做法也引起大臣们的怨恨。他首先把自己的两个儿子封为王，并以犍为、广汉两郡的几个县作为他们的食邑。一些大臣为此向他诤谏："现在局势动荡，成败还没有定论。眼下士卒、将领们都舍生忘死为您效力，您却先封自己的儿子为王。这就表示您没有顾全大局的广阔胸襟，也没有成就大事的宏大气魄。"公孙述对此并不理会，仍然一意孤行。此时蜀中流传着这样的民谣："黄牛白腹，五铢当复。"因王莽尚黄，公孙述尚白，因而"黄牛"指代王莽，"白腹"指代公孙述；"五铢"是汉代的货币。意思是指王莽、公孙述之流不入正统，天下还要复归刘氏。

公孙述为了稳固自己的帝位，屡次向中原地区送发文书，以造声势，为自己的帝位正名。他说自己当皇帝，是上天赐予的符命，并引经据典地为自己称帝辩说，想以此迷惑人们。他说孔子作《春秋》，尊周尚赤，共得十二公；汉朝也用赤旗，自汉高祖至汉平帝，中间加上吕后称制，也是十二代，历数已尽，刘姓不能再次复兴。公孙述又引《录运法》中的话语："废昌帝，立公孙。"说明自己确实是真命天子。

光武帝刘秀感到公孙述是一大隐患，但一时还无力去攻打他，便亲自写信对他进行劝说：

> 符命上写的"公孙"，其实是指汉宣帝。日后取代汉朝的人应当姓当涂，名高。你难道就是高这个人吗？你还把掌纹"公孙帝"三字当做祥瑞，这与王莽当年的做法一样，不值得去效法。现在你是我的乱臣贼子。现在你年事已高，妻子儿女们却还弱小，你应当为此而及早做出决定。天下帝王之位，是不可以只凭人力去争得的，希望你好好深思。

为了表示对公孙述的尊敬，信封上写着"公孙皇帝"。公孙述听不进光武帝的话，因此，对光武帝的信并没有予以答复。

三、与汉对峙　拒不投降

建武五年（29），公孙述准备攻占三辅地区。他聚集军队数十万人，首先在汉中囤积粮食，然后又建造了十层高的楼船。一切准备就绪，公孙述命令将军李育、程乌率领数万士卒从所驻屯的陈仓出兵，与吕鲔合兵攻打三辅地区。光武帝刘秀派征西大将军冯异出兵迎击，大败蜀军。李育、程乌逃往汉中。此后，公孙述几次派兵出击，均被冯异与隗嚣联合的军队打败。

公孙述的骑都尉荆邯有一次与公孙述分析当时的局势，他认为天下混乱已久，百姓渴望战事平息，天下太平。公孙述应该乘机广纳英雄豪杰，征调部队占据江陵，出兵汉中，平定三辅。这样，天下就会为此震撼，公孙述的版图也因此而扩大。公孙述又征求其他臣下的意见，有些人表示反对。其实公孙述自己也并不满足偏安巴蜀一隅的处境，他一直野心勃勃。所以，荆邯的建议很合公孙述的心愿。

建武八年（32），光武帝派大军攻打陇右割据势力隗嚣。公孙述派将领李育率兵前往救援。后来，汉军大败隗嚣。蜀中闻此消息后，人心惶恐不安。公孙述为了安定人心，便想出一个计策。

当时，成都城外有一个秦朝时的旧仓，公孙述称帝后，改名为白帝仓。白帝仓自王莽以来常常空着，而公孙述派人在蜀中诈称白帝仓有谷物高如山陵。蜀中百姓纷纷前往观看。公孙述便把群臣召集起来赶往白帝仓。公孙述对着众人大声问："白帝仓有谷物吗？"大家都说："没有。"公孙述便说："由此可知，传言并不可信。隗嚣被打败的消息也就如同白帝仓有谷物的传言一样，并不可信。"这样一来，蜀中人心才稍稍安定下来。

光武帝在基本消灭中原的割据势力之后，开始攻打公孙述。建武九年（33），公孙述任命投奔于他的隗嚣将领王元为将领，与领军环安在河池（今陕西宝鸡西南）抵御汉军。六月，东汉大将来歙等进攻王元、环安，大败王元、环安军。环安心生诡计，派刺客刺杀了来歙。接着，公孙述又派翼江王田戎及大司徒任满、南郡太守程泛领兵下江关，击败东汉将领冯骏等的军队，乘势攻陷巫（今四川巫山县）县和夷陵（今湖北宜昌东南）、夷道（今湖北宜都西），并占据了荆门山、虎牙山。他们在长江上架起了浮桥，筑建关楼，以抵御汉军。

建武十一年（35），东汉征南大将军岑彭攻打荆门山（在今湖北宜都西北），光武帝征调荆州军队与岑彭在荆门会合。岑彭命令士卒放火焚烧浮桥，接着大军迅速挺进。公孙述军队大乱，落水淹死了数千人。岑彭趁机督军猛攻，大败公孙述的军队。岑彭斩杀了任满，活捉了程泛，田戎逃跑到江州（在今四川巴县）。接着，岑彭又率军长驱直入江关。汉军所到之处，秋毫无犯，百姓都大开城门归降。

这年秋季，光武帝亲率大军讨伐公孙述。公孙述派将领延岑、吕鲔、王元等调集所有的兵力据守广汉和资中，又派将领侯丹率两万多兵士据守黄石。岑彭派辅威将军臧宫率领五万投降汉军的士兵，在平曲（今四川合川东）与延岑对峙。自己则率汉军逆都江而上袭击侯丹，大破敌军。然后岑彭率汉军日夜兼程，攻打武阳（在今四川彭山县东）。不久，武阳被攻陷。岑彭继续派精兵强将袭击离成都数十里的广都。汉军势如破竹，所向披靡，以至公孙述连连惊叹汉军的神速。后来，臧宫也大败延岑，王元率部众投降汉军。公孙述军队溃不成军。

光武帝下诏书规劝公孙述降汉。公孙述部下也纷纷劝降。但公孙述却说:"兴与亡是命中注定的,难道还有投降的天子?"于是,众人不再敢言语。

四、负隅顽抗　为汉所杀

建武十一年(35)十月,公孙述派刺客谎称逃亡的奴仆,诈降了岑彭。到了夜里,趁岑彭休息时,刺客便刺杀了岑彭。然而,公孙述的刺杀行径并不能挽救他失败的命运。十二月,光武帝派大司马吴汉率领三万大军,沿长江而上,讨伐公孙述。

建武十二年(36),公孙述的弟弟公孙恢、女婿史兴分别被辅威将军臧宫和大司马吴汉打败,最终战死。接着,吴汉进军公孙述的心腹之地广都(今四川成都南),最终占据了广都。公孙述的将帅们都非常恐慌,他们看到公孙述大势已去,便纷纷叛逃。尽管公孙述诛杀了叛逃将领的全家,但叛逃之风仍然不能禁止。光武帝又一次下诏劝公孙述:

> 你不要因为杀害来歙、岑彭这两员汉朝将领而心存疑惧。如果现在及时降汉,你的家族即可保全。不要执迷不悟,一意孤行。诏书和亲笔信,你不可能屡次得到。朕说到做到,决不食言。

公孙述却毫无降意。

九月,公孙述派大司徒谢丰、执金吾袁吉率十万大军攻打占据广都的吴汉。吴汉一开始并没有正面迎敌,关闭营门三天。三天后率军趁夜间突袭蜀军,大败公孙述的军队,斩杀谢丰、袁吉。自此,吴汉与公孙述在广都和成都之间展开激战,吴汉八战八胜,最终,汉军攻进了成都外城。

身处困境的公孙述一筹莫展,征求部下延岑的意见:"事情应当怎么办呢?"延岑回答说:"作为一个男子汉,应当死里逃生,不应该坐以待毙。财物是身外之物,也容易聚敛,不用怎么爱惜。"公孙述听取了延岑的建议,决定最后与汉军一拼,于是马上向军中散发所有的财物,招募敢死队五千余人,让延岑指挥。延岑采取声东击西的战术,率军先在成都的市桥树立起旌旗,布下战阵,擂鼓向汉军挑战;同时率军绕到吴汉的背后进行偷袭。吴汉没有防备,被延岑打败。

十一月,汉将臧宫率军进驻成都咸门(成都北面有两个门,西边的名咸门)。面对汉军压境的局势,公孙述深感无望,便在宫中占卜,预测自己的命运。占卜的结果是"虏死城下",公孙述信以为真,心中陡然升起一线希望,于是亲自率领数万人攻打吴汉,又派延岑抵抗臧宫。经过三天三夜的激战,延岑三战三胜,但军队疲惫不堪,又无充足的粮食供给,军士不得不忍饥挨饿。这时吴汉派护军高午、唐邯率精锐汉军攻打公孙述,公孙述的军队不堪一击,顿时大乱。高午亲率汉军冲入敌阵中,猛刺公孙述。公孙述胸部被刺穿,从马上滚落下来,其部下马上把他抬入城中。公孙述伤势严重,他明白自己行将弃世了,就把军权交给延岑,当夜死亡。

延岑眼看大势已去,第二天便出城降汉。吴汉诛杀了公孙述的妻子儿女,并灭延岑家族。然后放火焚烧宫室,大肆掠夺。从此,公孙述建立的"成家"政权便被彻底消灭了。

图书在版编目（CIP）数据

光武帝以及中兴大汉王朝的人们 / 刘淑秀编著. —上海：上海科学技术文献出版社，2017

（焦点人物丛书 / 乔继堂主编）

ISBN 978-7-5439-7247-6

Ⅰ.①光… Ⅱ.①刘… Ⅲ.①汉光武帝（前6—57）-人物研究 Ⅳ.①K827＝342

中国版本图书馆CIP数据核字（2016）第299528号

责任编辑：张　树　李　莺
封面设计：戴东明

光武帝以及中兴大汉王朝的人们
刘淑秀　编著

出版发行：	上海科学技术文献出版社
地　　址：	上海市长乐路746号
邮政编码：	200040
经　　销：	全国新华书店
印　　刷：	三河市华东印刷有限公司
开　　本：	850×1168　1/32
印　　张：	15.375
字　　数：	372千字
版　　次：	2017年1月第1版　2017年1月第1次印刷
书　　号：	ISBN 978-7-5439-7247-6
定　　价：	65.00元

http://www.sstlp.com